Üben: Der Abschnitt Üben unterstützt nachhaltiges Lernen. Es werden dreifach-differenzierte Aufgaben zur Wiederholung und Anwendung des erworbenen Wissens angeboten. Die Aufgaben können in unterschiedlichen Sozialformen bearbeitet werden und ermöglichen selbstständiges Lernen (z. B. in Lernstudios). Die Lösungen aller Aufgaben der Üben-Seiten werden im Anhang dargestellt.

Vertiefen: Vertiefen bietet herausfordernde, komplexere Aufgaben einerseits zur Vertiefung eines Themas, andererseits zur Beschäftigung mit zusätzlichen Inhalten.

Ausgangstest: Mithilfe des Ausgangstests zu einem Kapitel können die Schülerinnen und Schüler überprüfen, ob sie alle nötigen Kompetenzen erworben haben. Die Lösungen sind zur Selbstkontrolle am Ende des Buches angegeben. Auch in diesem Abschnitt bietet eine Tabelle die Möglichkeit zur Selbsteinschätzung:

Ich kann …	Aufgabe	Hilfen und Aufgaben	
große Zahlen in eine Stellenwerttafel eintragen.	1	Seite 10	I
große Zahlen in Worten schreiben.	2	Seite 11	I
natürliche Zahlen runden.	5, 6b, 8	Seite 15, 16, 17, 18	I
natürliche Zahlen anordnen.	4, 6a, 9	Seite 14, 17, 18	I
Anzahlen schätzen.	3	Seite 13, 18	II
Überschlagsrechnungen durchführen.	7	Seite 16	II
den Stellenwert von Ziffern zur Lösung mathematischer Probleme nutzen.	9	Seite 19	III

Zuordnung der Aufgaben zu den Anforderungsbereichen der Bildungsstandards
I: Reproduzieren
II: Zusammenhänge herstellen
III: Verallgemeinern und Reflektieren

Hinweise auf weiterführende Aufgaben zum Wiederholen und Üben

Wiederholung
Der Wiederholungsteil enthält Grundwissen und Übungsaufgaben zu Inhalten vorhergehender Schuljahre.

Addieren und Subtrahieren 61

ÜBEN: In der Zoohandlung

Pfeile in der Kopfleiste dienen zur schnellen Orientierung im Kapitel

Kapitel

3 Fertigt wie im Beispiel ein Plakat über ein anderes Haustier an.
Gebt die Kosten bei der Anschaffung und die wichtigsten Regeln für seine artgerechte Haltung an.
Informationen dazu findet ihr in der Tierhandlung, in Büchern und im Internet. Beachtet die Hinweise unten auf der Seite.

Der Goldhamster als Haustier

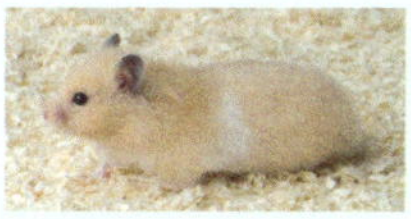

Anschaffungskosten:

Goldhamster	15,00 €
Buch über artgerechte Haltung	9,95 €
Hamsterkäfig	49,90 €
Hamsterkletterburg	12,00 €
Laufrad	15,90 €
Fressnapf	5,29 €
Tränke	3,49 €
Transportbox	7,69 €
Hamsterschmaus (1 kg)	8,80 €
Streu (10 l)	7,39 €
Nagerstein	1,79 €

Monatliche Kosten:
Für Futter und Nistmaterial sollten pro Monat 20 € gerechnet werden.

Artgerechte und abwechslungsreiche Haltung:
Hamster wollen sich putzen, fressen, klettern, laufen und dazwischen immer mal wieder ein Nickerchen einlegen. Sie sollten nicht ununterbrochen herumgetragen und gestreichelt werden.
Unnötiges Wecken während der Schlafzeiten fördert die Aggressivität und verringert die Lebenserwartung.
Hamster sind Einzelgänger.

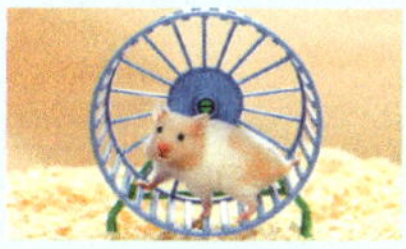

Tipp:
Hamsterkletterburgen und -häuschen lassen sich auch leicht selber bauen.

Medienbildung
Die Bearbeitung dieser Aufgaben ermöglicht es Schülerinnen und Schülern, Medienkompetenzen zu erwerben.

Kommunizieren **Mit einem Plakat präsentieren**

Hinweise für die Erstellung eines Plakates
1. Unterteile das Thema in verschiedene Teilgebiete.
2. Triff eine Auswahl, damit das Plakat nicht überladen wirkt.
3. Wähle eine klare Überschrift und gliedere das Plakat übersichtlich. Verteile Texte und Bilder ansprechend und sinnvoll in Blöcken. Erstelle eine Skizze vom Aufbau.
4. Die Schriftgröße muss groß genug sein, um das Plakat auch aus größerem Abstand lesen zu können (Überschrift mindestens 4 cm hoch, Text mindestens 2 cm).
5. Bei der Schriftfarbe sollte man rot, gelb und orange nur sparsam verwenden.

Kommunizieren **Mit einem Plakat präsentieren**
Hinweise für die Erstellung eines Plakates

Methodenkästen unterstützen die Lernenden beim Erwerb prozessbezogener Kompetenzen.

Mathematik 6

Herausgeber:

Uwe Scheele

Autorinnen und Autoren:

Doreen Groth
Jochen Herling
Karl-Heinz Kuhlmann
Christopher Mühlhöfer
Uwe Scheele
Sebastian Wöstefeld

Herausgeber: Uwe Scheele

Bearbeiter: Uwe Scheele

Das Werk ist eine Bearbeitung von 978-3-14-124901-9
Autorinnen und Autoren:
Doreen Groth, Jochen Herling, Karl-Heinz Kuhlmann, Christopher Mühlhöfer, Uwe Scheele, Sebastian Wöstefeld

Zusatzmaterialien zu Mathematik+ 6

Für Lehrerinnen und Lehrer:

Lösungen für Lehrerinnen und Lehrer	978-3-14-151876-4
BiBox Einzellizenz für Lehrerinnen und Lehrer (Dauerlizenz)	978-3-14-151895-5
BiBox Kollegiumslizenz für Lehrerinnen und Lehrer (Dauerlizenz)	978-3-14-151902-0
BiBox Kollegiumslizenz für Lehrerinnen und Lehrer (1 Schuljahr)	978-3-14-151909-9
Online-Diagnose zu Mathematik+ 6	www.onlinediagnose.de
kapiert.de zu Mathematik+ 6	www.kapiert.de/schule

Für Schülerinnen und Schüler:

Arbeitsheft mit Lösungen	978-3-14-151883-2
Förderheft mit Lösungen	978-3-14-151890-0
BiBox Einzellizenz für Schülerinnen und Schüler (1 Schuljahr)	978-3-14-151924-2
interaktive Übungen	978-3-14-151931-0

westermann GRUPPE

© 2021 Westermann Bildungsmedien Verlag GmbH, Georg-Westermann-Allee 66, 38104 Braunschweig
www.westermann.de

Das Werk und seine Teile sind urheberrechtlich geschützt. Jede Nutzung in anderen als den gesetzlich zugelassenen bzw. vertraglich zugestandenen Fällen bedarf der vorherigen schriftlichen Einwilligung des Verlages. Nähere Informationen zur vertraglich gestatteten Anzahl von Kopien finden Sie auf www.schulbuchkopie.de.

Für Verweise (Links) auf Internet-Adressen gilt folgender Haftungshinweis: Trotz sorgfältiger inhaltlicher Kontrolle wird die Haftung für die Inhalte der externen Seiten ausgeschlossen. Für den Inhalt dieser externen Seiten sind ausschließlich deren Betreiber verantwortlich. Sollten Sie daher auf kostenpflichtige, illegale oder anstößige Inhalte treffen, so bedauern wir dies ausdrücklich und bitten Sie, uns umgehend per E-Mail davon in Kenntnis zu setzen, damit beim Nachdruck der Verweis gelöscht wird.

Druck A^2 / Jahr 2022
Alle Drucke der Serie A sind im Unterricht parallel verwendbar.

Redaktion: Doreen Hempel
Grafiken: Technisch-Grafische Abteilung Westermann, Braunschweig
Illustrationen: Andrea Naumann, Aachen; Matthias Berghahn, Bielefeld; Christine Lösch, Ulm
Umschlaggestaltung: Janssen Kahlert Design & Kommunikation GmbH, Hannover
Layout: Janssen Kahlert Design & Kommunikation GmbH, Hannover
Druck und Bindung: Westermann Druck GmbH, Georg-Westermann-Allee 66, 38104 Braunschweig

ISBN 978-3-14-**151869**-6

INHALT

1 Dezimalzahlen

- 6 Olympische Spiele
- 9 Dezimalzahlen lesen und schreiben
- 10 Dezimalzahlen vergleichen
- 11 Dezimalzahlen darstellen
- 12 Dezimalzahlen runden
- 13 Dezimalzahlen addieren und subtrahieren
- 15 Dezimalzahlen mit Zehnerzahlen multiplizieren und dividieren
- 16 Dezimalzahlen multiplizieren
- 18 Dezimalzahlen dividieren
- 20 Sachaufgaben
- 22 Die Honigbiene
- 24 Wissen kompakt
- 25 Üben
- 26 Üben: Addieren und Subtrahieren
- 27 Üben: Multiplizieren und Dividieren
- 28 Üben: Verbindung der Grundrechenarten
- 29 Üben: Einkaufen im Supermarkt
- 31 Vertiefen: Rechnen mit Näherungswerten
- 33 Ausgangstest

2 Strategien zum Problemlösen

- 34 Auf Klassenfahrt
- 36 Sachprobleme erkunden und erfassen
- 38 Schätzen, Messen und Überschlagen
- 41 Vorwärts- und Rückwärtsrechnen
- 43 Probieren
- 45 Gleichungen durch Probieren und Rückwärtsrechnen lösen
- 46 Wissen kompakt
- 47 Üben
- 48 Vertiefen: Eine Aufgabe – drei Lösungswege
- 49 Ausgangstest

3 Teiler und Vielfache

- 50 Ballspiele im Sportunterricht
- 52 Teiler und Vielfache
- 53 Teiler und Primzahlen
- 54 Größter gemeinsamer Teiler und kleinstes gemeinsames Vielfaches
- 55 Teilbarkeitsregeln
- 57 Wissen kompakt
- 58 Üben
- 60 Vertiefen: Primzahlen entdecken
- 63 Ausgangstest

4 Brüche

- 64 Klemmbausteine
- 66 Brüche darstellen
- 67 Verfeinern und Vergröbern
- 69 Erweitern und Kürzen
- 70 Kürzen mithilfe von Teilbarkeitsregeln
- 71 Brüche vergleichen
- 72 Gemischte Zahlen
- 73 Brüche am Zahlenstrahl
- 74 Brüche und Dezimalzahlen
- 76 Bruchteile von Größen
- 77 Das Ganze bestimmen
- 78 Brüche und Prozentzahlen
- 79 Wissen kompakt
- 80 Üben
- 82 Üben: Sachaufgaben
- 83 Vertiefen: Die Kettenschaltung
- 85 Ausgangstest

INHALT

5 Körper

- 86 Geometrische Körper in der Architektur
- 88 Geometrische Körper in der Umwelt
- 89 Eigenschaften von Körpern
- 92 Schrägbilder
- 94 Netze
- 96 Grund- und Aufriss
- 97 Zusammenhänge zwischen den Darstellungsformen
- 99 Oberflächeninhalt von Quader und Würfel
- 101 Volumen von Körpern bestimmen
- 102 Volumeneinheiten
- 105 Volumen von Quader und Würfel
- 106 Wissen kompakt
- 108 Üben
- 111 Üben: Sachaufgaben
- 112 Üben: Pias Aquarium
- 113 Üben: Volumen und Oberflächeninhalt schätzen
- 114 Vertiefen: Niederschläge
- 115 Ausgangstest

6 Rechnen mit Brüchen

- 116 Wir mixen und verteilen Getränke
- 119 Gleichnamige Brüche addieren und subtrahieren
- 121 Ungleichnamige Brüche addieren und subtrahieren
- 123 Sachaufgaben zur Addition und Subtraktion
- 124 Brüche mit natürlichen Zahlen multiplizieren
- 125 Brüche multiplizieren
- 127 Bruchteile berechnen
- 128 Brüche durch natürliche Zahlen dividieren
- 129 Durch Brüche dividieren
- 131 Sachaufgaben zur Multiplikation und Division
- 132 Wissen kompakt
- 134 Üben: Addition und Subtraktion
- 136 Üben: Multiplikation und Division
- 137 Üben: Verbindung der Grundrechenarten
- 138 Üben: Sachaufgaben
- 139 Vertiefen: Bruchrechnen in Ägypten
- 141 Ausgangstest

7 Daten erfassen, darstellen und auswerten

- 142 Freizeitverhalten von Jugendlichen
- 145 Säulen- und Balkendiagramm
- 146 Streifendiagramm
- 147 Kreisdiagramm
- 148 Histogramm
- 149 Statistische Darstellungen beurteilen
- 151 Arbeiten mit dem Computer: Tabellenkalkulation
- 153 Daten auswerten
- 156 Wissen kompakt
- 157 Üben
- 159 Üben: Eine Umfrage erstellen
- 160 Üben: Eine Umfrage auswerten
- 161 Vertiefen: Median und Spannweite
- 163 Ausgangstest

INHALT

8 Zufallsexperimente

- 164 Experimente und ihre Ergebnisse
- 166 Zufallsexperimente und ihre Ergebnisse
- 167 Die Ergebnisse von Zufallsexperimenten interpretieren
- 170 Wahrscheinlichkeiten bestimmen
- 172 Wahrscheinlichkeiten schätzen
- 173 Wissen kompakt
- 174 Üben
- 176 Vertiefen: Wahrscheinlichkeiten im Alltag
- 177 Ausgangstest

Projekt
Wir beobachten das Wetter

- 178 Wetterkunde–AG
- 180 Zuordnungen und ihre Darstellungen
- 182 Minustemperaturen
- 184 Temperaturveränderungen
- 185 Das Wetter in Europa

186 **Eingangstests zu den Kapiteln**

Wiederholung

Inhaltsbezogene Kompetenzen
- 191 Natürliche Zahlen
- 192 Addieren und Subtrahieren
- 193 Schriftliches Addieren und Subtrahieren
- 194 Multiplizieren und Dividieren
- 195 Schriftliches Multiplizieren und Dividieren
- 196 Brüche
- 197 Längen
- 198 Flächen
- 199 Geometrische Grundbegriffe
- 201 Winkel messen und zeichnen

Prozessbezogene Kompetenzen
- 202 Partnerarbeit; einem Text Informationen entnehmen
- 203 Gruppenarbeit
- 204 Mit einem Lernplakat präsentieren

- 205 Lösungen zu den Eingangstests
- 207 Lösungen zu den Ausgangstests
- 212 Lösungen zu den Üben-Seiten

- 227 Formeln und Gesetze
- 228 Register
- 230 Bildquellennachweis

1 Dezimalzahlen

Über 1000 Jahre lang, von 776 vor Christus bis 395 nach Christus, fanden in Olympia, einem Ort in Griechenland, alle vier Jahre die Olympischen Spiele statt. Sportler aus Griechenland und den griechischen Kolonien rund um das Mittelmeer nahmen daran teil.
Im Jahr 1896 gab es die ersten Olympischen Spiele der Neuzeit. Ihr Zeichen sind die fünf verschiedenfarbigen ineinander verschlungenen Ringe, die die fünf Erdteile darstellen.

Bist du fit für dieses Kapitel?
Eingangstest auf
Seite 186.

In diesem Kapitel …
– *liest, schreibst, vergleichst und rundest du Dezimalzahlen.*
– *rechnest du mit Dezimalzahlen.*
– *löst du Sachaufgaben mit Dezimalzahlen.*

Olympische Spiele

Bei den Olympischen Spielen werden die Ergebnisse in vielen Sportarten, zum Beispiel beim Laufen, Schwimmen und Radfahren, mithilfe moderner Messtechnik bestimmt. Dabei werden Zeiten auf Hundertstel oder sogar Tausendstel Sekunden genau gemessen. Auf dieser Seite siehst du einige Ergebnisse der Olympischen Spiele 2016.

200-m-Lauf
Tori Bowie	22,15 s
Dafne Schippers	21,88 s
Marie-Josee Ta Lou	22,21 s
Elaine Thompson	21,78 s

50-m-Freistil
Pernille Blume	24,07 s
Francesca Halsall	24,13 s
Alexandra Herassimenja	24,11 s
Simone Manuel	24,09 s

BMX
Brooke Crain	35,52 s
Stefany Hernández	34,755 s
Mariana Pajon	34,093 s
Alise Post	34,435 s

- Lies die Zeiten der Läuferinnen (Schwimmerinnen, Radfahrerinnen).
- Gib jeweils an, wer die Gold-, Silber- und Bronzemedaille gewonnen hat.
- Erläutere, warum Dezimalzahlen verwendet werden müssen, um die Zeiten der Sportlerinnen darzustellen und zu vergleichen.

Dezimalzahlen

Olympische Spiele

1. Bei den Olympischen Spielen 2016 gewann Christoph Harting im Diskuswerfen mit einer Weite von 68,37 m die Goldmedaille.
Der Silbermedaillengewinner verfehlte die Weite des Siegers um 82 cm, der Bronzemedaillengewinner um 1,32 m. Welche Weite erreichte der Zweitplatzierte (Drittplatzierte)?

2. Am 18.10.1968 stellte Bob Beamon in Mexiko mit 8,90 m einen Weltrekord im Weitsprung auf, der erst 23 Jahre später übertroffen wurde.

1980	Lutz Dombrowski	8,54 m
1988	Carl Lewis	8,72 m
2012	Greg Rutherford	8,31 m
2016	Jeff Henderson	8,38 m

Wie viel Zentimeter fehlten den in der Liste angegebenen Olympiasiegern an Bob Beamons Rekord?

3. Bei den Spielen 2016 siegte Liam Heath im Einerkajak. Er legte die 200 m lange Strecke in 35,20 s zurück.
Ronald Rauhe gewann in diesem Wettbewerb die Bronzemedaille. Er war 46 Hundertstel Sekunden langsamer als der Sieger. Welche Zeit benötigte er?

4. Beim Bahnradfahren wird im Sprintwettbewerb die Zeit für die letzten 200 m der Strecke gemessen.
Im Finale der Spiele 2016 benötigte die Olympiasiegerin Kristina Vogel dafür 11,237 s. Die Zweite war 16 Tausendstel Sekunden langsamer.
Gib die Zeit der Zweitplatzierten an.

5. Vor der Einführung elektronischer Messtechnik wurden die Zeiten bei den Olympischen Spielen von Kampfrichtern mit Handstoppuhren gemessen.

Beim 200-m-Lauf im Jahr 1920 ergab diese Messung für Allan Woodring und Charles Paddock, die beiden schnellsten Läufer, jeweils 22,0 Sekunden.
a) Wie konnten die Kampfrichter feststellen, dass Allan Woodring die Goldmedaille gewonnen hatte?
b) Wie hätten sich die Zeiten der beiden Läufer unterschieden, wenn moderne Messtechnik eingesetzt worden wäre?
c) Erläutere, warum die natürlichen Zahlen nicht ausreichen, um die Ergebnisse eines 200-m-Laufs darzustellen und zu vergleichen.

Dezimalzahlen lesen und schreiben

1 Lies die Zeiten der Rennrodler.

Siebenundvierzig Komma sechs fünf zwei Sekunden

Olympische Spiele 2018 Rennrodeln Einsitzer (Männer)			
	David Gleirscher	Christopher Mazdzer	Johannes Ludwig
1. Lauf	47,652 s	47,8 s	47,764 s
2. Lauf	47,835 s	47,717 s	47,94 s
3. Lauf	47,584 s	47,534 s	47,625 s
4. Lauf	47,631 s	47,677 s	47,603 s

2 In der Abbildung siehst du eine Stellenwerttafel, die nach rechts erweitert ist. Hinzugekommen sind die Zehntel (z), Hundertstel (h), Tausendstel (t), …

Z	E	z	h	t	
10	1	$\frac{1}{10}$	$\frac{1}{100}$	$\frac{1}{1000}$	
	1	8			1,8
	2	3	6		2,36
	0	1	4	7	0,147
	0	0	1	5	0,015
2	4	8	0	2	24,802

Lies die Dezimalzahlen in der Stellenwerttafel.

3 Lege in deinem Heft eine Stellenwerttafel an und trage ein.
a) 7 Zehntel
   8 Hundertstel
   9 Zehntel
b) 3 Hundertstel
   5 Tausendstel
   4 Tausendstel
c) 8 Zehntel 7 Hundertstel
   2 Hundertstel 4 Tausendstel
   6 Zehntel 9 Tausendstel
d) 4 Einer 5 Hundertstel 7 Tausendstel
   7 Einer 4 Zehntel 6 Tausendstel
   5 Zehner 1 Einer 1 Tausendstel

4 Schreibe als Dezimalzahl.
a) sieben Zehntel
   vier Hundertstel
   drei Tausendstel
b) neun Zehntel
   acht Tausendstel
   zwei Hundertstel
c) neun Zehntel sieben Hundertstel
   zwei Hundertstel sechs Tausendstel
   vier Zehntel drei Tausendstel
d) fünf Hundertstel neun Tausendstel
   sieben Zehntel neun Tausendstel
   fünf Zehntel sieben Hundertstel

> Dezimalzahlen sind Brüche mit dem Nenner 10, 100, 1 000 … Deshalb werden sie auch Dezimalbrüche genannt.

5 Schreibe als Dezimalzahl.
a) 5 E 7 z 9 h
   3 Z 1 E 6 z
   7 E 5 z 6 h
b) 2 z 6 h 5 t
   4 E 3 h 8 t
   3 Z 9 z 2 h
c) 4 E 7 h
   5 z 3 t
   7 Z 8 h

6 Im Beispiel wird die Zahl 56 Hundertstel (41 Tausendstel) in die Stellenwerttafel eingetragen und als Dezimalzahl geschrieben.

56 Hundertstel = 5 z 6 h
41 Tausendstel = 4 h 1 t

E	z	h	t	
0	5	6		0,56
0	0	4	1	0,041

Schreibe als Dezimalzahl.
a) vierundneunzig Hundertstel
   achtundneunzig Tausendstel
   siebenundfünfzig Hundertstel
b) dreiundachtzig Tausendstel
   vierundneunzig Hundertstel
   zweihundertelf Tausendstel
c) vierhundertsechs Tausendstel
   fünfzig Hundertstel
   neunhundert Tausendstel

7 Gib in Tausendstel an.

3 Hundertstel 4 Tausendstel = 34 Tausendstel

a) 5 Hundertstel 8 Tausendstel
b) 8 Hundertstel 2 Tausendstel
c) 7 Zehntel 9 Tausendstel
d) 26 Hundertstel
e) 7 Zehntel

8 Schreibe in Worten.
a) 0,7   b) 0,03   c) 0,002
d) 0,13 e) 0,011 f) 0,82

Dezimalzahlen vergleichen

1 Wer gewann beim 500-m-Eisschnelllauf die Gold-, Silber- und Bronzemedaille?

Olympische Spiele 2018 500-m-Eisschnelllauf der Frauen	
Brittany Bowe	37,53 s
Karolina Erbanova	37,34 s
Vanessa Herzog	37,51 s
Nao Kodaira	36,94 s
Lee Sang-hwa	37,33 s

2 In den Beispielen wird gezeigt, wie du Dezimalzahlen vergleichen kannst.

2,569 ■ 2,574   0,782 ■ 0,78

Schreibe die Dezimalzahlen untereinander: Komma unter Komma, Einer unter Einer, Zehntel unter Zehntel, … Ergänze, wenn nötig, Nullen.

```
2,569           0,782
2,574           0,780
```

Vergleiche die Ziffern, die genau untereinander stehen.
Gehe dabei von links nach rechts vor. Die erste Stelle, an der die Ziffern verschieden sind, entscheidet, welche Dezimalzahl größer ist.

```
2,5[6]9         0,78[2]
2,5[7]4         0,78[0]
```

2,569 < 2,574   0,782 > 0,78

> Das Zeichen < bedeutet:
> … ist kleiner als …

Vergleiche die Dezimalzahlen. Setze <, > oder = ein.
a) 9,85 ■ 9,65
   3,76 ■ 3,77
   2,19 ■ 2,22
b) 0,37 ■ 0,35
   0,21 ■ 0,11
   0,67 ■ 0,76
c) 17,24 ■ 17,28
   42,97 ■ 42,76
   10,06 ■ 10,63
d) 0,217 ■ 0,226
   0,407 ■ 0,506
   0,112 ■ 0,121
e) 7,382 ■ 7,328
   4,979 ■ 4,997
   1,056 ■ 1,065
f) 0,031 ■ 0,301
   0,501 ■ 0,51
   0,711 ■ 0,7111
g) 1,03 ■ 1,030
   2,01 ■ 2,0102
   6,08 ■ 6,808
h) 14,09 ■ 14,090
   12,02 ■ 12,002
   10,01 ■ 10,010

3 Ordne die Dezimalzahlen. Verwende das <-Zeichen.
a) 23,4 24,1 22,7 25,9 21,8
b) 0,34 0,37 0,32 0,36 0,31
c) 0,707 0,777 0,077 0,007 0,77
d) 0,4 0,44 0,404 0,04 0,444

4 Ordne die Dezimalzahlen. Verwende das >-Zeichen.
a) 6,18 6,48 6,73 6,37 6,14
b) 0,56 0,76 0,75 0,67 0,57
c) 2,134 2,413 2,314 2,431 2,143
d) 0,099 0,9 0,909 0,99 0,09

5 Ersetze jeden Platzhalter durch eine passende Dezimalzahl.
a) 17,4 < ■ < 17,7   b) 1,97 > ■ > 1,94
   0,46 < ■ < 0,49   0,71 > ■ > 0,68
   1,04 < ■ < 1,06   4,03 > ■ > 4,01

c) 1,23 < ■ < 1,234   d) 0,445 > ■ > 0,44
   7,78 < ■ < 7,785   0,66 < ■ < 0,664
   3,41 < ■ < 3,413   0,02 < ■ < 0,027

e) 0,435 < ■ < 0,44   f) 0,505 > ■ > 0,5
   2,07 < ■ < 2,7   0,61 > ■ > 0,6
   0,0101 > ■ > 0,01   0,9 > ■ > 0,899

6 In welcher Reihenfolge kamen die Läuferinnen bei den Olympischen Spielen 2016 ins Ziel?

3 000-m-Hindernislauf	
Sofia Assefa	9 min 17,15 s
Beatrice Chepkoech	9 min 16,05 s
Emma Coburn	9 min 7,63 s
Ruth Jebet	8 min 59,75 s
Hyvin Kiyeng Jepkemoi	9 min 7,12 s
Gesa Felicitas Krause	9 min 18,41 s

Dezimalzahlen darstellen

1 Auf dem Zahlenstrahl können nicht nur natürliche Zahlen, sondern auch Dezimalzahlen dargestellt werden. Im Beispiel siehst du, wo die Zahl 6,274 auf dem Zahlenstrahl liegt. Beschreibe und erkläre die Abbildung.

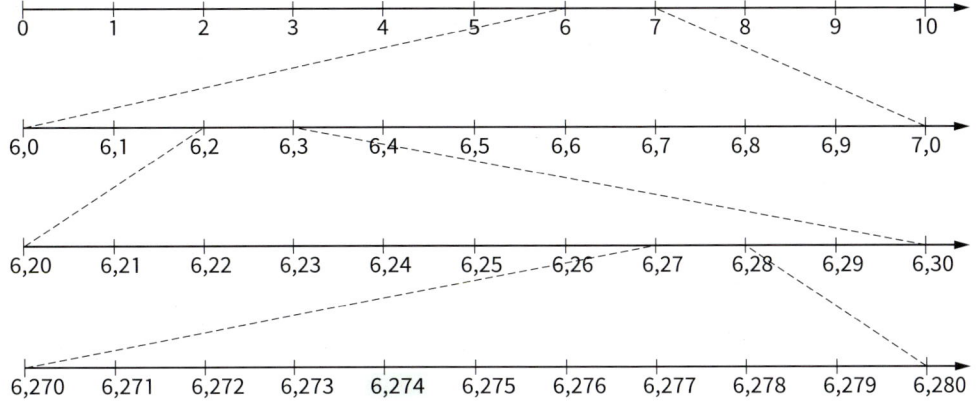

2 Welche Dezimalzahlen sind auf dem Zahlenstrahl gekennzeichnet?

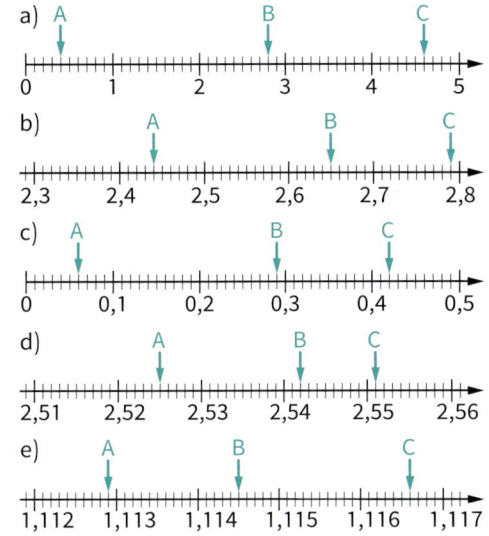

3 a) Gehe auf dem Zahlenstrahl von 2,61 aus 0,01 (0,02; 0,1; 0,2; 0,09) nach rechts. Welche Zahl findest du dort?
b) Gehe auf dem Zahlenstrahl von 4,38 aus 0,01 (0,1; 0,02; 0,3; 0,08) nach links. Welche Zahl findest du dort?

4 Nenne jeweils drei Dezimalzahlen, die auf dem Zahlenstrahl rechts von 4,5 oder links von 4,5 liegen.
Gib an, welche dieser Zahlen größer als 4,5 und welche kleiner als 4,5 sind.

5 Gib jeweils drei Dezimalzahlen an, die zwischen den angegebenen Zahlen liegen.

a) 1,4 und 1,5
   3,8 und 3,9
   0,71 und 0,72

b) 1,7 und 1,8
   1,72 und 1,73
   1,728 und 1,729

c) 0,4 und 0,5
   0,24 und 0,25
   0,247 und 0,248

d) 0,69 und 0,7
   1,94 und 2
   2,99 und 3

e) 4,8 und 4,84
   4,8 und 4,82
   4,8 und 4,801

f) 0 und 0,1
   0 und 0,01
   0 und 0,0001

6 a) Wie viele Dezimalzahlen liegen auf dem Zahlenstrahl zwischen 1,7 und 1,8 (zwischen 1,74 und 1,75; zwischen 1,742 und 1,743)?
b) Wie viele Dezimalzahlen liegen zwischen 0 und 0,000001?

> Die Dezimalzahlen können auf dem Zahlenstrahl dargestellt werden. Dabei steht die größere Zahl rechts von der kleineren und die kleinere Zahl links von der größeren.
> Zwischen zwei Dezimalzahlen gibt es auf dem Zahlenstrahl unendlich viele weitere Dezimalzahlen.
>
>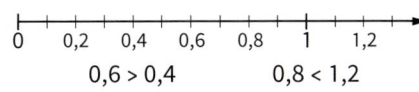
>
> 0,6 > 0,4   0,8 < 1,2

Dezimalzahlen runden

1 In der Zeitung sind die Wechselkurse für ausländische Währungen angegeben.

1 $ ≈ 0,88 €

1 $ = 0,88091 €
1 £   = 1,14504 €
1 sfr = 0,94303 €

11.3.2020

a) Gib an, wie viel Euro ein Britisches Pfund (ein Schweizer Franken) ungefähr wert ist.
b) Warum sind bei den Wechselkursen fünf Stellen nach dem Komma angegeben?

> Das Zeichen ≈ bedeutet: ... ist ungefähr gleich ...

2 Runde
a) auf Hundertstel.
   0,359   2,492   0,685   2,5721
b) auf Zehntel.
   0,45   4,52   2,751   0,4262
c) auf Tausendstel.
   0,7922   0,7485   1,6662   0,05657
d) auf Hundertstel.
   1,5324   2,707   0,797   8,096
e) auf Einer.
   8,49   1,801   3,625   13,542
f) auf Zehntel.
   4,036   1,955   1,043   0,037

3 Überlege, ob es sinnvoll ist, die Angabe zu runden.
a) Ein Liter Benzin kostet 165,9 Cent.
b) Wir sind heute 12,078 km gewandert.
c) Die Siegerzeit im 100-m-Lauf war 9,9 s.
d) Die Apfelsinen wiegen 3,147 kg.
e) Die Schraube ist 8,89 cm lang.
f) Der Brief wiegt 20,7 g.
g) Eine Tafel Schokolade kostet 0,79 €.
h) Die Temperatur beträgt 37,89 °C.
i) Der Hockenheimring ist 4,574 km lang.
k) Das Grundstück ist 396,8 m² groß.

4 Die Dezimalzahl ist auf Hundertstel gerundet. Wie groß könnte sie vor dem Runden gewesen sein? Gib drei Möglichkeiten an.
a) 0,46   b) 3,72   c) 4,95   d) 5,1

5 Erkläre, auf welche Stelle gerundet wurde.
a) 3,5673 ≈ 3,57   b) 0,8452 ≈ 0,8
   0,6711 ≈ 0,7   1,2387 ≈ 1,239
   0,0872 ≈ 0,09   31,78 ≈ 31,8
c) 0,0087 ≈ 0,01   d) 1,499 ≈ 1,5
   1,097 ≈ 1,1   5,97   ≈ 6
   2,863 ≈ 3   0,999 ≈ 1

6 Wie wurde hier gerundet?
a) Berlin hat 3,769 Millionen Einwohner.
b) Auf der Erde leben 7,8 Milliarden Menschen.

Runde 2,3547 auf Hundertstel

— Auf diese Stelle soll gerundet werden.
— Die Ziffer rechts davon ist eine 4, daher wird **abgerundet**.

2,3547 ≈ 2,35

— Die Ziffer an der Hundertstelstelle bleibt gleich. Die Ziffern hinter der Hundertstelstelle werden weggelassen.

Runde 2,3547 auf Zehntel

— Auf diese Stelle soll gerundet werden.
— Die Ziffer rechts davon ist eine 5, daher wird **aufgerundet**.

2,3547 ≈ 2,4

— Die Ziffer an der Zehntelstelle wird um 1 erhöht. Die Ziffern hinter der Zehntelstelle werden weggelassen.

Rundungsregeln

Bei den Ziffern **0, 1, 2, 3, 4** runde **ab**.
Bei den Ziffern **5, 6, 7, 8, 9** runde **auf**.

Dezimalzahlen addieren und subtrahieren

1 a) Carolin kauft eine Flasche Orangensaft und ein Glas Honig. Wie viel Euro muss sie bezahlen?

2,10 €   4,90 €

b) Sie bezahlt mit einem Zehn-Euro-Schein. Wie viel Euro erhält sie zurück?

2 Berechne wie im Beispiel.

1,20 € + 2,60 € = ■ €
120 ct + 260 ct = 380 ct = 3,80 €

a) 1,10 € + 3,70 €   b) 2,50 m + 3,40 m
   5,80 € − 3,10 €   1,85 m − 0,35 m

c) 2,4 cm + 3,3 cm   d) 4,8 kg − 1,5 kg
   3,5 cm − 1,2 cm   2,7 kg + 1,2 kg

3 Berechne im Kopf.

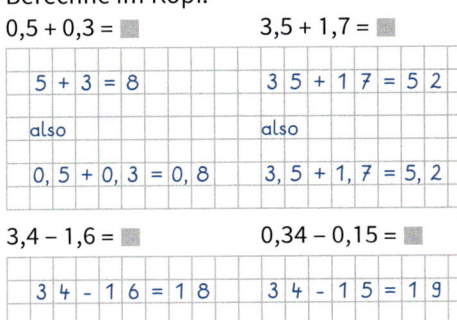

a) 0,5 + 0,4   b) 1,7 − 0,6   c) 1,5 + 2,4
   0,2 + 0,6   2,9 − 1,5   3,2 + 2,5
   1,1 + 0,8   1,4 − 1,1   1,2 + 5,7

d) 3,7 − 1,4   e) 1,7 + 1,5   f) 5,1 − 1,3
   6,9 − 2,5   2,9 + 1,8   6,2 − 2,4
   8,4 − 5,1   1,8 + 3,7   7,4 − 4,8

g) 0,51 + 0,32   h) 0,25 − 0,12
   0,61 + 0,24   0,45 − 0,24
   0,46 + 0,33   0,68 − 0,35

Lösungen zu Aufgabe 3:
0,13 0,21 0,3 0,33 0,8 0,79 0,83
0,85 0,9 1,1 1,4 1,9 2,3 2,6 3,2 3,3
3,8 3,8 3,9 4,4 4,7 5,5 5,7 6,9

4 Berechne wie in den Beispielen.

0,4 + 0,13	0,9 − 0,15
= 0,40 + 0,13	= 0,90 − 0,15
= 0,53	= 0,75

a) 0,7 + 0,11   b) 0,51 + 0,4
   0,6 − 0,13   0,68 − 0,4
   0,5 + 0,32   0,1 + 0,53

c) 0,8 − 0,63   d) 0,9 + 0,15
   0,75 + 0,2   0,8 − 0,44
   0,65 − 0,3   0,24 + 0,9

Lösungen zu Aufgabe 4:
0,17 0,28 0,35 0,36 0,47 0,63 0,81
0,82 0,91 0,95 1,05 1,14

5 Bestimme den Platzhalter. Überlege jeweils, ob du dazu addieren oder subtrahieren musst.

3,9 + ■ = 8,3   ■ − 6,2 = 1,1
8,3 − 3,9 = 4,4   6,2 + 1,1 = 7,3
also 3,9 + 4,4 = 8,3   also 7,3 − 6,2 = 1,1

a) 5,6 + ■ = 8,7   b) 7,8 − ■ = 2,3
   ■ + 2,3 = 7,5   ■ − 1,4 = 3,2
   3,1 + ■ = 5,9   8,4 − ■ = 4,1

c) ■ − 0,25 = 0,42   d) ■ − 0,44 = 0,32
   0,65 − ■ = 0,31   0,78 − ■ = 0,22
   ■ + 0,15 = 0,56   ■ − 0,42 = 0,2

Lösungen zu Aufgabe 5:
0,34 0,41 0,56 0,62 0,67 0,76 2,8
3,1 4,3 4,6 5,2 5,5

6 a) Die Summe zweier Zahlen beträgt 9,7. Eine der Zahlen ist 6,5. Gib die andere Zahl an.
b) Die Differenz zweier Zahlen beträgt 3,3. Die größere Zahl ist 7,8. Wie heißt die kleinere Zahl?
c) Die Differenz zweier Zahlen beträgt 0,9. Die kleinere Zahl ist 2,4. Wie heißt die größere Zahl?
d) Die Summe aus drei Zahlen beträgt 3,4. Eine Zahl ist 1,7, eine andere 0,8. Bestimme die dritte Zahl.

Die Summe zweier Zahlen beträgt 5,7. Eine Zahl ist 4,2.
4,2 + ■ = 5,7
5,7 − 4,2 = 1,5
also
4,2 + 1,5 = 5,7

Die andere Zahl ist 1,5.

Dezimalzahlen addieren und subtrahieren

7 Bei den Olympischen Winterspielen 2018 gab es beim Rennrodeln der Frauen einen deutschen Doppelsieg.

	Natalie Geisenberger	Dajana Eitberger
1. Lauf	46,254 s	46,381 s
2. Lauf	46,209 s	46,193 s
3. Lauf	46,208 s	46,577 s
4. Lauf	46,498 s	46,448 s

a) Erläutere, wie du für jede Rodlerin die Gesamtzeit ihrer Läufe bestimmen kannst.
b) Erkläre, wie du den Zeitunterschied zwischen Geisenberger und Eitberger berechnen kannst.

Schriftliches Addieren und Subtrahieren von Dezimalzahlen

4,58 + 10,26 = ▧   9,7 − 3,251 = ▧

1. Schreibe die Dezimalzahlen untereinander: Komma unter Komma, Einer unter Einer, Zehntel unter Zehntel, …
   Ergänze, wenn nötig, Nullen.

   ```
   Z E z h           E z h t
   4,58              9,700
   + 10,26           − 3,251
   ```

2. Addiere (subtrahiere) und setze im Ergebnis das Komma unter die Kommas.

   ```
     4,58              9,700
   + 10,26           − 3,251
      1                 1 1
   ─────             ─────
    14,84             6,449
   ```

   4,58 + 10,26 = 14,84   9,7 − 3,251 = 6,449

---

8 Berechne schriftlich.

a) 4,52 + 7,87
   0,92 + 1,07
   1,77 + 4,26

b) 7,91 + 0,58
   11,05 + 2,76
   60,4 + 9,88

c) 2,71 − 1,09
   0,729 − 0,261
   1,055 − 0,827

d) 11,982 − 5,72
   10,005 − 8,054
   41,9 − 22,661

e) 6,09 + 5,911 + 0,912 + 3,1
   23,8 + 0,93 + 1,688 + 8,04
   0,85 + 0,805 + 0,721 + 3,5

f) 31,7 + 0,034 + 2,4 + 0,18 + 12
   0,008 + 1,07 + 100,9 + 3,781 + 0,2
   70,05 + 2,007 + 2,995 + 0,0032 + 1

g) 9,3 − 2,723
   1,007 − 0,09
   0,909 − 0,0999

h) 4,11 − 1,887
   0,4 − 0,013
   1,009 − 0,9

Lösungen zu Aufgabe 8:
0,109   0,228   0,387   0,468   0,8091   0,917
1,62   1,951   1,99   2,223   5,876   6,03
6,262   6,577   8,49   12,39   13,81   16,013
19,239   34,458   46,314   70,28   76,0552
105,959

9 Ben hat zwei Fehler gemacht. Schreibe Aufgaben und Lösungen richtig ins Heft.
1,51 + 11,4 = ▧   2,3 − 0,07 = ▧

```
   1,5 1              2,3
 + 1 1,4            − 0,0 7
 ───────            ───────
   2 6,5              0,1 6
```
1,51 + 11,4 = 26,5   2,3 − 0,07 = 0,16

10 Bestimme jeweils den Platzhalter.

a) 4,51 + ▧ = 6,74
   ▧ + 3,07 = 11,2
   0,414 + ▧ = 1,7

b) 2,88 − ▧ = 0,77
   ▧ − 6,21 = 8,1
   7,3 − ▧ = 4,05

c) 0,63 + ▧ = 1,31
   ▧ + 0,81 = 0,979
   7,901 + ▧ = 13

d) ▧ − 0,012 = 0,009
   12,091 − ▧ = 9,3
   8,047 − ▧ = 4

11 a) Die Summe aus zwei Zahlen beträgt 9,824. Die erste Zahl ist 1,85. Gib die zweite Zahl an.
b) Die Differenz zweier Zahlen beträgt 0,93. Die kleinere Zahl ist 4,61. Bestimme die größere Zahl.
c) Die Differenz zweier Zahlen beträgt 5,81. Die größere Zahl ist 6,872. Wie heißt die kleinere Zahl?

Dezimalzahlen mit Zehnerzahlen multiplizieren und dividieren

1 Der folgende Artikel stand in einer Tageszeitung.

Sneakers für 5 900 Euro
Computerpanne beim Bezahlen mit der EC-Karte
Rund 13 000 Bankkunden ist wegen eines Computerfehlers beim Benutzen der EC-Karte das Hundertfache des Rechnungsbetrags abgebucht worden. Ein fehlerhafter Computer hatte Anfang der Woche von zahlreichen Konten statt 1,4 Millionen Euro insgesamt 140 Millionen Euro abgezogen und Geschäften und Tankstellen gutgeschrieben. Beim Abrechnen der Zahlungen rutschte aus bisher noch ungeklärter Ursache das Komma um zwei Stellen nach rechts. Aus 10 Euro wurden so 1 000 Euro. Wer für 75 Euro tankte und mit EC-Karte bezahlte, dem wurden 7 500 Euro vom Konto abgebucht. Die Sneakers für 59 Euro wurden zur superteuren Designerware für stolze 5 900 Euro.

a) Welcher Betrag wäre wegen des Computerfehlers vom Konto des Kunden für die Jacke (die Jeans, das T-Shirt) abgebucht worden?

99,90 €   84,90 €   19,95 €

b) Wie viel Euro wären jeweils vom Konto abgebucht worden, wenn der Computer irrtümlich das Zehnfache (Tausendfache) des Preises berechnet hätte?

2 a) Ein fehlerhafter Computer hat das Zehnfache des Rechnungsbetrags berechnet. Dem Kunden einer Tankstelle hat er 720 € (567 €, 676,40 €, 825,80 €) abgebucht. Für wie viel Euro hat der Kunde tatsächlich Benzin getankt?
b) Für ein Paar Schuhe wurden 8 900 € (6 995 €, 11 995 €) abgebucht. Das war das Hundertfache des Preises. Wie teuer waren die Schuhe?

Multiplizieren von Dezimalzahlen mit 10, 100, 1 000, …

Eine Dezimalzahl wird mit 10, 100, 1 000, … multipliziert, indem das Komma um eine Stelle, zwei, drei, … Stellen nach rechts rückt.
Ergänze, wenn nötig, Nullen.

6,83 · 10 = 68,3   0,341 · 10 = 3,41
6,83 · 100 = 683   0,341 · 100 = 34,1
6,83 · 1 000 = 6 830   0,341 · 1 000 = 341

3 Multipliziere.
a) 2,87 · 10   b) 0,582 · 10
   2,87 · 100   0,582 · 100
   2,87 · 1 000   0,582 · 1 000
c) 32,71 · 10   d) 0,0024 · 100
   8,098 · 100   1,501 · 1 000
   612,8 · 100   0,77 · 1 000

Dividieren von Dezimalzahlen durch 10, 100, 1 000, …

Eine Dezimalzahl wird durch 10, 100, 1 000, … dividiert, indem das Komma um eine Stelle, zwei, drei, … Stellen nach links rückt.
Ergänze, wenn nötig, Nullen.

13,1 : 10 = 1,31   0,2 : 10 = 0,02
13,1 : 100 = 0,13   0,2 : 100 = 0,002
13,1 : 1 000 = 0,0131   0,2 : 1 000 = 0,0002

4 Dividiere.
a) 27,1 : 10   b) 0,58 : 10
   27,1 : 100   0,58 : 100
   27,1 : 1 000   0,58 : 1 000
c) 128,7 : 10   d) 1,24 : 100
   837,2 : 100   0,521 : 1 000
   57,77 : 100   0,082 : 1 000

5 Berechne.
a) 94,31 · 10   b) 12,29 : 100
   45,87 : 10   0,371 · 1 000
   28,7 · 100   0,628 : 100
c) 0,007 · 100   d) 0,0077 · 100
   0,051 : 100   1,002 : 1 000
   1,004 · 1 000   0,0003 · 100
e) 3,72 · 10 000   f) 2 146,6 : 100 000
   15 656,1 : 10 000   1,522 · 100 000
   0,04332 · 10 000   3,4 : 1 000 000

Dezimalzahlen multiplizieren

1 Lina und Laura verbringen ihren Urlaub in Schottland. Dort werden Entfernungen in Meilen angegeben.

1 Meile ≈ 1,6 km

Wie viel Kilometer müssen sie gehen, um Kinlochleven zu erreichen?

2 Berechne wie im Beispiel.

> 2,20 € · 4 = ■ €
> 220 ct · 4 = 880 ct = 8,80 €

a) 1,10 € · 4 b) 1,20 m · 3 c) 1,3 cm · 4
   0,70 € · 5   0,60 m · 6   0,2 cm · 8

3 Multipliziere im Kopf.

> eine Stelle eine Stelle   zwei Stellen   zwei Stellen
> 0,4 · 8 = 3,2   0,05 · 7 = 0,35
> 2,1 · 3 = 6,3   0,15 · 5 = 0,75

a) 0,6 · 2   b) 3 · 0,5   c) 5 · 0,07
   0,7 · 3   5 · 0,9   7 · 0,04
   0,8 · 6   4 · 0,8   8 · 0,09

d) 1,4 · 2   e) 0,1 · 14 f) 5 · 0,15
   1,1 · 3   0,2 · 16   7 · 0,11
   1,2 · 4   0,4 · 12   3 · 0,25

g) Formuliere eine Regel für das Multiplizieren einer Dezimalzahl mit einer natürlichen Zahl.

4 Berechne.

> 0,004 · 7 = 0,028   3 · 0,0006 = 0,0018

a) 0,004 · 8   b) 0,003 · 4
   0,002 · 9   6 · 0,011
   7 · 0,005   0,018 · 2

c) 6 · 0,0004   d) 0,022 · 30
   8 · 0,0006   50 · 0,015
   0,0009 · 3   0,032 · 200

Lösungen zu Aufgabe 4:
0,0024 0,0027 0,0048 0,012 0,018
0,032 0,035 0,036 0,066 0,66 0,75 6,4

5 In Schottland betrachten Lina und Laura die Angebote der Geschäfte.

Für ein Pfund haben wir 1,20 € bezahlt.

10,50 £

Wie viel Euro kostet der Schal?

> **Multiplizieren von zwei Dezimalzahlen**
>
> Zunächst wird multipliziert, ohne auf das Komma zu achten.
> Das Ergebnis hat so viele Stellen nach dem Komma wie beide Dezimalzahlen zusammen.
>
> eine Stelle   eine Stelle   zwei Stellen
> 0,4   ·   0,8   =   0,32
>
> eine Stelle   zwei Stellen   drei Stellen
> 0,7   ·   0,05   =   0,035

6 Multipliziere. Achte auf das Komma.

a) 0,4 · 0,7   b) 0,3 · 0,8   c) 1,1 · 0,4
   0,5 · 0,9   0,6 · 0,2   1,3 · 0,3
   0,8 · 0,6   0,4 · 0,9   1,6 · 0,2

d) 0,3 · 1,4   e) 0,5 · 0,6   f) 0,4 · 0,03
   0,4 · 1,3   0,8 · 0,5   0,8 · 0,09
   0,6 · 1,2   1,2 · 0,5   0,6 · 0,07

g) 0,07 · 1,1   h) 0,06 · 0,09
   1,2 · 0,04   0,07 · 0,08
   0,03 · 1,5   0,09 · 0,09

i) 0,04 · 0,006   k) 0,005 · 0,007
   0,0007 · 0,3   0,0009 · 0,06
   0,016 · 0,02   0,014 · 0,0003

Lösungen zu Aufgabe 6:
0,0000042 0,000035 0,000054 0,00021
0,00024 0,00032 0,012 0,072 0,0054
0,0056 0,0081 0,042 0,045 0,048 0,12
0,24 0,28 0,3 0,32 0,36 0,39 0,4 0,42
0,077 0,44 0,45 0,48 0,52 0,6 0,72

Dezimalzahlen multiplizieren

7 Mia kauft im Supermarkt Weintrauben. Ein Kilogramm kostet 2,99 €.

a) Wie viel Euro muss Mia ungefähr bezahlen?
b) Erläutere, wie du den genauen Betrag berechnen kannst.

8 Im Beispiel werden zwei Dezimalzahlen mit mehreren Stellen nach dem Komma schriftlich multipliziert.

Multipliziere schriftlich.
a) 1,7 · 2,5
   2,3 · 9,2
   4,5 · 8,5

b) 5,7 · 9,5
   8,6 · 7,9
   6,5 · 5,3

c) 6,7 · 0,22
   0,73 · 3,4
   9,7 · 0,31

d) 0,09 · 27,7
   28,3 · 0,075
   0,73 · 3,48

e) 9,04 · 3,42
   18,2 · 0,097
   251,9 · 0,007

f) 8,018 · 6,5
   25,3 · 0,048
   8,004 · 7,09

g) 7,05 · 7,19
   236,6 · 0,055
   6,0011 · 0,84

Lösungen zu Aufgabe 8:
1,2144 1,474 1,7633 1,7654 2,1225
2,482 2,493 2,5404 4,25 3,007
5,040924 13,013 21,16 30,9168
34,45 38,25 50,6895 52,117 54,15
56,74836 67,94

9 In den Beispielen werden zwei Dezimalzahlen multipliziert.

$2{,}7 \cdot 0{,}19 =$ ▢ $0{,}023 \cdot 0{,}41 =$ ▢

```
 2,7 · 0,19              0,023 · 0,41
      27                        92
     243                        23
   0,513                   0,00943
```

$2{,}7 \cdot 0{,}19 = 0{,}513$ $0{,}023 \cdot 0{,}41 = 0{,}00943$

Berechne.
a) 1,4 · 0,27
   0,35 · 2,8
   5,1 · 0,14

b) 0,162 · 0,31
   0,5129 · 0,3
   0,084 · 0,72

c) 0,056 · 0,028
   0,017 · 0,096
   0,143 · 0,011

d) 0,0073 · 0,055
   0,0152 · 0,018
   0,0004 · 0,021

Lösungen zu Aufgabe 9:
0,0000084 0,0002736 0,0004015
0,001632 0,001568 0,001573 0,05022
0,06048 0,15387 0,378 0,714 0,98

10 Bei den Multiplikationen fehlt jeweils ein Komma. Gib an, an welcher Stelle dieses Komma gesetzt werden muss.

a)
71,48 · 0,942 = 6733416
173,8 · 0,068 = 118184
0,042 · 83,8 = 35196

b)
1025 · 1,045 = 107,1125
0,451 · 111 = 5,0061
8,88 · 99909 = 887,19192

c)
1,5 · 2,4 = 36
3,5 · 3,2 = 112
24,5 · 6,08 = 14896

d)
6,6 · 45 = 29,7
165 · 0,54 = 8,91
808 · 23,5 = 189,88

11 Erkläre, welchen Fehler Vanessa gemacht hat.

a)
```
 2,4 · 0,023
       4 8
         7 2
     0,5 5 2
```

b)
```
 0,026 · 0,25
         5 2
       1 3 0
     0,00065
```

Im Ergebnis werden Nullen ergänzt.

Dezimalzahlen dividieren

1 In den Regalen des Schreibwarengeschäfts liegen verschiedene Artikel.

Briefumschläge 10 Stück 1,10 €
Textmarker 3 Stück 3,99 €
Bleistifte 4 Stück 2,48 €

Wie viel Euro kostet jeweils ein Artikel?

3,60 € : 3 = ■ €
360 ct : 3 = 120 ct
         = 1,20 €

2 Berechne wie im Beispiel.
a) 3,50 € : 7   b) 2,40 m : 6   c) 6,3 cm : 9
   2,50 € : 5   3,20 m : 4   4,8 cm : 8

3 Berechne im Kopf.

27 : 3 = 9   also: 2,7 : 3 = 0,9

a) 2,4 : 6   b) 4,2 : 7   c) 0,8 : 4
   3,2 : 8   6,3 : 7   0,6 : 2
   4,5 : 5   7,2 : 9   0,9 : 3

d) 2,4 : 2   e) 2,6 : 2   f) 5,1 : 3
   3,3 : 3   6,3 : 9   3,8 : 2
   4,5 : 3   4,8 : 8   5,5 : 5

4 Im Beispiel wird eine Dezimalzahl durch eine natürliche Zahl dividiert. Dividiere schriftlich wie im Beispiel.

42,65 : 5 = ■

42,65 : 5 = 8,53
40
 26
 25
  15
  15
   0

Setze beim Überschreiten des Kommas auch im Ergebnis ein Komma.

42,65 : 5 = 8,53

a) 8,19 : 3   b) 9,44 : 4   c) 102,2 : 7
   96,8 : 4   91,8 : 6   92,56 : 4
   99,4 : 7   71,5 : 5   6,552 : 3

d) 2,4753 : 2   e) 451,7696 : 8
   342,78 : 3   1 217,065 : 5
   5 998,5 : 9   31 250,88 : 9

Lösungen zu Aufgabe 4:
1,23765 2,184 2,36 2,73 14,2 14,3
14,6 15,3 23,14 24,2 56,4712 114,26
243,413 666,5 3 472,32

5 Dividiere schriftlich wie in den Beispielen.

3,794 : 7 = ■   0,498 : 6 = ■

3,794 : 7 = 0,542   0,498 : 6 = 0,083
0   0
 37   04
 35   00
  29   49
  28   48
   14   18
   14   18
    0   0

3,794 : 7 = 0,542   0,498 : 6 = 0,083

a) 1,35 : 3   b) 0,342 : 2   c) 5,766 : 6
   2,72 : 4   0,675 : 5   5,278 : 7
   1,76 : 8   0,771 : 3   8,451 : 9

6 In den Beispielen werden zwei natürliche Zahlen dividiert. Der Quotient ist eine Dezimalzahl.

37 : 4 = ■   6 : 8 = ■

37,00… : 4 = ■   6,00… : 8 = ■

37,00 : 4 = 9,25   6,00 : 8 = 0,75
36   0
 10   60
  8   56
 20   40
 20   40
  0   0

37 : 4 = 9,25   6 : 8 = 0,75

Bestimme den Quotienten.
a) 2 : 8   b) 9 : 5   c) 27 : 6   d) 7 : 20
   7 : 4   15 : 8   37 : 4   94 : 40

7 Berechne.
a) 0,3888 : 12   b) 0,9436 : 14
   0,4059 : 11   0,8954 : 11
   0,00495 : 15   0,1168 : 16

Lösungen zu Aufgabe 5 bis 7:
0,00033 0,0073 0,0324 0,0369 0,0674
0,0814 0,135 0,171 0,22 0,237 0,25 0,35
0,45 0,68 0,754 0,939 0,961 1,75 1,8
1,875 2,35 4,5 9,25

Dezimalzahlen dividieren

8 Eine der abgebildeten Heftzwecken wiegt 0,5 g.

Wie viele Heftzwecken liegen auf der Waage?

9 Berechne durch Umwandeln.

1,80 € : 0,30 € = ▩
▩ ct : ▩ ct = ▩

a) 1,80 € : 0,30 €
   2,40 € : 0,60 €
   4,80 € : 0,80 €

b) 3,50 m : 0,70 m
   3,60 m : 1,20 m
   7,70 m : 1,10 m

10 Vergleiche die Divisionsaufgaben.

a) 8 : 2 = 4
   80 : 20 = 4
   800 : 200 = 4
   8 000 : 2 000 = 4

b) 15 : 3 = 5
   150 : 30 = 5
   1 500 : 300 = 5
   15 000 : 3 000 = 5

c) 5 : 2 = 2,5
   50 : 20 = 2,5
   500 : 200 = 2,5
   5 000 : 2 000 = 2,5

d) 9 : 6 = 1,5
   90 : 60 = 1,5
   900 : 600 = 1,5
   9 000 : 6 000 = 1,5

> Das Ergebnis (Quotient) einer Divisionsaufgabe ändert sich nicht, wenn beide Zahlen (Dividend und Divisor) mit 10, 100, 1 000, … multipliziert werden.

11 Berechne im Kopf.

1,8 : 0,3 = 18 : 3 = 6
0,88 : 0,11 = 88 : 11 = 8

a) 0,6 : 0,3
   0,8 : 0,2
   1,2 : 0,4
   3,6 : 0,9

b) 2,4 : 0,8
   1,6 : 0,4
   2,8 : 0,7
   5,6 : 0,8

c) 0,77 : 0,11
   0,54 : 0,09
   0,72 : 0,08
   0,48 : 0,12

12 Dividiere schriftlich wie im Beispiel.

1,956 : 0,4 = ▩

1. Multipliziere beide Dezimalzahlen (Dividend und Divisor) mit 10, 100, 1 000, …, so dass der Divisor eine natürliche Zahl wird.

19,56 : 4 = ▩

2. Dividiere. Setze beim Überschreiten des Kommas auch im Ergebnis ein Komma.

```
19,56 : 4 = 4,89
16
 35
 32
  36
  36
   0
```

1,956 : 0,4 = 4,89

a) 16,38 : 0,7
   3,462 : 0,6
   3,852 : 0,4

b) 29,16 : 0,9
   4,888 : 0,8
   16,03 : 0,7

c) 0,1645 : 0,07
   2,2484 : 0,04
   34,668 : 0,09

d) 6,4062 : 0,03
   0,1225 : 0,05
   0,00492 : 0,06

13 Berechne. Ergänze Nullen.

a) 1,8 : 0,09
   3,3 : 0,05
   2,4 : 0,08

b) 23,7 : 0,003
   4,4 : 0,008
   4,14 : 0,0009

c) 0,9 : 0,006
   0,54 : 0,009
   0,36 : 0,005

d) 0,063 : 0,0007
   0,025 : 0,0004
   0,125 : 0,00008

2,8 : 0,08 = ▩
2,80 : 0,08 = ▩
280 : 8 = ▩

14 Berechne.

a) 0,20475 : 0,025
   0,41172 : 0,012

b) 1,06062 : 0,0011
   1,0233 : 0,0015

c) 0,01568 : 0,014
   0,006752 : 0,016

d) 1,33175 : 0,0025
   0,01998 : 0,0018

Lösungen zu Aufgabe 12 bis 14:
0,082 0,422 1,12 2,35 2,45 5,77 6,11
8,19 9,63 11,1 20 22,9 23,4 30 32,4
34,31 56,21 60 62,5 66 72 90 150
213,54 385,2 532,7 550 682,2 964,2
1 562,5 4 600 7 900

Dezimalzahlen

Sachaufgaben

Mathematisch modellieren — Sachaufgaben lösen

So kannst du Sachaufgaben mit Dezimalzahlen lösen:

Der große Preis von Italien wird jährlich auf der 5,793 km langen Rennstrecke in Monza ausgetragen. Bei diesem Formel-1-Rennen werden 53 Runden gefahren.
Wie viel Kilometer legt ein Fahrzeug bei diesem Rennen zurück?

1. Lies die Aufgabe sorgfältig durch und notiere, was gesucht ist.

   Die Länge der Strecke, die ein Fahrzeug bei einem Rennen zurücklegt

2. Schreibe alle Angaben auf, die du zur Lösung der Aufgabe benötigst.

   53 Runden, jede Runde ist 5,793 km lang

3. Überlege, welche Berechnungen du durchführen musst.

   Die Anzahl der Runden mit der Länge einer Runde multiplizieren

4. Führe die Rechnungen durch und bestimme das Ergebnis.

   $53 \cdot 5{,}793 = 307{,}029$

5. Überprüfe das Ergebnis mithilfe eines Überschlags. Formuliere eine Antwort.

   $50 \cdot 6 = 300$

   Beim großen Preis von Italien legt ein Fahrzeug 307,029 km zurück.

Löse die Aufgaben auf den Seiten 20 und 21 zusammen mit einem Partner. Hinweise zur Partnerarbeit findest du auf Seite 202.

1 Seemeile = 1,852 km

1 a) Maria passt manchmal auf das Kind der Nachbarn auf. Dafür erhält sie 6,50 € pro Stunde. Im vergangenen Monat hat sie 17,5 Stunden gearbeitet. Wie viel Euro hat sie verdient?
b) Auch Laura erhöht ihr Taschengeld durch Babysitten. Im Juni hat sie neun Stunden gearbeitet und dabei 67,50 € verdient.
Wie viel Euro erhält sie pro Stunde?

2 Familie Kath unternimmt einen Segeltörn und legt dabei in einer Woche 56 Seemeilen zurück.
Wie viel Kilometer sind das?

3 Herr Noll kontrolliert seinen Stromverbrauch. Zu Beginn eines Monats notiert er den Zählerstand.

1. April	3 361,2 kWh
1. Mai	3 712,8 kWh
1. Juni	4 012,2 kWh
1. Juli	4 322,1 kWh

Wie viel Kilowattstunden Strom hat Herr Noll im April (Mai, Juni) verbraucht?

4 a) Die 13 Mädchen und 17 Jungen der Klasse 6 b machen einen Ausflug mit dem Reisebus. Der Bus kostet 378 €. Wie viel Euro muss jedes Kind bezahlen?
b) Zwei Jungen fahren nicht mit. Um wie viel Euro erhöhen sich die Fahrtkosten für jedes Kind?

5 Für die Zubereitung eines Obstsalats kauft Nina 0,452 kg Apfelsinen, 0,732 kg Äpfel, 0,342 kg Weintrauben und 0,621 kg Bananen. Wie viel Kilogramm wiegt das Obst insgesamt?

Sachaufgaben

6 a) Bei der Tour de France benötigte der Sieger für eine 189 Kilometer lange Etappe 4,5 Stunden.
Wie viel Kilometer legte er im Durchschnitt pro Stunde zurück?

b) Auf einer anderen Etappe benötigte er bei einer durchschnittlichen Geschwindigkeit von 48,5 Kilometern pro Stunde für die Strecke 5,2 Stunden.
Berechne die Länge der Etappe.

7 916,5 Liter Obstsaft werden in Flaschen zu je 0,75 Liter abgefüllt. Wie viele Flaschen können gefüllt werden?

8 Frau Werthmann tankt 45 Liter Benzin und bezahlt dafür 67,95 €.
Bei einer anderen Tankstelle bezahlt Herr Klinger 60,80 € für 40 Liter Benzin.
Wer hat preiswerter getankt?

9 a) Im März ist Frau Kruppa mit ihrem Wagen 1 200 Kilometer gefahren und hat dabei 87 Liter Benzin verbraucht. Berechne den durchschnittlichen Verbrauch für 100 Kilometer.
b) Im April hat ihr Wagen 54 Liter Benzin für 750 Kilometer verbraucht. Hat sich der durchschnittliche Verbrauch verändert?

10 a) Gib die Größe jedes Grundstücks in Quadratmetern an.

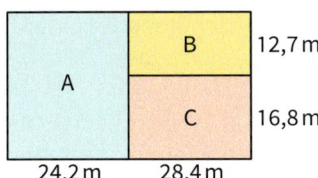

b) Wie groß sind alle drei Grundstücke zusammen?

11 Für seine Reise nach Nordamerika kauft Herr Eggenwirth bei der Bank 200 US-Dollar, 250 kanadische Dollar und 5 000 mexikanische Peso.

Ausländische Währungen		
USA	1 US-Dollar	0,897 €
Kanada	1 Kanad. Dollar	0,652 €
Mexiko	100 Peso	4,194 €

Wie viel Euro bezahlt er insgesamt?

12 a) Eine Ein-Euro-Münze ist 2,33 mm dick. Wie hoch ist ein Stapel von 20 Ein-Euro-Münzen?
b) Ein Stapel von 30 Ein-Cent-Münzen ist 50,1 mm hoch. Wie dick ist eine Ein-Cent-Münze?
c) Eine Zwei-Euro-Münze ist 2,2 mm dick. Die Höhe eines Stapels aus Zwei-Euro-Münzen beträgt 55 mm. Aus wie vielen Münzen besteht der Stapel?

13 Die Regeln des Tennis stammen aus England. Daher wurde die Größe des Spielfelds in englischen Längenmaßen festgelegt. Beim Einzel ist das Spielfeld 26 yards lang und 9 yards breit, beim Doppel beträgt die Breite 12 yards.

1 yard = 91,44 cm

Gib jeweils den Flächeninhalt des Spielfeldes in Quadratmetern an. Runde jedes Ergebnis auf zwei Stellen nach dem Komma.

Lösungen zu Aufgabe 1 bis 13:
0,9   1,51   1,52   1,67   2,147   12,6   7,2
7,25   7,5   25   42   46,6   103,712   113,75
195,65   252,2   260,87   299,4   309,9
351,6   360,68   477,12   552,10   713,9
1 222   1 551,7

Die Honigbiene

Die Aufgaben auf dieser Seite kannst du zusammen mit einem Partner lösen.

1 a) Sammle die Informationen über die Honigbiene, die du auf Seite 23 findest. Beachte dabei die Hinweise im Kasten.
b) Übertrage den Steckbrief der Honigbiene in dein Heft. Füge die fehlenden Zahlen und Größen ein.

Die Honigbiene

Größe ___1 cm – 2,2 cm___

Gewicht _____

Lebenserwartung _____

Geschwindigkeit beim Fliegen _____

c) Auf Seite 23 werden weitere Größen zur Honigbiene angegeben. Ergänze damit den Steckbrief.

2 Wie viel Gramm wiegt eine mit Nektar beladene Sammelbiene?

3 a) Von jedem Ausflug bringt eine Sammelbiene 0,05 g Nektar mit. Wie viel Gramm Nektar transportiert sie täglich?
b) Eine Arbeiterbiene ist in ihrem Leben drei Wochen lang als Sammlerin tätig. Wie viel Gramm Nektar sammelt sie in dieser Zeit?
c) Aus drei Kilogramm Nektar wird ein Kilogramm Honig hergestellt. Wie oft müssen die Bienen ausfliegen, um Nektar für ein Kilogramm Honig zu gewinnen?

4 Wie viele Eier legt eine Bienenkönigin durchschnittlich in einer Stunde (in einer Minute)?

5 a) Wie viel Gramm Wasser benötigt ein Bienenstock mit 40 000 Bienen und 5 000 Brutzellen täglich?
b) Eine Arbeiterin kann an einem Tag 20-mal zu einem nahegelegenen Bach fliegen und bei einem Flug 0,01 g Wasser transportieren. Wie viele Arbeiterinnen sind zur Versorgung des Bienenstocks notwendig?

6 a) Wie lange ist eine Sammelbiene täglich außerhalb des Bienenstocks unterwegs?
b) Wie oft schlagen in dieser Zeit ihre Flügel?
c) Wie viele Blüten fliegt sie an einem Tag an?
d) Wie viel Kilometer legt eine Sammelbiene täglich zurück?

7 Überlege dir eine weitere Rechenaufgabe zur Honigbiene. Bitte einen Mitschüler oder eine Mitschülerin, die Aufgabe zu lösen.

8 Suche in einem Biologiebuch oder im Internet nach weiteren Informationen über Honigbienen.

Kommunizieren

Einem Text Informationen entnehmen

1. Lies den Text im Ganzen durch. Schreibe in einem Satz auf, wovon der Text handelt.

2. Lies jeden einzelnen Abschnitt des Textes langsam und konzentriert. Schreibe zu jedem Abschnitt eine Überschrift auf.

3. Schreibe die Aussagen des Textes auf, die du für besonders wichtig hältst.

4. Schreibe die Wörter auf, die du nicht kennst. Kläre ihre Bedeutung. Dazu kannst du das Internet oder ein Lexikon benutzen, du kannst auch deine Lehrerin oder deinen Lehrer fragen.

5. Berichte einem Mitschüler oder einer Mitschülerin, was du gelesen hast.

Die Honigbiene

A Die Honigbiene ist die bekannteste in Deutschland vorkommende Bienenart. Diese Bienen leben in Gemeinschaften mit 8 000 bis 40 000 Mitgliedern. Jedes Bienenvolk hat eine Königin und etwa 500 Drohnen, das sind männliche Bienen. Die übrigen Bienen heißen Arbeiterinnen.

B Die Königin erzeugt den Nachwuchs, sie legt täglich bis zu 2 000 Eier.
Die einzige Aufgabe der Drohnen ist es, die Königin zu begatten.
Die Arbeiterinnen kümmern sich um die Brut, sammeln Nektar oder holen Wasser heran.

C Eine Biene fliegt täglich etwa zehn Mal aus. Ihre Geschwindigkeit beim Fliegen beträgt ungefähr 30 $\frac{km}{h}$.
Pro Minute besucht sie durchschnittlich zwölf Blüten. Um ihre Honigblase zu füllen, muss sie 15 bis 100 Blüten anfliegen. Ein Ausflug dauert 25 bis 45 Minuten. Dabei schlägt sie 250-mal pro Minute mit den Flügeln.

D Zur Ernährung brauchen Bienen außer dem Honig vor allem Wasser. Eine ausgewachsene Biene benötigt täglich 0,001 g Wasser, jede Brutzelle mindestens 0,02 g.

E Eine Arbeiterin wiegt 0,1 g. Wenn sie vom Sammeln mit gefüllter Honigblase in den Bienenstock zurückkehrt, wiegt sie um die Hälfte mehr.
Ihre Lebenserwartung beträgt sechs Wochen.

WISSEN KOMPAKT

Dezimalzahlen können in eine **erweiterte Stellenwerttafel** eingeordnet werden.

H	Z	E	z	h	t		wir schreiben	wir lesen
100	10	1	$\frac{1}{10}$	$\frac{1}{100}$	$\frac{1}{1000}$			
1 Einer 6 Zehntel			1	6			1,6	Eins Komma sechs
7 Zehntel 2 Hundertstel			0	7	2		0,72	Null Komma sieben zwei

Dezimalzahlen sind Brüche mit dem Nenner 10, 100, 1 000, … Deshalb nennt man sie auch Dezimalbrüche.

Dezimalzahlen können auf dem **Zahlenstrahl** dargestellt werden.
Auf dem Zahlenstrahl liegt die kleinere Dezimalzahl links von der größeren Dezimalzahl.

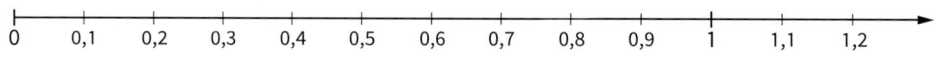

Runden von Dezimalzahlen

Bei 0, 1, 2, 3, 4 runde ab.

Bei 5, 6, 7, 8, 9 runde auf.

Auf diese Stelle soll gerundet werden.

1,36**8** ≈ 1,37

Diese Stelle gibt an, ob auf- oder abgerundet wird.

Bei der **schriftlichen Addition und Subtraktion** von Dezimalzahlen stehen Komma unter Komma, Einer unter Einern, Zehntel unter Zehnteln, …

```
  14,702           1,700
+  0,570         − 0,125
   1              1 1
  15,272           1,575
```

14,702 + 0,57 = 15,272   1,7 − 0,125 = 1,575

Eine Dezimalzahl wird **mit 10, 100, 1 000, … multipliziert** (durch 10, 100, 1 000, … dividiert), indem das Komma um eins, zwei, drei, … Stellen nach rechts (links) rückt. Für fehlende Ziffern werden Nullen geschrieben.

1,428 · 10 = 14,28
0,782 · 100 = 78,2
0,732 : 10 = 0,0732
12,4 : 1 000 = 0,0124

Beim **schriftlichen Multiplizieren** von zwei Dezimalzahlen wird zunächst nicht auf das Komma geachtet.

Das Ergebnis hat so viele Stellen nach dem Komma wie beide Dezimalzahlen zusammen nach dem Komma haben.

3,607 · 2,07 =

```
3,6 0 7 · 2,0 7
    7 2 1 4
      2 5 2 4 9
    7,4 6 6 4 9
```

3,607 · 2,07 = 7,46649

Beim **schriftlichen Dividieren** von zwei Dezimalzahlen werden beide Zahlen mit 10, 100, 1 000, … multipliziert, so dass der Divisor eine natürliche Zahl wird.

Sobald man beim Dividieren das Komma überschreitet, wird im Quotienten das Komma gesetzt.

0,738 : 0,09 =

```
73,8 : 9 = 8,2
72
 18
 18
  0
```

0,738 : 0,09 = 8,2

ÜBEN

1 Schreibe als Dezimalzahl.
a) acht Zehntel vier Hundertstel
sechs Zehntel neun Tausendstel
drei Hundertstel fünf Tausendstel
b) sechzehn Hundertstel
vierunddreißig Hundertstel
fünfundneunzig Tausendstel
c) elf Zehntel
zweihundertzwölf Tausendstel
vierhundertdrei Tausendstel

2 a) Setze jeweils das Komma so, dass die Ziffer ⑧ den Stellenwert Zehntel hat.
782   1855   1118   7805   26803
b) Setze jeweils das Komma so, dass die Ziffer ① den Stellenwert Hundertstel hat.
3691   5812   33819   621   17

3 Welchen Stellenwert hat die Ziffer 6 in der Dezimalzahl 4,63 (5,006; 6,03; 0,961; 7,601)?

4 Prüfe, ob die beiden Dezimalzahlen gleich groß sind oder nicht.
a) 0,088 und 0,0880
b) 0,0707 und 0,7070
c) 1,0200 und 1,020
d) 4,0303 und 4,30303
e) 2,0010 und 2,0100
f) 3,0050 und 3,00500

5 a) Zeichne das Teilstück des Zahlenstrahls von 0 bis 1 in einer Länge von 10 cm. Markiere die Punkte für 0,4 (0,8; 0,13; 0,53; 0,71; 0,96).
b) Zeichne das Teilstück des Zahlenstrahls von 17 bis 18 in einer Länge von 10 cm. Markiere die Punkte für 17,2 (17,7; 17,04; 17,59; 17,84; 17,92).

6 Ordne die Dezimalzahlen der Größe nach. Beginne mit der kleinsten.
a) 4,55   4,45   5,44   4,54   5,45   5,54
b) 0,102   0,201   0,112   0,212   0,221
c) 7,15   1,75   5,71   5,17   1,57   7,51
d) 1,444   1,4   1,4044   1,404   1,40444
e) 0,11   0,0111   0,1011   1,101   0,001
f) 3,223   3,322   3,332   3,233   3,323

7 Runde
a) auf Zehntel: 0,78   34,52   2,062
0,072   11,067   18,72   3,72   9,96
b) auf Hundertstel: 12,503   31,987
0,0061   1,8062   2,302   5,696
c) auf Tausendstel: 0,7777   0,0808
21,7053   1,0088   0,0002   1,0997

8 Gib die Einwohnerzahlen der Städte in Millionen mit zwei Stellen nach dem Komma an. Ordne sie der Größe nach.

Barcelona	1 636 762 Einwohner
Berlin	3 644 826 Einwohner
Hamburg	1 841 179 Einwohner
London	8 908 081 Einwohner
Madrid	3 266 126 Einwohner
München	1 471 508 Einwohner
Paris	2 140 526 Einwohner
Rom	2 857 321 Einwohner
Warschau	1 777 972 Einwohner
Wien	1 897 491 Einwohner

9 a) Gib fünf Dezimalzahlen an, die beim Runden auf Zehntel 7,5 (1,2; 0,6; 3) ergeben.
b) Gib fünf Dezimalzahlen an, die beim Runden auf Hundertstel 1,23 (0,86; 0,07; 2,1) ergeben.

10 Die Angaben auf den Wegweisern sind auf eine Stelle nach dem Komma gerundet. Wie viel Meter beträgt die Länge des Weges zum Strandbad (zum Kurhaus, zum Aussichtsturm) mindestens, wie viel Meter höchstens?

ÜBEN: Addieren und Subtrahieren

1 Berechne das Ergebnis im Kopf.
a) 1,8 + 2,3   b) 3,4 − 2,1   c) 0,12 + 0,14
   2,7 + 1,5   4,9 − 3,7   0,34 + 0,62
   5,9 + 2,8   7,2 − 4,3   0,41 + 0,25

2 a) Ergänze zu 1.
   0,7   0,8   0,71   0,49   0,992
b) Ergänze zu 10.
   7,5   8,2   5,9   9,52   8,05
c) Ergänze zu 100.
   99,2   98,7   50,5   9,5   23,7

3 Addiere oder subtrahiere schriftlich. Das Ergebnis jeder Aufgabe führt dich zur nächsten Aufgabe.

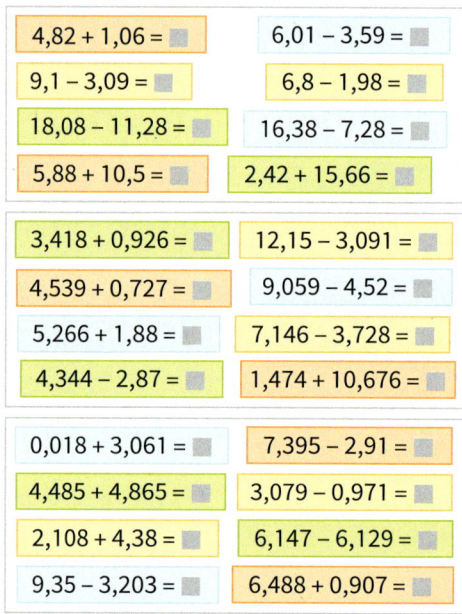

4 Stelle mithilfe eines Überschlags fest, welche Ergebnisse nicht richtig sein können. Die Buchstaben hinter den richtigen Ergebnissen bilden das Lösungswort.
a) 6,8 + 8,2 + 5,9 = 20,9   **R**
   17,4 + 23,8 + 11,2 = 92,4   **A**
   19,3 + 14,6 + 7,9 = 31,8   **S**
   0,73 + 0,69 + 0,44 = 1,86   **O**
   71,1 + 22,8 + 5,9 = 99,8   **T**
   0,31 + 0,67 + 0,11 = 10,9   **E**

b) 9,2 − 3,8 − 1,2 = 1,25   **B**
   56,1 − 12,9 − 8,9 = 3,43   **A**
   44,7 − 21,6 − 2,7 = 20,4   **L**
   1,88 − 0,71 − 0,38 = 0,79   **I**
   20,4 − 3,5 − 11,3 = 5,6   **L**
   4,5 − 0,92 − 0,73 = 2,85   **A**

5 Fasse geschickt zusammen und bestimme das Ergebnis.

$$3,6 + 7,2 − 1,6 + 1,8$$
$$= (3,6 − 1,6) + (7,2 + 1,8)$$
$$= 2 + 9$$
$$= 11$$

a) 2,4 + 5,3 − 2,3 + 9,6
   5,7 + 3,1 + 4,9 + 3,3
   8,1 + 9,4 + 2,6 − 2,1

b) 3,77 + 1,2 + 3,8 − 0,77
   3,95 + 2,6 + 1,05 + 4,4
   0,72 + 0,51 + 0,28 + 0,49

6 Vervollständige den Additionsturm in deinem Heft.

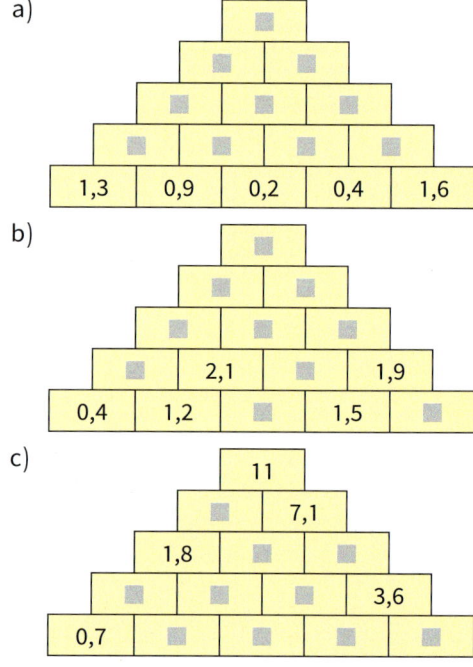

7 a) 2,7 + 5,3 − ▦ = 4,5
   7,1 − ▦ + 4,3 = 10,3
   ▦ − 6,2 − 1,3 = 2,5

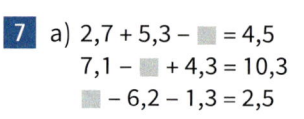

b) 7,1 − ▦ − 3,2 = 2,1
   ▦ + 5,1 − 3,8 = 9,8
   4,7 − 2,8 + ▦ = 5,3

c) 8 − ▦ − 2,1 − 0,3 = 1,9
   1,7 + 4,2 + ▦ + 2,5 = 11
   4,8 − ▦ − 1,5 − 2,6 = 0,3

ÜBEN: Multiplizieren und Dividieren

1 Berechne im Kopf.
a) 0,9 · 4
1,3 · 4
3 · 3,1

b) 2,8 · 10
8 · 0,4
10 · 1,9

c) 0,2 · 0,8
0,6 · 0,3
0,7 · 0,4

d) 3,42 · 10
85,3 : 10
0,19 · 0,2

e) 0,15 · 0,3
48,2 : 10
0,7 · 100

f) 0,04 · 0,6
0,09 · 0,04
0,11 · 0,03

g) 0,00052 · 100
0,006 · 0,07
1 000 · 0,0781

h) 0,014 : 0,002
0,03 · 0,0013
0,054 : 0,006

2 Bei jeder Aufgabe erhältst du ein Lösungswort, wenn du im Ergebnis jede Ziffer durch den angegebenen Buchstaben ersetzt.

1	A	2	E	3	R	4	T	5	I
6	U	7	S	8	L	9	N	0	G

a) 8,41 · 0,03
46,489 · 0,7
4,093 · 1,1

b) 34,81 · 1,2
0,78 · 0,33
0,34273 · 0,8

c) 22,717 · 0,19
1,033 · 0,13
4,79 · 0,68

d) 0,063 · 4,353
14,787 · 0,29
0,33 · 2,5013

e) 2,09 : 0,5
0,102 : 0,6
0,576 : 0,9

f) 20,56 : 0,8
1,288 : 0,7
2,826 : 0,9

g) 0,0788 : 0,4
8,826 : 0,3
13,64 : 0,5

h) 67,0707 : 0,9
1,5721 : 0,5
3,6688 : 0,04

i) 2,007 · 3,7
123,577 · 0,6
0,058 · 3,49901

k) 23,4964 : 0,5
0,135384 : 0,8
0,24678 : 0,9

3 Stelle mithilfe eines Überschlags fest, welche Ergebnisse nicht richtig sein können. Die Buchstaben hinter den richtigen Ergebnissen bilden das Lösungswort.

a) 6,8 · 8,5 = 57,8 (G)
1,9 · 4,2 = 2,98 (L)
7,1 · 0,8 = 5,68 (E)
9,2 · 4,5 = 41,4 (L)
17,1 · 1,1 = 9,81 (E)
6,7 · 3,8 = 25,46 (B)

b) 87,6 : 3 = 29,2 (B)
7,65 : 5 = 15,3 (U)
5,31 : 9 = 0,59 (L)
4,24 : 8 = 5,3 (T)
19,8 : 9 = 2,2 (A)
23,4 : 6 = 3,9 (U)

4 Erkläre, welche Fehler Christopher gemacht hat.
a)
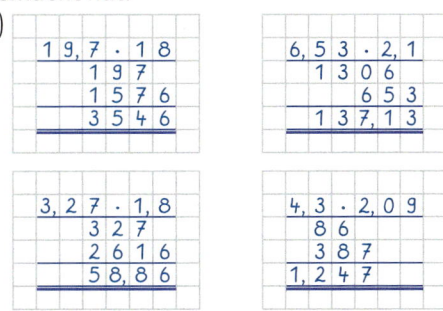

b)
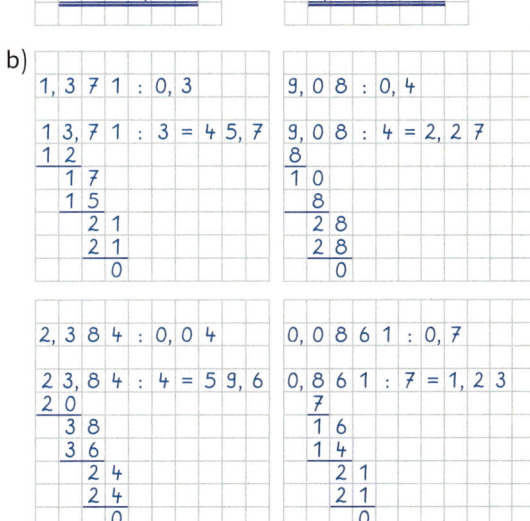

5 Fasse wie in den Beispielen geschickt zusammen und bestimme das Ergebnis.

0,25 · 1,6 · 4
= (0,25 · 4) · 1,6
=   1   · 1,6
= 1,6

0,2 · 3,1 · 0,5
= (0,2 · 0,5) · 3,1
=   0,1   · 3,1
= 0,31

a) 0,2 · 7,3 · 5
3,4 · 4 · 0,25
0,05 · 20 · 3,9
0,5 · 3,1 · 0,2

b) 2,5 · 9,7 · 0,4
0,5 · 27 · 0,2
4,2 · 0,25 · 0,4
0,025 · 2,3 · 400

6 Bestimme jeweils den Platzhalter.
a) 3 · ■ = 18,12
■ · 7 = 16,31
8 · ■ = 42,72

b) ■ : 1,2 = 5,4
3,36 : ■ = 0,8
■ : 0,3 = 4,3

c) 0,7 · ■ = 0,392
■ · 0,15 = 0,57
0,06 · ■ = 0,276

d) ■ : 0,69 = 1,173
0,756 : ■ = 0,9
■ : 0,42 = 2,73

ÜBEN: Verbindung der Grundrechenarten

1 Berechne die Klammer zuerst.

$(3,4 - 1,9) \cdot 6 = 1,5 \cdot 6 = 9$
$6 - (2,4 + 1,1) = 6 - 3,5 = 2,5$
$(2,4 - 0,9) \cdot (1,4 + 2,6) = 1,5 \cdot 4 = 6$

a) $(1,2 + 3,3) \cdot 2$
   $(4,2 - 1,7) \cdot 4$
   $(0,9 + 1,2) \cdot 3$

b) $3 \cdot (2,8 - 1,9)$
   $10 \cdot (9,1 + 0,8)$
   $7 \cdot (8,5 - 7,4)$

c) $(2,5 - 1,3) : 3$
   $(4,2 + 1,8) : 4$
   $(2,9 - 2,3) : 2$

d) $0,2 \cdot (2,7 + 8,3)$
   $1,1 \cdot (6,4 + 2,6)$
   $4,6 : (4,4 - 2,4)$

e) $5 - (1,1 + 2,1)$
   $2,5 - (2,3 - 0,8)$
   $7,1 - (3,3 + 1,7)$

f) $0,3 \cdot (4,4 - 3,9)$
   $(0,5 + 1,9) : 0,4$
   $0,8 \cdot (1,8 - 1,4)$

g) $(3,2 + 4,1 + 2,7) - (1,5 + 3,5)$
   $(7 - 1,1) - (1,3 + 2,1 + 0,6)$
   $(0,7 + 1,7 + 2,1) - (2,5 - 2,2)$

h) $(6,7 + 3,3) \cdot (0,8 + 2,4)$
   $(10,2 - 0,3) : (1,8 + 1,2)$
   $(5,3 - 4,1) \cdot (4,9 + 1,1)$

2 Beachte die Regel „Punktrechnung vor Strichrechnung".

$4,5 + 0,9 \cdot 8$
$= 4,5 + 7,2$
$= 11,7$

$0,4 \cdot 8 + 0,9 \cdot 3$
$= 3,2 + 2,7$
$= 5,9$

a) $2 \cdot 0,6 + 0,8$
   $2,5 - 0,7 \cdot 3$
   $1,2 + 0,4 \cdot 5$

b) $1,3 + 4 \cdot 0,6$
   $2,5 \cdot 2 - 1,9$
   $2 \cdot 3,2 - 2,3$

c) $7,5 - 1,5 \cdot 4$
   $1,1 \cdot 3 + 2,5$
   $5,1 \cdot 2 - 2,2$

d) $2 \cdot 1,5 - 0,4 \cdot 3$
   $0,5 \cdot 4 + 7 \cdot 0,2$
   $5 \cdot 1,1 - 4 \cdot 0,1$

e) $2,1 : 3 + 1,5$
   $1,8 + 2,4 : 4$
   $0,9 : 0,3 + 0,3$

f) $8,3 - 5,6 : 0,8$
   $8,8 : 2 + 1,6$
   $4,8 : 0,8 - 2,5$

g) $6 \cdot 0,7 - 4 \cdot 0,3$
   $8 \cdot 0,2 + 4 \cdot 0,6$
   $0,7 \cdot 3 + 0,3 \cdot 7$

h) $0,5 \cdot 0,4 + 0,1 \cdot 0,3$
   $0,7 \cdot 0,3 + 0,6 \cdot 0,4$
   $0,8 \cdot 0,4 - 0,2 \cdot 0,9$

3 Zerlege einen Faktor wie in den Beispielen. Bestimme dann das Ergebnis.

$8 \cdot 3,4$
$= 8 \cdot (3 + 0,4)$
$= 8 \cdot 3 + 8 \cdot 0,4$
$= 24 + 3,2$
$= 27,2$

$7 \cdot 5,9$
$= 7 \cdot (6 - 0,1)$
$= 7 \cdot 6 - 7 \cdot 0,1$
$= 42 - 0,7$
$= 41,3$

a) $6 \cdot 5,2$
   $8 \cdot 9,1$
   $9 \cdot 6,3$

b) $8,1 \cdot 4$
   $4,3 \cdot 5$
   $11,2 \cdot 3$

c) $7 \cdot 7,9$
   $3 \cdot 4,9$
   $1,9 \cdot 9$

4 Paul hat drei Fehler gemacht. Überprüfe seine Rechnungen und schreibe sie richtig in dein Heft.

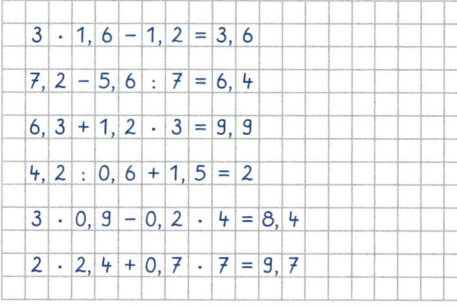

5 Bei einigen Aufgaben hat Thea vergessen, Klammern zu setzen. Schreibe die Aufgaben richtig in dein Heft.

3	·	1,6	−	1,2	=	3,6		
7,2	−	5,6	:	7	=	6,4		
6,3	+	1,2	·	3	=	9,9		
4,2	:	0,6	+	1,5	=	2		
3	·	0,9	−	0,2	·	4	=	8,4
2	·	2,4	+	0,7	·	7	=	9,7

6 Notiere den Rechenweg und bestimme die Lösung.

Text: Multipliziere die Summe aus 2,9 und 1,6 mit 4.
Rechnung: $(2,9 + 1,6) \cdot 4 = 4,5 \cdot 4 = 18$

a) Multipliziere die Summe aus 3,2 und 2,3 mit 4.
b) Multipliziere die Differenz aus 6,8 und 5,6 mit 3.
c) Dividiere die Summe aus 6,8 und 0,9 durch 7.
d) Addiere zu 5,3 das Produkt aus 1,1 und 3.
e) Subtrahiere von 2,9 den Quotienten aus 2,4 und 6.
f) Addiere 3,8 zum Produkt aus 0,8 und 1,5.

7 a) Eine Summe aus drei Summanden beträgt 7,5. Der erste Summand ist 2,3, der zweite 4,9. Wie heißt der dritte Summand?
b) Ein Produkt aus drei Faktoren beträgt 0,24. Der erste Faktor ist 0,2, der zweite 0,6. Bestimme den dritten Faktor.

ÜBEN: Einkaufen im Supermarkt

1. Lea und Sara kaufen im Supermarkt ein. Auf einem Zettel hat jedes Mädchen notiert, was es mitbringen möchte.

   Wie viel Euro muss Lea (Sara) bezahlen?

2. Ben kauft für seine Familie ein Glas Nuss-Nougat-Creme, einen 15er Pack Papiertaschentücher und 2 kg Orangen. Seine Mutter hat ihm einen Zehn-Euro-Schein gegeben. Kann er zusätzlich noch einen Becher Schokopudding mitnehmen?

3. Mia kauft Obst ein. Sie hat 1,248 kg Bananen, 2,375 kg Äpfel und 0,521 kg Orangen abgewogen. Berechne wie viel Euro sie für das Obst bezahlen muss. Runde auf zwei Stellen nach dem Komma.

4. In seinem Einkaufswagen hat Tim zwei Gläser Bienenhonig, drei Liter Milch, 500 g Butter und eine Ananas.
   a) Stelle durch eine Überschlagsrechnung fest, ob er seinen Einkauf mit einem 20-Euro-Schein bezahlen kann. Runde dazu alle Preise auf ganze Euro und addiere die gerundeten Preise.
   b) Bestimme den genauen Preis und vergleiche ihn mit deinem Überschlag.

5. a) Vergleiche den Preis eines 30er Packs Papiertaschentücher mit dem Preis von zwei 15er Packs.
   b) Wie viel Euro ist ein 30er Pack preiswerter als dieselbe Anzahl Taschentücher in 6er Packs?

6. Pauls Kassenzettel ist zerrissen. Du siehst die Preise, aber nicht die Produkte, die er gekauft hat.
   a) Überlege, was Paul eingekauft haben könnte.
   b) Berechne, wie viel Euro er bezahlt hat.

	Preis €
	1,89
	2,49
2x 1,95	
	3,90
4x 0,75	
	3,00
4x 0,40	
	1,60

7. Stelle aus dem Angebot des Supermarkts einen Einkaufszettel zusammen. Bitte deinen Partner oder deine Partnerin auszurechnen, wie viel Euro für den Einkauf bezahlt werden muss.

ÜBEN: Einkaufen im Supermarkt

Waschmittel
1,2 kg   4,49 €
4,8 kg   16,99 €
8,4 kg   29,99 €

8 a) Herr Noll kauft einen Karton mit 4,8 kg Waschmittel. Wie viele Kartons zu 1,2 kg müsste er kaufen, um dieselbe Menge Waschmittel zu erhalten? Bestimme den Preisunterschied.
b) Wie viel Euro ist ein Karton mit 8,4 kg Waschmittel preiswerter als dieselbe Menge Waschmittel in Kartons mit 1,2 kg?

9 David überlegt, welchen Klebestift er kaufen soll.

| 10 g | 20 g | 40 g |
| 1,29 € | 1,68 € | 2,48 € |

a) Welcher Klebestift ist der preiswerteste?
b) Gibt es außer dem Preis noch andere Gründe für die Wahl eines Klebestifts?
c) Wie soll David sich entscheiden?

10 Laura hat einen 15er Pack Papiertaschentücher für 2,49 € gekauft und ausgerechnet, wie viel Euro ein Päckchen kostet.

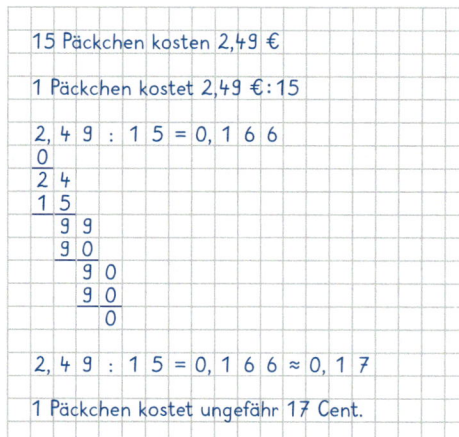

Wie viel Euro kostet ein Päckchen Taschentücher, wenn du dich für den 6er Pack zu 1,29 € (den 30er Pack zu 3,99 €) entscheidest?

11 Ein Spülmittel wird in zwei Packungsgrößen angeboten: 32 Tabs für 4,48 € und 60 Tabs für 7,98 €.
a) Berechne für jede Packungsgröße den Preis für ein Tab.
b) Wie groß ist der Preisunterschied bei einem Tab?

12 Frau Speckmann kauft 1,5 kg Äpfel für 3,99 €. Frau Kruppa kauft 2,5 kg einer anderen Sorte Äpfel für 4,99 €.
a) Berechne jeweils den Preis für ein Kilogramm.
b) Gib den Preisunterschied pro Kilogramm an.

13 Orangensaft wird in unterschiedlichen Mengen und Verpackungen angeboten.

| 0,5 ℓ | 1,5 ℓ | 0,7 ℓ |
| 0,65 € | 2,49 € | 0,98 € |

| 0,3 ℓ | 3 x 0,2 ℓ | 1 ℓ |
| 0,60 € | 1,59 € | 1,79 € |

Vergleiche die Angebote. Berechne dazu jeweils den Preis für einen Liter Orangensaft. Überlege, welche Gründe außer dem Preis für jedes Angebot sprechen.

14 a) Sucht weitere Produkte, die in unterschiedlichen Größen oder Verpackungen angeboten werden.
b) Vergleicht jeweils die Preise.
c) Überlegt, welche Gründe für oder gegen die verschiedenen Angebote sprechen.

VERTIEFEN: Rechnen mit Näherungswerten

1 Sarah möchte zwei Pakete verschicken. Das Gewicht des größeren Pakets bestimmt sie mit einer Personenwaage, das Gewicht des kleineren Pakets mit einer Haushaltswaage.

a) Die Personenwaage gibt das Gewicht nur auf 0,1 kg = 100 g genau an. Begründe, dass das schwerere Paket mindestens 3 650 g und weniger als 3 750 g wiegt.
b) Wie groß ist das Gesamtgewicht beider Pakete mindestens (höchstens)?
c) Überlege, welche Angabe für das Gesamtgewicht sinnvoll ist.

2 Mit einer Personenwaage wurde festgestellt, dass das Gewicht einer Packung Plastikkugeln 5,5 kg beträgt.
Die Personenwaage gibt das tatsächliche Gewicht nur auf 0,1 kg = 100 g an. Daher ist 5,5 kg ein **Näherungswert** für das Gesamtgewicht der Packung. Später wurde mit einer Haushaltswaage gemessen, dass die Verpackung 0,375 kg wiegt. Welche Gewichtsangabe ist für den Inhalt sinnvoll?

> Messwerte und Ergebnisse von Rechnungen mit Messwerten sind immer Näherungswerte, deren Genauigkeit von der Messung abhängt.
> Wird bei einem Näherungswert die mögliche Abweichung nicht angegeben, setzen wir voraus, dass der Näherungswert durch Runden entstanden ist.
> Die Ziffern des Näherungswertes werden **zuverlässige Ziffern** genannt.
> Beim Addieren und Subtrahieren von Näherungswerten wird auf die letzte zuverlässige Ziffer des ungenauesten Werts gerundet.

3 Gib wie in den Beispielen für jeden Näherungswert die Anzahl der zuverlässigen Ziffern an.

Näherungs-wert	Anzahl der zuverlässigen Ziffern
2,4	2
30,52	4
0,07	1

Die Nullen vor der 7 werden nicht mitgezählt. (Anfangsnullen)

a) 1,5
   2,48
b) 51,62
   5,9022
c) 0,04
   0,0071

4 Bestimme wie im Beispiel die Anzahl der zuverlässigen Ziffern, berechne das Ergebnis und runde.

0,74 m + 1,8 m =

0,7**4** letzte zuverlässige Ziffer: Hundertstel (genauerer Wert)
+ 1,**8** letzte zuverlässige Ziffer: Zehntel (ungenauerer Wert)
2,5 4

Runden des Ergebnisses auf Zehntel:
0,74 m + 1,8 m = 2,54 m ≈ 2,5 m

a) 0,63 m + 2,7 m
   0,517 m + 5,6 m
b) 3,167 kg + 0,24 t
   0,091 kg – 8,2 g
c) 2,51 m² – 1,8 m²
   4,765 m² + 3,7 m²
d) 1,3 g – 0,036 g
   3,4 g + 0,171 g

5 Fünf Fräsmaschinen müssen vom Hersteller zu den Käufern transportiert werden. Ihre Masse beträgt 9,5 t, 2,3 t, 8,75 t, 1,855 t und 975 kg.
Kann der abgebildete Sattelzug alle Maschinen auf einmal transportieren?

zulässige Gesamtmasse: 40 t
Leermasse (mit Fahrer): 16,6 t

VERTIEFEN: Rechnen mit Näherungswerten

6 Lea hat die Länge und Breite der abgebildeten Holzplatte jeweils auf zwei Stellen nach dem Komma genau gemessen und dann den Flächeninhalt ausgerechnet.

a = 2,37 m
b = 1,28 m

> Flächeninhalt
> A = 2,37 · 1,28 = 3,0336
> A = 3,0336 m²

Leas Messwerte für die Länge und Breite der Holzplatte sind nur auf 0,01 m = 1 cm genau. Daher ist die Maßzahl 3,0336 für den Flächeninhalt nicht exakt. Die Messwerte 2,37 m und 1,28 m haben jeweils drei zuverlässige Ziffern. Deshalb wird auch der Flächeninhalt mit drei Ziffern angegeben.

> A = 3,0336 m² ≈ 3,03 m²

Angegeben sind Messwerte für die Länge und Breite einer Holzplatte. Gib den Flächeninhalt mit der richtigen Anzahl von Ziffern an.
a) a = 2,35 m   b = 1,67 m
b) a = 2,7 m   b = 2,7 m
c) a = 0,921 m   b = 0,425 m

7 Der Inhalt eines Zehn-Liter-Eimers Wandfarbe reicht aus, um eine Fläche mit einem Flächeninhalt von 80 m² zu streichen. Ben hat gemessen, dass die Höhe der Kellerwand 2,14 m beträgt, und dann ausgerechnet, wie viel Meter Kellerwand er mit einem Eimer Farbe streichen kann.

> Gegeben: Flächeninhalt A = 80 m²
>   Höhe b = 2,14 m
> Gesucht: Länge a
> Rechnung:
> a = 80 : 2,14 = 37,38317…
> a = 37,38317… m

Ein Näherungswert (Flächeninhalt 80 m²) hat zwei zuverlässige Ziffern, der andere (Höhe b = 2,14 m) hat drei zuverlässige Ziffern. Beim Ergebnis richtet sich die Anzahl der Ziffern nach dem Wert mit der kleinsten Anzahl zuverlässiger Ziffern, daher wird die Länge mit zwei Ziffern angegeben. Gib die Länge a richtig an.

8 Angegeben sind Messwerte für den Flächeninhalt und die Breite eines Rechtecks. Gib die Länge des Rechtecks mit der richtigen Anzahl von Ziffern an.
a) A = 70 m²   b = 1,9 m
b) A = 120 m²   b = 3,5 m
c) A = 85,7 m²   b = 0,9 m

> Beim Multiplizieren und Dividieren von Näherungswerten wird das Ergebnis auf die Anzahl zuverlässiger Ziffern gerundet, die der Wert mit der kleinsten Anzahl zuverlässiger Ziffern hat. Anfangsnullen werden dabei nicht mitgezählt.
> Runde bei Zwischenergebnissen auf eine Stelle mehr als zuverlässige Ziffern vorhanden sind.

9 Sophies Zimmer ist 3,75 m lang und 3,15 m breit. Es soll mit Teppichboden ausgelegt werden. Ein Quadratmeter Teppichboden kostet rund 37 €.
Mit welchen Kosten für den Teppichboden muss die Familie rechnen?

> Preis: 37 €   (2 zuverlässige Ziffern)
> Länge: 3,75 m   (3 zuverlässige Ziffern)
> Breite: 3,15 m   (3 zuverlässige Ziffern)
>
> Flächeninhalt:
> A = 3,75 · 3,15 = 11,8125
> A = 11,8125 m² ≈ 11,81 m²
>
> Kosten für den Teppichboden:
> 11,81 · 37 = 436,97 ≈ 440
>
> Der Teppichboden kostet ungefähr 440 €.

Bestimme einen Näherungswert für die Kosten eines neuen Teppichbodens.

	Länge des Zimmers	Breite des Zimmers	geschätzter Preis pro m²
a)	4,23 m	2,87 m	23 €
b)	3,68 m	3,12 m	51 €
c)	4,32 m	3,00 m	43 €
d)	5,10 m	4,18 m	35,50 €

AUSGANGSTEST

1 Schreibe als Dezimalzahl.
  a) neun Zehntel
     vier Hundertstel
     acht Tausendstel
  b) elf Hundertstel
     zwölf Tausendstel
     sechzehn Hundertstel
  c) sechs Zehntel drei Hundertstel
     fünf Hundertstel zwei Tausendstel
     neun Zehntel drei Tausendstel

2 Setze >, < oder = ein.
  a) 3,78 ■ 3,87
     9,03 ■ 9,023
     0,042 ■ 0,204
  b) 2,310 ■ 2,31
     7,878 ■ 7,887
     1,01 ■ 1,010

3 In welcher Reihenfolge kamen die Schwimmer bei den Olympischen Spielen 2016 ins Ziel?

100-m-Freistil			
Nathan Adrian	47,85 s	Caeleb Dressel	48,02 s
Kyle Chalmers	47,58 s	Duncan Scott	48,01 s
Santo Condorelli	47,88 s	Pieter Timmers	47,8 s

4 Runde
  a) auf Zehntel: 0,64   1,83   10,47
  b) auf Hundertstel: 0,872   2,459   3,8437
  c) auf Tausendstel: 0,5552   1,8497   0,0999

5 Berechne im Kopf.
  a) 1,2 + 0,4
     2,3 + 4,1
     1,5 + 2,6
  b) 3,9 – 0,7
     7,4 – 0,3
     2,4 – 0,9
  c) 0,5 · 7
     6 · 0,9
     0,4 · 8
  d) 23,9 · 10
     1,452 · 100
     1,2225 · 1000
  e) 2,4 : 0,4
     0,3 · 0,7
     1,2 : 0,3
  f) 79,8 : 10
     37,8 : 100
     1,56 : 1000
  g) 0,7 · 4 + 1,1
     6 · 0,3 – 1,2
     0,4 + 1,3 – 0,8
  h) (2,5 – 1,4) · 0,2
     (2,8 + 4,2) · 0,4
     2,9 – (3,2 – 0,7)

6 Berechne schriftlich.
  a) 3,82 + 12,06 + 0,96
     0,56 + 2,7 + 1,809
     1,1 + 0,045 + 3,04
  b) 3,78 – 1,23
     1,27 – 0,78
     0,3 – 0,029
  c) 7,64 · 4,3
     2,571 · 5,2
     0,481 · 0,13
  d) 28,56 : 8
     0,5742 : 0,06
     0,5202 : 0,9

7 Julius kauft 1,562 kg Bananen und 0,462 kg Weintrauben. Wie viel Euro muss er bezahlen?

1 kg   1,90 €   1 kg   2,89 €

8 Seit dem letzten Tanken ist Frau Then 640 km gefahren. Sie tankt 48 Liter Benzin.
Wie viel Liter Benzin verbraucht ihr Wagen durchschnittlich auf 100 Kilometern?

9 Frau Müllers Auto hat einen durchschnittlichen Verbrauch von 6,2 Litern Benzin auf 100 Kilometern. Sie ist 820 km gefahren.
Wie viel Liter Benzin hat ihr Wagen verbraucht?

10 Erkläre, welche Fehler Leon gemacht hat.

```
  2,003        1,32 · 0,053        8,64 : 3 = 28,8
– 0,832              660            6
  1,271                396           26
                    0,6996           24
                                      24
                                      24
                                       0
```

Ich kann ...

	Aufgabe	Hilfen und Aufgaben	
Dezimalzahlen von der Wortform in die Zahlform übertragen.	1	Seite 9, 25	I
Dezimalzahlen vergleichen.	2, 3	Seite 10, 25	
Dezimalzahlen runden.	4	Seite 12, 25	
Aufgaben zum Rechnen mit Dezimalzahlen im Kopf lösen.	5	Seite 13, 15, 16, 18, 26, 27	
Dezimalzahlen schriftlich addieren, subtrahieren, multiplizieren und dividieren.	6	Seite 14, 17, 18, 19, 26	
Sachaufgaben mit Dezimalzahlen lösen.	7, 8, 9	Seite 20, 21, 22, 29, 30	II
Fehler beim schriftlichen Rechnen mit Dezimalzahlen erkennen.	10	Seite 14, 17, 27, 28	III

2 Strategien zum Problemlösen

Die Klasse 6 a macht eine Klassenfahrt nach Langeoog. Das ist eine Insel in der Nordsee. Sie gehört zu den Ostfriesischen Inseln.

Bist du fit für dieses Kapitel? Eingangstest auf Seite 187.

In diesem Kapitel …
- sammelst du Informationen zur Lösung von Sachproblemen.
- löst du Sachprobleme durch Schätzen, Messen und Überschlagen.
- löst du Sachprobleme durch Rückwärtsrechnen und Probieren.

Strategien zum Problemlösen

Auf Klassenfahrt

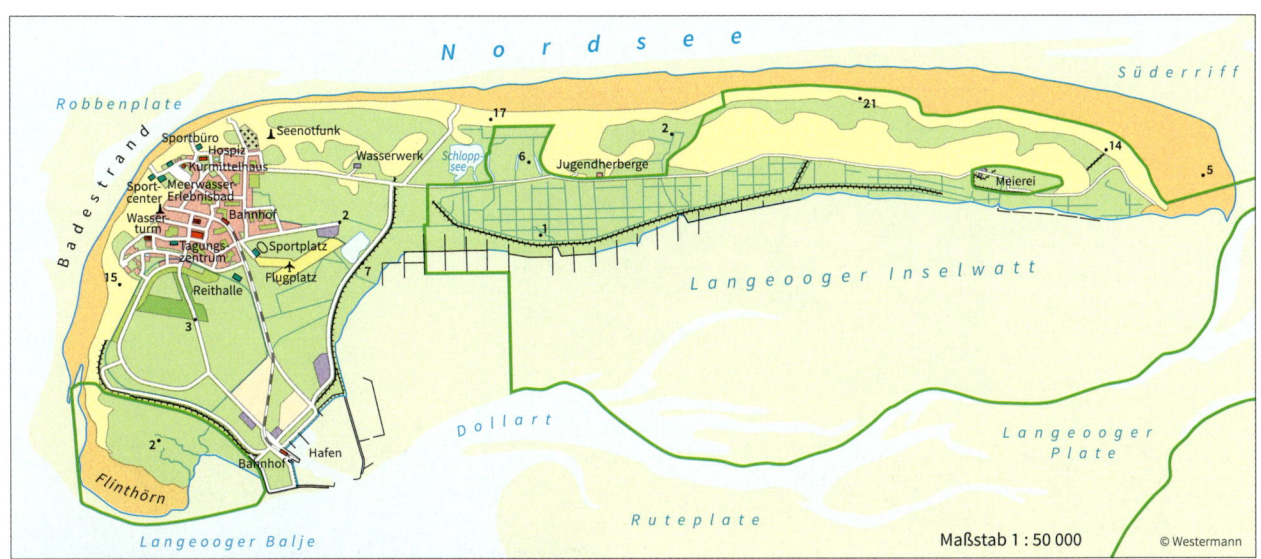

Langeoog ist 19,67 km² groß und hat einen 14 km langen Sandstrand. Dem Strand schließt sich eine Dünenlandschaft mit bis zu 20 m hohen Dünen an.
Auf der Insel leben 1 816 Einwohner.

Der Wasserturm auf der Kaapdüne aus dem Jahr 1909 ist das Wahrzeichen Langeoogs. Er hat in 32 m Höhe eine Aussichtsplattform. Bei guter Sicht kann man von dort das Festland sehen.
Vor dem Bau des Wasserturms befand sich an dieser Stelle ein sogenanntes Kaap, ein Zeichen, das den Schiffen zur Orientierung diente.

Die Inselbahn verbindet das Inseldorf mit dem Fähranleger. Die Strecke ist 2,6 km lang.

• Überlege dir zu jeder Abbildung auf dieser Seite eine Mathematikaufgabe.

Strategien zum Problemlösen

Sachprobleme erkunden und erfassen

1 Die Klasse 6 a plant ihre Klassenfahrt nach Langeoog.

Klassenfahrt der 6 a
Abfahrt in Osnabrück:
Samstag, 5. September, 8.00 Uhr

Rückkehr nach Osnabrück:
Freitag, 11. September, 14.00 Uhr

Teilnehmer:
14 Schülerinnen und 14 Schüler

Schullandheim
85 Betten, 6 Einzelzimmer, ein Doppelzimmer, drei Vierer-, ein Fünfer-, zehn Sechserzimmer, drei Tagungsräume.

Vollpension für Schülerinnen und Schüler: 24,90 € pro Tag pro Person

Fahrtkosten pro Schüler:
Bus: 65 €
Fähre: 16 €
Gepäck: 9 €

Dauer der Busfahrt:	3 h 15 min
Übersetzen mit der Fähre:	35 min
Fahrt mit der Inselbahn:	10 min

Welche Mathematikaufgaben müssen im Zusammenhang mit der Vorbereitung und der Durchführung der Klassenfahrt gelöst werden?
Formuliert in Gruppen mindestens drei unterschiedliche Aufgaben. Überlegt, welche Angaben nötig sind, um die Aufgaben lösen zu können.

Strategien zum Problemlösen

Sachprobleme erkunden und erfassen

2 Während ihres Aufenthalts auf Langeoog macht die Klasse 6 a eine Wattwanderung. Der Wattführer informiert die Klasse über das Watt.

Das Watt
Das Watt ist der Teil des Wattenmeeres, der im Wechsel der Gezeiten regelmäßig überflutet wird und wieder trockenfällt. Es ist von Prielen und Rinnen durchzogen, die das Wasser aus der Nordsee heran- und wieder hinausführen.
Auf und unter der Wattoberfläche leben zahllose kleine Lebewesen. Sie nehmen aus dem Wasser und dem Boden die Nährstoffe, aber auch Schadstoffe auf, die mit der Flut herangespült werden.
Ein wichtiger Bewohner des Watts ist der Wattwurm. Wattwürmer sind meist 20 cm, selten 40 cm lang und werden im Durchschnitt 5 Jahre alt. Jeder Wurm frisst täglich etwa 70 g Watt. Im Durchschnitt leben 20 Würmer auf einem Quadratmeter.

Nationalpark Niedersächsisches Wattenmeer	
Einrichtung:	1986
Anerkennung als UNESCO-Bioreservat:	1992
Gesamtfläche:	3 458 km²
davon:	
Wattfläche:	1 381 km²
permanente Wasserfläche:	1 886 km²
Inseln und Küste:	191 km²

Formuliere mindestens drei unterschiedliche Aufgaben zum Thema Wattenmeer. Überlege, welche Angaben nötig sind, um die Aufgaben lösen zu können. Stelle einem Mitschüler oder einer Mitschülerin die Aufgaben vor.

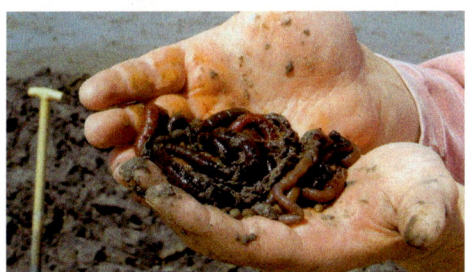

Probleme mathematisch lösen — Probleme erkunden und erfassen

1. Stelle fest, welche Informationen im Text oder Bild enthalten sind.
2. Überlege, welche mathematische Fragestellung in diesem Zusammenhang sinnvoll ist.
3. Formuliere eine Aufgabe.
4. Stelle alle Informationen zusammen, die du zur Lösung der Aufgabe brauchst. Wenn nötig, suche weitere Informationen im Internet oder frage deine Lehrerin oder deinen Lehrer.

Schätzen, Messen und Überschlagen

Probleme mathematisch lösen

Schätzen, Messen und Überschlagen

20 Wattwürmer leben im Durchschnitt auf einem Quadratmeter Wattfläche. Die Wattfläche im Niedersächsischen Nationalpark ist 1 381 km² groß. Wie viele Wattwürmer leben im ganzen Nationalpark?

1. Überlege, welche Angaben du für eine Überschlagsrechnung benötigst.

   Größe der Wattfläche: 1 381 km²
   Anzahl der Wattwürmer pro m²: 20

2. Prüfe, ob du alle Angaben den vorhandenen Informationen entnehmen kannst. Wenn nötig, verschaffe dir weitere Angaben, zum Beispiel durch eine Messung oder Schätzung.

   Alle notwendigen Angaben sind vorhanden.

3. Führe die Überschlagsrechnung aus. Wähle dazu ein geeignetes Rechenverfahren.

   1 381 km² = 1 381 000 000 m²
   20 · 1 381 000 000
   = 27 620 000 000
   ≈ 28 000 000 000

4. Formuliere das Ergebnis deiner Rechnung. Überlege, ob das Ergebnis sinnvoll ist.

   Im Nationalpark leben ungefähr 28 Milliarden Wattwürmer. Das Ergebnis ist sinnvoll.

1 Die Wattfläche im Niedersächsischen Nationalpark ist 1 381 km² groß. Auf einem Quadratmeter Wattboden leben bis zu 20 000 Wattschnecken. Wie viele Wattschnecken leben im ganzen Nationalpark?

2 Ein Wattwurm wird im Durchschnitt fünf Jahre alt.
Jeder Wurm frisst täglich ungefähr 70 g Watt.
a) Wie viel Kilogramm Watt frisst ein Wattwurm in seinem Leben?
b) Im Niedersächsischen Nationalpark leben ungefähr 28 000 000 000 Wattwürmer.
Wie viel Tonnen Watt fressen sie in einem Jahr?

3 Der Seehund ist das häufigste Säugetier im Niedersächsischen Wattenmeer. Im Jahr 2019 lebten dort ungefähr 10 000 Seehunde.
Täglich frisst ein Seehund im Durchschnitt 2,5 kg bis 3 kg Fische und Krabben.
Schätze, wie viel Kilogramm Nahrung alle Seehunde im Niedersächsischen Wattenmeer insgesamt in einem Jahr benötigen.

Strategien zum Problemlösen

Schätzen, Messen und Überschlagen

4 In einem Biologiebuch findest du die folgenden Informationen über Miesmuscheln.

> Die Miesmuschel ist eines der bedeutendsten Tiere im Wattenmeer, denn sie macht ein Viertel der gesamten Biomasse aus.
> Die Miesmuschel (Mytilus edulis) hat eine tropfenförmige, glatte Schale mit brauner oder blauer Außenhaut, an der Innenseite perlmuttglänzend. Miesmuscheln ernähren sich von eingestrudeltem Plankton. Pro Stunde filtrieren ausgewachsene Tiere bis zu 2 ℓ Wasser; unter Berücksichtigung der Trockenzeiten im Watt also 10 – 20 ℓ täglich. Die Jungmuscheln kleben sich an Miesmuschelbänke oder anderen harten Untergrund an und leben dort maximal 8 – 10 Jahre.

Bestimme mithilfe einer Überschlagsrechnung, wie viel Liter Wasser eine Miesmuschel in ihrem Leben filtert.

5 Ein Austernfischer wird im Durchschnitt 10 bis 15 Jahre alt. Er ernährt sich unter anderem auch von Miesmuscheln und vertilgt täglich zwischen 8 und 14 Stück. In Deutschland leben von den Austernfischern ungefähr 13 000 Paare. Schätze, wie viele Miesmuscheln von allen Austernfischern in Deutschland pro Jahr gefressen werden.

6 Im Jahr 2020 betrug die Staatsverschuldung der Bundesrepublik Deutschland 1 900 Milliarden Euro.
Johanna möchte wissen, wie hoch ein Turm aus Ein-Euro-Münzen ist, die diesem Betrag entsprechen.
Dazu hat sie zehn Ein-Euro-Münzen übereinander gestapelt und die Höhe des Stapels gemessen.

Ein Stapel aus zehn Ein-Euro Münzen ist 2,33 cm hoch.

a) Beantworte Johannas Frage mithilfe einer Überschlagsrechnung.
b) Würde dieser Turm von der Erde bis zum Mond (bis zur Sonne) reichen? Um diese Frage beantworten zu können, brauchst du weitere Informationen.

7 a) Eine Zwei-Euro-Münze wiegt 8,5 g. Bestimme durch eine Überschlagsrechnung den Wert von 20 kg Zwei-Euro-Münzen.
b) Bestimme den Wert von einer Tonne Ein-Cent-Münzen (Fünf-Cent-Münzen). Dazu musst du dir weitere Informationen verschaffen.

8 a) Eine quadratische Fläche mit einer Seitenlänge von zwei Metern soll mit Fünf-Euro-Scheinen bedeckt werden. Ein Fünf-Euro-Schein ist 12 cm lang und 6,2 cm breit.
Welcher Geldbetrag ist notwendig, um diese Fläche ganz zu bedecken?
b) Welcher Geldbetrag ist notwendig, um dieselbe Fläche mit Fünfzig-Euro-Scheinen zu bedecken?

Strategien zum Problemlösen

Schätzen, Messen und Überschlagen

10 Auf einem 6 ha großen Feld wird Gerste angebaut. Julius überlegt, wie viele Gerstenkörner auf dem Feld wachsen.
Im Internet hat er herausgefunden, dass der Ertrag pro Hektar bei Wintergerste 70 dt und bei Sommergerste 50 dt beträgt. Dort hat er auch gelesen, dass 1 000 Gerstenkörner ungefähr 40 g wiegen.
Schätze die Anzahl der Gerstenkörner auf dem Feld, falls dort Wintergerste (Sommergerste) angebaut wird.

11 60 % aller Menschen ernähren sich hauptsächlich von Reis. Der Tagesbedarf eines Erwachsenen liegt bei ungefähr 200 g.
Stelle durch eine Überschlagsrechnung fest, wie viele Reiskörner ein Erwachsener, der sich überwiegend von Reis ernährt, in einem Jahr zu sich nimmt.

9 Im Mathematikunterricht werden die Schülerinnen und Schüler gefragt, ob sie ausrechnen können, wie viele Weizenkörner auf einem Weizenfeld wachsen.
Lydia und Oliver überlegen, welche Informationen sie brauchen, um diese Frage beantworten zu können.

> In der Landwirtschaft werden Erträge in Dezitonnen (dt) angegeben.
>
> 1 dt = 0,1 t
>   = 100 kg

Größe des Feldes:	4,8 ha
Ertrag pro ha:	90 dt

„Damit können wir nun ausrechnen, wie viel Kilogramm Weizen auf dem Feld geerntet werden können", sagt Oliver.
„Aber wie viele Körner sind das?"
Lydia hat eine Idee. Sie kauft aus dem Bioladen Weizenkörner und bestimmt die Masse von 100 Körnern.

100 Weizenkörner wiegen 5 g.

a) Erläutere die einzelnen Lösungsschritte.
b) Berechne die Lösung.

12 Wie viele Erbsen passen in einen Zehn-Liter-Eimer?

Strategien zum Problemlösen

Vorwärts- und Rückwärtsrechnen

1 Familie Müller hat für die Ferien ein Ferienhaus gemietet.

zulässige Gesamtmasse: 2 050 kg
Leermasse: 1 565 kg

Sarah und René überlegen, wie viel Gepäck sie insgesamt mitnehmen dürfen. Dazu fragen sie zunächst alle Mitreisenden nach ihrem Körpergewicht (mit Kleidung und Schuhen).

Körpergewicht:
Papa 85 kg, Mama 69 kg,
Oma 75 kg, Sarah 52 kg,
René 44 kg

Der eingekaufte Proviant wiegt 45 kg. Jeder nimmt einen Koffer mit eigenen Sachen mit. Sarah und René wollen berechnen, wie viel Kilogramm jeder Koffer dann höchstens wiegen darf.

2 Marcel, Tina und Mareike wollen für ihren Wandertag einkaufen. Jedes Kind kauft Multivitaminsaft und einen Kaugummi. Marcel kauft noch vier Müsliriegel, Tina einen und Mareike drei. Sie bezahlen jeweils mit einem 10-Euro-Schein.

0,40 €
1,40 €   0,50 €

a) Berechne, wie viel Euro jedes Kind zurückbekommt.
b) Wie viele Müsliriegel kann Marcel höchstens kaufen, wenn er für Multivitaminsaft, Kaugummi und Müsliriegel insgesamt höchstens 5,00 € ausgeben will?

3 Für den Mathematikunterricht wollen die 29 Schülerinnen und Schüler der Klasse 6 b ihre Zirkel und Geodreiecke gemeinsam bestellen.
Zwei unterschiedliche Geodreiecke und zwei verschiedene Zirkel stehen zur Auswahl.

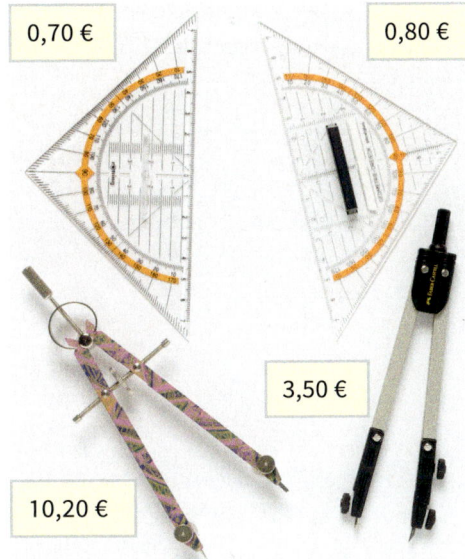

0,70 €   0,80 €
3,50 €
10,20 €

Nenne Vor- und Nachteile der einzelnen Modelle. Berechne die möglichen Gesamtpreise für die ganze Klasse. Überlege, welches Geodreieck und welchen Zirkel du für die Klasse bestellen würdest. Erläutere deinem Partner deinen Lösungsweg.

> Bearbeitet die Aufgaben auf dieser Seite als Ich-Du-Wir-Aufgaben.

Kommunizieren — Ich-Du-Wir-Aufgaben

Ich: Höre dir die Aufgabenstellung genau an, lies die Aufgabenstellung sorgfältig durch.
Überlege, in welchen Schritten du die Aufgabe lösen kannst. Notiere, was du dir überlegt hast.

Du: Sprich mit deinem Partner über die Aufgabe. Stelle ihm deinen Lösungsweg vor. Höre dir seinen Lösungsweg an.
Erarbeitet eine gemeinsame Lösung.

Wir: Informiert eure Klasse in einem kurzen Vortrag über die Aufgabe und euren Lösungsweg.

Strategien zum Problemlösen

Vorwärts- und Rückwärtsrechnen

Probleme mathematisch lösen

Rückwärtsrechnen

Ein Kleintransporter darf mit 950 kg beladen werden. Eine 120 kg schwere Kiste und eine 110 kg schwere Kiste stehen schon auf der Ladefläche. Es sollen noch Kisten mit einem Gewicht von 80 kg transportiert werden. Wie viele solcher Kisten können geladen werden?

1. Notiere, die gegebenen Größen und die gesuchte Größe.

Gewicht der 1. Kiste:	120 kg
Gewicht der 2. Kiste:	110 kg
Anzahl der weiteren Kisten:	▪
Gewicht jeder weiteren Kiste:	80 kg
Gesamtgewicht:	950 kg

2. Überlege, welche Rechenoperationen zum Ergebnis geführt haben.

   ▪ $\xrightarrow{\cdot 80}$ ▪ $\xrightarrow{+120}$ ▪ $\xrightarrow{+110}$ 950

3. Gehe vom Ergebnis aus und führe in umgekehrter Reihenfolge die zugehörigen Umkehroperationen durch.

   9 $\xleftarrow{:80}$ 720 $\xleftarrow{-120}$ 840 $\xleftarrow{-110}$ 950

4. Bestimme die gesuchte Größe. Überlege, ob die Lösung sinnvoll ist. Formuliere eine Antwort.

   Anzahl der weiteren Kisten: 9
   Die Lösung ist sinnvoll.
   Neun Kisten können noch geladen werden.

---

4 Auf dem Flohmarkt hat Melina mehrere Comichefte zu jeweils 0,50 € sowie eine DVD zu 3,50 € und eine DVD zu 4,50 € gekauft.
Sie hat insgesamt 20 € ausgegeben.
Wie viele Comichefte hat sie gekauft?

5 Für mehrere Gelschreiber und zwei Hefte bezahlt Emre 10 €.

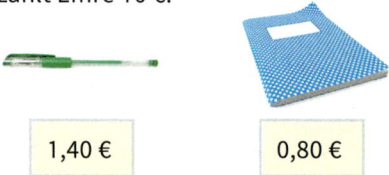

1,40 €   0,80 €

6 Daniel spart für Inline-Skates. Jeden Monat legt er von seinem Taschengeld 5 € zurück.
Von seinem Großvater und seinem Patenonkel erhält er jeweils 60 €.

155,00 €

7 Im Supermarkt kauft Jonathan ein Päckchen Kaugummi zu 1,10 €, eine Flasche Orangenlimonade zu 1,50 € und mehrere Müsliriegel zu je 0,45 €.
Er bezahlt mit einem Fünf-Euro-Schein und erhält 0,60 € zurück.

8 Frau Kern und Frau Beil gehen mit den Kindern aus der Nachbarschaft ins Erlebnisbad. Der Eintritt kostet 7 € für Erwachsene und 3,50 für Kinder. Insgesamt bezahlen sie 38,50 €.

9 Emma hat zum Geburtstag 40 € geschenkt bekommen. Sie kauft zwei T-Shirts zu 14,90 € und ein Halstuch zu 7,50 €. Anschließend isst sie ein Eis. Eine Kugel kostet 0,90 €. Wie viele Kugeln kann sich Emma leisten?

Strategien zum Problemlösen

Probieren

Probleme mathematisch lösen

Probieren

Nadine unternimmt mit ihrer Familie eine Fahrradtour. Am zweiten Tag schaffen sie 18 km mehr als am ersten und am dritten Tag noch 3 km mehr als am zweiten. Insgesamt haben sie 198 km zurückgelegt.

1. Notiere, die gegebenen und die gesuchten Größen.

   Strecke am 1. Tag: ■ km
   Strecke am 2. Tag: ■ km + 18 km
   Strecke am 3. Tag: ■ km + 18 km + 3 km

2. Stelle mithilfe der gesuchten Größe einen Rechenausdruck (Term) zur Berechnung des Ergebnisses auf.

   ■ + ■ + 18 + ■ + 18 + 3

3. Überlege, welche Werte für die gesuchte Größe sinnvoll sind.

   Die Familie legt an einem Tag mindestens 50 km zurück.

4. Setze nacheinander die möglichen Werte in den Term ein. Überprüfe, ob du das richtige Ergebnis erhältst.

   50 + 50 + 18 + 50 + 18 + 3 = 189
   51 + 51 + 18 + 51 + 18 + 3 = 192
   52 + 52 + 18 + 52 + 18 + 3 = 195
   53 + 53 + 18 + 53 + 18 + 3 = 198 ✓

5. Formuliere eine Antwort.

   Die Familie legt am ersten Tag 53 km zurück.

1 Lilly, Lina und Leonie besuchen dieselbe Schule. Lina ist fünf Jahre älter als Lilly und Leonie ist zwei Jahre älter als Lina. Zusammen sind sie 42 Jahre alt. Bestimme Lillys Alter durch Probieren. Wie alt ist Lina, wie alt Leonie?

2 Drei Pakete wiegen insgesamt 23 kg. Das zweite Paket ist 3 kg schwerer als das erste. Das dritte Paket ist 2 kg schwerer als das zweite.
Wie schwer ist jedes der drei Pakete?

3 Bei der Abschlussfeier tritt der Mädchenchor der Schule auf.
Dabei stehen die Sängerinnen in vier Reihen hintereinander. In jeder Reihe steht ein Mädchen mehr als in der Reihe davor. Der Chor besteht aus 42 Mädchen. Wie viele von ihnen stehen in der ersten (zweiten, dritten, vierten) Reihe?

Probieren

4 Die Klasse 6 b hat für ihren Wandertag einen Bus gemietet. Die Kosten dafür betragen 300 €.
Der Eintritt ins Museum kostet pro Schüler 2 €, der Besuch des Planetariums 3,50 €. Begleitpersonen zahlen keinen Eintritt.
Die Gesamtkosten für den Wandertag betragen 454 €.
Leni hat folgenden Rechenausdruck für die Berechnung der Gesamtkosten aufgestellt:

$$300 + \blacksquare \cdot (2{,}00 + 3{,}50)$$

a) Erläutere den Rechenausdruck.
b) Bestimme durch Probieren, wie viele Mitglieder die Klasse 6 b hat.

5 Gesucht sind die Seitenlängen eines Rechtecks.
Stelle zunächst einen Term zur Berechnung von Flächeninhalt oder Umfang auf. Bestimme dann die gesuchten Größen durch Probieren.

$A = a \cdot b$
$u = 2 \cdot a + 2 \cdot b$

a) Der Flächeninhalt eines Rechtecks beträgt 40 cm². Die Seite a ist 3 cm länger als die Seite b.
b) In einem Rechteck mit einem Flächeninhalt von 60 cm² ist die Seite a um 4 cm kürzer als die Seite b.
c) Der Umfang eines Rechtecks beträgt 20 cm. Die Seite a ist 2 cm länger als die Seite b.
d) In einem Rechteck ist die Seite a um 5 cm kürzer als die Seite b. Der Umfang beträgt 50 cm.

6 Auf der Kirmes ist Janosch mehrfach mit dem Autoscooter und dem Polypen gefahren. Eine Fahrt mit dem Autoscooter kostet 2,50 €, eine Fahrt mit dem Polypen 3,50 €. Insgesamt hat Janosch 14,50 € ausgegeben.
Mithilfe einer Tabelle kannst du feststellen, wie oft Janosch mit dem Autoscooter und wie oft er mit dem Polypen gefahren ist.

Anzahl der Fahrten		Preis (€)
Autoscooter	Polyp	
1	1	6,00
1	2	9,50
1	3	13,00
1	4	16,50
2	1	8,50
2	2	12,00
3	2	14,50

a) Erläutere die Tabelle und gib an, wie oft Janosch mit jedem Karussell gefahren ist.
b) Luisa ist ebenfalls mehrfach mit dem Autoscooter und dem Polypen gefahren. Sie hat insgesamt 15,50 € bezahlt.

7 Kristins Gliederarmband besteht aus Kettengliedern mit Schmuckstein und ohne Schmuckstein.

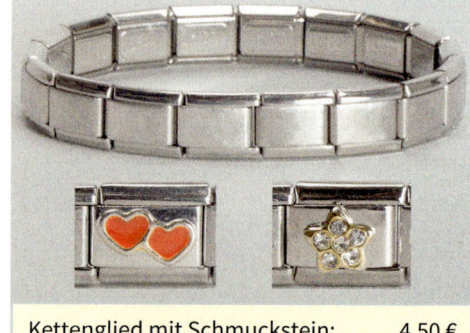

Kettenglied mit Schmuckstein:	4,50 €
Kettenglied ohne Schmuckstein:	2,00 €

Kristin hat für ihr Armband 34 € bezahlt. Wie viele Kettenglieder mit Schmuckstein (ohne Schmuckstein) hat ihr Armband?

Gleichungen durch Probieren und Rückwärtsrechnen lösen

1

Das Zahlenrätsel kannst du als **Gleichung** schreiben:

3 · ■ + 1 = 7

3 · x + 1 = 7

Anstelle des Platzhalters ■ kannst du auch die **Variable x** benutzen.

Gib die gesuchte Zahl an.

2 Die Lösung einer Gleichung kannst du durch Probieren bestimmen. Setze dazu nacheinander für die Variable x die Zahlen 1, 2, 3, ... ein und überprüfe jeweils, ob du das richtige Ergebnis erhältst.

Gleichung: 5 · x + 7 = 32

Einsetzen: 5 · [1] + 7 = 12
             5 · [2] + 7 = 17
             5 · [3] + 7 = 22
             5 · [4] + 7 = 27
             5 · [5] + 7 = 32 ✓

Lösung der Gleichung: 5

Schreibe das Zahlenrätsel als Gleichung und bestimme die Lösung.
a) Multipliziere die gesuchte Zahl mit 6 und addiere 7. Du erhältst 25.
b) Multipliziere die gesuchte Zahl mit 10 und subtrahiere 8. Das Ergebnis ist 32.
c) Zum Dreifachen der gesuchten Zahl wird 8 addiert. Das Ergebnis ist 17.

3 So kannst du die Lösung einer Gleichung durch Rückwärtsrechnen bestimmen:

Gleichung: 8 · x + 11 = 35

x $\xrightarrow{\cdot\, 8}$ ■ $\xrightarrow{+\, 11}$ 35

3 $\xleftarrow{:\, 8}$ 24 $\xleftarrow{-\, 11}$ 35

Lösung der Gleichung: 3

Schreibe jedes Zahlenrätsel als Gleichung und bestimme die Lösung durch Rückwärtsrechnen.
Überprüfe anschließend die Lösung, indem du sie für die Variable in die Gleichung einsetzt.

Multipliziere die gesuchte Zahl mit 11 und addiere 3. Du erhältst 80.

Multipliziere die gesuchte Zahl mit 9 und subtrahiere 2. Du erhältst 70.

Dividiere die gesuchte Zahl durch 3 und addiere 5. Du erhältst 8.

Dividiere die gesuchte Zahl durch 4 und subtrahiere 2. Das Ergebnis ist 3.

Zum Fünffachen der gesuchten Zahl wird 10 addiert. Das Ergebnis ist 45.

WISSEN KOMPAKT

Schätzen, Messen und Überschlagen

1000 Roggenkörner wiegen ungefähr 40 g. Beim Anbau von Roggen beträgt der Ertrag etwa 50 dt pro Hektar. Schätze die Anzahl der Roggenkörner auf einem 6 ha großen Feld.

1. Überlege, welche Angaben du für eine Überschlagsrechnung benötigst.

   Gewicht von 1000 Körnern: 40 g
   Ertrag pro Hektar: 50 dt
   Größe des Feldes: 6 ha

2. Prüfe, ob du alle Angaben den vorhandenen Informationen entnehmen kannst.

   Alle notwendigen Angaben sind vorhanden.

3. Führe die Überschlagsrechnung aus. Wähle dazu ein geeignetes Rechenverfahren.

   $40 : 1000 = 0{,}04$
   $50 \text{ dt} = 5000 \text{ kg} = 5000000 \text{ g}$
   $5000000 : 0{,}04 = 125000000$
   $125000000 \cdot 6 = 750000000$

4. Formuliere das Ergebnis deiner Rechnung.

   Auf dem Feld sind ungefähr 750 000 000 Körner.

Rückwärtsrechnen

Ein Kleintransporter darf mit 970 kg beladen werden. Zwei Kisten mit einem Gewicht von jeweils 100 kg stehen schon auf der Ladefläche. Es sollen noch weitere Kisten mit einem Gewicht von jeweils 70 kg transportiert werden.

1. Notiere die gegebenen Größen und die gesuchte Größe.

   Gewicht der 1. und 2. Kiste: 100 kg
   Anzahl der weiteren Kisten: ■
   Gewicht jeder weiteren Kiste: 70 kg

2. Überlege, welche Rechenoperationen zum Ergebnis geführt haben.

   ■ $\xrightarrow{\cdot 70}$ ■ $\xrightarrow{+100}$ ■ $\xrightarrow{+100}$ 970

3. Gehe vom Ergebnis aus und führe in umgekehrter Reihenfolge die zugehörigen Umkehroperationen durch.

   11 $\xleftarrow{:70}$ 770 $\xleftarrow{-100}$ 870 $\xleftarrow{-100}$ 970

4. Bestimme die gesuchte Größe.

   Anzahl der weiteren Kisten: 11

Probieren

Ben, Anna und Marie gehen in dieselbe Gesamtschule. Anna ist fünf Jahre älter als Ben, Marie ist zwei Jahre älter als Anna. Zusammen sind sie 48 Jahre alt.

1. Notiere die gegebenen Größen und die gesuchte Größe.

   Alter von Ben: ■
   Alter von Anna: ■ + 5
   Alter von Marie: ■ + 5 + 2

2. Stelle einen Term zur Berechnung der gesuchten Größe auf.

   ■ + ■ + 5 + ■ + 5 + 2

3. Überlege, welche Werte für die gesuchte Größe sinnvoll sind.

   Ben ist mindestens 10 Jahre alt.

4. Setze nacheinander die möglichen Werte in den Term ein. Überprüfe, ob du das richtige Ergebnis erhältst.

   $10 + 10 + 5 + 10 + 5 + 2 = 42$
   $11 + 11 + 5 + 11 + 5 + 2 = 45$
   $12 + 12 + 5 + 12 + 5 + 2 = 48$ ✓

5. Bestimme die gesuchte Größe.

   Ben ist 12 Jahre alt, Anna 17 Jahre und Marie 19 Jahre.

Strategien zum Problemlösen

ÜBEN

1 Im Jahr 2020 lebten in Frankfurt 764 104 Menschen.
Das Entsorgungsunternehmen rechnet mit ungefähr 0,45 t Hausmüll pro Person in einem Jahr.
Schätze, wie viele Tonnen Hausmüll im Jahr 2020 in Frankfurt entsorgt werden mussten.

2 Stelle mithilfe einer Überschlagsrechnung fest, wie viel Liter Kraftstoff alle Kraftfahrzeuge insgesamt im Jahr 2020 verbraucht haben.

Im Jahr 2020 waren in Deutschland ungefähr 47 716 000 Pkw sowie ungefähr 3 400 000 Lkw und Busse zugelassen.
Ein Pkw legt im Durchschnitt 15 000 km im Jahr zurück, ein Nutzfahrzeug 50 000 km.
Der durchschnittliche Verbrauch beträgt beim Pkw 8,2 ℓ Kraftstoff auf 100 km, bei einem Nutzfahrzeug sind es 35 ℓ.

3 Wie viel Kilogramm wiegen alle Schülerinnen und Schüler, Lehrerinnen und Lehrer sowie alle anderen an deiner Schule beschäftigten Personen insgesamt?
Überlege zuerst, welche Angaben du benötigst, um eine sinnvolle Schätzung durchführen zu können.

4 a) Im Supermarkt kauft Frau Schiller ein Paket Butter zu 1,89 €, einen Liter fettarme Milch zu 0,99 € und mehrere Becher Joghurt zu je 0,75 €. Sie bezahlt insgesamt 6,63 €.
Bestimme durch Rückwärtsrechnen, wie viele Becher Joghurt Frau Schiller gekauft hat.
b) Herr Kraft kauft eine Ananas zu 2,45 €, eine Melone zu 1,95 € sowie mehrere Kiwis zu 0,45 €.
Er bezahlt mit einem Zehn-Euro-Schein und erhält 2,90 € zurück.

5 Sophie, Abir, Svenja, Emma und Eda besuchen die 6. Klasse einer Gesamtschule.
a) Sophie ist 28 Jahre jünger als ihr Vater und 23 Jahre jünger als ihre Mutter. Zusammen sind sie 81 Jahre alt.
b) Abir ist zwei Jahre jünger als Emma und ein Jahr älter als Svenja. Zusammen sind sie 34 Jahre alt.
c) Eda ist fünf Jahre jünger als ihr Bruder und drei Jahre älter als ihre Schwester. Zusammen sind die Geschwister 41 Jahre alt.

VERTIEFEN: Eine Aufgabe – drei Lösungswege

1 Im Beispiel wird eine Aufgabe auf drei verschiedene Arten gelöst. Erläutere die drei Lösungswege.
Welchen Lösungsweg hältst du für den einfachsten? Welchen Lösungsweg hättest du gewählt?

> Der 6. Jahrgang einer Gesamtschule unternimmt eine Wanderfahrt ins Schullandheim.
> Für die 66 Mädchen des Jahrgangs stehen insgesamt 13 Zimmer zur Verfügung. Es gibt Zimmer mit sechs Betten und Zimmer mit vier Betten. Wie viele Sechs-Bett-Zimmer (Vier-Bett-Zimmer) sind nötig?
>
> **1. Lösungsweg**
>
> | Anzahl der Zimmer mit | | Gesamtzahl der Betten |
> |---|---|---|
> | 6 Betten | 4 Betten | |
> | 1 | 12 | 54 |
> | 2 | 11 | 56 |
> | 3 | 10 | 58 |
> | 4 | 9 | 60 |
> | 5 | 8 | 62 |
> | 6 | 7 | 64 |
> | 7 | 6 | 66 |
>
> **2. Lösungsweg**
> Anzahl der Sechs-Bett-Zimmer: x
> Anzahl der Vier-Bett-Zimmer: $13 - x$
> Gesamtzahl der Betten:
>
> $\boxed{6 \cdot x + 4 \cdot (13 - x)}$
>
> $6 \cdot 1 + 4 \cdot (13 - 1) = 54$
> $6 \cdot 2 + 4 \cdot (13 - 2) = 56$
> $6 \cdot 3 + 4 \cdot (13 - 3) = 58$
> $6 \cdot 4 + 4 \cdot (13 - 4) = 60$
> $6 \cdot 5 + 4 \cdot (13 - 5) = 62$
> $6 \cdot 6 + 4 \cdot (13 - 6) = 64$
> $6 \cdot 7 + 4 \cdot (13 - 7) = 66$ ✓
>
> **3. Lösungsweg**
> Wenn 13 Vier-Bett-Zimmer vorhanden wären, könnten dort 52 Mädchen schlafen. 14 Mädchen blieben übrig. Also müssen in sieben Zimmern jeweils zwei Mädchen zusätzlich untergebracht werden.
>
> **Antwort**
> Es sind sieben Sechs-Bett-Zimmer und sechs Vier-Bett-Zimmer nötig.

2 Für die 84 Jungen des 6. Jahrgangs stehen im Schullandheim 15 Zimmer zur Verfügung.
Bestimme die Anzahl der Sechs-Bett-Zimmer (Vier-Bett-Zimmer). Wähle zwei unterschiedliche Lösungswege.

3 a) Bei den Bundesjugendspielen werden die 95 Schülerinnen eines Jahrgangs in neun Riegen eingeteilt.
Jede Riege besteht entweder aus zehn oder aus elf Schülerinnen.
Bestimme die Anzahl der Riegen mit zehn (elf) Schülerinnen.
b) Die 91 Schüler dieses Jahrgangs werden in acht Riegen eingeteilt. Jede Riege besteht aus elf oder aus zwölf Schülern.

4 Für die 25 Schülerinnen und Schüler der Klasse 6 c kauft die Klassenlehrerin Eintrittskarten für ein Museum. Sie bezahlt insgesamt 89 €.
Der Eintritt beträgt 5 € für alle, die mindestens zwölf Jahre alt sind, und 3 € für alle, die jünger sind.
Wie viele Mitglieder der Klasse 6 c sind zwölf Jahre (noch nicht zwölf Jahre) alt?

AUSGANGSTEST

1. Bei einem Spiel der Fußballbundesliga ist das Spielfeld 105 m lang und 68 m breit. Auf einem Quadratmeter Rasenfläche befinden sich ungefähr 25 000 Grashalme.
Schätze die Anzahl der Grashalme auf dem Spielfeld.

2. Anna kauft einen Zirkel zu 6 €, ein Geodreieck zu 1,10 € und mehrere Bleistifte zu je 0,70 €. Sie bezahlt insgesamt 12 €.
Bestimme die Anzahl der Bleistifte durch Rückwärtsrechnen.

3. Lina spart für ein Trekkingrad. Dazu legt sie jeden Monat von ihrem Taschengeld 7 € zurück. Zum Geburtstag erhält sie von ihren Eltern 60 € und von ihren Großeltern 150 €.

259 €

4. Leon, Emre und Paul besuchen dieselbe Schule. Zusammen sind sie 44 Jahre alt. Emre ist drei Jahre älter als Leon und Paul ist noch zwei Jahre älter als Emre.
Stelle einen Term auf und bestimme das Alter jedes Jungen durch Probieren.

5. Schreibe das Zahlenrätsel als Gleichung und bestimme die Lösung.
   a) Multipliziere die gesuchte Zahl mit 8 und subtrahiere 5. Du erhältst 27.
   b) Zum Siebenfachen der gesuchten Zahl wird 19 addiert. Das Ergebnis ist 61.

6. Im Jahr 2060 werden in Deutschland voraussichtlich zwischen 74 Millionen und 86 Millionen Menschen wohnen. Ein Sechstel bis ein Fünftel aller Bewohner ist 20 Jahre alt und jünger.
Schätze, wie viele Menschen, die 20 Jahre oder jünger sind, im Jahr 2060 in Deutschland leben.

7. Cansu kauft mehrere Fineliner zu je 0,60 € und mehrere Bleistifte zu je 0,50 €. Insgesamt bezahlt sie 3,90 €.
Wie viele Fineliner und wie viele Bleistifte hat sie gekauft?

Ich kann ...	Aufgabe	Hilfen und Aufgaben	
einfache Schätzaufgaben durch eine Überschlagsrechnung lösen.	1	Seite 38, 39, 40	I
einfache Sachaufgaben durch Rückwärtsrechnen lösen.	2, 3	Seite 41, 42	
einfache Sachaufgaben durch Probieren lösen.	4	Seite 43, 44	
einfache Zahlenrätsel als Gleichung schreiben und lösen.	5	Seite 45	II
Schätzaufgaben durch Überschlagsrechnungen lösen.	6	Seite 38, 39, 40	
Sachaufgaben durch systematisches Probieren lösen.	7	Seite 44, 48	III

3 Teiler und Vielfache

Im Sportunterricht der Klasse 9a wird Volleyball gespielt. Eine Volleyballmannschaft besteht aus sechs Spielerinnen oder Spielern. In der Klasse 9a sind 18 Schülerinnen und 12 Schüler.

Bist du fit für dieses Kapitel? Eingangstest auf Seite 187.

In diesem Kapitel ...
- bestimmst du Teiler und Vielfache natürlicher Zahlen.
- lernst du Primzahlen kennen.
- wendest du Teilbarkeitsregeln für natürliche Zahlen an.

Teiler und Vielfache

Ballspiele im Sportunterricht

- Wie viele Mannschaften kann die Sportlehrerin bilden?
- Wie viele Mannschaften, die nur aus Mädchen (Jungen) bestehen, kann sie bilden?
- Können alle Schülerinnen und Schüler mitspielen?

Die Klasse 9 b hat 25 Schülerinnen und Schüler.

- Wie viele Volleyballmannschaften kann der Sportlehrer bilden?
- Was stellst du fest?

Eine Basketballmannschaft besteht aus fünf Spielerinnen oder Spielern.

- Überlege, in wie viele Mannschaften die Klasse 9 a (Klasse 9 b) eingeteilt werden kann.
- Können alle Schülerinnen und Schüler mitspielen?

Teiler und Vielfache

1 Die Zahlen 3, 6, 9, … sind **Vielfache** von drei.
Nenne Vielfache von fünf (von acht, von zehn, von elf).

2 Jedes Vielfache von drei, zum Beispiel zwölf, kannst du ohne Rest durch drei teilen. Man sagt: Drei ist ein **Teiler** von zwölf.
a) Gib weitere Teiler von zwölf an.
b) Nenne Teiler von 15 (24, 40).

---

54 ist ohne Rest durch 6 teilbar.

6 ist Teiler von 54.   54 ist Vielfaches von 6.

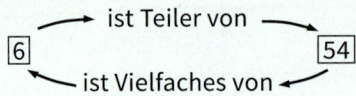

54 ist nicht durch 5 teilbar.
Beim Teilen bleibt ein Rest.

5 ist nicht Teiler von 54.   54 ist nicht Vielfaches von 5.

Jede natürliche Zahl außer Null hat unendlich viele Vielfache.

3 Gib zu jeder angegebenen Zahl fünf verschiedene Vielfache an.
a) 7   b) 12   c) 20   d) 100
    9   15   30   500
   10   14   70   1 000

4 Bestimme jeweils alle Teiler von:
a) 9   b) 25   c) 33   d) 63
  10   16   35   50
  14   18   27   56

5 a) Marie hat alle neun Teiler von 36 gefunden. Welche sind es?
b) 30 hat acht Teiler. Schreibe sie auf.
c) Notiere alle neun Teiler von 100.

6 In Lenas Tabelle stehen jeweils die beiden Teiler von 54 nebeneinander, die multipliziert 54 ergeben.

Teiler von 54			
1	54	1 · 54 = 54	
2	27	2 · 27 = 54	
3	18	3 · 18 = 54	
6			

a) Ergänze die letzte Zeile der Tabelle.
b) Vervollständige die Tabelle in deinem Heft.

Teiler von 48		
1	■	1 · ■ = 48
2	■	2 · ■ = 48
3	■	3 · ■ = 48
4	■	4 · ■ = 48
6	■	6 · ■ = 48

c) Bestimme ebenso alle Teiler von 60 (72, 96).

7 Welche Zahlen fehlen hier? Ersetze die Platzhalter.
a) Teiler von ■: 1, ■, 25
b) Teiler von ■: 1, 2, 5, ■
c) Teiler von ■: 1, 2, 4, ■, ■, 28
d) Teiler von ■: 1, 2, ■, 8, 16, ■
e) Teiler von ■: 1, 2, ■, 6, 11, ■, 33, ■
f) Teiler von ■: 1, ■, ■, 6, ■, 14, 21, ■

8 a) Der Flächeninhalt eines Rechtecks soll 12 cm² betragen. Die Maßzahlen der Seitenlängen müssen ganze Zahlen sein.

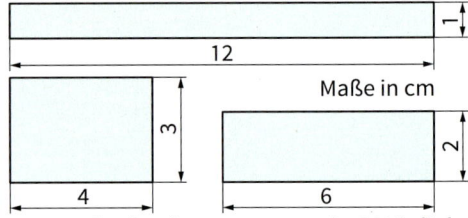

Begründe, dass es genau drei Möglichkeiten gibt.
b) Zeichne alle Rechtecke mit einem Flächeninhalt von 8 cm² (9 cm², 15 cm², 16 cm²), bei denen die Maßzahlen der Seitenlängen ganze Zahlen sind. Wie viele Möglichkeiten gibt es?

Teiler und Primzahlen

1 Die Maßzahlen der Seitenlängen eines Rechtecks sollen ganze Zahlen sein.
a) Begründe, dass es nur ein einziges Rechteck mit dem Flächeninhalt 5 cm² (7 cm², 11 cm²) gibt, das diese Bedingung erfüllt.
b) Gib den Flächeninhalt von drei weiteren Rechtecken an, bei denen es jeweils nur eine einzige Möglichkeit gibt, dass diese Bedingung erfüllt ist.

> Natürliche Zahlen, die genau zwei Teiler haben, heißen **Primzahlen.** Sie sind nur durch 1 und durch sich selbst teilbar.
> Die Zahl 1 hat nur einen Teiler. Deshalb ist sie keine Primzahl.

2 In der Abbildung siehst du alle Primzahlen, die kleiner als 100 sind.

47	73	41	53	71
79	29	43	59	83
5	23	11	97	7
67	31	13	17	3
2	89	37	61	19

Ist die Aussage wahr oder falsch? Begründe deine Antwort.
a) Es gibt nur eine gerade Primzahl.
b) Zwischen 30 und 40 gibt es drei Primzahlen.
c) Es gibt acht Primzahlen, die kleiner als 20 sind.
d) Es gibt fünf zweistellige Primzahlen, deren letzte Ziffer eine 9 ist.
e) Es gibt nur eine Primzahl, deren letzte Ziffer eine 5 ist.

3 a) Warum gibt es keine zweistellige Primzahl, deren letzte Ziffer eine 2 (eine 8, eine 5) ist?
b) Welche Endziffern können bei zweistelligen Primzahlen auftreten?

4 In den Beispielen werden die Zahlen 15 und 18 als Produkt von Primzahlen dargestellt.

$$15 = 3 \cdot 5 \qquad 18 = 2 \cdot 3 \cdot 3$$

Schreibe wie in den Beispielen als Produkt von Primzahlen.
a) 21 = ■ · ■
   22 = ■ · ■
   26 = ■ · ■
b) 12 = ■ · ■ · ■
   20 = ■ · ■ · ■
   66 = ■ · ■ · ■

5 Große Zahlen kannst du mithilfe eines Teilerbaums in ein Produkt von Primzahlen zerlegen.
Im Beispiel wird die Zahl 90 zunächst in zwei Partnerteiler zerlegt, dann wird jeder Teiler weiter zerlegt, bis nur noch Primzahlen auftreten. Dabei gibt es mehrere Möglichkeiten.

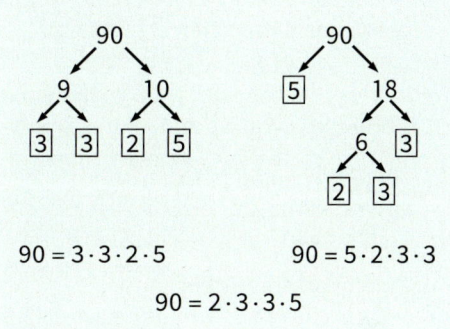

Zeichne einen weiteren Teilerbaum für die Zahl 90.

6 Zeichne für die Zahlen jeweils einen Teilerbaum und schreibe sie als Produkt von Primzahlen.
a) 24, 30, 32
b) 80, 81, 100
c) 120, 136, 176
d) 320, 400, 1 000

> Jede natürliche Zahl, die selbst keine Primzahl ist, kann in ein Produkt von Primzahlen zerlegt werden.
> Bei der Zerlegung sind verschiedene Wege möglich, die alle zu demselben Ergebnis führen.
>
> $28 = 2 \cdot 2 \cdot 7 \qquad 650 = 2 \cdot 5 \cdot 5 \cdot 13$

Größter gemeinsamer Teiler und kleinstes gemeinsames Vielfaches

1 Leon stellt aus einem farbigen Pappkarton quadratische Kärtchen her.

Der Karton ist 40 cm lang und 24 cm breit. Die Kärtchen sollen so groß wie möglich werden. Vom Karton soll kein Rest übrig bleiben.
a) Wie lang ist die Seite eines Kärtchens?
b) Wie viele Kärtchen erhält Leon?

2 Im Beispiel wird der größte gemeinsame Teiler (ggT) von 12 und 16 bestimmt.

> Teiler von 12:   1, 2, 3, 4, 6, 12
> Teiler von 16:   1, 2, 4, 8, 16
>
> gemeinsame Teiler
> von 12 und 16:   1, 2, 4
>
> größter gemeinsamer
> Teiler von 12 und 16: ggT (12, 16) = 4

Bestimme jeweils den größten gemeinsamen Teiler von:
a) 8 und 12   b) 28 und 42
   15 und 25   10 und 35
   22 und 33   16 und 24

c) 20 und 44   d) 15, 25 und 35
   45 und 75   18, 21 und 27
   28 und 49   10, 15 und 45

3 Ersetze jeweils den Platzhalter. Es gibt mehrere Möglichkeiten.
a) ggT (12, ■) = 4   b) ggT (21, ■) = 7
   ggT (10, ■) = 5   ggT (36, ■) = 18
   ggT (■, 66) = 11   ggT (12, ■) = 1

4 Am Hagenmarkt fahren um 8 Uhr gleichzeitig eine Straßenbahn der Linie 2 und eine Straßenbahn der Linie 3 ab. Die Bahnen der Linie 2 verkehren im Abstand von 15 Minuten, die der Linie 3 im Abstand von zehn Minuten.
Zu welchen Zeiten fahren die Straßenbahnen beider Linien wieder gleichzeitig am Hagenmarkt ab?

5 Im Beispiel wird das kleinste gemeinsame Vielfache (kgV) von 8 und 12 bestimmt.

> Vielfache von 8:   8, 16, 24, 32, 40, 48, ...
> Vielfache von 12: 12, 24, 36, 48, 60, ...
>
> gemeinsame Vielfache von 8 und 12:   24, 48, 72, ...
>
> kleinstes gemeinsames Vielfaches
> von 8 und 12:   kgV (8, 12) = 24

Bestimme jeweils das kleinste gemeinsame Vielfache von:
a) 4 und 6   b) 12 und 16   c) 6 und 14
   6 und 9   15 und 25   9 und 11
   6 und 8   12 und 18   22 und 55

6 Ersetze jeweils den Platzhalter. Es gibt mehrere Möglichkeiten.
a) kgV (3, ■) = 12   b) kgV (9, ■) = 36
   kgV (■, 8) = 24   kgV (14, ■) = 42
   kgV (5, ■) = 50   kgV (10, ■) = 30

Teilbarkeitsregeln

1 Welche der abgebildeten Zahlen sind durch 2 (durch 5, durch 10) teilbar? Woran erkennst du die Teilbarkeit durch 2 (durch 5, durch 10)?

355	332	5233
1110	7206	2325
1618	23671	390
6744	17180	9131

2 Schreibe alle zweistelligen Zahlen auf,
a) die durch 2 und durch 5 teilbar sind.
b) die durch 5, aber nicht durch 2 teilbar sind.

3 a) Erläutere Pauls Behauptung mithilfe der Beispiele.

Eine Zahl ist durch 4 teilbar, wenn die letzten beiden Ziffern eine durch 4 teilbare Zahl bilden.

$124 : 4 = (100 + 24) : 4$
$ = 100 : 4 + 24 : 4$
$ = 25 + 6$
$ = 31$

$3248 : 4 = (3200 + 48) : 4$
$ = 3200 : 4 + 48 : 4$
$ = 800 + 12$
$ = 812$

b) Zeige ebenso, dass 216 und 1244 durch 4 teilbar sind.

4 Welche Zahlen sind durch 4 teilbar?
a) 148 b) 588 c) 3440 d) 11610
   312   650   8218   13736
   222   342   1111   99904

5

Überprüfe durch eine schriftliche Division, ob Sara recht hat.

6 In den Beispielen wird überprüft, ob 5781 und 2524 durch 3 teilbar sind.

Quersumme von 5781:
$5 + 7 + 8 + 1 = 21$
21 ist durch 3 teilbar.
also: 5781 ist durch 3 teilbar.

Quersumme von 2524:
$2 + 5 + 2 + 4 = 13$
13 ist nicht durch 3 teilbar.
also: 2524 ist nicht durch 3 teilbar.

Welche Zahlen sind durch 3 teilbar?
a) 567 b) 7359 c) 4287 d) 7685
   405   5588   8697   6819
   888   1577   7450   9943

7 Erläutere mithilfe des Beispiels, dass eine Zahl durch drei teilbar ist, wenn ihre Quersumme durch drei teilbar ist.

$582 = 5 \cdot 100 + 8 \cdot 10 + 2$
$ = 5 \cdot (99 + 1) + 8 \cdot (9 + 1) + 2$
$ = 5 \cdot 99 + 5 \cdot 1 + 8 \cdot 9 + 8 \cdot 1 + 2$
$ = 5 \cdot 99 + 5 + 8 \cdot 9 + 8 + 2$
$ = \underbrace{5 \cdot 99}_{\text{durch 3 teilbar}} + \underbrace{8 \cdot 9}_{\text{durch 3 teilbar}} + \underbrace{(5 + 8 + 2)}_{\text{Quersumme durch 3 teilbar}}$

Teilbarkeitsregeln

8 Begründe mithilfe von Beispielen, dass die Quersummenregel auch für die Teilbarkeit durch 9 gilt.

9 Welche Zahlen sind durch 9 teilbar?
a) 522   b) 7 695   c) 2 847   d) 16 857
   648   9 988   6 976   85 968
   242   2 277   5 705   29 954

> Eine Zahl ist durch 2 teilbar, wenn ihre letzte Ziffer eine 0, 2, 4, 6 oder 8 ist.
>
> Eine Zahl ist durch 5 teilbar, wenn ihre letzte Ziffer eine 0 oder 5 ist.
>
> Eine Zahl ist durch 10 teilbar, wenn ihre letzte Ziffer eine 0 ist.
>
> Eine Zahl ist durch 3 teilbar, wenn ihre Quersumme durch 3 teilbar ist.
>
> Eine Zahl ist durch 9 teilbar, wenn ihre Quersumme durch 9 teilbar ist.
>
> Eine Zahl ist durch 4 teilbar, wenn die beiden letzten Ziffern Nullen sind oder eine durch 4 teilbare Zahl bilden.

10 Prüfe Mias Behauptung für 42 (54, 60).

Eine Zahl ist durch 6 teilbar, wenn sie durch 2 und durch 3 teilbar ist.

11 Welche Zahlen sind durch 6 teilbar?
a) 428   b) 358   c) 5 004   d) 6 735
   312   192   4 734   6 819
   711   684   4 550   7 632

12 a) Welche Zahlen sind durch 5 **und** durch 9 teilbar?
225   450   1 990   1 404
325   558   1 665   1 890

b) Welche Zahlen sind durch 3 **und** durch 4 teilbar?
132   234   6 522   3 372
348   532   4 512   2 442

c) Welche Zahlen sind durch 4 **und** durch 9 teilbar?
756   450   2 736   1 152
692   864   2 312   5 562

13 a) Welche Zahlen sind durch 2, aber nicht durch 4 teilbar?
226   142   1 204   6 775
100   714   5 000   9 010

b) Welche Zahlen sind durch 3, aber nicht durch 9 teilbar?
513   672   1 111   8 070
606   777   2 313   5 679

c) Welche Zahlen sind durch 4, aber nicht durch 3 teilbar?
156   224   1 314   2 148
116   272   2 532   3 452

14 Für den Ausflug zum Freizeitpark hat Leon von jeder Schülerin und jedem Schüler der Klasse 6 € eingesammelt.

Insgesamt habe ich 176 €.

Das kann nicht stimmen.

15 Bestimme die kleinste natürliche Zahl, die durch
a) 2, 3 und 5 teilbar ist,
b) 2, 6 und 7 teilbar ist,
c) 5, 6 und 9 teilbar ist,
d) 2, 3, 4 und 6 teilbar ist.

16 Wie viele zweistellige Zahlen sind durch 4 (durch 5, durch 6, durch 9) teilbar?

17 a) Ersetze jeweils den Platzhalter, so dass eine durch 9 teilbare Zahl entsteht.
45■7   23■88   8 837■3
6■91   1■629   465■71
135■   123■2   7■3 244

b) Ersetze jeweils den Platzhalter, so dass eine durch 4 teilbare Zahl entsteht.
11■   2■4   212■   1■12
23■   1■6   316■   2■08

WISSEN KOMPAKT

Teiler und Vielfache

72 ist ohne Rest durch 8 teilbar.

8 ist Teiler von 72.
72 ist Vielfaches von 8.

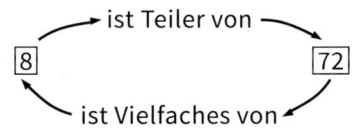

Teiler von 16: 1, 2, 4, 8, 16
Teiler von 20: 1, 2, 4, 5, 10, 20

Vielfache von 6: 6, 12, 18, 24, 30, 36, …
Vielfache von 9: 9, 18, 27, 36, 45, 54, …

größter gemeinsamer Teiler:
ggT (16, 20) = 4

kleinstes gemeinsames Vielfaches:
kgV (6, 9) = 18

Primzahlen

Natürliche Zahlen, die genau zwei Teiler haben, heißen **Primzahlen**.
Sie sind nur durch 1 und durch sich selbst teilbar.

1 ist keine Primzahl.

Primzahlen zwischen 1 und 100:
2   3   5   7   11   13   17
19   23   29   31   37   41   43
47   53   59   61   67   71   73
79   83   89   97

Jede natürliche Zahl, die selbst keine Primzahl ist, kann in ein Produkt von Primzahlen zerlegt werden.

Bei der Zerlegung sind verschiedene Wege möglich, die alle zu demselben Ergebnis führen.

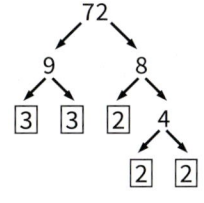

$72 = 3 \cdot 3 \cdot 2 \cdot 2 \cdot 2$ $72 = 2 \cdot 2 \cdot 3 \cdot 2 \cdot 3$

$72 = 2 \cdot 2 \cdot 2 \cdot 3 \cdot 3$

Teilbarkeitsregeln

Eine Zahl ist durch 2 teilbar,
wenn ihre letzte Ziffer eine 0, 2, 4, 6 oder 8 ist.

658 ist durch 2 teilbar,
denn die letzte Ziffer ist 8.

Eine Zahl ist durch 5 teilbar,
wenn ihre letzte Ziffer eine 0 oder 5 ist.

3 475 ist durch 5 teilbar,
denn die letzte Ziffer ist 5.

Eine Zahl ist durch 10 teilbar,
wenn ihre letzte Ziffer eine 0 ist.

170 ist durch 10 teilbar,
denn die letzte Ziffer ist 0.

Eine Zahl ist durch 3 teilbar,
wenn ihre Quersumme durch 3 teilbar ist.

582 ist durch 3 teilbar,
denn 5 + 8 + 2 = 15 ist durch 3 teilbar.

Eine Zahl ist durch 9 teilbar,
wenn ihre Quersumme durch 9 teilbar ist.

765 ist durch 9 teilbar,
denn 7 + 6 + 5 = 18 ist durch 9 teilbar.

Eine Zahl ist durch 4 teilbar,
wenn die beiden letzten Ziffern Nullen sind oder eine durch 4 teilbare Zahl bilden.

1 324 ist durch 4 teilbar,
denn 24 ist durch 4 teilbar.

ÜBEN

1 Bestimme die Teiler von 9 (10, 15, 33, 50, 77). Wenn du die Teiler der Größe nach ordnest, erhältst du ein Lösungswort.

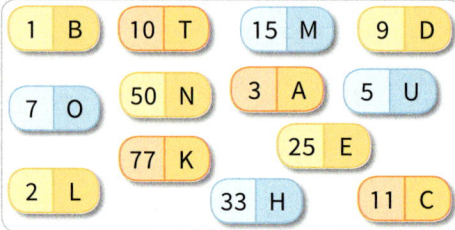

2 a) Die Klasse 6 c besteht aus 27 Schülerinnen und Schülern. Für eine Gruppenarbeit sollen Vierergruppen gebildet werden. Welches Problem entsteht?
b) Die Klasse 6 c soll in gleich große Gruppen aufgeteilt werden. Welche Gruppengrößen sind möglich?
c) Eine Klasse mit 30 (32, 28, 29) Schülerinnen und Schülern soll in gleich große Gruppen aufgeteilt werden. Welche Gruppengrößen sind möglich?

3 Suche die Primzahlen heraus. Richtig zusammengesetzt ergeben die Buchstaben den Namen einer europäischen Hauptstadt.

a)

29 L	37 D	33 A	42 P
49 S	39 T	38 E	23 O
27 U	19 N	43 N	41 O

b)

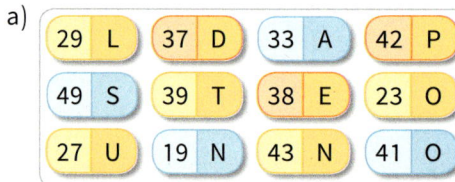

4 Gib eine Zahl an, die genau vier (sechs, drei) Teiler hat.

5 Bestimme jeweils die Teiler der angegebenen Zahlen.
Wenn du die Zahlen nach der Anzahl ihrer Teiler ordnest, ergeben die Buchstaben hinter den Zahlen ein Lösungswort.
16 M   36 L   42 H   43 P
45 Z   49 R   64 A   55 I

6 Bestimme jeweils den größten gemeinsamen Teiler von:
a) 16 und 24   b) 12 und 30
   9 und 15   22 und 55
   20 und 25   14 und 35

c) 4, 6 und 8   d) 8, 12 und 20
   2, 3 und 7   9, 15 und 30
   3, 4 und 9   10, 15 und 25

7 Zwei Zahlen, deren größter gemeinsamer Teiler gleich 1 ist, heißen **teilerfremd**. Überprüfe, welche Zahlenpaare teilerfremd sind.
a) 25 und 32   b) 81 und 100
   45 und 56   24 und 42
   33 und 39   16 und 27

8 Bestimme jeweils das kleinste gemeinsame Vielfache von:
a) 16 und 24   b) 12 und 30
   9 und 15   22 und 55
   20 und 25   14 und 35

c) 4, 6 und 8   d) 8, 12 und 20
   2, 3 und 7   9, 15 und 30
   3, 4 und 9   10, 15 und 25

9 Beim Schwimmen im 25-Meter-Becken benötigt Lina für eine Bahn 30 s, Eda 25 s. Sie starten gleichzeitig.

a) Nach wie vielen Sekunden schlagen beide gleichzeitig am Beckenrand an?
b) Wie viele Bahnen ist Lina geschwommen, wie viele Eda?

10 Die drei Stockwerke eines alten Hauses sind 3,04 m, 2,72 m und 2,24 m hoch. Die Treppe des Hauses soll erneuert werden. Alle Treppenstufen sollen gleich hoch sein. Die Höhe soll mindestens 10 cm betragen.

ÜBEN

Teiler und Vielfache

11 Vervollständige den Teilerbaum in deinem Heft und schreibe als Produkt von Primzahlen.

a) 36
b) 90
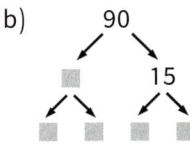
36 = ■ · ■ · ■ · ■   90 = ■ · ■ · ■ · ■

c)   d)
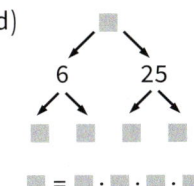
■ = ■ · ■ · ■ · ■   ■ = ■ · ■ · ■ · ■

e)   f)
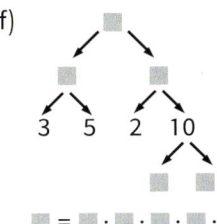
■ = ■ · ■ · ■ · ■   ■ = ■ · ■ · ■ · ■ · ■

12 Zeichne für die Zahlen jeweils einen Teilerbaum und schreibe sie als Produkt von Primzahlen.
a) 18   b) 60   c) 110   d) 250   e) 64
   36   81   150   140   72

13 a) Bilde aus den Ziffern 2, 4, 5 und 8 vierstellige Zahlen, die durch 4 teilbar sind.
b) Bilde aus den Ziffern 3, 5, 7 und 0 vierstellige Zahlen, die durch 5 teilbar sind.
c) Bilde aus den Ziffern 2, 3, 7 und 0 vierstellige Zahlen, die durch 6 teilbar sind.

> Es gibt jedes Mal zehn Möglichkeiten.

14 Tim behauptet: „Nach jedem Vielfachen von 6 folgt immer eine Primzahl." Begründe, dass Tim unrecht hat, indem du ein Beispiel angibst, bei dem Tims Aussage falsch ist.

15 Finde jeweils alle Teiler. Die Buchstaben unter den Teilern ergeben zeilenweise gelesen einen Satz.

a)

die Zahl hat die Teiler	2	3	4	5	9
11 142	M	A	T	H	N
15 120	S	I	E	H	T
32 720	N	E	U	R	O
12 465	A	M	F	I	T
11 130	D	E	S	M	U
32 412	H	E	R	B	L
46 845	U	Z	D	E	N
21 380	G	L	U	T	A

b)

die Zahl hat die Teiler	2	3	4	5	6	9	10
28 812	E	G	A	R	L	T	U
22 218	W	I	R	T	E	N	S
11 466	W	E	S	T	I	T	A
27 090	D	E	U	R	W	E	G
17 220	I	S	T	M	A	L	N
18 540	M	U	S	S	D	E	N
40 020	E	R	S	T	E	R	N
21 780	S	C	H	R	I	T	T
18 315	S	T	A	U	B	N	E

16 Welche Aussage ist wahr, welche ist falsch?

> Wenn eine gerade Zahl durch 3 teilbar ist, dann ist sie auch durch 6 teilbar.

> Wenn eine gerade Zahl durch 5 teilbar ist, dann ist sie auch durch 10 teilbar.

> Wenn eine ungerade Zahl durch 3 teilbar ist, dann ist sie auch durch 9 teilbar.

> Wenn eine Zahl durch 4 teilbar ist, dann ist ihre letzte Ziffer eine gerade Zahl.

VERTIEFEN: Primzahlen entdecken

1 An der Pinnwand siehst du 20 Zahlen.

Unter den Zahlen an der Pinnwand ist nur eine einzige Primzahl.

a) Begründe, dass 1 342 (1 235) keine Primzahl ist. Woran erkennst du das?
b) Betrachte jeweils die letzte Ziffer der übrigen Zahlen. Welche könnten Primzahlen sein?

Bei mehrstelligen Primzahlen ist die letzte Ziffer immer 1, 3, 7 oder 9.

c) Suche die Zahlen heraus, die durch 3 teilbar sind, indem du die Quersumme überprüfst.
d) 1 421 ist nicht durch 2, 3 oder 5 teilbar. Erkläre mithilfe der Rechnung, dass 1 421 durch 7 teilbar ist.

$$1\,421 : 7$$
$$= (1\,400 + 21) : 7$$
$$= 1\,400 : 7 + 21 : 7$$
$$= 200 + 3$$
$$= 203$$

e) Zerlege 1 199 in zwei geeignete Summanden und zeige, dass diese Zahl durch 11 teilbar ist.

f) Die Rechnung zeigt, dass 1 589 durch 7 teilbar ist.

$$1\,589 : 7$$
$$= (1\,400 + 140 + 49) : 7$$
$$= 1\,400 : 7 + 140 : 7 + 49 : 7$$
$$= 200 + 20 + 7$$
$$= 227$$

Zeige mithilfe einer ähnlichen Zerlegung, dass 1 631 auch durch 7 teilbar ist.

g) Begründe mithilfe einer geeigneten Zerlegung, dass 1 243 durch 11 (1 469 durch 13) teilbar ist.

h) *Ich habe die Primzahl gefunden.*

Welche Zahl ist es?

2 Suche die einzige Primzahl heraus.

a)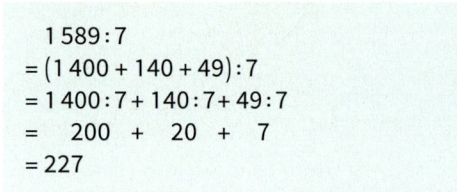

b)

VERTIEFEN: Primzahlen entdecken

3 Schon seit Jahrtausenden interessieren sich Mathematiker besonders für Primzahlen. Sie versuchen, möglichst viele und möglichst große Primzahlen zu entdecken.
Ein altes Verfahren, um Primzahlen zu finden, ist das **Sieb des Eratosthenes.** Dieser griechische Gelehrte lebte von 284 bis 202 v. Chr. Er war Direktor der damals größten Bibliothek der Welt in Alexandria.

So kannst du mit dem Verfahren des Eratosthenes die Primzahlen zwischen 1 und 200 bestimmen:

1. Schreibe alle natürlichen Zahlen von 1 bis 200 auf.
2. 1 ist keine Primzahl und wird deshalb gestrichen.
3. Kreise die Zahl 2 ein. Streiche alle Vielfachen von 2.
4. Die Zahl 3 ist die kleinste nicht durchgestrichene Zahl. Kreise sie ein und streiche alle Vielfachen von 3.
5. Kreise die kleinste nicht durchgestrichene Zahl ein und streiche alle ihre Vielfachen.
6. Setze das Verfahren weiter fort.

a) Prüfe, ob alle Primzahlen bis 100 eingekreist sind.

b) Notiere alle Primzahlen zwischen 100 und 200.

VERTIEFEN: Primzahlen entdecken

4 Bevor es Computer gab, war es sehr mühsam, herauszufinden, ob eine große Zahl eine Primzahl ist oder nicht.
Pietro Antonio Cataldi (1548 – 1626) kannte die Primzahl 524 287.
Leonard Euler (1707 – 1783) zeigte, dass 2 147 483 647 eine Primzahl ist.
Lange haben Mathematiker überlegt, ob 147 573 952 589 676 412 927 eine Primzahl ist oder nicht. Im Jahr 1903 fand der Amerikaner Nelson Cole, natürlich ohne Hilfe von Computern heraus, dass diese Zahl teilbar ist.

$$147\ 573\ 952\ 589\ 676\ 412\ 927$$
$$=\ 193\ 707\ 721 \cdot 761\ 838\ 257\ 287$$

Überprüfe diese Behauptung.

5 Heute werden mithilfe leistungsstarker Computer immer größere Primzahlen entdeckt.
Im Jahr 2008 fanden amerikanische Mathematiker die erste Primzahl mit mehr als zehn Millionen Stellen und erhielten dafür ein Preisgeld von 100 000 Dollar.
Seit dem Jahr 2018 ist eine Primzahl mit 24 862 048 Stellen bekannt. Wenn man auf Karopapier in jedes Rechenkästchen eine Ziffer dieser Zahl schreibt, ist der Papierstreifen mehr als 124 Kilometer lang.

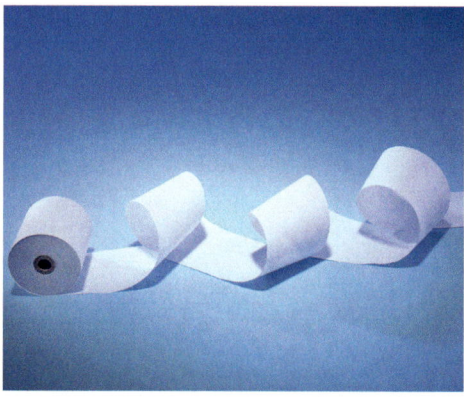

Informiere dich im Internet, wie viele Ziffern die größte bisher entdeckte Primzahl hat.

6

Zwei Primzahlen, deren Differenz 2 ist, heißen Primzahlzwillinge.

Zwischen 1 und 100 gibt es acht Primzahlzwillinge, zwischen 100 und 200 sind es sieben. Zwischen 900 und 1 000 gibt es gar keine Zwillingspaare, zwischen 1 000 und 1 100 aber wieder fünf.
Wahrscheinlich kommen unter den Primzahlen unendlich viele Zwillinge vor, bewiesen ist dies aber bis heute nicht.
Schreibe alle Primzahlzwillinge zwischen 1 und 200 auf.

7 Christian Goldbach (1707 – 1783) vermutete, dass jede gerade Zahl größer als 2 die Summe von zwei Primzahlen ist. Ein Beweis dieser Vermutung ist bis heute nicht gelungen.

$$10 = 7 + 3$$
$$12 = 7 + 5$$
$$14 = 11 + 3$$
$$16 = 13 + 3 = 11 + 5$$
$$18 = 13 + 5 = 11 + 7$$

Schreibe alle Zahlen von 20 bis 40 als Summe von zwei Primzahlen.
Überlege auch, ob es mehrere Möglichkeiten gibt.

Teiler und Vielfache

AUSGANGSTEST

1 Gib fünf Vielfache von 12 an.

2 Bestimme alle Teiler von:
a) 18   b) 20   c) 27   d) 50

3 Suche die Primzahlen heraus.

```
    7      22      19      34      23
       11      41      33      27
   17      38      13      39      21
```

4 Bestimme den größten gemeinsamen Teiler von:
a) 24 und 30   b) 15 und 55   c) 16 und 40

5 Bestimme das kleinste gemeinsame Vielfache von:
a) 6 und 9   b) 16 und 20   c) 12 und 18

6 Welche Zahlen sind
a) durch 3 teilbar?
   76   123   144   4 222   1 377   1 497
b) durch 4 teilbar?
   104   122   448   350   602   1 212
c) durch 6 teilbar?
   96   124   333   546   1 422   3 734
d) durch 5 und durch 9 teilbar?
   675   126   460   7 120   6 120   2 475
e) durch 3, aber nicht durch 2 teilbar?
   672   441   2 143   2 868   1 575   1 199

7 Vervollständige den Teilerbaum in deinem Heft und schreibe als Produkt von Primzahlen.

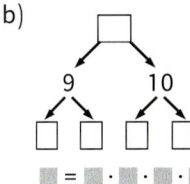

a) 66 = ■ · ■ · ■

b) ■ = ■ · ■ · ■ · ■

8 Zeichne den Teilerbaum für 63 (für 88) und schreibe die Zahl als Produkt von Primzahlen.

9 Ersetze die Platzhalter.
a) ggT (16, ■) = 4   b) ggT (12, ■) = 6
c) kgV (3, ■) = 24   d) kgV (4, ■) = 20

10 Ergänze jeweils eine Ziffer, so dass die Zahl
a) durch 9 teilbar ist.   1■43   247■0   22■33
b) durch 4 teilbar ist.   1■4   247■0   23■

11 Welche Aussage ist wahr, welche falsch? Begründe eine wahre Aussage. Widerlege eine falsche Aussage durch ein Beispiel.
a) Wenn eine Zahl durch 4 teilbar ist, dann ist sie auch durch 2 teilbar.
b) Wenn eine Zahl durch 2 teilbar ist, dann ist sie auch durch 4 teilbar.
c) Der größte gemeinsame Teiler von zwei verschiedenen Primzahlen ist gleich 1.
d) Das kleinste gemeinsame Vielfache von zwei Primzahlen ist eine ungerade Zahl.

Ich kann ...

	Aufgabe	Hilfen und Aufgaben	
Vielfache einer natürlichen Zahl angeben.	1	Seite 52, 58	I
die Teiler einer natürlichen Zahl angeben.	2	Seite 52, 58	
den größten gemeinsamen Teiler von natürlichen Zahlen bestimmen.	4, 9	Seite 54, 58	
das kleinste gemeinsame Vielfache von natürlichen Zahlen bestimmen.	5, 9	Seite 54, 58	
Primzahlen, die kleiner als 100 sind, erkennen.	3, 8	Seite 53, 58	
die Teilbarkeitsregeln für natürliche Zahlen anwenden.	6, 10	Seite 55, 56	
den Teilerbaum einer natürlichen Zahl zeichnen und ihre Primfaktorzerlegung angeben.	7, 8	Seite 53, 59	II
Aussagen zur Teilbarkeit und zu Primzahlen beurteilen.	11	Seite 53, 55, 56	III

4 Brüche

Jannes und Luisa haben auf dem Dachboden Klemmbausteine gefunden, sortiert und zu einem Quader zusammengelegt. Bestimme den Bruchteil der roten Steine im Quader.

Bist du fit für dieses Kapitel? Eingangstest auf Seite 188.

In diesem Kapitel …
- stellst du Brüche unterschiedlich dar.
- lernst du unterschiedliche Bezeichnungen für dieselbe Bruchzahl kennen.
- bestimmst du Bruchteile von Größen.

Brüche

Klemmbausteine

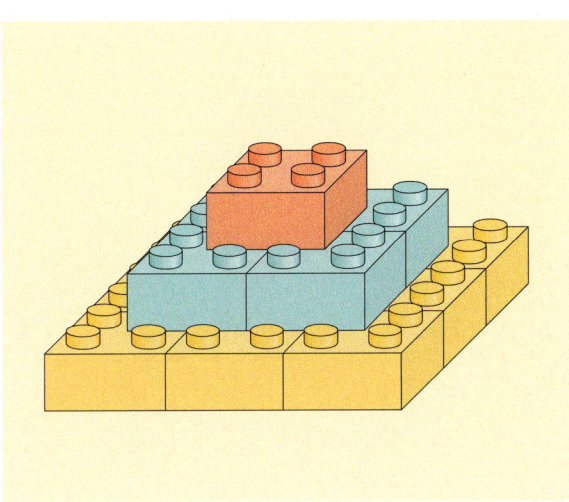

- Bestimme den Bruchteil der roten (blauen, gelben) Steine in jeder Figur.

Brüche darstellen

Brüche beschreiben Teile eines Ganzen

Die untere Zahl, der **Nenner**, gibt an, in wie viele gleich große Teile das Ganze geteilt wurde.

Die obere Zahl, der **Zähler**, gibt an, wie viele Teile betrachtet werden.

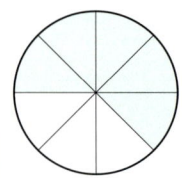
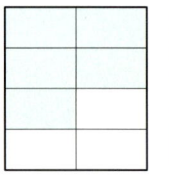

2 Welcher Bruchteil der Buchstaben ist jeweils farbig?

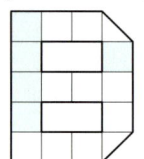 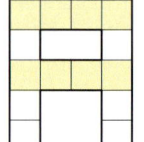 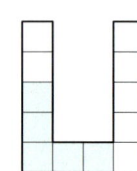
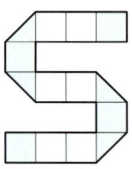  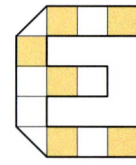
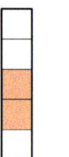 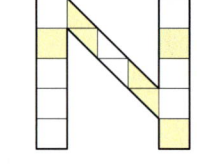 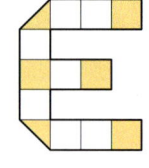

Lösungen zu Aufgabe 2:

$\frac{5}{15}$ $\frac{8}{14}$ $\frac{5}{12}$ $\frac{4}{7}$ $\frac{6}{12}$ $\frac{2}{5}$ $\frac{5}{14}$ $\frac{6}{12}$

1 Welcher Bruchteil ist blau gefärbt? Notiere die Ergebnisse.

a) 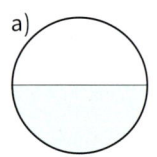 b) 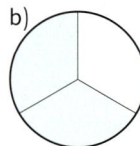 c)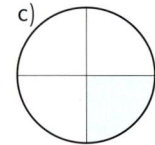

d) 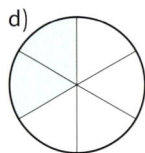 e) 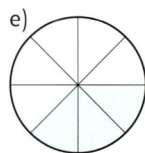 f)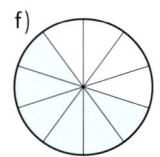

g) 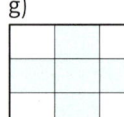 h) 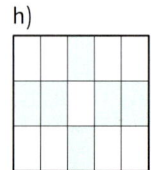 i) (siehe Abbildung)

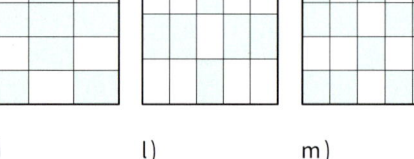

k)  l) 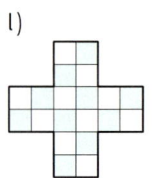 m)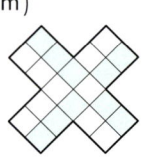

n) 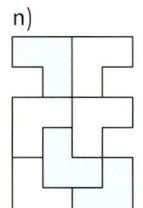 o) 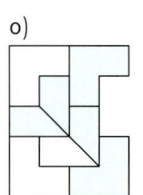 p)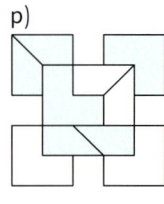

3 Stelle den angegebenen Bruchteil in einem Rechteck mit einer Länge von 6 cm und einer Breite von 4 cm dar.

a) $\frac{1}{4}$ b) $\frac{2}{3}$ c) $\frac{7}{12}$
d) $\frac{5}{6}$ e) $\frac{13}{24}$ f) $\frac{15}{48}$

4 Du siehst den Bruchteil eines Ganzen. Übertrage die Figur in dein Heft und ergänze zum Ganzen.

a) 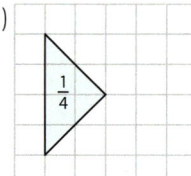 b)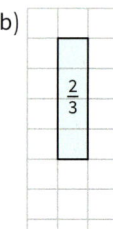

c) 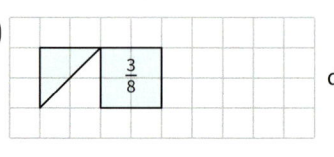 d)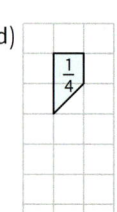

e)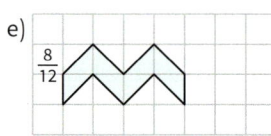

Lösungen zu Aufgabe 1: $\frac{7}{12}$ $\frac{2}{3}$ $\frac{3}{7}$ $\frac{12}{20}$ $\frac{2}{6}$ $\frac{4}{9}$ $\frac{8}{14}$
$\frac{1}{2}$ $\frac{7}{12}$ $\frac{10}{20}$ $\frac{6}{15}$ $\frac{10}{20}$ $\frac{1}{4}$ $\frac{3}{8}$ $\frac{6}{10}$

Weitere Hinweise und Aufgaben findest du im Wiederholungsteil auf Seite 196.

Verfeinern und Vergröbern

1 Vergleiche in den Figuren die gefärbten Bruchteile. Was stellst du fest?

a) b)
c) d)
e) f)

4 Vergleiche in den Figuren die gefärbten Bruchteile. Was stellst du fest?

a) b)
c) d)
e) f)

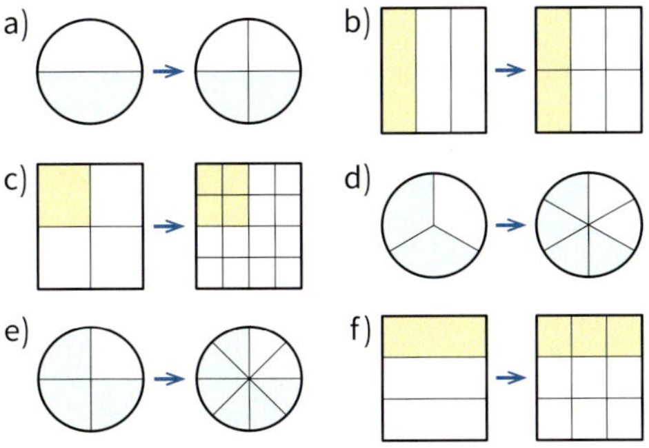

2 Gib den gefärbten Bruchteil an. Zeichne das Rechteck mit einer feineren Einteilung in dein Heft und gib einen zweiten Bruch für den gefärbten Bruchteil an.

a) b)
c) d)
e) f)
g) h)

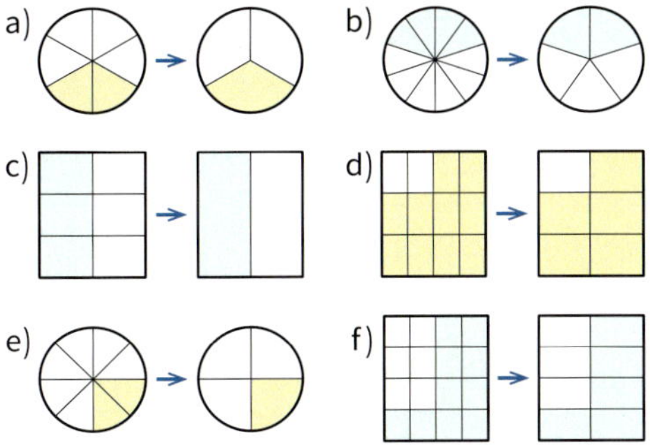

5 Gib den gefärbten Bruchteil an. Zeichne das Rechteck mit einer gröberen Einteilung in dein Heft und gib einen zweiten Bruch für den gefärbten Bruchteil an.

a) b)
c) d)
e) f)

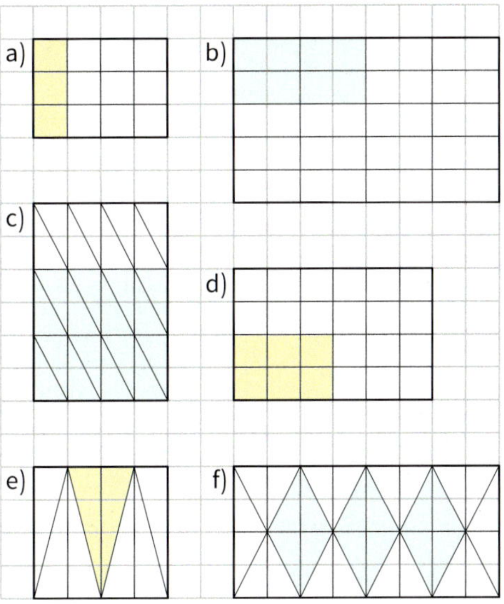

Beim Verfeinern wird die Figur in kleinere, gleich große Teilflächen eingeteilt, beim Vergröbern in größere.

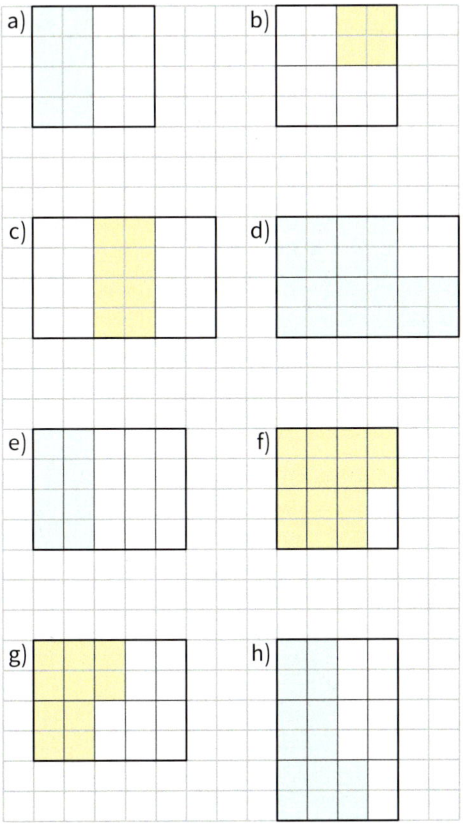

3 Zeichne ein Rechteck mit 20 Kästchen in dein Heft und stelle den Bruch farbig dar. Bestimme mithilfe einer feineren Einteilung einen zweiten Bruch, der den gleichen Bruchteil bezeichnet.

a) $\frac{1}{2}$ b) $\frac{1}{4}$ c) $\frac{1}{5}$ d) $\frac{1}{10}$

Die Unterteilung des abgebildeten Rechtecks (Kreises) kann durch **Verfeinern** und **Vergröbern** verändert werden. Dadurch kann die blau gefärbte Fläche mit unterschiedlichen Brüchen bezeichnet werden. Diese Brüche sind gleichwertig.

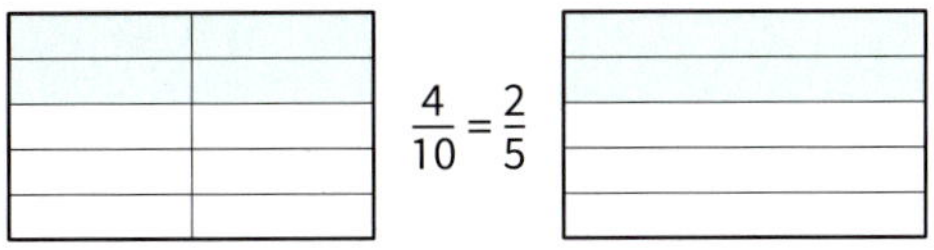

$$\frac{4}{10} = \frac{2}{5}$$

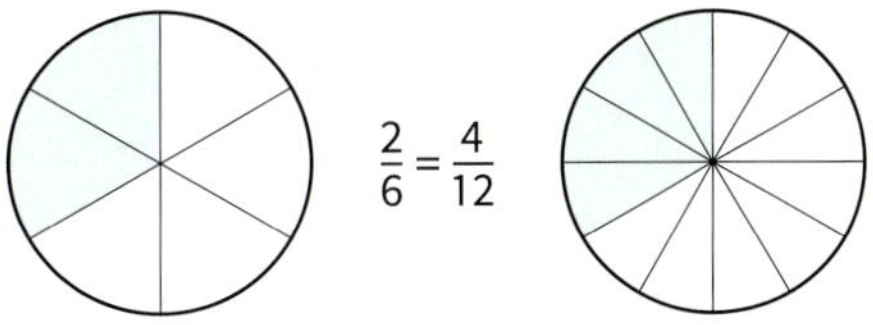

$$\frac{2}{6} = \frac{4}{12}$$

Verfeinern und Vergröbern

6 Nenne zwei Brüche, die den dargestellten Bruchteil bezeichnen.

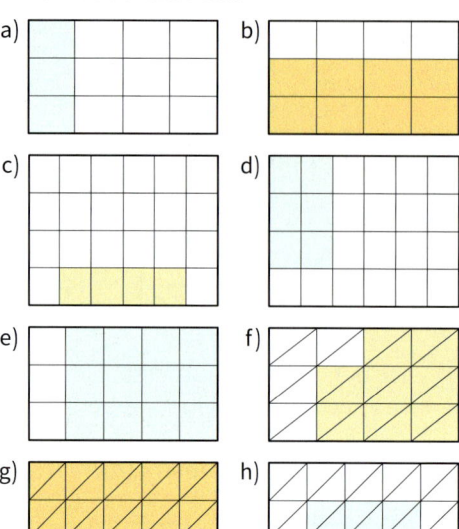

7 Nenne mindestens zwei Brüche, die den dargestellten Bruchteil bezeichnen.

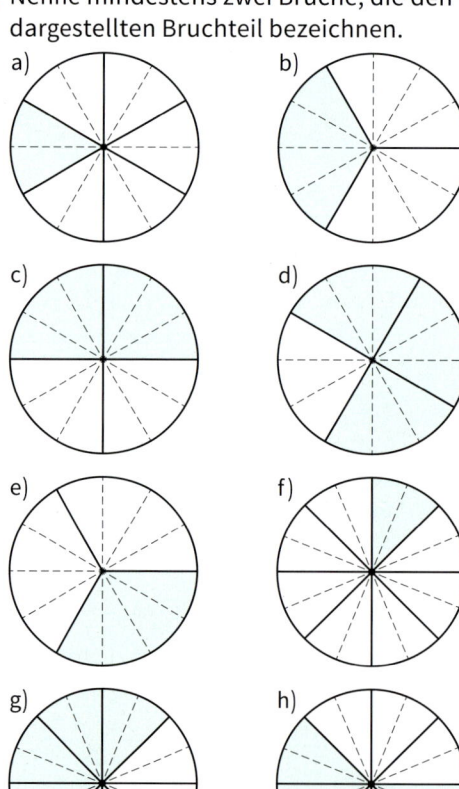

8 Beschreibe den gefärbten Bruchteil durch mindestens zwei Brüche.

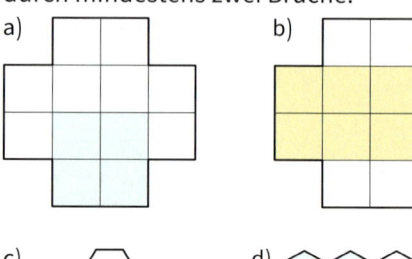

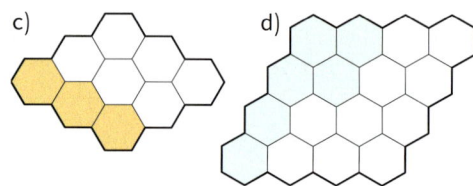

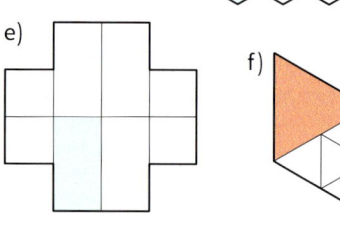

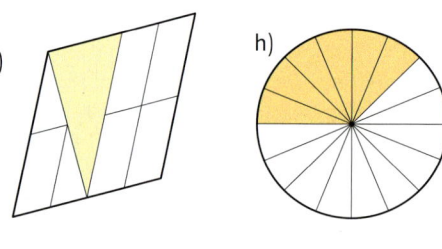

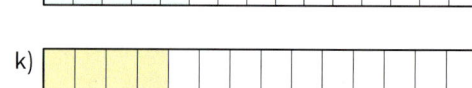

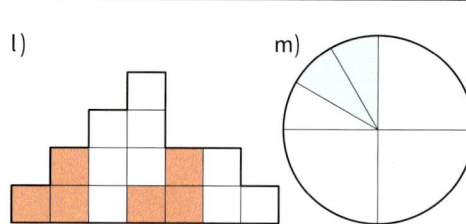

9 a) Finde zu den gegebenen Brüchen jeweils zwei andere gleichwertige Brüche. Beschreibe, wie du dabei vorgehst.

1) $\frac{8}{10}$ 2) $\frac{6}{30}$ 3) $\frac{5}{20}$

b) Beschreibe wie du zu einem Bruch einen anderen gleichwertigen Bruch finden kannst.

Erweitern und Kürzen

Durch **Erweitern** (Verfeinern der Einteilung) oder durch **Kürzen** (Vergröbern der Einteilung) ändert sich der Wert des Bruches nicht.

Erweitern
Beim Erweitern eines Bruches werden Zähler und Nenner mit derselben Zahl multipliziert.

$\frac{2}{5}$ wird erweitert mit **2**

$\frac{2}{5} = \frac{2 \cdot 2}{5 \cdot 2} = \frac{4}{10}$

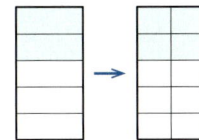

Kürzen
Beim Kürzen eines Bruches werden Zähler und Nenner durch dieselbe Zahl dividiert.

$\frac{4}{10}$ wird gekürzt durch **2**

$\frac{4}{10} = \frac{4:2}{10:2} = \frac{2}{5}$

3 Erweitere die folgenden Brüche jeweils mit 2 (3; 5).

a) $\frac{1}{3}$ $\frac{2}{5}$ $\frac{4}{7}$ $\frac{8}{9}$ $\frac{5}{11}$ $\frac{11}{13}$

b) $\frac{1}{2}$ $\frac{3}{4}$ $\frac{2}{6}$ $\frac{3}{8}$ $\frac{7}{10}$ $\frac{5}{12}$

4 Erweitere schrittweise.

a) $\frac{1}{3} = \frac{\square}{9} = \frac{\square}{27} = \frac{\square}{81}$ b) $\frac{1}{4} = \frac{\square}{8} = \frac{\square}{16} = \frac{\square}{32}$

c) $\frac{3}{5} = \frac{\square}{15} = \frac{\square}{45} = \frac{\square}{90}$ d) $\frac{5}{6} = \frac{\square}{12} = \frac{\square}{24} = \frac{\square}{48}$

e) $\frac{3}{7} = \frac{\square}{14} = \frac{18}{\square} = \frac{\square}{168}$ f) $\frac{5}{8} = \frac{15}{\square} = \frac{45}{\square} = \frac{\square}{144}$

5 Kürze die folgenden Brüche jeweils durch 2 (3; 6).

$\frac{12}{18}$ $\frac{6}{24}$ $\frac{18}{30}$ $\frac{24}{36}$ $\frac{72}{108}$

Lösungen zu Aufgabe 5:

$\frac{3}{12}$ $\frac{12}{18}$ $\frac{6}{9}$ $\frac{1}{4}$ $\frac{36}{54}$ $\frac{3}{5}$ $\frac{4}{6}$ $\frac{24}{36}$

$\frac{2}{3}$ $\frac{2}{8}$ $\frac{9}{15}$ $\frac{6}{10}$ $\frac{8}{12}$ $\frac{4}{6}$ $\frac{12}{18}$

6 Kürze schrittweise.

a) $\frac{32}{80} = \frac{\square}{40} = \frac{\square}{10} = \frac{\square}{5}$ b) $\frac{36}{60} = \frac{\square}{20} = \frac{\square}{10} = \frac{\square}{5}$

c) $\frac{8}{48} = \frac{\square}{24} = \frac{\square}{12} = \frac{\square}{6}$ d) $\frac{54}{81} = \frac{\square}{27} = \frac{6}{\square} = \frac{\square}{3}$

e) $\frac{84}{108} = \frac{28}{\square} = \frac{\square}{18} = \frac{7}{\square}$ f) $\frac{160}{200} = \frac{80}{\square} = \frac{20}{\square} = \frac{4}{\square}$

7 Bestimme den Platzhalter.

a) $\frac{4}{7} = \frac{\square}{49}$ b) $\frac{7}{\square} = \frac{35}{60}$

c) $\frac{8}{10} = \frac{24}{\square}$ d) $\frac{\square}{7} = \frac{18}{21}$

e) $\frac{35}{40} = \frac{\square}{8}$ f) $\frac{\square}{45} = \frac{4}{9}$

g) $\frac{56}{\square} = \frac{8}{11}$ h) $\frac{65}{75} = \frac{13}{\square}$

Lösungen zu Aufgabe 7:
28   15   30   6   77   12   7   20

1 Welcher Bruchteil ist im Bild hellblau, welcher ist blau gefärbt? Gib mindestens zwei Brüche an, die den gleichen Bruchteil bezeichnen.

a) 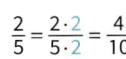 b)   c)

d) 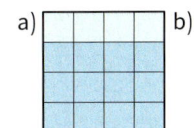 e) 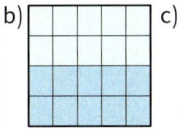 f)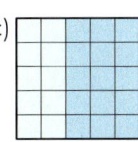

2 Mit welcher Zahl wurde erweitert oder gekürzt?

a) $\frac{3}{7} = \frac{12}{28}$ b) $\frac{16}{20} = \frac{4}{5}$ c) $\frac{3}{4} = \frac{18}{24}$

d) $\frac{28}{63} = \frac{4}{9}$ e) $\frac{3}{8} = \frac{18}{48}$ f) $\frac{6}{10} = \frac{36}{60}$

g) $\frac{60}{100} = \frac{12}{20}$ h) $\frac{63}{77} = \frac{9}{11}$ i) $\frac{7}{12} = \frac{56}{96}$

k) $\frac{11}{20} = \frac{132}{240}$ l) $\frac{81}{117} = \frac{9}{13}$ m) $\frac{15}{25} = \frac{195}{325}$

8 Kürze oder erweitere

a) auf den Nenner 42:

$\frac{2}{7}$ $\frac{12}{21}$ $\frac{1}{6}$ $\frac{11}{14}$ $\frac{20}{84}$ $\frac{90}{126}$

b) auf den Nenner 30:

$\frac{11}{15}$ $\frac{5}{6}$ $\frac{4}{5}$ $\frac{18}{60}$ $\frac{69}{90}$ $\frac{8}{120}$

Kürzen mithilfe von Teilbarkeitsregeln

Einige Brüche kannst du nicht kürzen.

1 Frau Riesenberg hat einige Brüche an die Tafel geschrieben.

durch 5			durch 2			durch 10		
$\frac{45}{175}$	$\frac{16}{95}$	$\frac{30}{250}$	$\frac{10}{12}$	$\frac{24}{36}$	$\frac{9}{64}$	$\frac{10}{20}$	$\frac{30}{140}$	$\frac{42}{80}$
$\frac{30}{255}$	$\frac{10}{185}$	$\frac{15}{20}$	$\frac{8}{10}$	$\frac{18}{47}$	$\frac{14}{40}$	$\frac{50}{205}$	$\frac{340}{400}$	$\frac{60}{220}$

Finde heraus, weshalb manche Brüche nicht gekürzt werden können. Begründe deine Meinung.

Wie kann ich schnell herausfinden, ob 237 durch 3 teilbar ist?

Die Quersumme muss durch 3 teilbar sein: 2 + 3 + 7 = 12. Da 12 durch 3 teilbar ist, muss auch 237 durch 3 teilbar sein.

Eine Zahl ist durch 2 teilbar, wenn ihre letzte Ziffer eine 0, 2, 4, 6 oder 8 ist.

2 Welche Brüche können durch 2 gekürzt werden? Bei richtiger Lösung erhältst du den Namen einer Stadt.

L	E	S	N	E	C	L	T
$\frac{8}{12}$	$\frac{16}{24}$	$\frac{14}{49}$	$\frac{17}{20}$	$\frac{2}{16}$	$\frac{4}{8}$	$\frac{4}{6}$	$\frac{20}{37}$

Eine Zahl ist durch 4 teilbar, wenn sie zweimal durch 2 teilbar ist.

3 Prüfe wie im Beispiel, ob die Brüche durch 4 gekürzt werden können.

$\frac{8}{20} \xrightarrow{:2} \frac{4}{10} \xrightarrow{:2} \frac{2}{5}$, $\frac{8}{20}$ ist durch 4 teilbar

a) $\frac{4}{12}$ $\frac{12}{32}$ $\frac{22}{36}$ $\frac{16}{76}$ $\frac{172}{180}$
b) $\frac{8}{20}$ $\frac{14}{32}$ $\frac{124}{152}$ $\frac{274}{280}$ $\frac{128}{264}$
c) $\frac{68}{86}$ $\frac{48}{108}$ $\frac{56}{112}$ $\frac{28}{216}$ $\frac{114}{124}$

Eine Zahl ist durch 5 teilbar, wenn ihre letzte Ziffer eine 0 oder 5 ist.

4 Welche Brüche können durch 5 gekürzt werden? Bei richtiger Lösung erhältst du den Namen einer Stadt.

S	M	N	R	E	B	A	E
$\frac{200}{301}$	$\frac{155}{200}$	$\frac{90}{100}$	$\frac{40}{55}$	$\frac{205}{315}$	$\frac{35}{80}$	$\frac{27}{45}$	$\frac{85}{275}$

Eine Zahl ist durch 10 teilbar, wenn ihre letzte Ziffer eine 0 ist.

5 Prüfe, ob die Brüche durch 10 gekürzt werden können. Kürze, wenn möglich.

a) $\frac{10}{80}$ $\frac{25}{200}$ $\frac{120}{150}$ $\frac{20}{80}$ $\frac{110}{200}$
b) $\frac{8}{20}$ $\frac{140}{230}$ $\frac{70}{95}$ $\frac{40}{130}$ $\frac{105}{320}$

6 Kürze soweit wie möglich.

a) $\frac{6}{10}$ $\frac{15}{25}$ $\frac{8}{20}$ $\frac{10}{90}$ $\frac{25}{40}$
b) $\frac{20}{44}$ $\frac{14}{18}$ $\frac{16}{26}$ $\frac{70}{140}$ $\frac{60}{100}$
c) $\frac{40}{190}$ $\frac{160}{360}$ $\frac{120}{300}$ $\frac{40}{160}$ $\frac{140}{340}$

7 Prüfe, ob die Brüche durch 3 gekürzt werden können. Kürze, wenn möglich.

a) $\frac{18}{72}$ $\frac{75}{93}$ $\frac{78}{108}$ $\frac{67}{136}$ $\frac{18}{222}$
b) $\frac{108}{111}$ $\frac{143}{156}$ $\frac{123}{234}$ $\frac{56}{156}$ $\frac{132}{207}$
c) $\frac{33}{169}$ $\frac{36}{228}$ $\frac{45}{345}$ $\frac{180}{297}$ $\frac{270}{277}$

8 Prüfe, ob die Brüche durch 9 gekürzt werden können. Kürze, wenn möglich.

Eine Zahl ist durch 9 teilbar, wenn ihre Quersumme durch 9 teilbar ist.

a) $\frac{9}{81}$ $\frac{54}{108}$ $\frac{63}{207}$ $\frac{90}{189}$ $\frac{36}{118}$
b) $\frac{18}{72}$ $\frac{54}{144}$ $\frac{117}{171}$ $\frac{126}{244}$ $\frac{153}{261}$
c) $\frac{99}{252}$ $\frac{93}{270}$ $\frac{135}{225}$ $\frac{180}{234}$ $\frac{198}{243}$

9 Bestimme durch welche Zahl jeweils insgesamt gekürzt wurde. Was fällt dir auf?

a) $\frac{60}{150} = \frac{6}{15} = \frac{2}{5}$ $\frac{60}{150} = \frac{30}{75} = \frac{2}{5}$
b) $\frac{120}{280} = \frac{12}{28} = \frac{3}{7}$ $\frac{120}{280} = \frac{6}{14} = \frac{3}{7}$
c) $\frac{100}{160} = \frac{10}{16} = \frac{5}{8}$ $\frac{100}{160} = \frac{50}{80} = \frac{5}{8}$

10 Kürze die folgenden Brüche so weit wie möglich. Benutze die Teilbarkeitsregeln.

a) $\frac{14}{26}$ $\frac{24}{42}$ $\frac{10}{110}$ $\frac{45}{135}$ $\frac{300}{350}$
b) $\frac{100}{220}$ $\frac{32}{496}$ $\frac{54}{928}$ $\frac{1200}{2000}$ $\frac{175}{400}$
c) $\frac{27}{72}$ $\frac{81}{162}$ $\frac{54}{135}$ $\frac{63}{99}$ $\frac{150}{270}$
d) $\frac{135}{351}$ $\frac{33}{69}$ $\frac{155}{560}$ $\frac{21}{45}$ $\frac{153}{261}$
e) $\frac{72}{126}$ $\frac{30}{75}$ $\frac{42}{102}$ $\frac{135}{210}$ $\frac{24}{720}$

Brüche vergleichen

1 Vergleiche die Brüche.

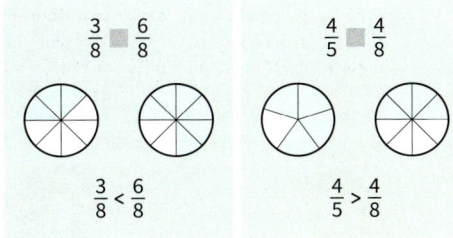

$\frac{3}{8} < \frac{6}{8}$ $\frac{4}{5} > \frac{4}{8}$

a) $\frac{3}{5} \square \frac{4}{5}$ b) $\frac{6}{8} \square \frac{6}{9}$ c) $\frac{5}{7} \square \frac{4}{7}$

d) $\frac{2}{5} \square \frac{2}{6}$ e) $\frac{5}{11} \square \frac{6}{11}$ f) $\frac{10}{13} \square \frac{11}{13}$

2 Laura und Maik diskutieren, ob $\frac{4}{7}$ größer ist als $\frac{5}{9}$. Laura meint „Ein Siebtel ist größer als ein Neuntel". Maik entgegnet „Aber 5 ist größer als 4!"

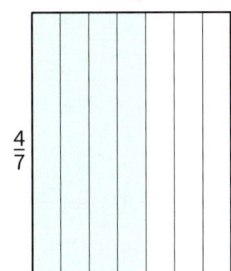 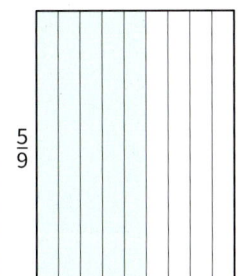

$\frac{4}{7}$ $\frac{5}{9}$

Erläutere, warum du die beiden Brüche nur schwer vergleichen kannst.

> Brüche mit verschiedenen Nennern heißen **ungleichnamige Brüche**. Du vergleichst ungleichnamige Brüche, indem du sie **gleichnamig** (nennergleich) machst und dann die Zähler vergleichst.
>
> $\frac{2}{7} \square \frac{3}{8}$ $\frac{7}{21} \square \frac{12}{18}$
>
> $\frac{2 \cdot 8}{7 \cdot 8} \square \frac{3 \cdot 7}{8 \cdot 7}$ $\frac{7:7}{21:7} \square \frac{12:6}{18:6}$
>
> $\frac{16}{56} < \frac{21}{56}$ $\frac{1}{3} < \frac{2}{3}$
>
> $\frac{2}{7} < \frac{3}{8}$ $\frac{7}{21} < \frac{12}{18}$

3 Mache die Brüche gleichnamig und vergleiche sie.

a) $\frac{2}{3} \square \frac{3}{4}$ b) $\frac{1}{4} \square \frac{2}{5}$

c) $\frac{5}{6} \square \frac{6}{7}$ d) $\frac{3}{8} \square \frac{4}{9}$

4 Vergleiche die Brüche. Setze <, > oder = ein.

a) $\frac{3}{5} \square \frac{4}{5}$ b) $\frac{2}{3} \square \frac{5}{9}$ c) $\frac{3}{5} \square \frac{7}{8}$

$\frac{5}{9} \square \frac{2}{9}$ $\frac{1}{3} \square \frac{3}{9}$ $\frac{4}{5} \square \frac{6}{8}$

$\frac{8}{13} \square \frac{4}{13}$ $\frac{2}{3} \square \frac{7}{9}$ $\frac{2}{5} \square \frac{6}{7}$

d) $\frac{3}{4} \square \frac{5}{7}$ e) $\frac{8}{22} \square \frac{9}{33}$ f) $\frac{36}{39} \square \frac{24}{26}$

$\frac{5}{11} \square \frac{3}{4}$ $\frac{15}{27} \square \frac{12}{18}$ $\frac{6}{10} \square \frac{4}{7}$

$\frac{4}{7} \square \frac{5}{8}$ $\frac{14}{21} \square \frac{8}{12}$ $\frac{2}{7} \square \frac{3}{8}$

5 Ordne die folgenden Brüche der Größe nach. Beginne mit dem kleinsten Bruch.

a) $\frac{5}{12}$ $\frac{3}{4}$ $\frac{2}{3}$ $\frac{11}{24}$ $\frac{5}{6}$ $\frac{1}{2}$

b) $\frac{3}{10}$ $\frac{4}{5}$ $\frac{4}{20}$ $\frac{3}{15}$ $\frac{7}{30}$ $\frac{2}{15}$

c) $\frac{9}{100}$ $\frac{9}{43}$ $\frac{9}{750}$ $\frac{9}{25}$ $\frac{9}{15}$ $\frac{9}{42}$

6 Ordne die Brüche der Größe nach. Beginne mit dem kleinsten Bruch. Du erhältst den Namen einer Insel.

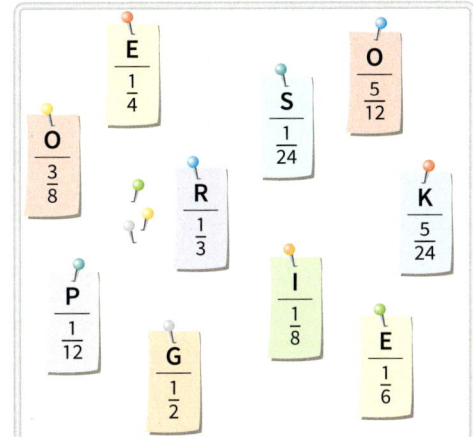

7 Ersetze den Platzhalter. Manchmal gibt es mehrere Möglichkeiten.

a) $\frac{3}{8} > \frac{\square}{8}$ b) $\frac{6}{11} < \frac{6}{\square}$ c) $\frac{\square}{11} = \frac{9}{33}$

$\frac{2}{5} = \frac{\square}{15}$ $\frac{5}{7} > \frac{5}{\square}$ $\frac{\square}{8} > \frac{6}{8}$

$\frac{4}{7} < \frac{\square}{7}$ $\frac{9}{13} < \frac{10}{\square}$ $\frac{\square}{5} < \frac{2}{5}$

d) $\frac{3}{\square} > \frac{3}{8}$ e) $\frac{10}{16} = \frac{5}{\square}$ f) $\frac{4}{7} = \frac{\square}{21}$

$\frac{4}{\square} < \frac{4}{5}$ $\frac{5}{10} < \frac{\square}{9}$ $\frac{6}{7} > \frac{7}{\square}$

$\frac{3}{8} < \frac{\square}{4}$ $\frac{4}{17} > \frac{4}{\square}$ $\frac{\square}{10} < \frac{5}{6}$

Gemischte Zahlen

1 Dennis hat für seine Freunde und sich Pizza gebacken. Nachdem sich alle satt gegessen haben, sind noch einige Stücke übrig geblieben.

a) Zähle, wie viele Achtel insgesamt übrig geblieben sind.
b) Bestimme, wie viele ganze Pizzen sich aus den übrig gebliebenen Stücken zusammenlegen lassen. Wie viele Achtel sind danach noch vorhanden?

> Eine gemischte Zahl besteht aus einer natürlichen Zahl und einem Bruch.
>
>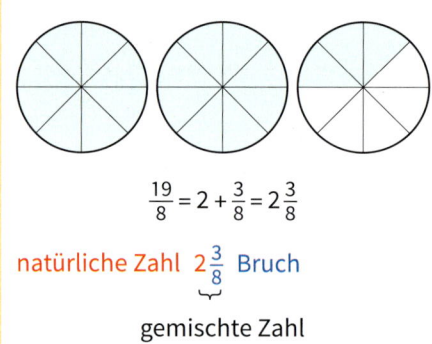
>
> $\frac{19}{8} = 2 + \frac{3}{8} = 2\frac{3}{8}$
>
> natürliche Zahl $2\frac{3}{8}$ Bruch
>
> gemischte Zahl

2 Schreibe als Bruch und gemischte Zahl.

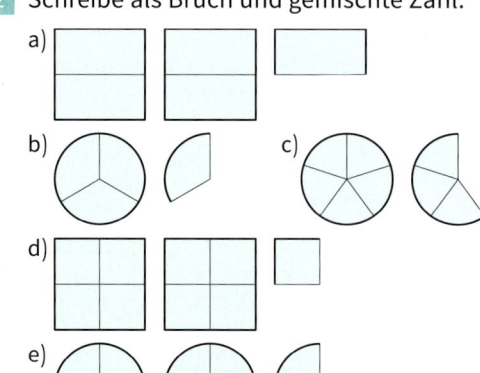

3 Schreibe als Bruch wie im Beispiel.

$2 = \frac{\Box}{7}$ $2 = \frac{2}{1} = \frac{2 \cdot 7}{1 \cdot 7} = \frac{14}{7}$

a) $2 = \frac{\Box}{5}$ b) $3 = \frac{\Box}{4}$ c) $4 = \frac{28}{\Box}$

$3 = \frac{\Box}{6}$ $4 = \frac{\Box}{3}$ $5 = \frac{15}{\Box}$

$4 = \frac{\Box}{7}$ $5 = \frac{\Box}{8}$ $6 = \frac{24}{\Box}$

Lösungen zu Aufgabe 3:

$\frac{28}{7}$ $\frac{15}{3}$ $\frac{12}{4}$ $\frac{12}{3}$ $\frac{18}{6}$ $\frac{28}{7}$ $\frac{40}{8}$ $\frac{24}{4}$ $\frac{10}{5}$

4 Schreibe als Bruch wie im Beispiel.

$3\frac{2}{5} = 3 + \frac{2}{5} = \frac{15}{5} + \frac{2}{5} = \frac{17}{5}$

a) $2\frac{2}{3}$ b) $3\frac{4}{5}$ c) $6\frac{1}{6}$

$3\frac{2}{4}$ $2\frac{7}{9}$ $4\frac{5}{6}$

$4\frac{1}{3}$ $3\frac{4}{7}$ $3\frac{3}{8}$

Lösungen zu Aufgabe 4:

$\frac{25}{9}$ $\frac{37}{6}$ $\frac{29}{6}$ $\frac{19}{5}$ $\frac{8}{3}$ $\frac{14}{4}$ $\frac{13}{3}$ $\frac{27}{8}$ $\frac{25}{7}$

5 Bestimme die Platzhalter.

a) $2\frac{3}{5} = \frac{\Box}{5}$ b) $7\frac{1}{3} = \frac{\Box}{3}$ c) $3\frac{4}{\Box} = \frac{19}{\Box}$

$3\frac{4}{7} = \frac{\Box}{7}$ $5\frac{2}{5} = \frac{\Box}{5}$ $5\frac{\Box}{4} = \frac{23}{4}$

$2\frac{1}{5} = \frac{\Box}{5}$ $2\frac{3}{6} = \frac{\Box}{6}$ $1\frac{8}{\Box} = \frac{17}{\Box}$

6 Schreibe als gemischte Zahl oder als natürliche Zahl.

a) $\frac{5}{2}$ b) $\frac{13}{10}$ c) $\frac{30}{11}$

$\frac{6}{3}$ $\frac{14}{3}$ $\frac{12}{3}$

$\frac{9}{4}$ $\frac{7}{3}$ $\frac{14}{5}$

$\frac{15}{5}$ $\frac{29}{12}$ $\frac{44}{11}$

Lösungen zu Aufgabe 6:

4 $2\frac{4}{5}$ $4\frac{2}{3}$ $2\frac{1}{3}$ 3 $1\frac{3}{10}$ $2\frac{8}{11}$ 2 $2\frac{1}{4}$
$2\frac{1}{2}$ $2\frac{5}{12}$ 4

Brüche am Zahlenstrahl

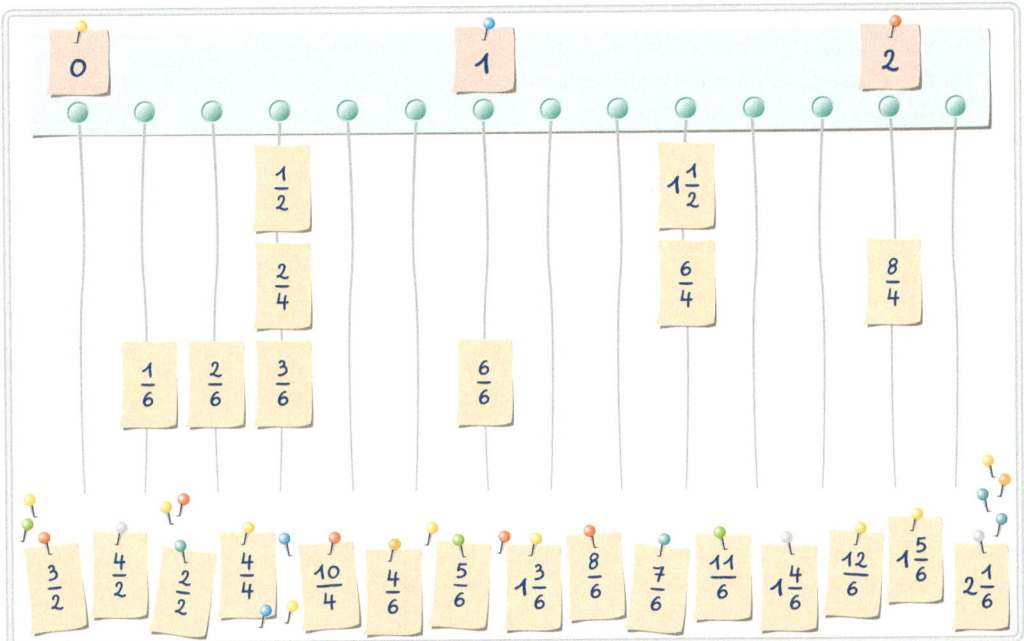

1 Nina und Steffen haben einen großen Zahlenstrahl gebastelt und versuchen nun Zettel mit Brüchen an der richtigen Stelle anzuordnen.
Wohin gehören die restlichen Karten?

2 Gib jeweils einen Bruch an, der zu dem markierten Punkt gehört.

a)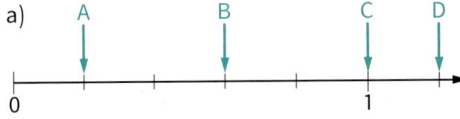

b)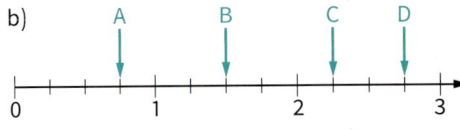

c)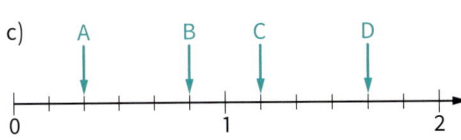

3 Zeichne einen 12 cm langen Zahlenstrahl in dein Heft und beschrifte diesen mit den Zahlen 0, 1 und 2.
Trage die folgenden Brüche ein.

a) $\frac{1}{4}$ $\frac{9}{6}$ $\frac{7}{12}$ $\frac{11}{6}$ $\frac{5}{3}$ $\frac{12}{12}$ $\frac{8}{6}$

b) $\frac{1}{12}$ $\frac{7}{6}$ $\frac{8}{6}$ $\frac{4}{3}$ $\frac{10}{6}$ $\frac{9}{12}$ $\frac{5}{6}$

4 Gib die markierte Stelle auf dem Zahlenstrahl jeweils als Bruch und, wenn möglich, als gemischte Zahl an.

a)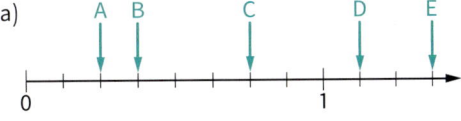

b)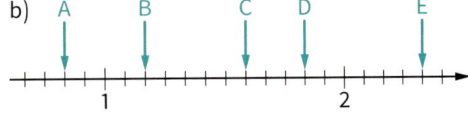

c)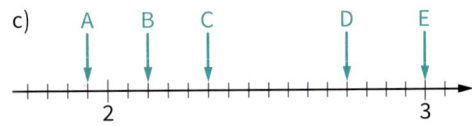

d)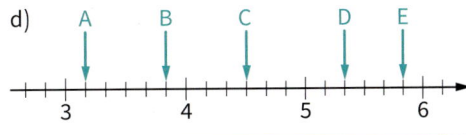

> Brüche, die auf dem Zahlenstrahl an der gleichen Stelle liegen, bezeichnen dieselbe Bruchzahl.
>
>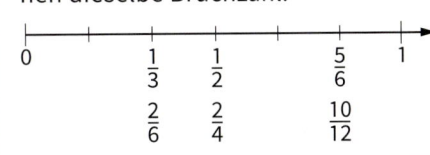

Brüche und Dezimalzahlen

1 Bei den olympischen Winterspielen 2018 in Pyeongchang gewann die Italienerin Sofia Goggia die Ski Alpin Abfahrt mit 1 Minute 39,22 Sekunden Gold.

Silber ging an die Norwegerin Ragnhild Mowinckel. Sie ist 9 Hundertstel Sekunden langsamer gewesen als Goggia. Mit 1 Minute 39,69 Sekunden sicherte sich die Amerikanerin Lindsey Vonn Bronze.
a) Mit welcher Zeit wurde Ragnhild Mowinckel zweite?
b) Wie groß war der zeitliche Abstand von Lindsey Vonn jeweils zum ersten und zweiten Platz. Gib den zeitlichen Abstand auch als Bruch an.

Brüche und Dezimalzahlen

	H	Z	E	z	h	
	100	10	1	$\frac{1}{10}$	$\frac{1}{100}$	
$\frac{8}{10}$			0	8		0,8
$\frac{56}{100}$			0	5	6	0,56
$\frac{5}{100}$			0	0	5	0,05
$20\frac{2}{100}$		2	0	0	2	20,02

Brüche mit dem Nenner 10, 100, 1 000, … lassen sich auch als **Dezimalzahlen** schreiben. Deshalb werden Dezimalzahlen auch als **Dezimalbrüche** bezeichnet.

2 Schreibe jeweils als Dezimalzahl.
a) 4 Zehntel; 12 Hundertstel; 5 Zehntel und 6 Hunderstel
b) $\frac{6}{10}$ $\frac{8}{10}$ $\frac{4}{10}$ $\frac{19}{100}$ $3\frac{1}{10}$ $14\frac{7}{10}$
c) $\frac{17}{10}$ $\frac{25}{10}$ $\frac{34}{10}$ $\frac{71}{10}$ $\frac{98}{10}$ $\frac{135}{100}$ $\frac{240}{100}$
d) $2\frac{4}{10}$ $5\frac{44}{100}$ $3\frac{125}{1000}$ $9\frac{98}{100}$ $12\frac{75}{100}$

3 Schreibe jeweils als Bruch oder als gemischte Zahl.

$0,4 = \frac{4}{10}$ $0,25 = \frac{25}{100}$ $4,56 = 4\frac{56}{100}$

a) 0,4   0,25   0,456   0,05   0,001
b) 0,88   0,125   0,66   0,700   0,045
c) 0,65   0,044   0,205   0,908   0,201
d) 0,2   0,02   0,002   0,0002   0,200
e) 1,1   1,12   1,023   2,002   2,45
f) 0,0123   0,0056   0,0701   0,1001
g) 5,25   8,05   12,345   14,002
h) 10,240   22,222   25,400   120,5604

4 Schreibe die Brüche als Dezimalzahl, indem du sie erweiterst oder kürzt.

$\frac{18}{40} = \frac{9}{20} = \frac{45}{100} = 0,45$

a) $\frac{1}{4}$ $\frac{2}{4}$ $\frac{3}{5}$ $\frac{6}{12}$ $\frac{7}{25}$
b) $\frac{6}{20}$ $\frac{6}{5}$ $\frac{7}{4}$ $\frac{37}{50}$ $\frac{30}{25}$
c) $\frac{125}{250}$ $\frac{7}{8}$ $\frac{22}{88}$ $\frac{15}{8}$ $\frac{42}{30}$
d) $\frac{47}{20}$ $\frac{96}{60}$ $\frac{84}{80}$ $\frac{11}{125}$ $\frac{65}{130}$

5 Gib die markierte Stelle auf dem Zahlenstrahl an.

a)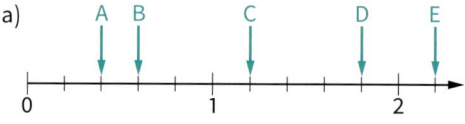

b)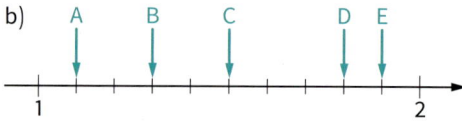

c)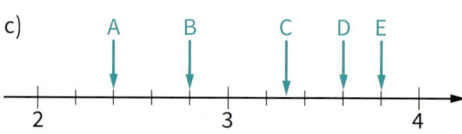

d)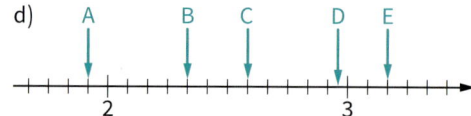

Brüche und Dezimalzahlen

6 Lisa und Fabian rechnen $\frac{3}{8}$ in eine Dezimalzahl um.

Lisa rechnet: $\frac{3}{8} = \frac{3 \cdot 125}{8 \cdot 125} = \frac{375}{1000} = 0{,}375$

Fabian rechnet:
$\frac{3}{8} = 3 : 8 = 0{,}375$

$3 : 8 = 0{,}375$
0
$\overline{30}$
24
$\overline{60}$
56
$\overline{40}$
40
$\overline{0}$

Bruchstrich und Divisionszeichen bedeuten dasselbe.

Beschreibe die beiden Verfahren.

7 a) Rechne jeden Bruch durch Erweitern in eine Dezimalzahl um.

$\frac{9}{20}$ $\frac{17}{25}$ $\frac{35}{200}$ $\frac{16}{125}$ $\frac{1}{8}$ $\frac{7}{8}$

b) Rechne jeden Bruch durch schriftliche Division in eine Dezimalzahl um.

$\frac{5}{8}$ $\frac{7}{8}$ $\frac{5}{16}$ $\frac{13}{16}$ $\frac{11}{32}$

8 a) Lisa hat versucht, den Bruch $\frac{2}{3}$ durch schriftliche Division in eine Dezimalzahl umzurechnen. Was stellst du fest?

$2 : 3 = 0{,}666\ldots$
0
$\overline{20}$
18
$\overline{20}$
18
$\overline{20}$
18
$\ldots$

b) Versuche $\frac{7}{11}$ und $\frac{5}{6}$ durch schriftliche Division in eine Dezimalzahl umzurechnen.
Was stellst du hierbei fest?

Periodische Dezimalzahlen

Bei der Umrechnung mancher Brüche in Dezimalzahlen, passiert es, dass sich Ziffern oder Zifferngruppen immer wiederholen.

$1 : 3 = 0{,}333\ldots$
0
$\overline{10}$
9
$\overline{10}$
9
$\overline{10}$
$\ldots$

$3 : 11 = 0{,}2727\ldots$
0
$\overline{30}$
22
$\overline{80}$
77
$\overline{30}$
$\ldots$

$1 : 6 = 0{,}166\ldots$
0
$\overline{10}$
6
$\overline{40}$
36
$\overline{40}$
$\ldots$

$\frac{1}{3} = 0{,}333\ldots = 0{,}\overline{3}$
lies: null Komma Periode drei

$\frac{3}{11} = 0{,}2727\ldots = 0{,}\overline{27}$
lies: null Komma Periode zwei sieben

$\frac{1}{6} = 0{,}166\ldots = 0{,}1\overline{6}$
lies: null Komma eins Periode sechs

Die Ziffer oder Zifferngruppe, die sich im Ergebnis immer wiederholt heißt **Periode.**
Die Periode wird durch einen waagerechten Strich gekennzeichnet.

---

9 a) Rechne jeden Bruch durch schriftliche Division in eine Dezimalzahl um.

$\frac{8}{9}$ $\frac{2}{11}$ $\frac{3}{12}$ $\frac{4}{15}$

b) Beschreibe, woran du erkennen kannst, dass du die schriftliche Division abbrechen darfst.

10 Schreibe als abbrechende oder periodische Dezimalzahl.

a) $\frac{5}{9}$ $\frac{3}{16}$ $\frac{4}{11}$ $\frac{8}{40}$ $\frac{5}{12}$ $\frac{17}{20}$

b) $\frac{11}{15}$ $\frac{11}{20}$ $\frac{20}{25}$ $\frac{11}{12}$ $\frac{7}{22}$ $\frac{18}{30}$

Abbrechende Dezimalzahl
$\frac{3}{5} = 3 : 5 = 0{,}6$

Periodische Dezimalzahl
$\frac{7}{9} = 7 : 9 = 0{,}\overline{7}$

11 Vergleiche. Setze <, > oder = ein.

a) $0{,}7 \;\square\; 0{,}\overline{7}$ b) $\frac{8}{9} \;\square\; 0{,}89$

c) $0{,}91 \;\square\; \frac{10}{11}$ d) $0{,}16 \;\square\; 0{,}\overline{16}$

e) $1{,}1\overline{6} \;\square\; \frac{7}{6}$ f) $\frac{5}{6} \;\square\; 0{,}833$

12 Ordne die Zahlen der Größe nach. Beginne mit der größten Zahl.

a) $0{,}\overline{4}$ $0{,}42$ $0{,}\overline{42}$ $0{,}4\overline{2}$ $0{,}44$

b) $0{,}\overline{9}$ $\frac{9}{10}$ $0{,}99$ $\frac{1}{9}$ $0{,}0\overline{9}$

c) $4{,}1\overline{6}$ $4\frac{1}{9}$ $4{,}\overline{16}$ $4\frac{16}{100}$ $4\frac{1}{6}$

Bruchteile von Größen

1 In Deutschland beträgt der tägliche Trinkwasserverbrauch ungefähr 120 ℓ pro Person. Dem folgenden Diagramm kannst du entnehmen, wofür dieses Wasser verbraucht wird.

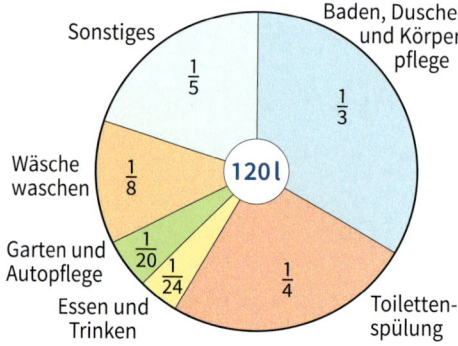

Berechne wie im Beispiel, wie viel Liter Wasser jeweils verbraucht werden.

$\frac{1}{3}$ von 120 ℓ sind ■.

120 ℓ $\xrightarrow{:3}$ 40 ℓ

$\frac{1}{3}$ von 120 ℓ sind 40 ℓ.

2 Im Beispiel werden $\frac{2}{3}$ von 120 cm berechnet.

$\frac{2}{3}$ von 120 cm sind ■.

1. Berechne **ein Drittel** des Ganzen. Teile dazu 120 cm durch 3.

$\frac{1}{3}$	$\frac{1}{3}$	$\frac{1}{3}$
40 cm	40 cm	40 cm

120 cm
120 cm $\xrightarrow{:3}$ 40 cm

2. Bestimme **zwei Drittel** des Ganzen. Multipliziere dazu 40 cm mit 2.

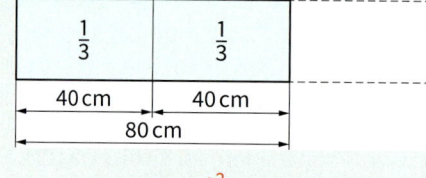

40 cm $\xrightarrow{\cdot 2}$ 80 cm

$\frac{2}{3}$ von 120 cm sind 80 cm.

Berechne $\frac{3}{4}\left(\frac{2}{5}, \frac{5}{6}\right)$ von 120 cm.

3 Berechne wie im Beispiel.

$\frac{4}{5}$ von 120 g sind ■.

120 g $\xrightarrow{:5}$ 24 g $\xrightarrow{\cdot 4}$ 96 g

$\frac{4}{5}$ von 120 g sind 96 g.

a) $\frac{1}{4}$ von 80 cm   b) $\frac{2}{3}$ von 120 €
   $\frac{2}{4}$ von 80 cm $\frac{3}{5}$ von 40 kg
   $\frac{3}{4}$ von 80 cm $\frac{5}{8}$ von 64 km

c) $\frac{6}{7}$ von 140 t   d) $\frac{7}{10}$ von 700 ml
   $\frac{5}{6}$ von 72 g $\frac{2}{11}$ von 55 ℓ
   $\frac{4}{9}$ von 99 kg $\frac{5}{12}$ von 60 min

Lösungen zu Aufgabe 3: 40 60 10 80 24 25 120 44 490 20 60 40

4 Berechne.

a) $\frac{2}{3}$ von 33 km   b) $\frac{3}{5}$ von 75 kg
   $\frac{3}{4}$ von 48 m $\frac{5}{6}$ von 600 g
   $\frac{2}{5}$ von 125 cm $\frac{2}{7}$ von 49 mg

c) $\frac{4}{5}$ von 80 mm   d) $\frac{3}{10}$ von 110 ℓ
   $\frac{4}{7}$ von 210 t $\frac{7}{15}$ von 150 ml
   $\frac{3}{8}$ von 64 € $\frac{8}{25}$ von 2 000 ha

Lösungen zu Aufgabe 4: 33 70 640 22 36 50 14 64 45 500 120 24

5 Eine Regenwassertonne fasst 600 Liter. Nach starkem Regenfall im Mai war sie zu $\frac{4}{5}$, im Juni nur noch zu einem Drittel gefüllt. Berechne, wie viel Liter Wasser sich im Mai und im Juni in der Regenwassertonne befanden.

6 Die Fläche von Bremen, Hamburg, Mecklenburg-Vorpommern, Niedersachsen und Schleswig-Holstein beträgt zusammen ungefähr 90 000 km². Davon werden 55 000 km² landwirtschaftlich genutzt. Ungefähr ein Fünftel ist Wald und vier Hundertstel sind Wasser.
a) Gib den Bruchteil der landwirtschaftlich genutzten Fläche an.
b) Wie viele Quadratkilometer beträgt die von Wald (von Wasser) bedeckte Fläche?

Das Ganze bestimmen

1 Rebecca und Philipp machen eine Fahrradtour entlang des Rheins.

Wir sind schon 24 km gefahren.

$\frac{4}{5}$ der gesamten Strecke haben wir bereits zurückgelegt!

a) Gib die Länge der gesamten Fahrstrecke an.
b) Bestimme, wie viel Kilometer sie noch bis zu ihrem Zielort fahren müssen.

2 Bestimme den Platzhalter wie im Beispiel.

$\frac{4}{9}$ von ■ sind 24 m.

■ $\xrightarrow{:9}$ ___ $\xrightarrow{\cdot 4}$ 24 m

■ $\xleftarrow{\cdot 9}$ ___ $\xleftarrow{:4}$ 24 m

54 m $\xleftarrow{\cdot 9}$ 6 m $\xleftarrow{:4}$ 24 m

$\frac{4}{9}$ von 54 m sind 24 m.

a) $\frac{3}{5}$ von ■ sind 9 kg.
b) $\frac{5}{8}$ von ■ sind 25 ℓ.
c) $\frac{6}{7}$ von ■ sind 42 km.
d) $\frac{2}{3}$ von ■ sind 44 t.
e) $\frac{3}{8}$ von ■ sind 18 cm.
f) $\frac{6}{11}$ von ■ sind 54 min.
g) $\frac{7}{12}$ von ■ sind 28 g.
h) $\frac{8}{9}$ von ■ sind 120 m.

Lösungen zu Aufgabe 2:
99   48   48   15   40   49   135   66

3 Berechne das Ganze.

a) $\frac{2}{5}$ einer Strecke sind 48 km.
b) $\frac{3}{4}$ einer Strecke sind 90 m.
c) $\frac{4}{7}$ eines Geldbetrags sind 48 €.
d) $\frac{5}{6}$ eines Geldbetrags sind 125 €.
e) $\frac{3}{8}$ eines Geldbetrags sind 81 €.
f) $\frac{7}{10}$ einer Masse sind 280 g.
g) $\frac{5}{9}$ einer Masse sind 2 t.

Lösungen zu Aufgabe 3:
84   150   3 600   120   216   400   120

4 Die Erdoberfläche ist zu ungefähr $\frac{7}{10}$ von Meeren bedeckt. Das sind 357 Millionen Quadratkilometer.
a) Bestimme, wie groß die gesamte Oberfläche der Erde ist.
b) Wie viel Quadratkilometer der Erde werden von Landflächen bedeckt?

5 Familie Schmaus fährt von Bochum aus in den Urlaub.
Nach 160 km machen sie ihre erste Pause. Die Mutter meint: „Ein Drittel der Strecke haben wir geschafft."
Die zweite Pause findet nach $\frac{3}{4}$ der gesamten Fahrstrecke in der Nähe von Hamburg statt.

a) Berechne die Länge der gesamten Fahrstrecke.
b) Wie viel Kilometer ist Familie Schmaus zwischen der ersten und zweiten Pause gefahren?
c) Welches Urlaubsziel könnte Familie Schmaus ansteuern?

Brüche und Prozentzahlen

1 Dennis möchte sich einen Smoothie mixen. Im Internet findet er das folgende Rezept.

Bezeichnung	Anteil
Aprikosen	36 %
Ananas	31 %
Ingwer	2 %
Kurkuma	1 %
Mineralwasser	30 %

Gib wie im Beispiel den Anteil der einzelnen Zutaten als Hundertstelbruch und als Dezimalzahl an.

$$36\,\% = \frac{36}{100} = 0{,}36$$

2 Gib den Anteil der blauen (gelben, weißen) Felder in Prozent, als Hundertstelbruch und als Dezimalzahl an.

a) b)

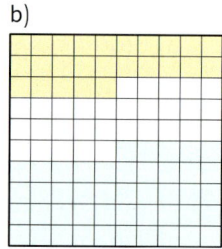

c) d)

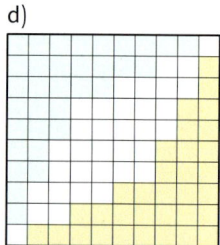

3 Übertrage die Tabelle in dein Heft und ergänze die fehlenden Werte.

Bruch	Hundertstel-bruch	Prozent-zahl	Dezimal-zahl
$\frac{1}{5}$	$\frac{20}{100}$	20 %	0,2
$\frac{3}{4}$	■	■	■
■	$\frac{25}{100}$	■	■
■	■	40 %	■
■	■	■	0,3
■	■	50 %	■

4 Gib in Prozent an und ordne der Größe nach. Beginne mit dem kleinsten Wert.

a) $\frac{1}{2}$ $\quad \frac{8}{10}$ $\quad \frac{15}{25}$ $\quad \frac{2}{5}$ $\quad$ 0,75 $\quad \frac{9}{100}$

b) $\frac{1}{4}$ $\quad$ 0,8 $\quad \frac{6}{10}$ $\quad \frac{21}{25}$ $\quad \frac{28}{50}$ $\quad \frac{33}{100}$

c) $\frac{17}{20}$ $\quad \frac{6}{8}$ $\quad \frac{3}{10}$ $\quad$ 0,35 $\quad \frac{38}{40}$ $\quad \frac{24}{25}$

5 Alex hat im Internet ein Rezept für einen Erdbeer-Bananen-Smoothie gefunden.

Bezeichnung	Anteil
Banane	37 %
Erdbeere	30 %
Naturjoghurt	25 %
Milch	8 %

Berechne wie im Beispiel das Gewicht der einzelnen Zutaten für einen 200 g (einen 500 g) Smoothie.

$\frac{37}{100}$ von 200 g sind ■.

200 g $\xrightarrow{:100}$ 2 g $\xrightarrow{\cdot 37}$ 74 g

37 % von 200 g sind 74 g.

6 Eine Schule hat 1 200 Schülerinnen und Schüler. Wie viele Schülerinnen und Schüler kommen jeweils zu Fuß (mit dem Fahrrad, mit dem Bus, mit dem Auto) zur Schule?

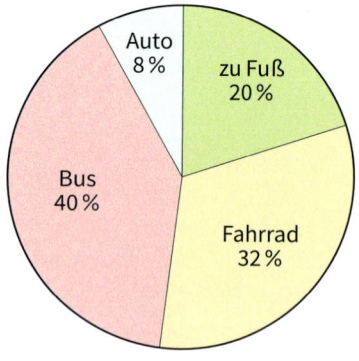

7 Simone hat den Akku ihres Handys aufgeladen. Wenn sie es tagsüber normal benutzt, reicht die Akkuladung für 16 Stunden.
Berechne, wie viele Stunden Simone das Handy noch benutzen kann, wenn die Akkuladung 80 % (75 %, 40 %, 20 %, 5 %) anzeigt.

WISSEN KOMPAKT

Brüche beschreiben Teile des Ganzen

Der Nenner gibt an, in wie viele gleich große Teile das Ganze geteilt wurde.

$$\frac{3}{7}$$

Der Zähler gibt an, wie viele Teile betrachtet werden.

Erweitern

$\frac{3}{4}$ wird erweitert mit 3

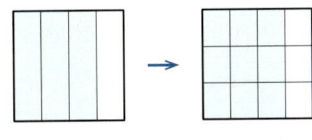

$$\frac{3 \cdot 3}{4 \cdot 3} = \frac{9}{12}$$

Zähler **und** Nenner werden mit derselben Zahl multipliziert.

Kürzen

$\frac{9}{12}$ wird gekürzt durch 3

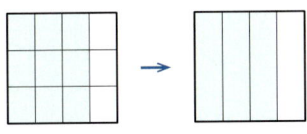

$$\frac{9 : 3}{12 : 3} = \frac{3}{4}$$

Zähler **und** Nenner werden durch dieselbe Zahl dividiert.

Brüche und Dezimalzahlen (Dezimalbrüche)

Einen Bruch kann man in eine Dezimalzahl umwandeln, indem man den Zähler durch den Nenner dividiert. Dabei entsteht eine **abbrechende Dezimalzahl** oder eine **periodische Dezimalzahl**.

$\frac{4}{5}$ = ▪︎   4 : 5 = 0,8 $\frac{4}{5}$ = 0,8 $\frac{7}{9}$ = ▪︎   7 : 9 = 0,77… $\frac{7}{9}$ = 0,$\overline{7}$

$$\frac{0}{40}$$
$$\frac{40}{0}$$

$$\frac{0}{70}$$
$$\frac{63}{70}$$
…

abbrechende Dezimalzahl: 0,8

periodische Dezimalzahl: 0,$\overline{7}$
lies: null Komma Periode sieben

Brüche und Dezimalzahlen können am **Zahlenstrahl** dargestellt werden. Brüche, die auf dem Zahlenstrahl an der gleichen Stelle liegen, bezeichnen dieselbe Bruchzahl.

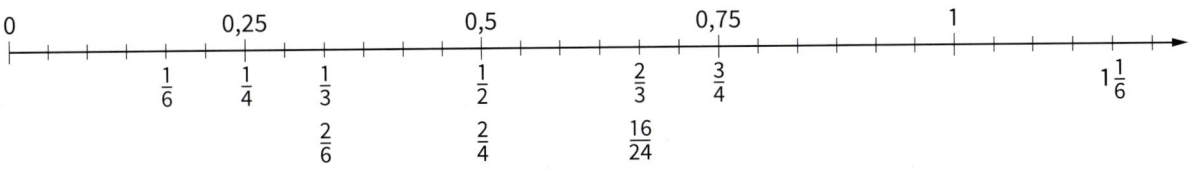

Bruchteile von Größen

$\frac{2}{5}$ von 200 € sind ▪︎.

200 € $\xrightarrow{:5}$ 40 € $\xrightarrow{\cdot 2}$ 80 €

$\frac{2}{5}$ von 200 € sind 80 €.

Das Ganze bestimmen

$\frac{3}{4}$ von ▪︎ sind 90 €.

120 € $\xleftarrow{\cdot 4}$ 30 € $\xleftarrow{:3}$ 90 €

$\frac{3}{4}$ von 120 € sind 90 €.

Prozent

Ein Hundertstel einer Gesamtgröße wird Prozent genannt: $\frac{1}{100}$ = 1 %

ÜBEN

1 Welcher Bruchteil ist farbig, welcher ist weiß gefärbt?

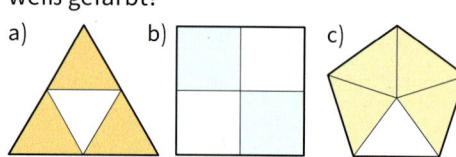

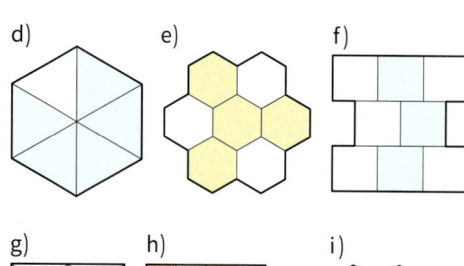

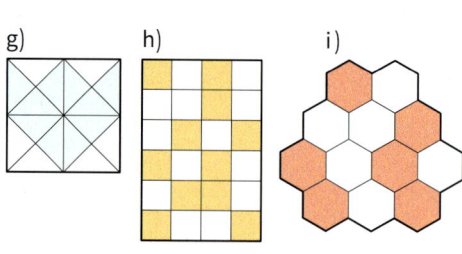

2 Übertrage ins Heft und färbe den angegebenen Bruchteil.

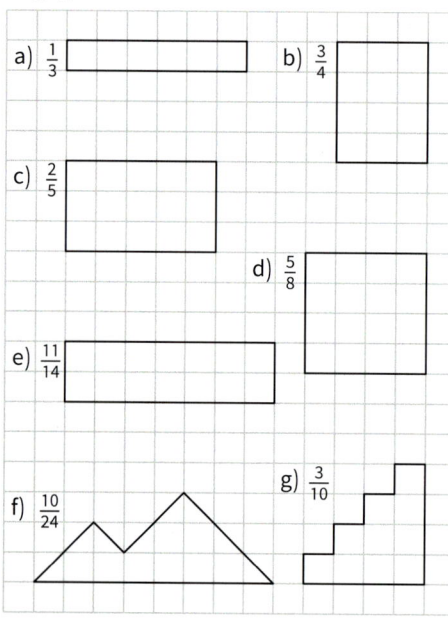

3 Zeichne ein Rechteck mit 24 Kästchen in dein Heft und stelle den Bruch farbig dar. Bestimme mithilfe einer feineren Einteilung einen zweiten Bruch, der den gleichen Bruchteil bezeichnet.

a) $\frac{2}{3}$ b) $\frac{1}{4}$ c) $\frac{5}{6}$ d) $\frac{5}{12}$

4 Bezeichne den gefärbten Bruchteil. Zeichne die Figur mit einer gröberen Einteilung in dein Heft und bezeichne auch diesen Bruchteil.

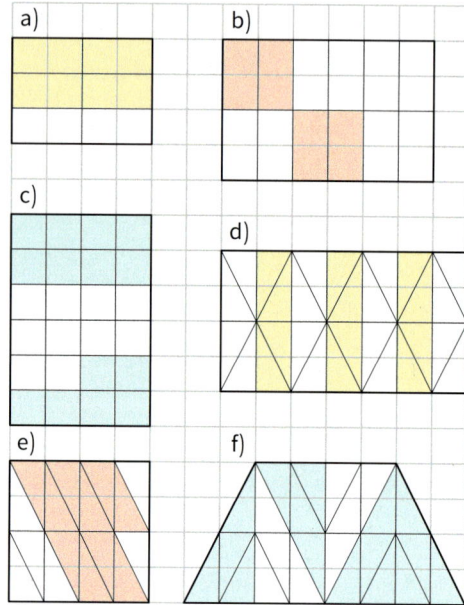

5 Nenne drei Brüche, die den dargestellten Bruchteil bezeichnen.

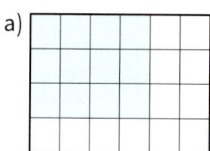 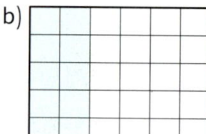

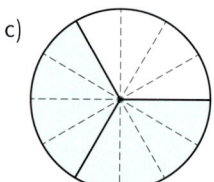 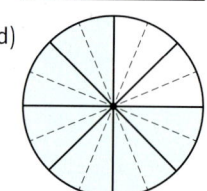

6 Bestimme den Platzhalter.

a) $\frac{3}{4} = \frac{\square}{24}$ b) $\frac{\square}{5} = \frac{16}{40}$ c) $\frac{3}{\square} = \frac{18}{36}$

d) $\frac{5}{7} = \frac{20}{\square}$ d) $\frac{3}{8} = \frac{\square}{72}$ f) $\frac{\square}{9} = \frac{40}{45}$

7 Kürze oder erweitere
a) auf den Nenner 56.

$\frac{3}{7}$ $\frac{5}{14}$ $\frac{6}{8}$ $\frac{17}{28}$ $\frac{78}{112}$ $\frac{150}{168}$

b) auf den Nenner 60.

$\frac{2}{5}$ $\frac{4}{6}$ $\frac{3}{10}$ $\frac{5}{12}$ $\frac{13}{30}$ $\frac{110}{120}$ $\frac{162}{180}$

ÜBEN

8 Kürze die folgenden Brüche so weit wie möglich. Benutze die Teilbarkeitsregeln.

a) $\frac{16}{96}$ $\frac{75}{275}$ $\frac{65}{325}$ $\frac{21}{336}$ $\frac{48}{126}$

b) $\frac{30}{510}$ $\frac{33}{96}$ $\frac{84}{169}$ $\frac{44}{121}$ $\frac{240}{320}$

c) $\frac{48}{84}$ $\frac{57}{75}$ $\frac{483}{897}$ $\frac{67}{90}$ $\frac{104}{130}$

9 Welche Brüche wurden falsch erweitert oder gekürzt? Die Buchstaben der falschen Rechnungen ergeben den Namen eines Geräts zum Spielen und Arbeiten.

$\frac{4}{5} = \frac{48}{65}$ U	$\frac{5}{11} = \frac{30}{77}$ O	$\frac{72}{80} = \frac{7}{10}$ M
$\frac{7}{9} = \frac{102}{153}$ T	$\frac{3}{4} = \frac{45}{50}$ P	$\frac{3}{8} = \frac{18}{48}$ S
$\frac{230}{252} = \frac{11}{12}$ R	$\frac{16}{80} = \frac{1}{5}$ A	$\frac{125}{135} = \frac{8}{9}$ E
$\frac{45}{72} = \frac{6}{8}$ C	$\frac{7}{12} = \frac{84}{144}$ L	$\frac{6}{7} = \frac{42}{49}$ N

10 Vergleiche die Brüche. Setze <, > oder = ein.

a) $\frac{4}{6}$ ■ $\frac{5}{7}$ b) $\frac{3}{8}$ ■ $\frac{2}{9}$ c) $\frac{5}{10}$ ■ $\frac{6}{12}$

d) $\frac{2}{3}$ ■ $\frac{12}{18}$ e) $\frac{6}{10}$ ■ $\frac{8}{15}$ f) $\frac{5}{8}$ ■ $\frac{10}{14}$

11 Ordne die Brüche der Größe nach. Beginne mit dem größten Bruch. Du erhältst ein Lösungswort.

E	N	O	M	R	E
$\frac{1}{10}$	$\frac{1}{15}$	$\frac{7}{10}$	$\frac{2}{3}$	$\frac{1}{5}$	$\frac{1}{2}$

R	S	E	F	I	M
$\frac{2}{5}$	$\frac{5}{6}$	$\frac{4}{15}$	$\frac{3}{10}$	$\frac{1}{6}$	$\frac{3}{5}$

12 Schreibe als Bruch und gemischte Zahl.

a)

b) 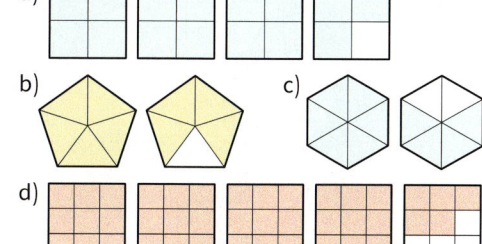 c)

d)

13 Schreibe als Bruch.

a) $1\frac{1}{4}$ b) $2\frac{3}{4}$ c) $3\frac{4}{6}$

d) $2\frac{4}{7}$ e) $1\frac{6}{8}$ f) $4\frac{1}{9}$

14 Schreibe als gemischte Zahl oder als natürliche Zahl.

a) $\frac{7}{2}$ b) $\frac{6}{3}$ c) $\frac{9}{4}$

d) $\frac{17}{5}$ e) $\frac{24}{8}$ f) $\frac{25}{8}$

15 Übertrage den Zahlenstrahl in dein Heft und markiere die folgenden Brüche.

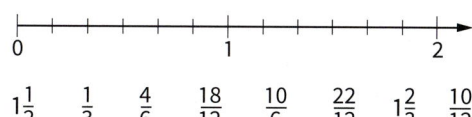

$1\frac{1}{2}$ $\frac{1}{3}$ $\frac{4}{6}$ $\frac{18}{12}$ $\frac{10}{6}$ $\frac{22}{12}$ $1\frac{2}{3}$ $\frac{10}{12}$

16 Gib die markierte Stelle auf dem Zahlenstrahl jeweils als Bruch, gemischte Zahl und als Dezimalzahl an.

a)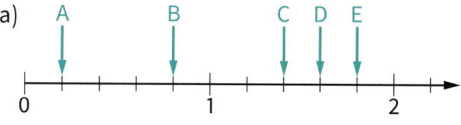

b)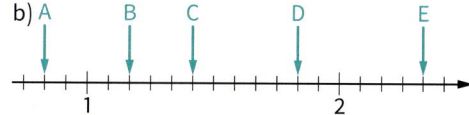

17 Schreibe jeweils als Bruch oder als gemischte Zahl.

a) 0,6   0,8   0,75   0,01   0,005

b) 0,78   0,375 $0,\overline{6}$ 0,65   0,075

c) 1,2 $0,\overline{3}$ 2,25   3,75   2,045

d) 5,25   6,0045   2,05 $0,\overline{7}$ 3,0002

18 Schreibe als Dezimalzahl.

a) $\frac{1}{5}$ $\frac{7}{10}$ $\frac{19}{25}$ $\frac{9}{18}$ $\frac{8}{9}$

b) $\frac{12}{20}$ $\frac{40}{50}$ $\frac{1}{8}$ $\frac{5}{7}$ $\frac{11}{16}$

c) $\frac{23}{20}$ $\frac{26}{25}$ $\frac{21}{16}$ $\frac{14}{125}$ $\frac{85}{170}$

ÜBEN: Sachaufgaben

1 Die Klasse 6 b hat bei einem Schulfest 400 € eingenommen. Ein Viertel des Betrags soll für ein Klassenfest ausgegeben werden, zwei Fünftel zur Mitfinanzierung der Klassenfahrt. Zehn Prozent möchte die Klasse einer Kinderhilfsorganisation spenden. Mit dem Rest des Betrags soll der Klassenraum verschönert werden.

Wie viel Geld bleibt zur Verschönerung des Klassenraums übrig?

2 Eine Brieftaube fliegt in einer Sekunde etwa 32 m weit, ein schnell laufender Mensch schafft etwa $\frac{3}{8}$ dieser Strecke, ein Delfin die Hälfte, ein Pferd im Galopp $\frac{3}{4}$ und ein Vogel Strauß $\frac{9}{16}$.

3 In der Schulmensa werden drei Gerichte angeboten. 700 Schülerinnen und Schüler nehmen am Essen teil. Davon entscheiden sich $\frac{2}{7}$ für Gericht 1 und $\frac{2}{5}$ für Gericht 2.
Wie viele entscheiden sich für das Gericht 3?

4 Ein Apfel besteht zu etwa $\frac{17}{20}$ aus Wasser und zu $\frac{1}{10}$ aus Fruchtzucker. Wie viel Gramm Wasser und wie viel Gramm Zucker enthält ein Apfel von 100 g (120 g, 140 g)?

5 An einer Schule werden die Fahrräder des 6. und 7. Jahrgangs überprüft.
Im 6. Jahrgang wurden von 56 Fahrrädern 14 beanstandet, im 7. Jahrgang haben von 63 Fahrrädern 21 Mängel. Welcher Jahrgang schnitt bei der Fahrradkontrolle besser ab?

6 Felix und Tommy lesen zwei verschiedene Bücher. Von 280 Seiten hat Felix schon 80 Seiten gelesen. Tommys Buch hat 210 Seiten.
Wie viele Seiten muss Tommy lesen, damit er auf den gleichen Anteil wie Felix kommt?

7 Die Elbe fließt durch Tschechien und Deutschland. Der durch Tschechien fließende Teil der Elbe ist ungefähr 375 km lang. Das sind $\frac{25}{73}$ der Gesamtlänge des Flusses.

Wie lang ist die Elbe insgesamt? Wie lang ist der Teil, der durch Deutschland fließt?

8 Cima erhält monatlich 30 € Taschengeld. Davon gibt sie 35 % für Zeitschriften aus. Gülistan bekommt 25 € Taschengeld und kauft für 9 € Zeitschriften. Wer gibt den größeren Anteil seines Taschengeldes für Zeitschriften aus?

Brüche

VERTIEFEN: Die Kettenschaltung

1 Karl Freiherr Drais von Sauerbronn konstruierte 1817 eine Draisine genannte Laufmaschine. Zur Fortbewegung musste sich der Fahrer mit den Füßen vom Boden abstoßen.

1871 entwickelte der englische Ingenieur James Starley ein Hochrad mit einer Tretkurbel am Vorderrad. Mit einem Hochrad wurden Geschwindigkeiten bis zu 25 $\frac{km}{h}$ erreicht.

Ein Fahrrad mit Kettenhinterradantrieb wurde erst gegen Ende des 19. Jahrhunderts konstruiert. Bei diesem Antrieb wird die Kraft über zwei Zahnräder, die durch eine Gliederkette verbunden sind, auf das Hinterrad übertragen. Das vordere Zahnrad wird als Kettenblatt, das hintere als Ritzel bezeichnet.

a) In der Abbildung siehst du, dass das Kettenblatt eine größere Anzahl von Zähnen als das Ritzel hat. Beschreibe, welche Wirkung dadurch erreicht wird.
b) Wie viele Umdrehungen macht das abgebildete Ritzel bei einer Umdrehung des Kettenblattes?

2 Das Verhältnis der Anzahl der Zähne von Kettenblatt und Ritzel wird bei einem Fahrradgetriebe als **Übersetzung** bezeichnet.

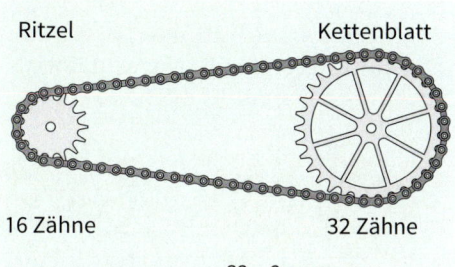

Übersetzung: $32:16 = \frac{32}{16} = \frac{2}{1} = 2{,}00$

> Die Übersetzung kann als Quotient oder in Bruchschreibweise angegeben werden.

a) Beschreibe, wie in dem obigen Beispiel die Übersetzung bestimmt wird. Gib mithilfe der Übersetzung an, wie oft sich das Ritzel bei einer Drehung des Kettenblattes dreht.
b) Bestimme die Übersetzung für jedes Kettengetriebe. Falls notwendig, runde dein Ergebnis auf zwei Stellen nach dem Komma.

Kettengetriebe	Anzahl der Zähne beim Kettenblatt	Anzahl der Zähne beim Ritzel
I	52	13
II	48	15
III	48	20
IV	42	12
V	32	12

c)

Eine Übersetzung, die kleiner als 1 ist, bezeichnet man als Untersetzung.

Berechne die Untersetzung für das abgebildete Kettengetriebe

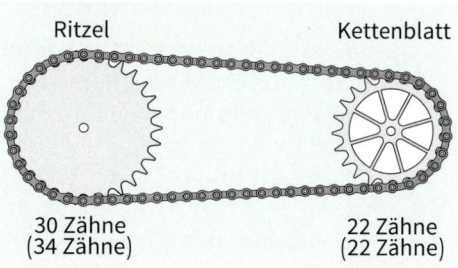

30 Zähne (34 Zähne)   22 Zähne (22 Zähne)

83

VERTIEFEN: Die Kettenschaltung

3 Ein Fahrrad hat einen Reifenumfang von 2,12 m und eine Übersetzung von 2,00. Hiermit soll die Entfaltung berechnet werden.

> Die bei einer Tretkurbelumdrehung zurückgelegte Strecke wird **Entfaltung** genannt.
>
>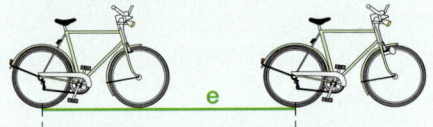
>
> Weg bei einer vollen Pedalumdrehung
>
> Entfaltung = Reifenumfang · Übersetzung
> **Entfaltung:** 2,12 m · 2 = 4,24 m

Beschreibe, wie in dem obigen Beispiel die Entfaltung berechnet wird.

4 Die Schülerinnen und Schüler der Klasse 6 c haben die Zähne des Kettenblatts und des Ritzels, sowie den Radumfang gemessen.

Die gemessenen Daten hat die Klasse in der folgenden Tabelle dargestellt.

Rad von	Kettenblatt	Ritzel	Radumfang
Manuel	36 Zähne	12 Zähne	2,07 m
Sandra	48 Zähne	16 Zähne	2,23 m
Laura	36 Zähne	24 Zähne	1,92 m

a) Manuel hat für sein Fahrrad die Übersetzung und Entfaltung berechnet. Welchen Fehler hat er dabei gemacht?

$12 : 36 = \frac{12}{36} = \frac{1}{3} \quad 2{,}07\,m \cdot \frac{1}{3} = 0{,}69\,m$

b) Berechne die Übersetzung und Entfaltung von Sandras (Lauras) Fahrrad.

5 Ein Fahrrad mit einer Kettenschaltung wurde erstmals 1928 angeboten. Eine moderne 24-Gang-Kettenschaltung eines Rennrads hat drei verschiedene Kettenblätter und acht verschiedene Ritzel.

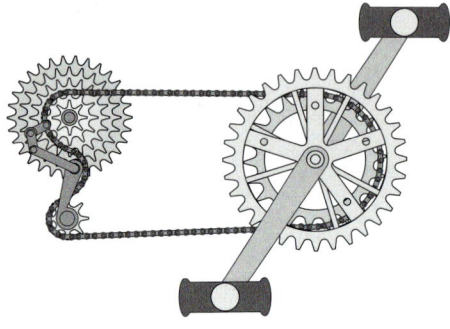

24-Gang-Schaltung	Anzahl der Zähne
3 Kettenblätter	24, 34, 46
8 Ritzel	12, 14, 16, 18, 21, 24, 28, 32

a) Der Radumfang des Rennrads beträgt 2,08 m. Bestimmt in Gruppenarbeit für alle 24 Gänge des Rennrads die Übersetzung und die Entfaltung. Stellt eure Ergebnisse in einer Tabelle zusammen.

Anzahl der Zähne beim Kettenblatt	24	24	24	…
Anzahl der Zähne beim Ritzel	12	14	16	…
Übersetzung	$\frac{24}{12} = 2$	$\frac{24}{14} \approx 1{,}71$	▉	…
Entfaltung	4,16	▉	▉	…

b) Vergleicht die Werte für die Entfaltung miteinander. Ordnet sie dazu der Größe nach. Was stellt ihr fest? Hat diese Kettenschaltung 24 verschiedene Gänge? Begründet eure Antwort.

6 a) Berechne die Übersetzung und Entfaltung deines Fahrrads. Wenn dein Fahrrad eine Kettenschaltung hat, dann wähle ein Kettenblatt und ein Ritzel aus.

b) Berechne, wie viele Tretkurbelumdrehungen du machen musst, um einen Kilometer (deinen Schulweg) zurückzulegen?

AUSGANGSTEST

1 Gib den Anteil der blauen (weißen) Fläche als Bruch an.

a) 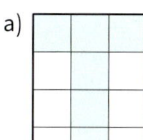 b) 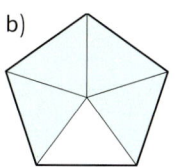 c)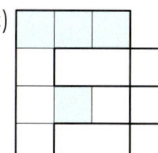

d) 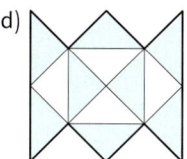 e) 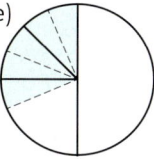 f)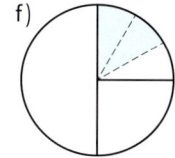

2 Bestimme den Platzhalter.

a) $\frac{1}{5} = \frac{\square}{25}$ b) $\frac{\square}{8} = \frac{35}{40}$ c) $\frac{66}{\square} = \frac{11}{12}$

$\frac{2}{6} = \frac{10}{\square}$ $\frac{56}{77} = \frac{\square}{11}$ $\frac{\square}{123} = \frac{20}{41}$

$\frac{5}{\square} = \frac{45}{63}$ $\frac{24}{82} = \frac{12}{\square}$ $\frac{3}{36} = \frac{\square}{108}$

3 Kürze oder erweitere auf den Nenner 48.

$\frac{1}{3}$ $\frac{3}{8}$ $\frac{7}{12}$ $\frac{11}{16}$ $\frac{50}{96}$ $\frac{111}{144}$

4 Vergleiche die Brüche. Setze <, > oder = ein.

a) $\frac{4}{5}\ \square\ \frac{7}{10}$ b) $\frac{2}{3}\ \square\ \frac{6}{11}$ c) $\frac{6}{12}\ \square\ \frac{7}{13}$

$\frac{3}{7}\ \square\ \frac{1}{2}$ $\frac{10}{12}\ \square\ \frac{12}{18}$ $\frac{27}{42}\ \square\ \frac{36}{56}$

5 Schreibe als Bruch oder als gemischte Zahl.

a) 0,6   b) 1,2   c) 0,006
0,55   2,75   7,125
0,002   1,8   3,32

6 Schreibe als Dezimalzahl.

a) $\frac{2}{10}$ b) $\frac{1}{3}$ c) $2\frac{2}{10}$

$\frac{10}{25}$ $\frac{5}{8}$ $4\frac{45}{100}$

$\frac{87}{100}$ $\frac{8}{9}$ $1\frac{4}{5}$

7 Gib die markierte Stelle auf dem Zahlenstrahl jeweils als Bruch, gemischte Zahl und als Dezimalzahl an.

a)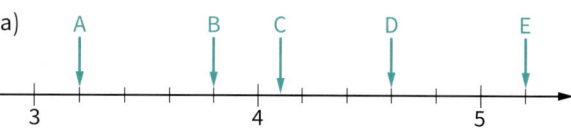

b)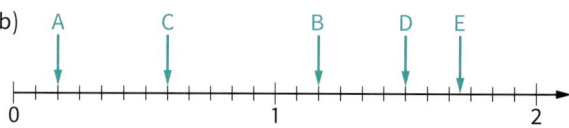

8 Kayel möchte sich ein Fahrrad kaufen und hat 250 € gespart. Das sind $\frac{5}{8}$ des Fahrrad-Preises. Was kostet das Fahrrad?

9 In den Abbildungen soll ein Bruchteil dargestellt werden. Begründe, weshalb hier ein Fehler gemacht wurde.

a) 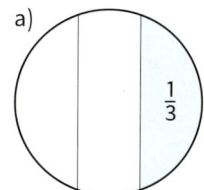   b)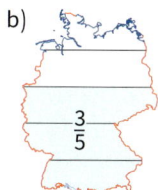

Ich kann ...

	Aufgabe	Hilfen und Aufgaben	
Bruchteile mit Brüchen beschreiben.	1	Seite 66, 67, 80	
Brüche erweitern oder kürzen.	2, 3	Seite 67 – 70, 80, 81	
Brüche vergleichen.	4	Seite 71, 81	I
Dezimalzahlen als Bruch oder gemischte Zahl schreiben.	5	Seite 74, 75, 81	
Brüche als Dezimalzahl schreiben.	6	Seite 74, 75, 81	
Brüche und Dezimalzahlen am Zahlenstrahl ablesen.	7	Seite 11, 73, 74, 81	
das Ganze bestimmen.	8	Seite 77, 82	II
den Fehler bei einer falschen Bruchdarstellung beschreiben.	9	Seite 66, 67	III

5 Körper

Louvre, Paris

Bist du fit für dieses Kapitel? Eingangstest auf Seite 188.

In diesem Kapitel …

– lernst du unterschiedliche geometrische Körper und ihre Eigenschaften kennen.
– zeichnest du Schrägbilder und Netze von geometrischen Körpern.
– unterscheidest du verschiedene Vierecke anhand ihrer Eigenschaften.

Geometrische Körper in der Architektur

Bürogebäude, Hannover

Leuchtturm, Pilsum

- Bauwerke oder Teile von Bauwerken haben häufig die Form geometrischer Körper. Welche geometrischen Körper kannst du in den einzelnen Bauwerken erkennen?

Holstentor, Lübeck

Fernsehturm, Berlin

Geometrische Körper in der Umwelt

1 Körper in der Umwelt kommen in den unterschiedlichsten Formen vor. In vielen Fällen erkennst du geometrische Körper oder Teile geometrischer Körper. Vergleiche sie mit den links abgebildeten geometrischen Körpern.

2 Welche unterschiedlichen geometrischen Körper kannst du in den Gebäuden entdecken?

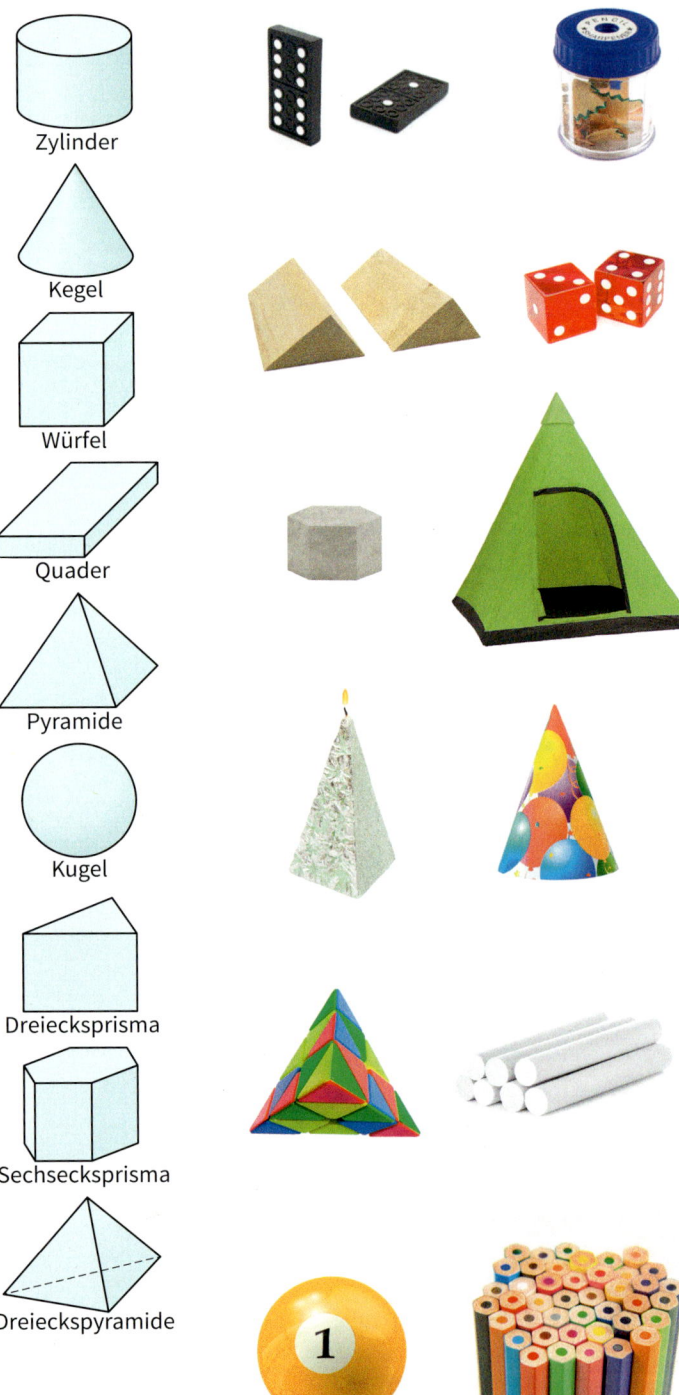

Zylinder
Kegel
Würfel
Quader
Pyramide
Kugel
Dreiecksprisma
Sechseckprisma
Dreieckspyramide

3 Nenne Beispiele für Gegenstände aus deinem Umfeld, die die folgende Form haben:
a) Quader   b) Würfel   c) Zylinder
d) Pyramide e) Kegel   f) Kugel
g) Prisma.

4 Ordne den folgenden Gegenständen einen geometrischen Körper zu. Manchmal gibt es mehrere Möglichkeiten.

Zylinder

Schuhkarton, Schultüte, Fruchtsaftpackung, Blechtonne, Pralinenschachtel, Paket, Geschenkverpackung, Pizzakarton

Eigenschaften von Körpern

1 Elias hat das Kantenmodell eines Würfels aus Papierstrohhalmen gebastelt. Für die Würfelkanten hat er Strohhalme auf 6 cm Länge zugeschnitten. Die Ecken des Modells hat er aus kleinen Knetgummikugeln geformt.

a) Aus wie vielen Kanten (Strohhalmabschnitten) besteht das Modell?
b) Bestimme die Anzahl der Knetgummikugeln, die für den Bau des Kantenmodells nötig sind.

2 Sofia hat Strohhalmabschnitte für das Kantenmodell eines Quaders zugeschnitten. Die Knetgummikugeln hat sie vorbereitet.

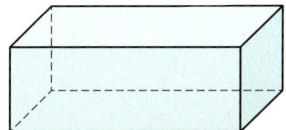

a) Überprüfe die Anzahl der Kanten und der Knetgummikugeln und gib an, ob etwas fehlt.
b) Baue das Kantenmodell eines Quaders, der 9 cm lang, 6 cm breit und 4 cm hoch ist.

3 Baue ein Kantenmodell für den abgebildeten Körper.

a)
b)

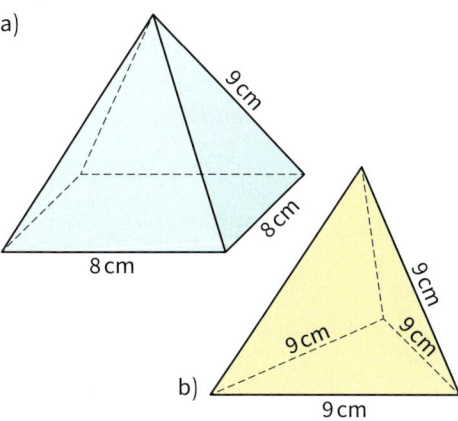

4 Die Spinne sitzt in Ecke A.
a) Wie lang ist der Weg, den sie mindestens zurücklegen muss, um Ecke G zu erreichen?

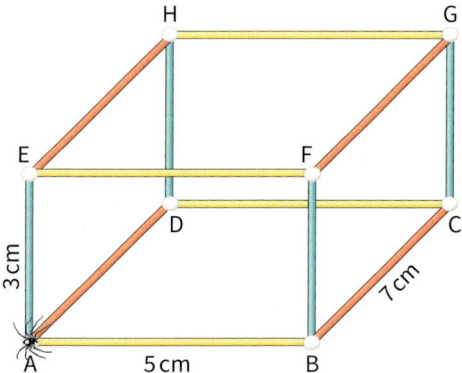

b) Die Spinne möchte alle anderen Eckpunkte des Kantenmodells erreichen. Wie lang ist der kürzeste Weg, den sie krabbeln muss?

5 Paula hat nur noch zwei Strohhalme von je 25 cm Länge.

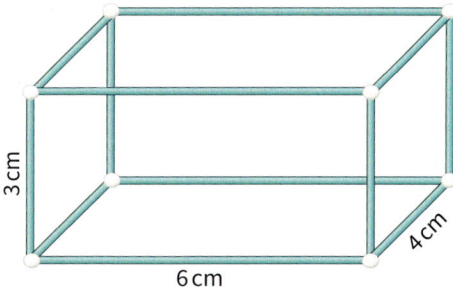

Kann sie daraus das abgebildete Kantenmodell bauen?

Eigenschaften von Körpern

6 Körper werden durch Flächen begrenzt, manche Körper haben Ecken und Kanten.

> **Körperkanten** entstehen, wenn Begrenzungsflächen aneinander stoßen. Kanten treffen sich in einer **Ecke.**
>
> — Ecke
> — Kante
> — Fläche

a) Wie viele Ecken hat ein Quader?
b) Durch wie viele Flächen wird er begrenzt?
c) Wie viele Kanten zählst du?

7 Zähle die Kanten, Ecken und Flächen des abgebildeten Körpers. Welchen Körper kennst du? Gib seinen Namen an.

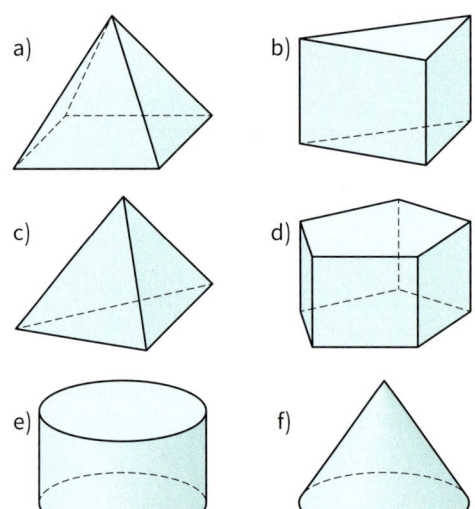

8 a) Welche Körper haben gekrümmte Kanten?
b) Gibt es Körper ohne Kanten?
c) Nenne Körper mit gewölbten Begrenzungsflächen.

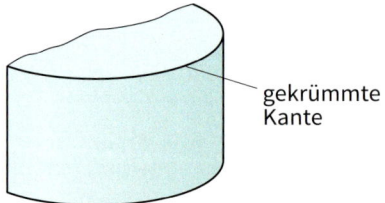
gekrümmte Kante

9 Begrenzungsflächen von Körpern können verschiedene Formen haben.

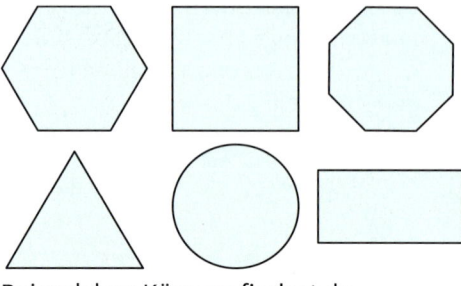

Bei welchen Körpern findest du
a) dreieckige Begrenzungsflächen,
b) runde Begrenzungsflächen,
c) sechseckige Flächen,
d) achteckige Flächen,
e) quadratische Flächen,
f) rechteckige Flächen?

10 Alle Begrenzungsflächen eines Körpers bilden seine **Oberfläche.** Welcher Körper hat
a) sechs gleich große Quadrate als Oberfläche?
b) zwei dreieckige Begrenzungsflächen und drei rechteckige Begrenzungsflächen?
c) keine Ecken, aber zwei Kanten?
d) keine Kanten?
e) sechs viereckige Begrenzungsflächen, die nicht alle Quadrate sind?
f) nur drei Begrenzungsflächen?

11 Suche Körper mit
a) 12 Kanten b) 8 Kanten c) 8 Ecken
d) 5 Ecken e) keiner Ecke f) einer Kante.
Manchmal gibt es mehrere Möglichkeiten.

12 Suche dir fünf Körper aus. Fertige für jeden dieser Körper einen Steckbrief an.

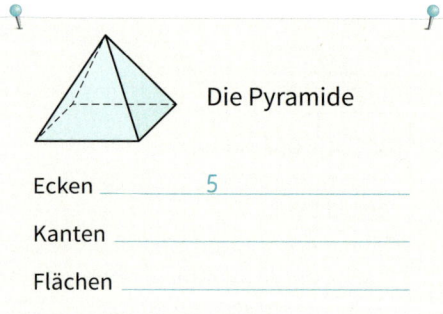

Die Pyramide

Ecken _____5_____
Kanten _____
Flächen _____

Körper

Eigenschaften von Körpern

13 Körper können mit unterschiedlichen Dingen oder Stoffen gefüllt werden.

a) Beschreibe die abgebildeten Körper.
b) Womit sind sie gefüllt?
c) In welchen Körper kann am meisten hineingefüllt werden, in welchen Körper am wenigsten.

> Jeder Körper hat einen **Rauminhalt.** Der Rauminhalt wird auch als **Volumen** bezeichnet.

14 In der Abbildung wird gezeigt, wie du das Volumen eines Glases bestimmen kannst.

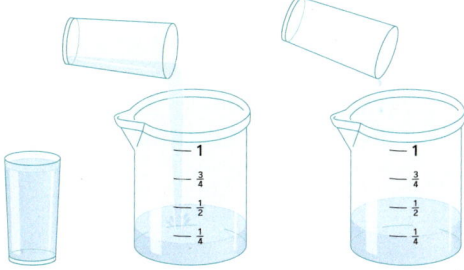

Beschreibe, wie du vorgehen musst.

15 Der griechische Mathematiker und Physiker Archimedes (geboren um 287 vor Christus) soll als einer der ersten entdeckt haben, dass man mithilfe von Wasserverdrängung das Volumen von massiven Körpern bestimmen kann.

In den Abbildungen unten wird gezeigt, wie das Volumen einer Schraube und das Volumen einer Kugel bestimmt wird.

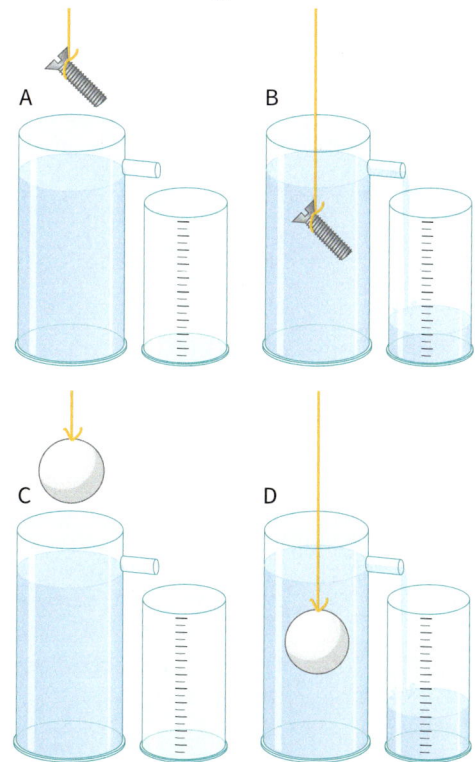

a) Beschreibe, wie das Volumen eines Körpers durch Wasserverdrängung bestimmt werden kann.
b) Hat die Kugel oder die Schraube ein größeres Volumen?

Schrägbilder

1 a) Mia und Paul haben das Schrägbild eines Würfels mit 4 cm Kantenlänge gezeichnet.

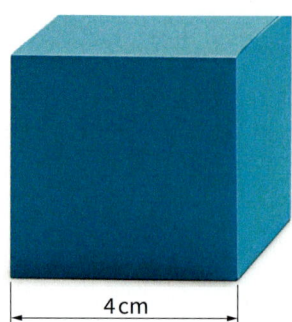

Paul
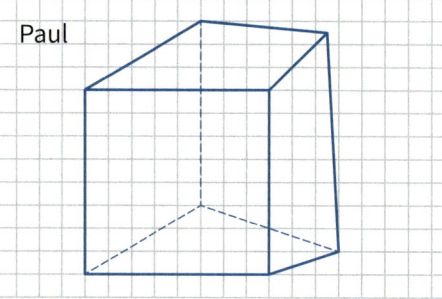

Mia
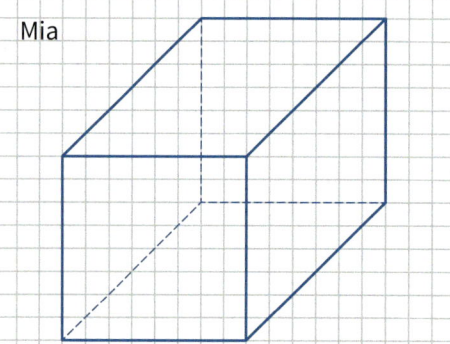

Beide sind mit ihrer Zeichnung nicht zufrieden.
Überlege mit deinem Nachbarn, welche Tipps ihr geben könnt, damit die Zeichnung besser gelingt.

b) Vervollständige das Schrägbild des Würfels in deinem Heft.

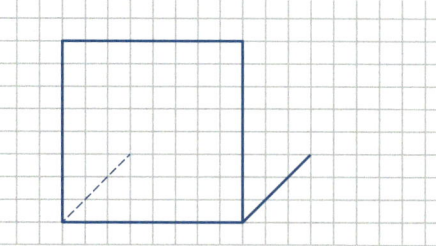

So kannst du das Schrägbild eines Würfels mit einer Kantenlänge von 3 cm zeichnen:

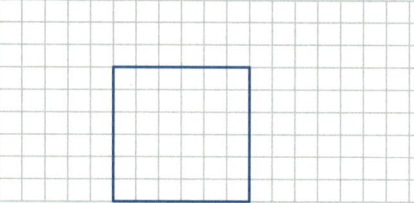

1. Zeichne die Vorderfläche des Würfels. Lege die Kanten auf Gitterlinien.

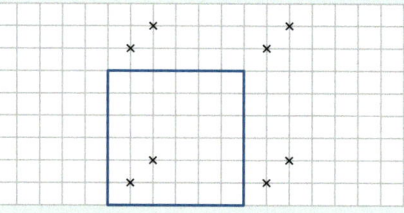

2. Zeichne nach hinten laufende Kanten auf Kästchendiagonalen. Markiere dazu zunächst einige Gitterpunkte.

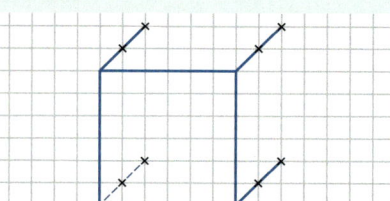

3. Die Länge der nach hinten laufenden Kanten wird auf die Hälfte gekürzt (1,5 cm). Zur Vereinfachung kannst du als Endpunkt den nächstgelegenen Gitterpunkt nehmen.

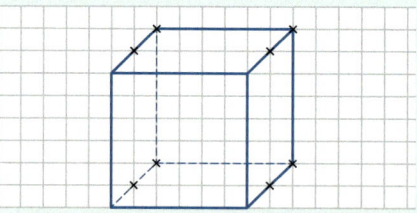

4. Verbinde die Eckpunkte. Zeichne alle nicht sichtbaren Kanten gestrichelt.

2 Zeichne das Schrägbild eines Würfels mit 7 cm (10 cm) Kantenlänge.

Schrägbilder

3 Übertrage das Schrägbild des Quaders in dein Heft.

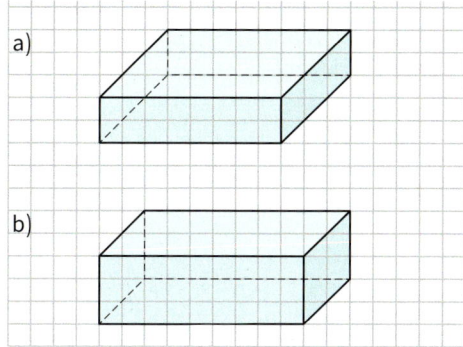

4 Ergänze im Heft zum Schrägbild eines Quaders.

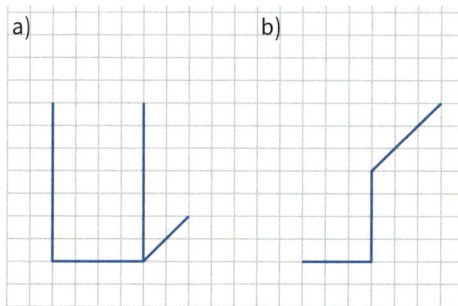

5 Zeichne ein Schrägbild des Quaders mit den Kantenlängen 6 cm, 5 cm und 4 cm.

6 Zeichne ein Schrägbild eines Würfels mit der Kantenlänge 5 cm (8 cm, 10 cm).

7 Von einem quaderförmigen Holzstück ist ein Schrägbild erstellt worden.

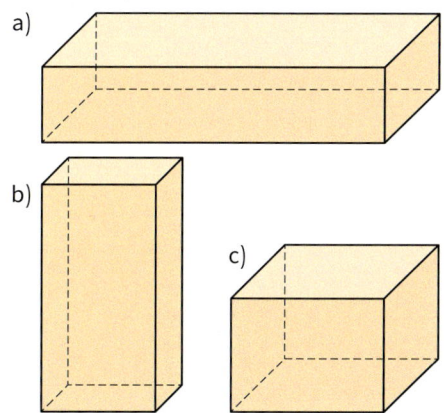

Welche Maße hat das Holzstück in Wirklichkeit? Bestimme durch Messung.

8 a) Wodurch unterscheiden sich die Fotos der Verpackung?

b) Zeichne drei unterschiedliche Schrägbilder eines Quaders mit den Kantenlängen 3 cm, 4 cm und 7 cm in dein Heft.

9 Zeichne das abgebildete Schrägbild des Körpers.

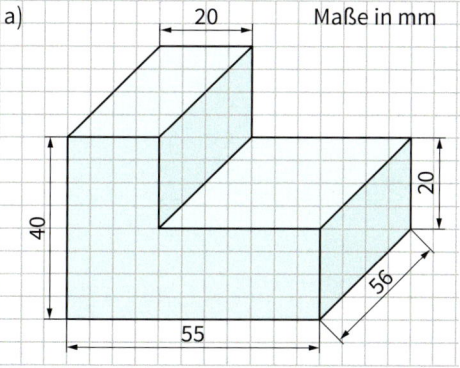

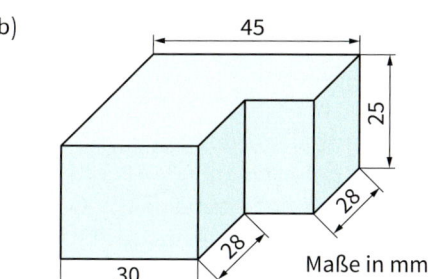

Netze

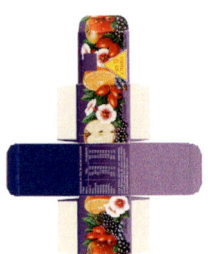

1 Luca hat verschiedene Verpackungen aufgetrennt und sie dann flach ausgebreitet.

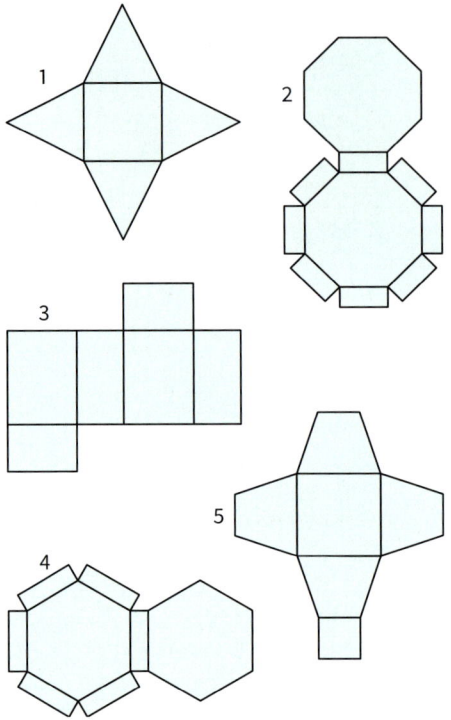

Ordne jeder Verpackung ihre ursprüngliche Form zu.

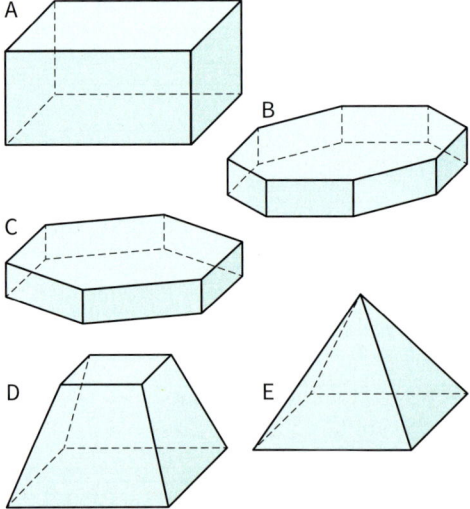

2 Sammle kleine Verpackungen mit möglichst unterschiedlichen Formen und trenne sie auf. Schneide die Klebelaschen ab und klebe die restliche, flach ausgebreitete Verpackung in dein Heft.

Wenn du eine quaderförmige Verpackung auftrennst und die Klebelaschen entfernst, erhältst du ein Quadernetz.

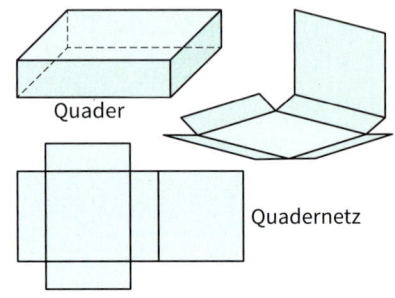

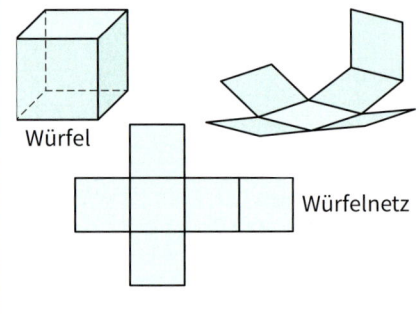

Der Würfel ist ein besonderer Quader. Sein Netz besteht aus 6 Quadraten.

3 Übertrage die Flächen auf Karopapier, schneide aus und versuche einen Quader zu falten. Was stellst du fest?

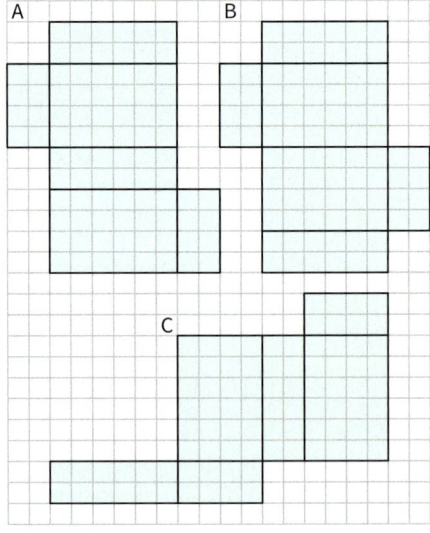

Körper

Netze

4 Welche Flächen können zu Quadern gefaltet werden?

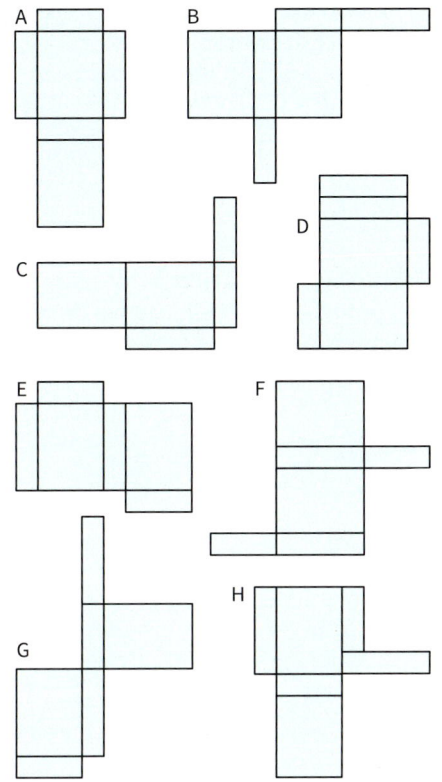

5 Vervollständige die Abbildung auf Kästchenpapier zu einem Quadernetz. Schneide anschließend aus und überprüfe durch Falten.

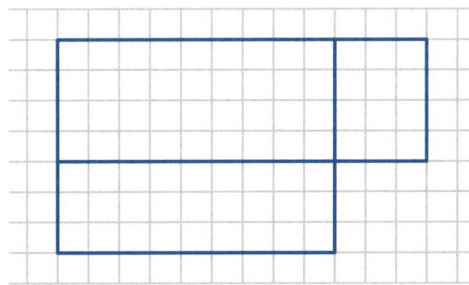

6 Zeichne das Netz des Quaders mit den angegebenen Maßen auf Kästchenpapier.

	a)	b)	c)
Länge	4 cm	3,5 cm	5 cm
Breite	3 cm	3,5 cm	4,5 cm
Höhe	2 cm	5 cm	0,5 cm

7 Zeichne ein Würfelnetz (Kantenlänge 6 cm) auf dünne Pappe, ergänze die Klebelaschen und schneide aus. Färbe gegenüberliegende Seiten mit der gleichen Farbe und klebe zu einem Würfel zusammen.

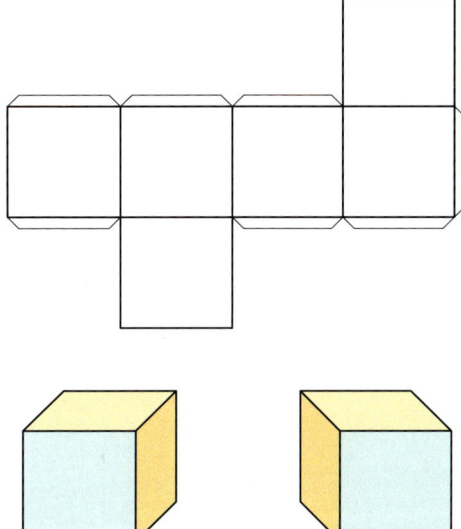

8 Zeichne die abgebildeten Würfelnetze in dein Heft. Stelle dir vor, du faltest die Netze zu einem Würfel. Färbe jeweils die gegenüberliegenden Flächen des Würfels mit der gleichen Farbe.

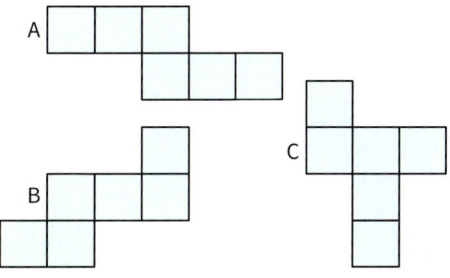

9 Welche der abgebildeten Flächen sind Würfelnetze?

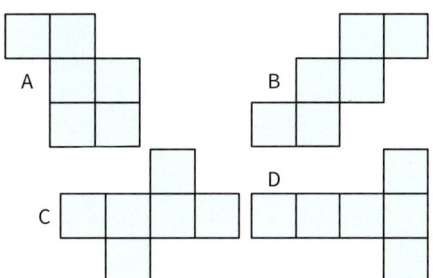

Grund- und Aufriss

1 Noah und Luisa haben einen Würfelkörper aus fünf verschiedenfarbigen Würfeln zusammengesetzt.
(Kantenlänge eines Würfels: 1 cm)

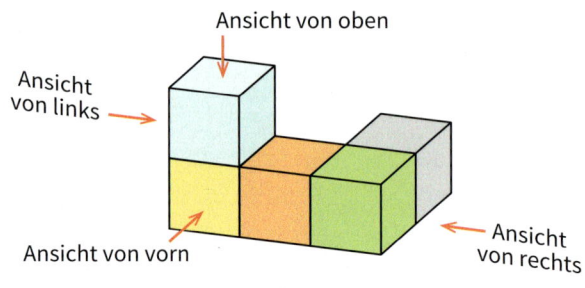

> Geometrische Körper können in unterschiedlichen Ansichten gezeichnet werden.
> Die Ansicht von **oben** nennt man **Grundriss**.
> Die Ansicht von **vorne** heißt **Aufriss**.

Sie haben den Körper aus drei verschiedenen Ansichten betrachtet und die jeweilige Ansicht gezeichnet.

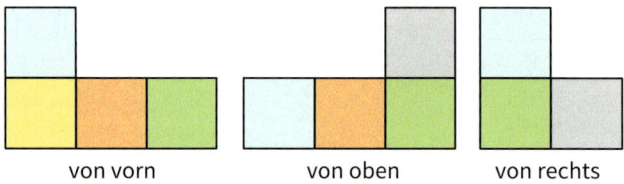

von vorn   von oben   von rechts

Beschreibe, wie der Körper von links aussieht. Zeichne die Ansicht in dein Heft.

2 Ordne die Ansichten bei dem abgebildeten Würfelkörper richtig zu.

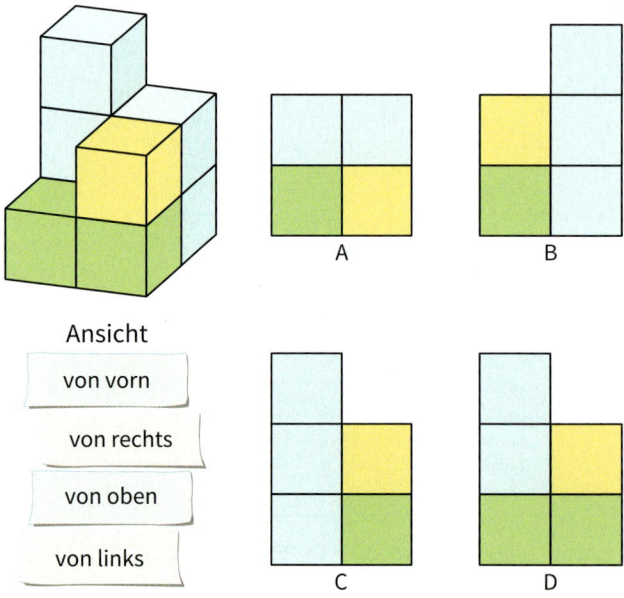

Ansicht
von vorn
von rechts
von oben
von links

A   B
C   D

3 Zeichne Grundriss und Aufriss des Würfelkörpers in dein Heft. Denke daran, die Flächen farbig zu gestalten.

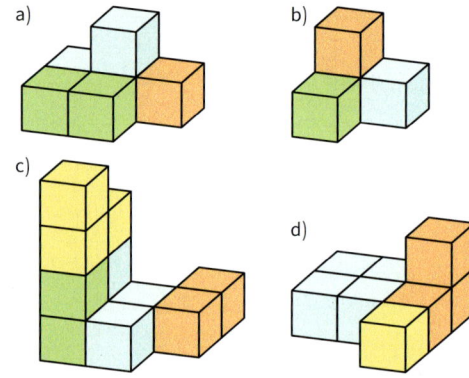

a)   b)
c)   d)

4 Zeichne Grund- und Aufriss des Körpers.

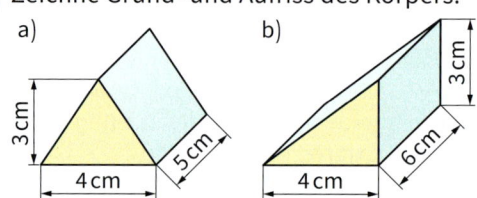

a)   b)

5 Bei einem Körper sind zwei Ansichten gegeben. Zeichne den Grundriss. Entnimm die Maße der Zeichnung.

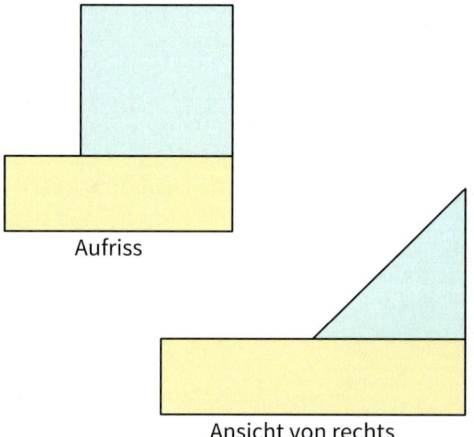

Aufriss

Ansicht von rechts

Körper

Zusammenhänge zwischen den Darstellungsformen

1 a) Zeichne das Netz des Quaders. Entnimm die Maße der Zeichnung. Beachte, das im Schrägbild die nach hinten laufenden Kanten verkürzt dargestellt sind.

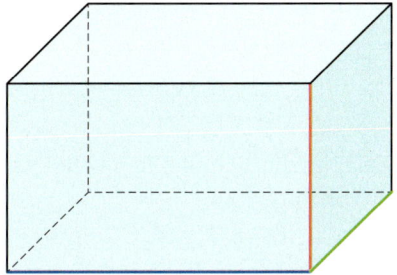

b) Im Schrägbild sind drei Kanten farbig gezeichnet.
Markiere die entsprechenden Linien im Netz mit der gleichen Farbe.

2 In der Abbildung unten siehst du das Schrägbild einer Pyramide und das zugehörige Netz.

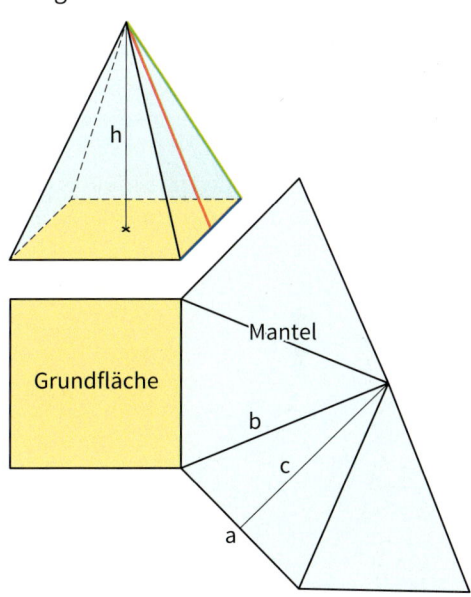

Im Schrägbild sind einige Strecken farbig dargestellt.
Im Netz sind Strecken mit a, b und c benannt worden. Ordne den Strecken im Netz die entsprechenden Farben aus dem Schrägbild zu.
Ordne auch den Begrenzungsflächen der Pyramide die zugehörigen Flächen im Netz zu.

3 a) Hier siehst du Schrägbild und Netz eines Kegels.

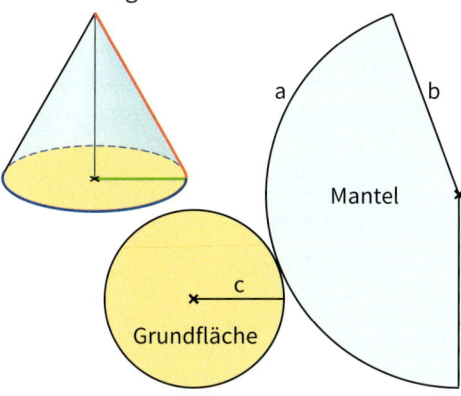

Ordne den Strecken im Netz die richtigen Farben zu. Vergleiche die Flächen im Netz mit den Begrenzungsflächen des Körpers im Schrägbild.

b) Vergleiche auch beim Zylinder Schrägbild und Netz.

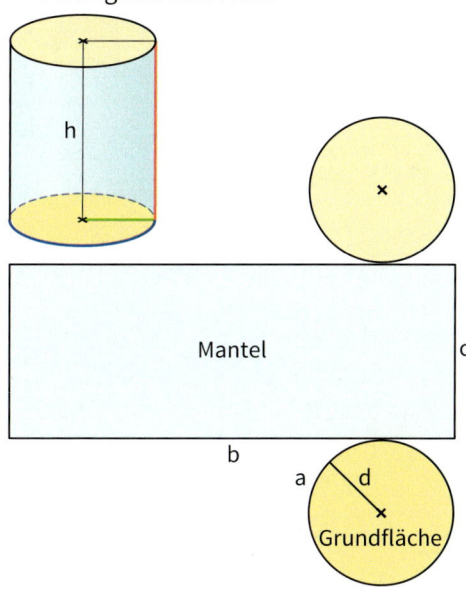

Ordne den Strecken im Netz die entsprechenden Farben zu und beschreibe die einzelnen Flächen in den beiden Darstellungen.

4 In der Abbildung sind die gegenüberliegenden Ecken eines Würfels gefärbt. Zeichne das Netz des Würfels (Kantenlänge 3 cm) und zeichne die Färbungen im Netz ein.

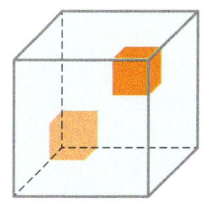

Zusammenhänge zwischen den Darstellungsformen

5 Zeichne Auf- und Grundriss eines Quaders mit den Seitenlängen 6 cm, 4 cm und 3 cm. Es gibt mehrere Möglichkeiten.

6 Von einem Körper sind Grundriss und Aufriss abgebildet.

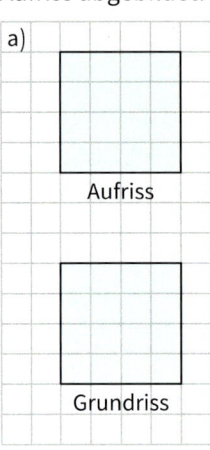
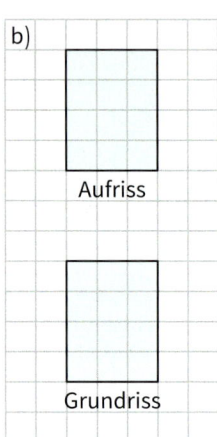
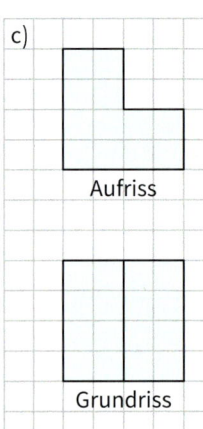

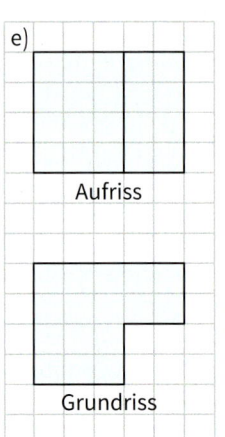
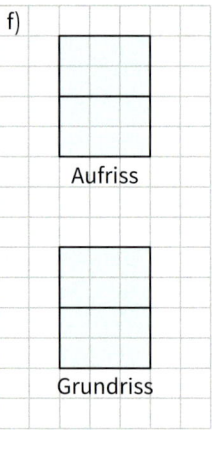

Zeichne das zugehörige Schrägbild.

7 a) Zeichne Grundriss und Aufriss des Körpers. Entnimm die Maße der Zeichnung.

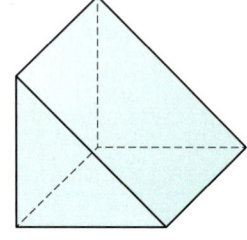

b) Zeichne das Schrägbild des Körpers. (Maße in cm)

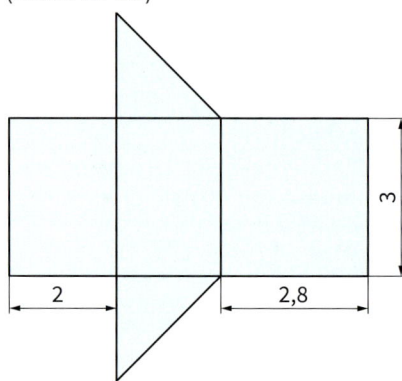

8 Zeichne das Netz zum abgebildeten Dreiecksprisma. Entnimm die Maße der Zeichnung.
Der markierte Winkel ist ein rechter Winkel. Beachte die Länge der schräg nach hinten laufenden Kanten.
a)

b)

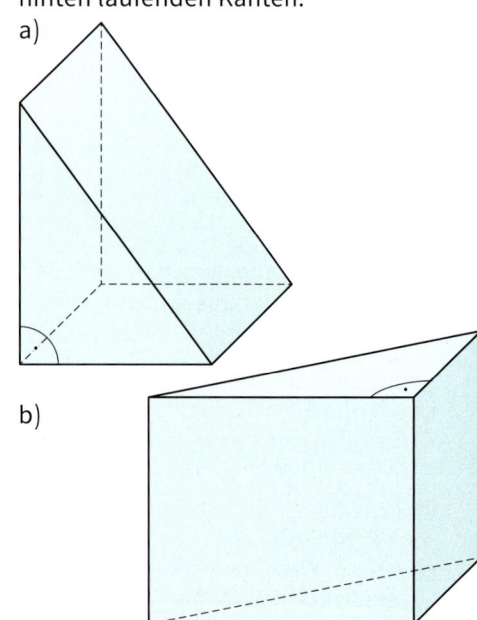

Oberflächeninhalt von Quader und Würfel

1 Pia will eine quaderförmige Schachtel mit Folie bekleben.

Sie hat die Folie bereits zugeschnitten und so das abgebildete Quadernetz erhalten.

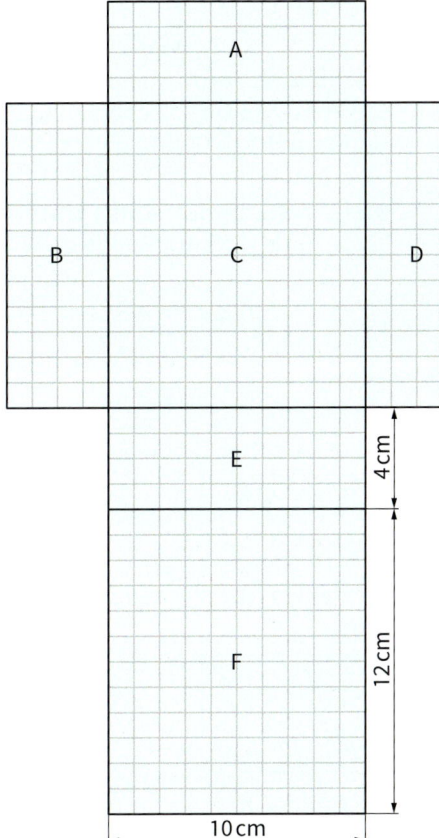

a) Beschreibe die einzelnen Teilflächen, aus denen sich die Gesamtfläche zusammensetzt.
b) Wie viele Quadratzentimeter Folie benötigt sie?

> Alle Begrenzungsflächen eines Quaders bilden zusammen dessen **Oberfläche**.
> Der Inhalt der Oberfläche heißt **Oberflächeninhalt**.

2 Unten siehst du das Netz eines Quaders. Bestimme den Flächeninhalt.

Weitere Hinweise und Aufgaben findest du im Wiederholungsteil auf Seite 198.

3 Berechne den Oberflächeninhalt des abgebildeten Quaders. Zeichne dazu zunächst ein Netz des Quaders.

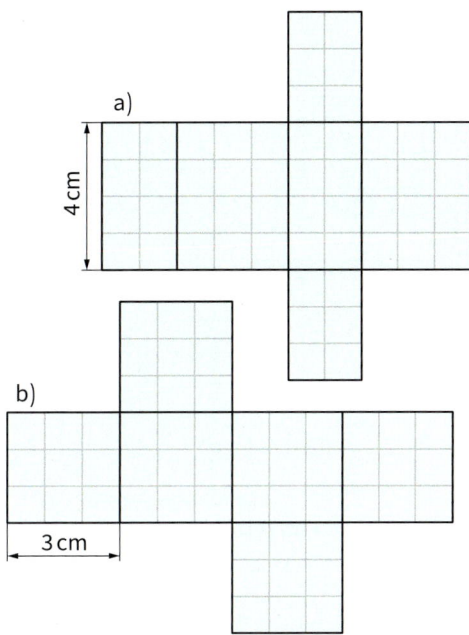

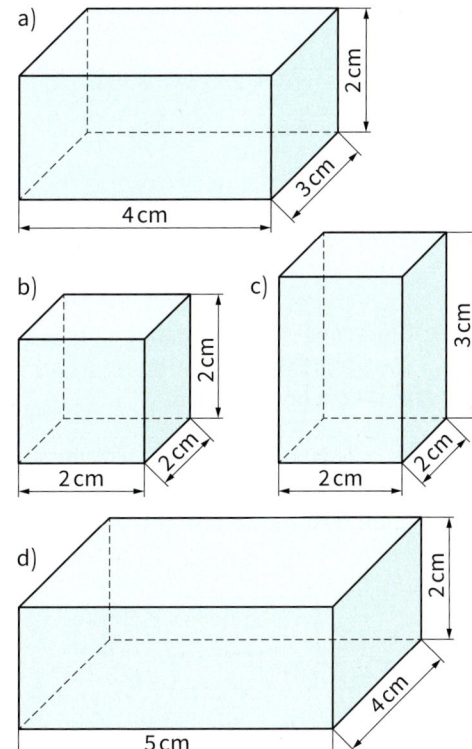

Oberflächeninhalt von Quader und Würfel

4 Pia und Lena wollen den Oberflächeninhalt des abgebildeten Quaders berechnen.

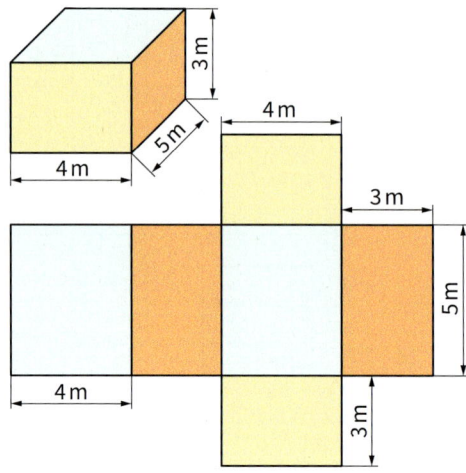

a) Vergleiche ihre Lösungswege.

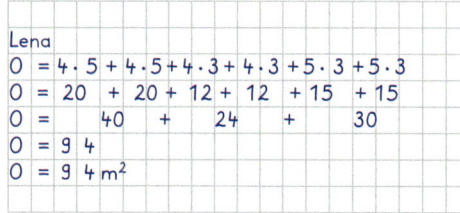

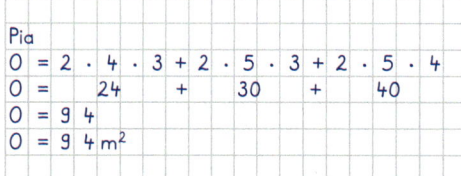

b) Finde eine andere Möglichkeit, den Oberflächeninhalt eines Quaders zu berechnen. Begründe deine Strategie.

c) Berechne den Oberflächeninhalt eines Quaders mit den Maßen a = 6 cm; b = 3 cm und c = 2 cm.

Oberflächeninhalt eines Quaders
mit den Kantenlängen a, b und c

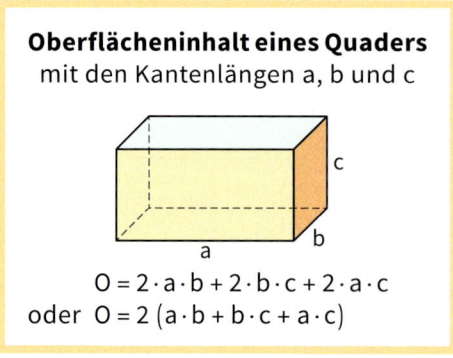

$O = 2 \cdot a \cdot b + 2 \cdot b \cdot c + 2 \cdot a \cdot c$
oder $O = 2(a \cdot b + b \cdot c + a \cdot c)$

5 Max berechnet den Oberflächeninhalt des abgebildeten Würfels.

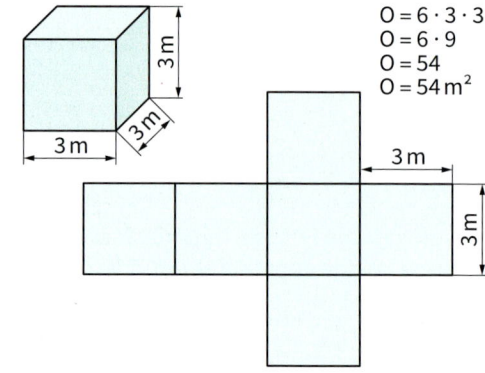

$O = 6 \cdot 3 \cdot 3$
$O = 6 \cdot 9$
$O = 54$
$O = 54\,m^2$

a) Beschreibe seine Rechnung.
b) Berechne den Oberflächeninhalt eines Würfels mit 7 cm Kantenlänge.

Oberflächeninhalt eines Würfels
mit der Kantenlänge a

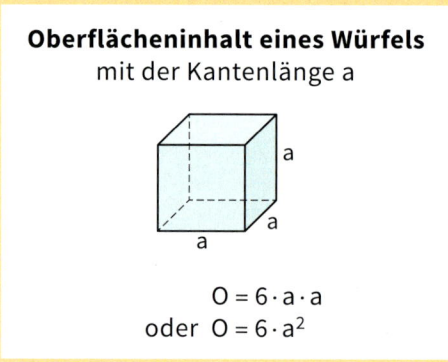

$O = 6 \cdot a \cdot a$
oder $O = 6 \cdot a^2$

6 Berechne den Oberflächeninhalt des Körpers.

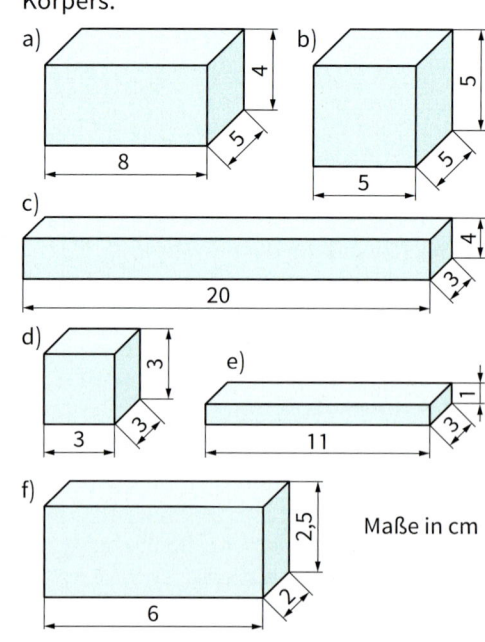

Maße in cm

Volumen von Körpern bestimmen

1 Rauminhalte bestimmter Körper lassen sich gut mithilfe von Würfeln bestimmen.

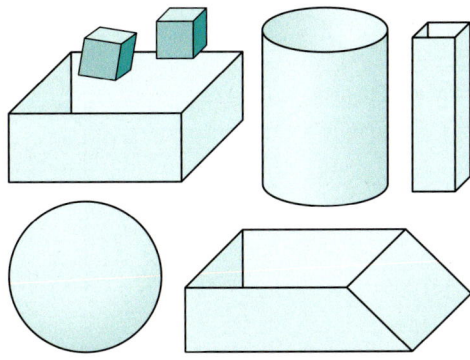

Für welche der abgebildeten Körper ist die Methode geeignet? Wie müssen die Würfel beschaffen sein?

2 a) Wie viele Würfel passen in jede Schachtel?

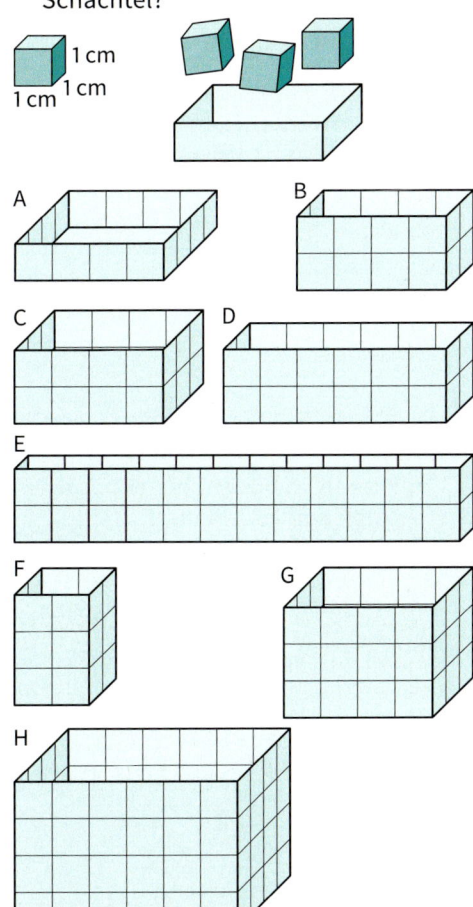

b) Welche Schachtel besitzt den größten, und welche den kleinsten Rauminhalt?

3 a) Aus wie vielen Würfeln bestehen die einzelnen Körper? Welcher Körper hat den größten Rauminhalt?

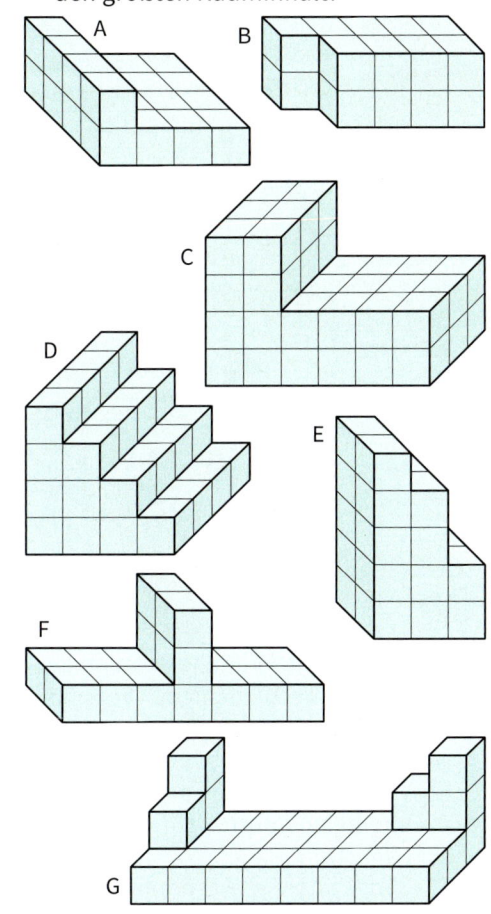

b) Die Körper sollen zu Quadern ergänzt werden. Wie viele Würfel müssen mindestens noch hinzugefügt werden?

Lösungen zu Aufgabe 7b:
8   2   24   24   42   12   24

Der Rauminhalt mancher Körper kann mit Würfeln bestimmt werden. Der Rauminhalt wird auch als **Volumen** bezeichnet.

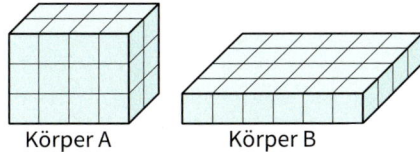

Körper A   Körper B

Das Volumen von Körper A ist genau so groß wie das Volumen von Körper B.

Volumeneinheiten

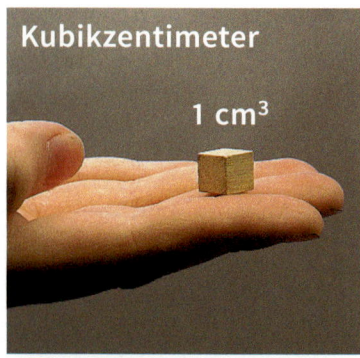

Kubikzentimeter — 1 cm³

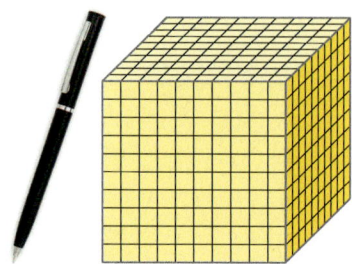

Kubikdezimeter — 1 dm³

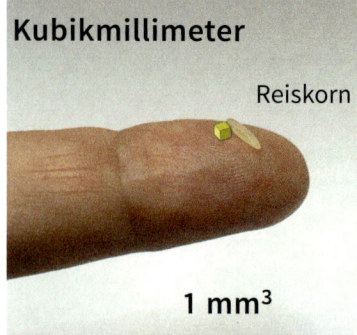

Kubikmillimeter — Reiskorn — 1 mm³

1 m³ — Kubikmeter

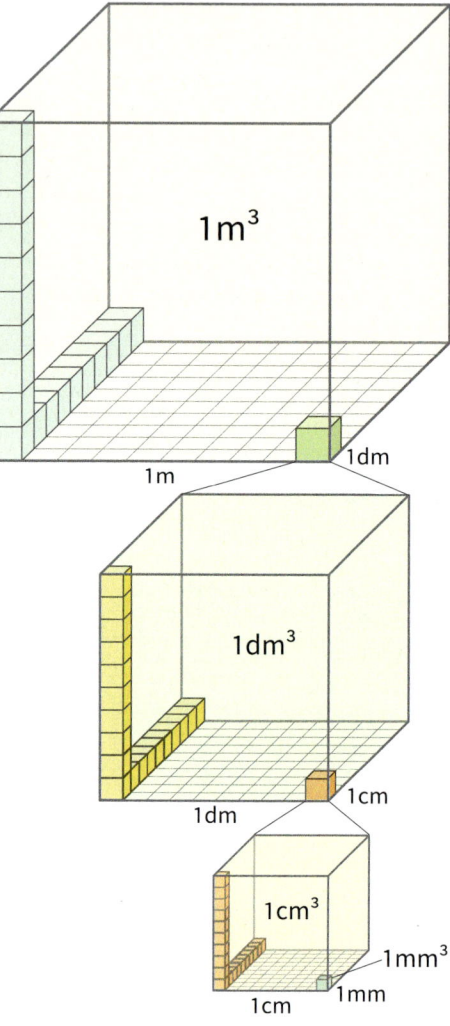

1 Rauminhalte (Volumina) werden je nach Größe in unterschiedlichen Volumeneinheiten angegeben.
a) Überlege, in welcher Einheit du das Volumen der unten angegebenen Räume und Körper sinnvoll angeben kannst?
Sandkasten, Klassenraum, Streichholzschachtel, Koffer, Schublade, Kofferraum eines Pkw, Stecknadelkopf, Container, Reiskorn
b) Wie stellst du dir einen Kubikmillimeter vor?

2 a) Wie viel Kubikdezimeter passen in einen Kubikmeter?
b) Wie viel Kubikzentimeter passen in einen Kubikdezimeter?
c) Wie viel Kubikmillimeter passen in einen Kubikzentimeter?

Ein Würfel mit der Kantenlänge 1 cm hat das Volumen **1 cm³**.
Lies: ein Kubikzentimeter

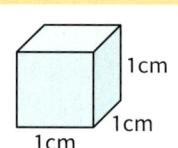

$$1 \underbrace{\text{cm}^3}_{\text{Einheit}}$$
Maßzahl — Einheit
Größe

Würfel mit der Kantenlänge	1 mm	1 cm	1 dm	1 m
Volumen	1 mm³	1 cm³	1 dm³	1 m³
Name	Kubikmillimeter	Kubikzentimeter	Kubikdezimeter	Kubikmeter

---

Volumeneinheiten

1 m³ = 1 000 dm³
1 dm³ = 1 000 cm³
1 cm³ = 1 000 mm³

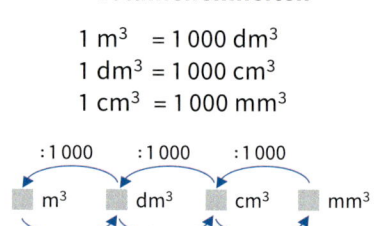

Die Umrechnungszahl ist **1 000**.

Volumeneinheiten

3 a) Gib in Kubikzentimeter an.
   4 dm³; 10 dm³; 34 dm³; 62 dm³; 45 dm³; 86 dm³; 100 dm³; 150 dm³; 201 dm³
   b) Gib in Kubikdezimeter an.
   4 000 cm³; 7 000 cm³; 15 000 cm³; 18 000 cm³; 100 000 cm³; 500 cm³
   c) Gib in Kubikdezimeter an.
   5 m³; 67 m³; 780 m³; 25 m³; 18 m³; 71 m³; 129 m³; 0,5 m³; 1 002 m³
   d) Gib in Kubikzentimeter an.
   6 000 mm³; 15 000 mm³; 48 000 mm³; 600 mm³; 250 000 mm³; 70 mm³

> Beim Umrechnen in die nächstkleinere Einheit wird die Maßzahl mit 1 000 multipliziert. Dabei verschiebt sich das Komma um drei Stellen nach rechts.
> 2,6 cm³ = 2 600,0 mm³ = 2 600 mm³
>
> Beim Umrechnen in die nächstgrößere Einheit wird die Maßzahl durch 1 000 dividiert. Dabei verschiebt sich das Komma um drei Stellen nach links.
> 500,2 dm³ = 0,5002 m³ = 0,5002 m³

4 Schreibe in der Einheit, die in Klammern steht.
   a) 3,0 m³ (dm³); 4,0 cm³ (mm³); 3,3 m³ (dm³); 20,5 cm³ (mm³); 30,5 m³ (dm³); 10,3 dm³ (cm³)
   b) 3 000,0 cm³ (dm³); 2 500,0 dm³ (m³); 4 000,0 cm³ (dm³); 500,3 mm³ (cm³); 1,5 dm³ (m³); 27,0 cm³ (dm³)

Denke an die Umrechnungszahl 1 000.

5 Schreibe in der nächstkleineren Einheit.
   a) 2 m³; 3 dm³; 14 cm³; 60 m³; 100 dm³
   b) 2,3 m³; 0,5 cm³; 0,75 dm³; 87,3 cm³

6 Schreibe in der nächstgrößeren Einheit.
   a) 5 000 cm³; 28 000 dm³; 120 000 cm³
   b) 2 005 dm³; 4 500 cm³; 500 mm³

7 Viele Körper enthalten Flüssigkeiten. Ihr Volumen wird in Liter oder verwandten Einheiten angegeben.

Liter  **Hektoliter**

 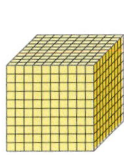 

1 ℓ = 1 dm³   1 hℓ = 100 ℓ

Zentiliter   **Milliliter**

 Teelöffel

1 cℓ = $\frac{1}{100}$ ℓ = 10 cm³   1 mℓ = $\frac{1}{1\,000}$ ℓ = 1 cm³

Nenne jeweils eine sinnvolle Einheit für das Volumen des Gefäßes:
Eimer, Tintenpatrone, Kugelschreibermine, Milchpackung, Badewanne, Wasserglas, Druckerpatrone.

> Das Volumen von Gefäßen, die Flüssigkeiten enthalten, wird oft in **Liter** (ℓ), **Zentiliter** (cℓ) und **Milliliter** (mℓ) ausgedrückt. Bei größeren Rauminhalten verwendet man auch **Hektoliter** (hℓ).
>
> 1 ℓ = 1 000 mℓ
> 1 ℓ = 100 cℓ
> 1 hℓ = 100 ℓ
> 1 ℓ = 1 dm³
> 1 mℓ = 1 cm³

8 Gib in Liter an.
   a) 2 hℓ   b) 5 dm³   c) 8,2 hℓ
      11 hℓ   12 dm³   0,5 hℓ
   d) 500 mℓ   e) 250 mℓ   f) 500 cm³
      2 000 mℓ   100 mℓ   2 300 cm³
   g) 100 cℓ   h) 50 cℓ   i) 2 cℓ
      500 cℓ   2 000 cℓ   10 cℓ

Volumeneinheiten

9 Welche Bedeutung hat die Aufschrift 0,2 ℓ auf Gläsern? Gib in Milliliter und Zentiliter an.

10 Die Zutaten für einen Früchtecocktail sind in Zentiliter angegeben.

Sahne 2 cℓ
Zitronensaft 2 cℓ
Erdbeersirup 2 cℓ
Orangensaft 4 cℓ
Ananassaft 4 cℓ

Bestimme die Gesamtmenge an Flüssigkeit
a) in Zentiliter
b) in Milliliter
c) in Kubikzentimeter
d) in Liter.

11 Ein Glas hat ein Fassungsvermögen von 0,3 Liter. Welche der angegebenen Flüssigkeitsmengen passt in das Glas?
a) 300 mℓ   d) 250 cm³
b) 0,5 ℓ   e) 0,29 dm³
c) 40 cℓ   f) 0,01 hℓ

12 Wie viel Kubikzentimeter fehlen jeweils zum vollen Liter?

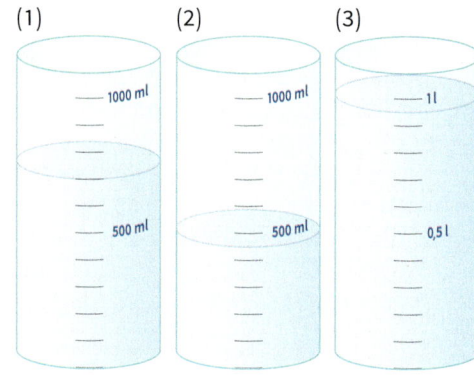

13 Gib die Flüssigkeitsmenge in Liter, Milliliter, Kubikdezimeter und Kubikzentimeter an.

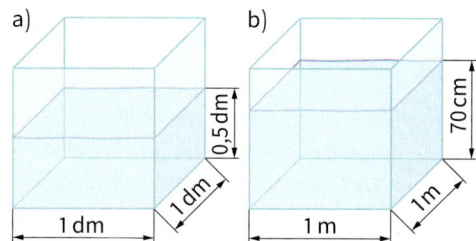

14 a) Überschlage den Preis für einen Liter Tinte beim Kauf von neuen Drucker-Tintenpatronen.
b) Was kostet ein Liter Druckertinte bei der Verwendung eines Nachfüllsets?

Drucker:
Tintenpatrone
Schwarz
19 mℓ
nur 18,99 €

 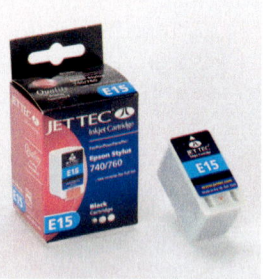

Nachfüllset 100 mℓ
nur 3,99 €

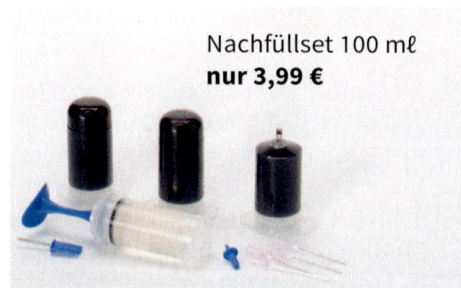

Volumen von Quader und Würfel

1 Das Volumen des unten abgebildeten Quaders soll berechnet werden. Diskutiere eine mögliche Vorgehensweise mit deiner Partnerin oder deinem Partner. Erläutere dann den gefundenen Lösungsweg. Die Bilder 1 und 2 können dir bei der Lösung helfen.

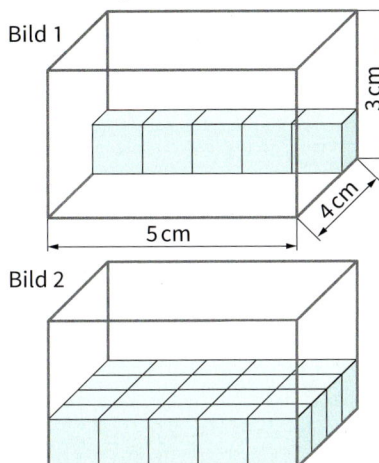

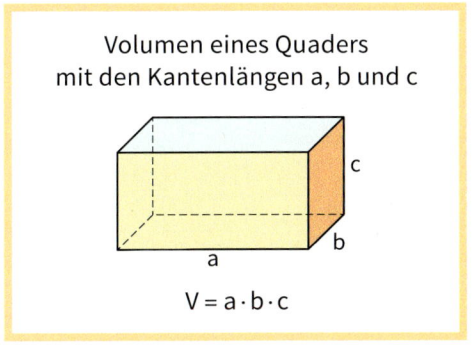

Volumen eines Quaders mit den Kantenlängen a, b und c

$V = a \cdot b \cdot c$

2 In dem folgenden Beispiel hat Paula notiert, wie sie das Volumen eines Quaders berechnen kann.

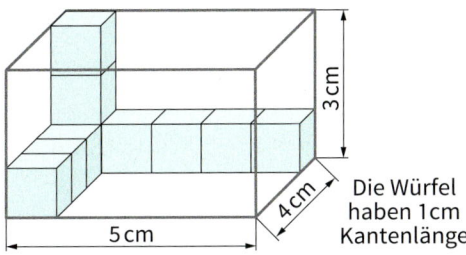

Die Würfel haben 1 cm Kantenlänge

Die Länge 5 cm gibt an, wie viele Würfel in eine Stange passen: 5

Die Breite 4 cm gibt an, wie viele Stangen die untere Schicht bilden: 4

Die Höhe 3 cm gibt an, wie viele Schichten übereinander passen: 3

Gesamtanzahl der Würfel:
$5 \cdot 4 \cdot 3 = 60$

Das Volumen des Quaders beträgt 60 cm³.

Finde eine andere Möglichkeit, das Volumen zu berechnen. Begründe deine Strategie.

3 Berechne das Volumen des abgebildeten Quaders wie im Beispiel.

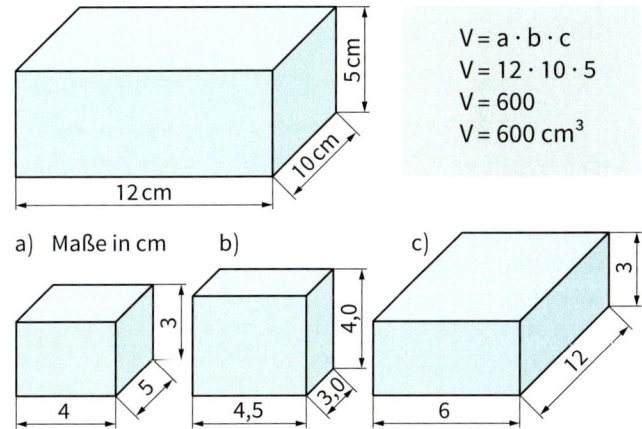

$V = a \cdot b \cdot c$
$V = 12 \cdot 10 \cdot 5$
$V = 600$
$V = 600 \text{ cm}^3$

a) Maße in cm b) c)

4 Philipp hat eine Volumenformel für den Würfel aufgestellt.

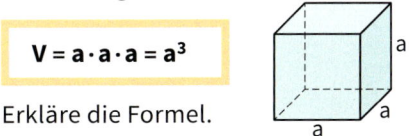

$V = a \cdot a \cdot a = a^3$

Erkläre die Formel.

5 Berechne das Volumen des abgebildeten Würfels.

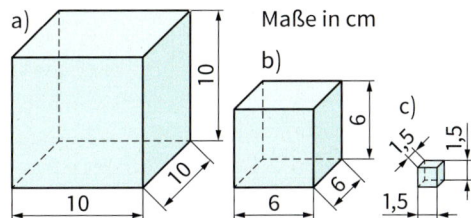

a) Maße in cm b) c)

6 Bestimme das Volumen eines Würfels mit der Kantenlänge 8 cm (12 dm).

7 Eine Turnhalle ist 21 m breit, 45 m lang und 6 m hoch. Wie viel Kubikmeter Luft fasst die Turnhalle?

WISSEN KOMPAKT

Körper

  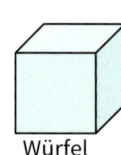 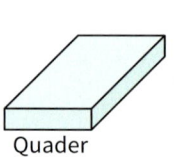 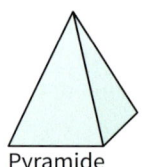  

Zylinder — Kegel — Würfel — Quader — Pyramide — Kugel — Prisma

Körper werden durch Flächen begrenzt. Manche Körper haben Ecken und Kanten. Körperkanten entstehen, wenn Begrenzungsflächen aufeinander stoßen. Kanten treffen sich in einer Ecke.

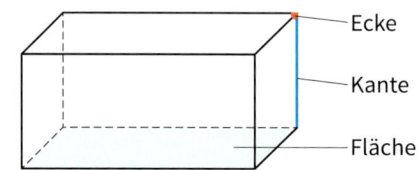

Schrägbilder

Beim Schrägbild eines Quaders verlaufen die schräg nach hinten laufenden Kanten durch die Kästchendiagonalen. Ihre Länge wird auf die Hälfte gekürzt. Die unsichtbaren Kanten werden gestrichelt gezeichnet.

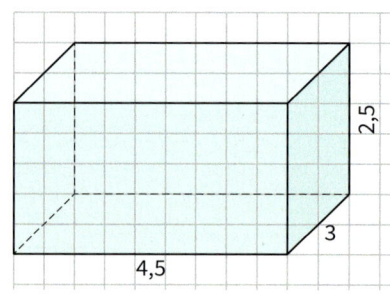

Originalmaße:
4,5 cm; 3 cm; 2,5 cm

Länge der schräg nach hinten laufenden Kanten in der Zeichnung:
1,5 cm

Netze

Das Netz eines geometrischen Körpers stellt seine Begrenzungsflächen in der Ebene ausgebreitet dar.

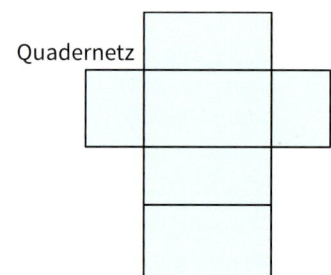

Quadernetz

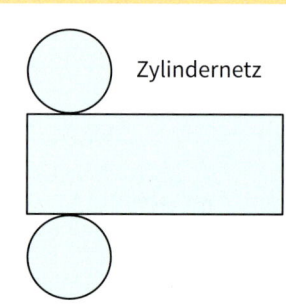

Zylindernetz

Aufriss und Grundriss

Geometrische Körper können in unterschiedlichen Ansichten gezeichnet werden.

Die Ansicht von **oben** nennt man **Grundriss**.
Die Ansicht von **vorne** heißt **Aufriss**.

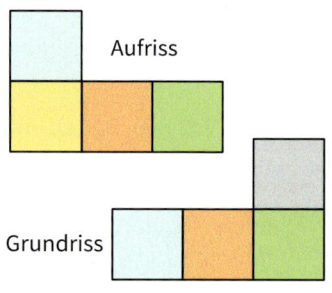

Aufriss

Grundriss

WISSEN KOMPAKT

Oberflächeninhalt

Quader
a = 5 cm; b = 2 cm; c = 4 cm

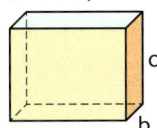 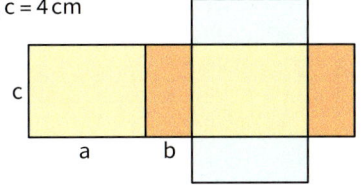

O = 2 · a · b + 2 · a · c + 2 · b · c
O = 2 · 5 · 2 + 2 · 5 · 4 + 2 · 2 · 4
O =   20   +   40   +   16
O = 76
O = 76 cm²

Würfel
a = 7 cm

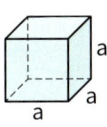 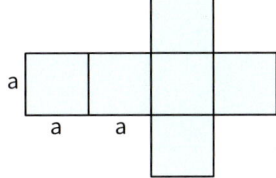

O = 6 · a · a
O = 6 · 7 · 7
O = 6 · 49
O = 294
O = 294 cm²

Flächeneinheiten

Zum Messen von Flächeninhalten werden Einheitsquadrate verwendet.

1 m² = 100 dm²
1 dm² = 100 cm²
1 cm² = 100 mm²

Volumen

Quader

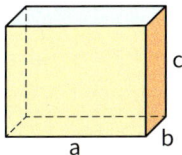

a = 5 cm
b = 2 cm
c = 4 cm

V = a · b · c
V = 5 · 2 · 4
V = 40
V = 40 cm³

Würfel

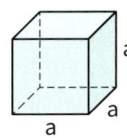

a = 7 cm

V = a · a · a = a³
V = 7 · 7 · 7
V = 343
V = 343 cm³

Volumeneinheiten

Zum Messen von Rauminhalten werden Einheitswürfel verwendet.

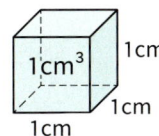

1 m³ = 1 000 dm³
1 dm³ = 1 000 cm³
1 cm³ = 1 000 mm³

Liter	Milliliter	Zentiliter	Hektoliter
1 ℓ = 1 dm³ = 1 000 mℓ = 100 cℓ	1 mℓ = $\frac{1}{1000}$ ℓ	1 cℓ = $\frac{1}{100}$ ℓ	1 hℓ = 100 ℓ

ÜBEN

1 Benenne den Körper. Gib die Anzahl der Kanten, Ecken und Begrenzungsflächen an.

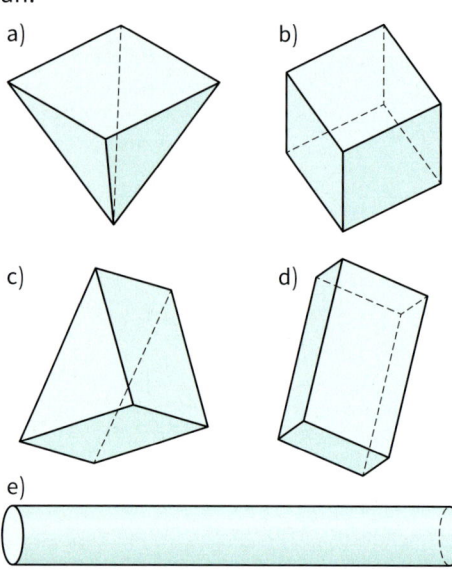

2 a) Wie unterscheiden sich die vier dargestellten Schrägbilder eines Würfels?

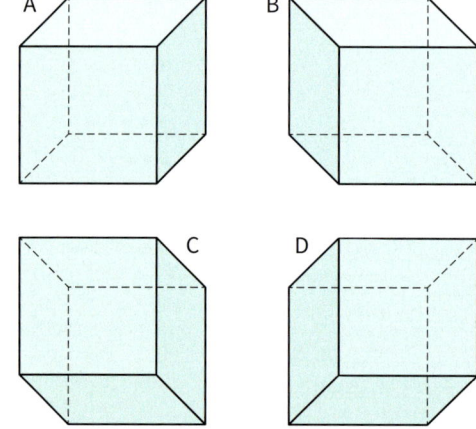

b) Zeichne ein Schrägbild des Würfels (Kantenlänge 3 cm) auf Kästchenpapier.

3 Zeichne zwei unterschiedliche Schrägbilder des Quaders mit den Kantenlängen 8 cm, 7 cm und 3 cm.

4 Welche Flächen sind Quadernetze?

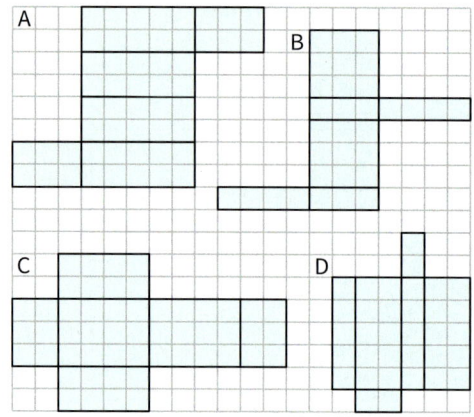

5 Die Kantenlänge eines Würfels beträgt 1 cm. Zeichne Grund- und Aufriss des zusammengesetzten Körpers.

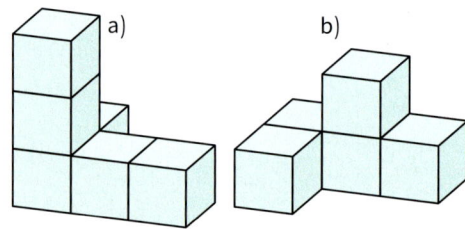

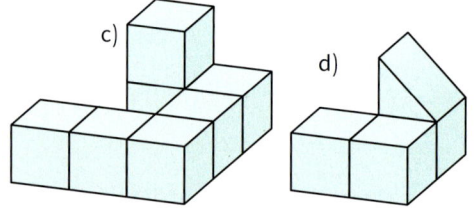

6 Es gibt elf mögliche Würfelnetze. Timo hat vier Netze gefunden. Finde weitere Netze und zeichne sie auf Kästchenpapier.

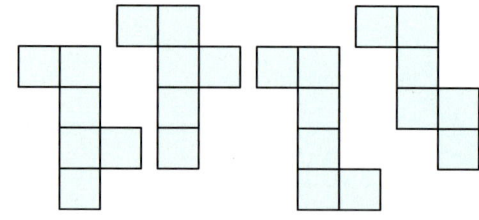

7 Suche einen kleinen quaderförmigen Gegenstand z. B. eine Streichholzschachtel und zeichne ein Schrägbild des Gegenstandes und ein Netz in Originalgröße.

Körper

ÜBEN

8 Berechne den Oberflächeninhalt des Körpers.

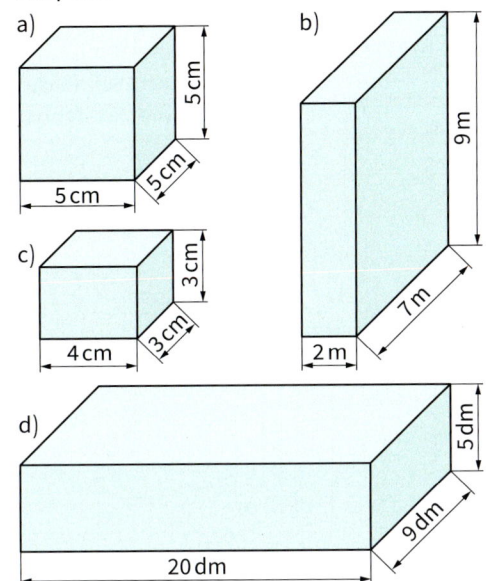

9 Schreibe in der Einheit, die in Klammern steht.

a) 3 cm² (mm²)
   5 dm² (cm²)
   80 m² (dm²)
   500 cm² (mm²)
   250 m² (dm²)

b) 400 dm² (m²)
   600 cm² (dm²)
   850 mm² (cm²)
   250 cm² (dm²)
   830 mm² (cm²)

10 Berechne den Oberflächeninhalt eines Würfels mit der Kantenlänge 9 cm (11 cm, 22 cm).

11 Die Pappschachteln sind an einer Seite geöffnet. Berechne, aus wie viel Quadratzentimeter Pappe die Schachtel besteht.

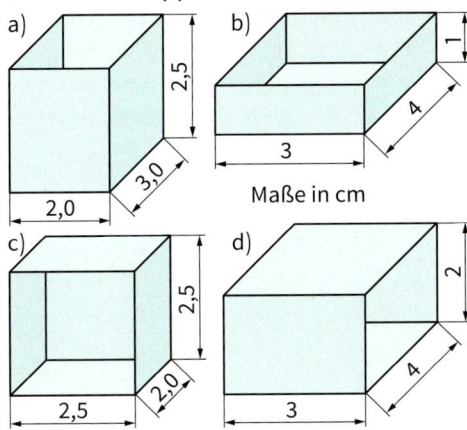

Maße in cm

12 Berechne das Volumen des Körpers.

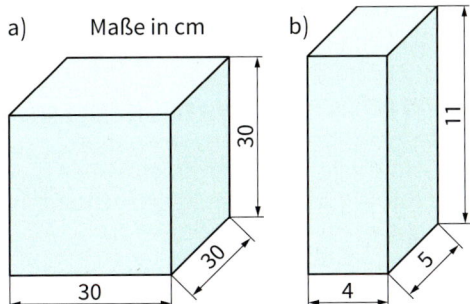

Maße in cm

13 Würfel unterschiedlicher Größe werden zu einem Körper zusammengesetzt. Der große Würfel hat eine Kantenlänge von 8 cm und der kleine von 4 cm.

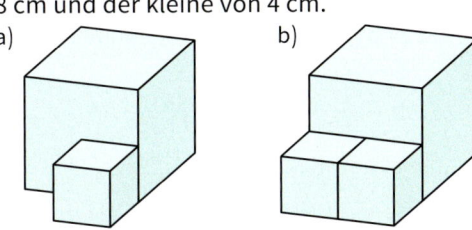

Berechne den Oberflächeninhalt des zusammengesetzten Körpers.

14 Berechne das Volumen des zusammengesetzten Körpers.

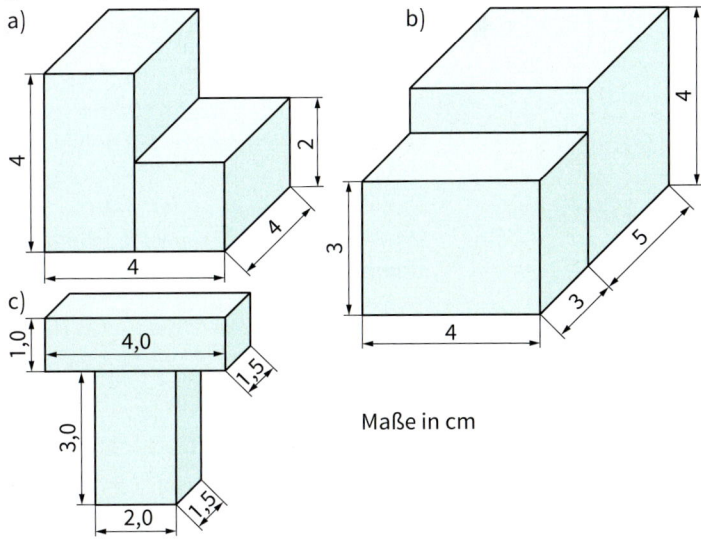

Maße in cm

15 Schreibe in der Einheit, die in Klammern steht.

a) 47 dm³ (cm³)
   5 cm³ (mm³)
   129 dm³ (cm³)

b) 345 cm³ (dm³)
   11 mm³ (cm³)
   4 dm³ (m³)

ÜBEN

16 Berechne Oberflächeninhalt und Volumen des Quaders.
a) Länge 34 cm, Breite 20 cm, Höhe 2,5 cm
b) Länge 1 m, Breite 2 m, Höhe 1 mm

17 Ein Würfel hat einen Oberflächeninhalt von 486 cm². Bestimme seine Kantenlänge.

18 Ein Quader ist 3 cm lang, 2 cm breit und hat einen Rauminhalt von 30 cm³. Bestimme zunächst seine Höhe und dann seinen Oberflächeninhalt.

19 Wie viele Würfel mit der Kantenlänge 3 cm passen in den abgebildeten Quader?

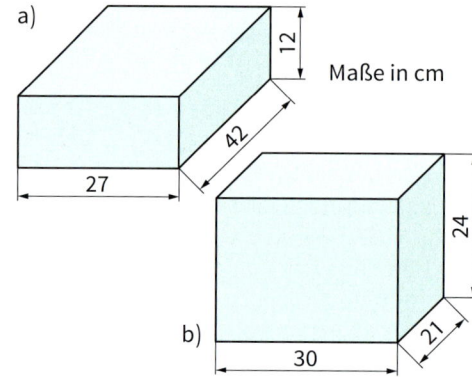

Maße in cm

20 Jenni hat Körper aus Streichholzschachteln zusammengesetzt. Sie behauptet, dass alle den gleichen Oberflächeninhalt und das gleiche Volumen haben. Überlege, ob Jenni recht hat. Begründe deine Meinung.

Maße in cm

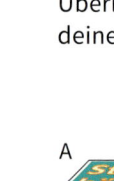

21 a) Wie ändert sich das Volumen eines Würfels, wenn man seine Kantenlänge verdoppelt (verdreifacht)?
b) Wie ändert sich der Oberflächeninhalt eines Würfels, wenn man seine Kantenlänge verdoppelt (verdreifacht)?

22 Berechne das Volumen des zusammengesetzten Körpers.

a) Maße in cm   b)

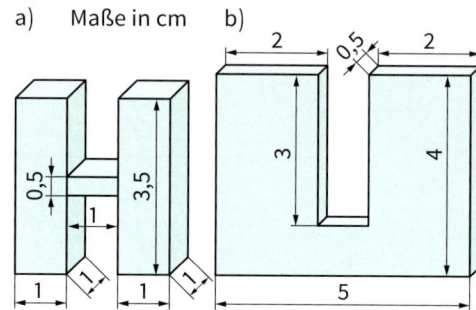

23 Der kleine Quader A ist 10 cm lang, 6 cm breit und 8 cm hoch. Der große Quader B ist fünfmal so lang, fünfmal so breit und fünfmal so hoch. Wie viele kleine Quader passen in den großen Quader?

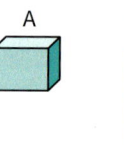
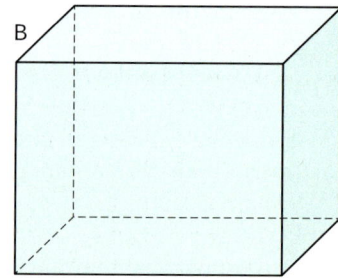

24 Jana möchte eine quaderförmige Schachtel mit einem Liter Fassungsvermögen bauen. Welche **ganzzahligen** Kantenlängen (gemessen in Zentimeter) könnte die Schachtel haben? Gib drei Möglichkeiten an.

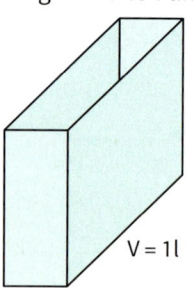
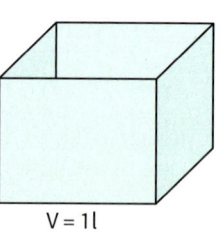

V = 1 l   V = 1 l

ÜBEN: Sachaufgaben

1 Eine quaderförmige Milchpackung ist 13 cm lang, 6 cm breit und 13 cm hoch. Berechne den Materialverbrauch in Quadratzentimeter und das Volumen in Kubikzentimeter.

2 Ein Klassenraum ist 8 m lang, 6 m breit und 3 m hoch. Wie viel Kubikmeter Luft fasst der leere Klassenraum?

3 Wie viel Kubikmeter Wasser passen in ein Schwimmbecken, das 10 m lang, 6 m breit und 1,50 m tief ist?

4 Ben möchte drei quaderförmige Blumenkästen (Innenmaße: 80 cm lang, 20 cm breit, 15 cm hoch) mit Blumenerde füllen.
a) Wie viele Beutel zu je 10 Liter muss er kaufen?
b) Wie viel Liter Erde bleiben übrig?

5 Im Prospekt wird ein Kühlschrank mit 330 Liter Fassungsvermögen angeboten. Kontrolliere die Angabe.

Maße in cm

6 Lara will das Volumen einer Kugel bestimmen. Dazu misst sie die Wasserverdrängung der Kugel.
Sie drückt sie unter Wasser und der Wasserstand steigt um 1,5 cm.
Welches Volumen hat die Kugel?

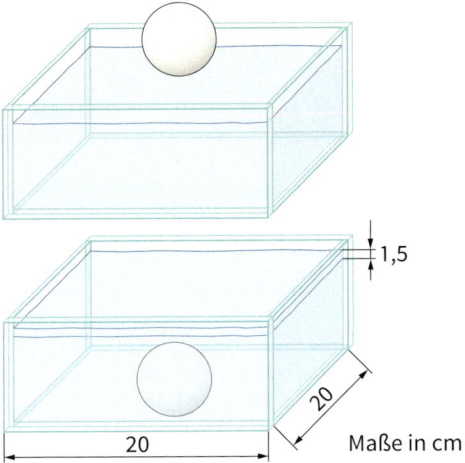

Maße in cm

7 In einem quaderförmigen Plastikkanister steht eine Flüssigkeit 40 cm hoch. Berechne die Flüssigkeitshöhen h_1 und h_2, wenn der Kanister auf einer Seite liegt.

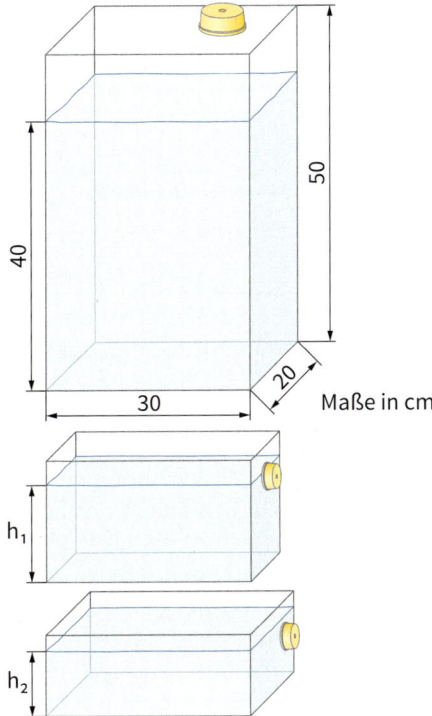

Maße in cm

ÜBEN: Pias Aquarium

1 Pia möchte auch ein kleines Aquarium für ihr Zimmer bauen.
Im Internet findet sie eine Kurzanleitung mit einer Zeichnung.

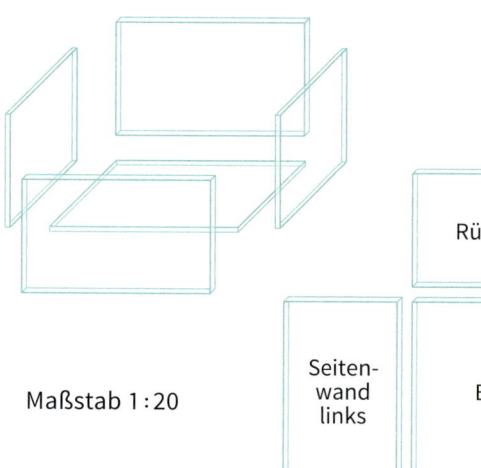

Maßstab 1:20

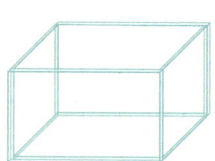

a) Was siehst du auf der Zeichnung?
b) In welchem Maßstab ist die Zeichnung der einzelnen Scheiben angefertigt worden?
c) Berechne die Abmessungen der Scheiben in Wirklichkeit. Entnimm die Maße der Zeichnung.
d) Fertige ein Schrägbild des fertigen Aquariums im Maßstab 1:10 an und trage die Originalmaße ein.
e) Ermittle, wie viel Quadratmeter Glas du ungefähr brauchst.
f) Bestimme auch, wie viel Liter Wasser ungefähr in das Aquarium passen.

2 Pias Vater möchte bestimmen, wie schwer das gefüllte Aquarium ist. In einem Physikbuch hat er die folgenden Angaben gefunden:

> Glas: 2,5 kg pro dm^3
> Wasser: 1 kg pro dm^3

Bestimme das Gewicht des gefüllten Aquariums. Gehe dabei von ungefähr 8 dm^3 Glas aus.

3 Pia möchte 5 Neonsalmer, 2 Skalare und einen Wels in ihr Becken setzen.

Wie viel Liter Wasser brauche ich für meine Fische?
Von der Wassermenge im Aquarium hängt ab, welche Fische in welcher Anzahl gehalten werden können.
Als grobe Faustregel für kleine bis mittlere Aquarien gilt:
Pro Zentimeter Fischlänge sind 1,5 bis 2 ℓ Wasser erforderlich. Ein 2 cm langer Fisch braucht also 3 bis 4 Liter Wasser.

Reicht die Wassermenge im Aquarium für Pias Fische?

ÜBEN: Volumen und Oberflächeninhalt schätzen

1 Viele Gegenstände oder Räume in deinem Umfeld haben ungefähr die Form eines Quaders.

  a) Schätze die Länge, die Breite und die Höhe einer Streichholzschachtel. Bestimme anschließend das Volumen der Schachtel.
  b) Prüfe durch Messung und Rechnung, wie gut deine Schätzung war.

2 Schätzt jeweils das Volumen des Gegenstands. Überprüft in Partnerarbeit, wie gut eure Schätzung war.
  a) Spielwürfel
  b) Federmappe oder Schul-Etui
  c) Schultasche oder Rucksack
  d) Tischplatte eurer Schulbank
  e) Mathebuch

3 Von einem Aquarium sind nur Länge und Breite bekannt.
  a) Schätze die Höhe des Aquariums.
  b) Wie viel Liter Wasser passen ungefähr in das Becken?
  c) Bestimme, wie viel Quadratmeter Glas man ungefähr braucht, um das Aquarium zu bauen.

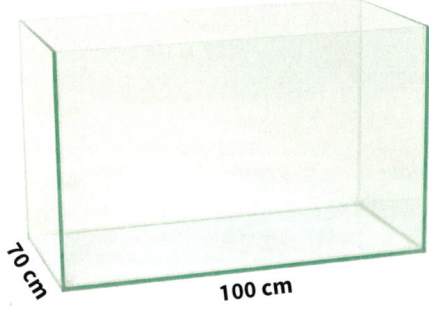

4 Schätze den Oberflächeninhalt
  a) eines Schuhkartons.
  b) eines quaderförmigen Radiergummis.
  c) einer Tafel Schokolade.

5 Hanna und Emma möchten die Masse des Steines in ihrer Nachbarschaft bestimmen.

Da der Stein ungefähr die Form eines Quaders hat und Hanna die Größe ihres Hundes kennt, haben sie Länge, Breite und Höhe des Steins geschätzt.
  a) Berechne das Volumen des Steins in Kubikdezimeter. Forme dazu vorher die geschätzten Maße in Dezimeter um.
  b) Emma hat im Internet recherchiert, dass ein Kubikdezimeter Granit eine Masse von 2,8 kg hat.
  Bestimme die ungefähre Masse des Steins in Kilogramm.

6 Bestimme das Volumen der Holzbox durch eine Schätzung.

7 Schätze das Volumen der Plastikwanne.

VERTIEFEN: Niederschläge

1 Luca hört im Radio folgende Meldung: „In der Nacht zum Dienstag sind in Hamburg bei starken Regenfällen 40 mm Niederschlag gefallen." In einem Lexikon findet er den folgenden Text:

> Die **Niederschlagsmenge** ist die Höhe der Wasserschicht, die sich bei Niederschlag (Regen, Schnee, Hagel, Nebel usw.) auf einer ebenen Fläche gebildet hätte. Dabei werden Faktoren wie Verdunstung, Bodenversickerung oder Abfluss nicht berücksichtigt.
> Sie wird in Millimeter angegeben.

Erläutere die Radiomeldung mithilfe des Textes.

2 Um sich die Wassermenge, die auf einen Quadratmeter gefallen ist, besser vorstellen zu können, hat Luca eine Skizze angefertigt.
Wie viel Liter Wasser sind in der Nacht auf einen Quadratmeter gefallen? Rechne vorher alle Längenmaße in Dezimeter um (1 dm³ = 1 ℓ)

3 Lucas Eltern wollen das Regenwasser von ihrem Flachdach (Länge 8 m, Breite 6 m) in eine unterirdische Zisterne leiten.
Sie gehen davon aus, dass im Durchschnitt pro Monat 80 mm Niederschlag fallen.
a) Wie viele Liter Regenwasser fließen bei dieser Annahme pro Monat in die Zisterne?
b) Die Zisterne hat ein Fassungsvermögen von sechs Kubikmetern. Nach wie vielen Monaten ist die Zisterne voll, wenn kein Wasser entnommen wird?
c) Monatlich werden 3 m³ entnommen.

4 Die Abbildung zeigt einen Regenmesser.

Betrachte die Skala auf dem Regenmesser und vergleiche sie mit der Skala auf einem Lineal.
Erkläre den Unterschied.

AUSGANGSTEST

1 Gib die Bezeichnungen der abgebildeten Körper an.

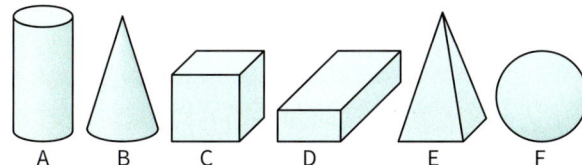

2 Welcher Körper hat
a) sechs Quadrate als Begrenzungsflächen?
b) drei Begrenzungsflächen?
c) fünf Ecken?
d) keine Ecken, aber zwei Kanten?
e) sechs Kanten?
f) drei Rechtecke und zwei Dreiecke als Begrenzungsflächen?

3 Zeichne das Schrägbild eines Würfels mit 4 cm Kantenlänge.

4 Zeichne zwei unterschiedliche Schrägbilder eines Quaders mit den Kantenlängen 6 cm, 4 cm und 3 cm.

5 Zeichne ein Netz des abgebildeten Quaders.

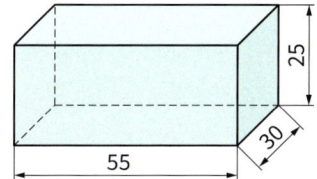

Maße in mm

6 Zeichne Aufriss und Grundriss des abgebildeten Körpers.

Kantenlänge eines Würfels: 2 cm

7 Berechne den Oberflächeninhalt und das Volumen eines Würfels mit 6 cm Kantenlänge.

8 Berechne den Oberflächeninhalt und das Volumen eines Quaders mit den Kantenlängen 8 cm, 5 cm und 3 cm.

9 Schreibe in der Einheit, die in Klammern steht.
a) $2\ cm^3$ (mm^3) b) $5\,000\ cm^3$ (dm^3) c) $2\ \ell$ (dm^3)
$4\ dm^3$ (cm^3) $5\,000\ dm^3$ (m^3) $1\ \ell$ (cm^3)
$0{,}2\ dm^3$ (cm^3) $530{,}3\ cm^3$ (dm^3) $4{,}5\ \ell$ ($m\ell$)

10 Ein quaderförmiges Getränkepäckchen ist 5 cm lang, 8 cm breit und 12,5 cm hoch. Berechne das Volumen in Liter.

11 Nele möchte einen Kunststoffquader mit Stoff beziehen. Er ist 90 cm lang, 60 cm breit und 45 cm hoch.

12 In das Wasser des abgebildeten Aquariums wird ein Metallwürfel mit der Kantenlänge 20 cm ganz eingetaucht. Um wie viel Zentimeter steigt der Wasserspiegel?

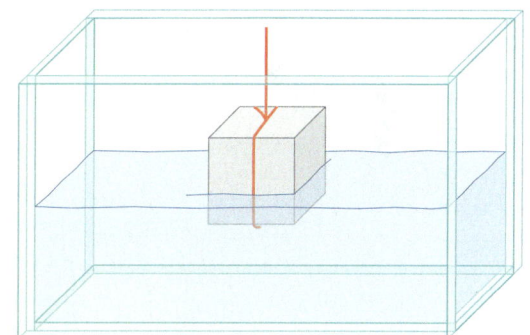

Innenmaße des Aquariums:
Länge 100 cm; Breite 40 cm; Höhe 60 cm

Ich kann …

Ich kann …	Aufgabe	Hilfen und Aufgaben	
geometrische Körper benennen.	1	Seite 88, 108	I
geometrische Körper an ihren Eigenschaften erkennen.	2	Seite 89, 90	
das Schrägbild eines Würfels und eines Quaders zeichnen.	3, 4	Seite 92, 93, 108	
das Netz eines Quaders zeichnen.	5	Seite 94, 95, 108	
Grundriss und Aufriss eines Körpers zeichnen.	6	Seite 96, 108	
das Volumen in einer anderen Einheit angeben.	9	Seite 102 – 104, 109	
den Oberflächeninhalt und das Volumen eines Würfels und Quaders berechnen.	7, 8	Seite 99, 100, 105, 109	II
komplexe Sachaufgaben zur Volumenberechnung lösen.	10, 11, 12	Seite 111	III

6 Rechnen mit Brüchen

Kannst du die Limonade aus den drei Krügen in die 1-Liter-Flasche füllen?

Wie viel Liter Limonade bleiben im Krug, wenn du das Viertelliterglas füllst?

Bist du fit für dieses Kapitel? Eingangstest auf Seite 189.

In diesem Kapitel …
- addierst und subtrahierst du Brüche.
- multiplizierst und dividierst du Brüche.
- löst du Sachaufgaben zum Rechnen mit Brüchen.

Rechnen mit Brüchen

Wir mixen und verteilen Getränke

- Wie viel Liter Limonade sind aus dem Krug in die Viertellitergläser eingeschenkt worden?

- Die Limonade aus dem Krug soll gleichmäßig auf die Saftgläser verteilt werden. Wie viel Liter Limonade sind dann in jedem Glas?

- Versuche die Fragen zu beantworten. Formuliere zu jeder Frage eine Rechenaufgabe.

Wir mixen und verteilen Getränke

1 Laura und Julia möchten für ihr Gartenfest eine Bowle zubereiten. Im Internet haben sie dieses Rezept gefunden.

> **Pfirsichbowle**
> 2 reife Pfirsiche
> 1/2 ℓ Eistee (Pfirsichgeschmack)
> 1/4 ℓ Orangenlimonade
> Zitronenmelisseblätter

a) Wie viel Liter Flüssigkeit erhalten Laura und Julia, wenn sie aus den angegebenen Zutaten die Bowle zubereiten?
b) Zu ihrem Gartenfest kommen vier Gäste. Julia rechnet damit, dass jede der sechs Personen drei viertel Liter Bowle trinkt. Wie viel Liter Eistee und wie viel Liter Orangenlimonade benötigen sie für die Bowle?

2 Zur Begrüßung möchte Laura den Cocktail „Sommerduft" anbieten.

> **Sommerduft**
> 1/4 ℓ Sauerkirschsaft
> 1/8 ℓ Pfirsichsaft
> 3 EL Zucker
> 1/4 ℓ Tonic Water

a) Wie viel Liter dieses Cocktails kann sie aus den angegebenen Zutaten mixen?
b) Laura gießt das fertige Getränk in Gläser, die jeweils $\frac{1}{8}$ ℓ Inhalt fassen. Wie viele Gläser kann sie füllen?

3 Felix möchte für sechs Personen den Cocktail „Dark Shadow" mixen.

> **Dark Shadow** (für zwei Personen)
> 1/2 ℓ Milch
> 1/4 ℓ Johannisbeernektar
> 3 EL Zucker
> 1/4 ℓ Sanddornsaft

a) Wie viel Liter Milch (Sanddornsaft) benötigt er?
b) Wie viel Liter Flüssigkeit erhält er?

4 Leonie und Niklas kaufen Getränke für ihre gemeinsame Geburtstagsfeier ein.

Leonie und Niklas haben insgesamt noch zwölf Gäste eingeladen. Sie rechnen damit, dass pro Person ein halber Liter Apfelschorle getrunken wird. Wie viele $\frac{3}{4}$-ℓ-Flaschen Apfelschorle müssen sie mindestens einkaufen?

5 Jedes der abgebildeten Gläser fasst $\frac{1}{8}$ Liter Apfelschorle.

Wie viele Gläser lassen sich aus einer $\frac{3}{4}$-ℓ-Flasche füllen?

6 Am Ende der Feier ist noch eine $\frac{3}{4}$-ℓ-Flasche Apfelschorle zur Hälfte gefüllt.
„Das ist weniger als ein halber Liter", sagt Lara. Hat sie recht? Begründe deine Meinung.

Rechnen mit Brüchen

Gleichnamige Brüche addieren und subtrahieren

Du kannst das, was du beim Bearbeiten der Seiten 119–123 erfährst, in einem **Lerntagebuch** festhalten. Notiere auch, welche Schwierigkeiten du hattest und welche Fragen du noch hast.

1 Zu Daniels Geburtstag hat seine Mutter eine Torte gebacken und in zwölf gleich große Stücke aufgeteilt. Daniel und seine Freunde Kai, Felix, Dennis und Jan haben die Torte restlos verzehrt.
Daniel aß $\frac{2}{12}$ der Torte, Kai $\frac{2}{12}$, Dennis $\frac{3}{12}$ und Felix $\frac{2}{12}$.
Welchen Bruchteil der Torte aß Jan?

2 Formuliere eine Additionsaufgabe wie im Beispiel und löse sie.

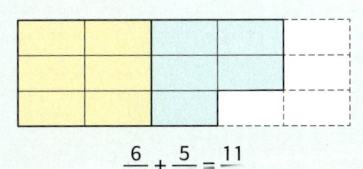

$$\frac{6}{15} + \frac{5}{15} = \frac{11}{15}$$

a) 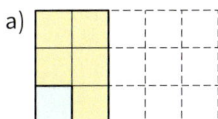 b)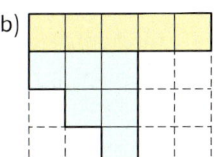

c) 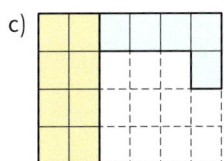 d)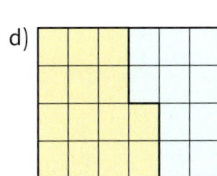

e) 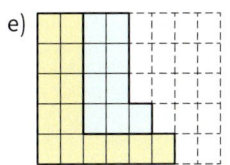 f)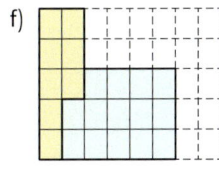

g) 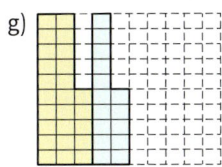 h)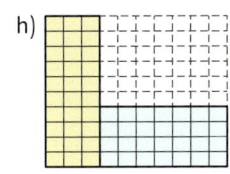

3 Formuliere eine Subtraktionsaufgabe wie im Beispiel und löse sie.

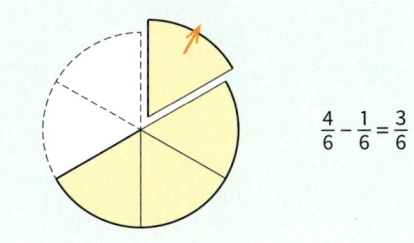

$$\frac{4}{6} - \frac{1}{6} = \frac{3}{6}$$

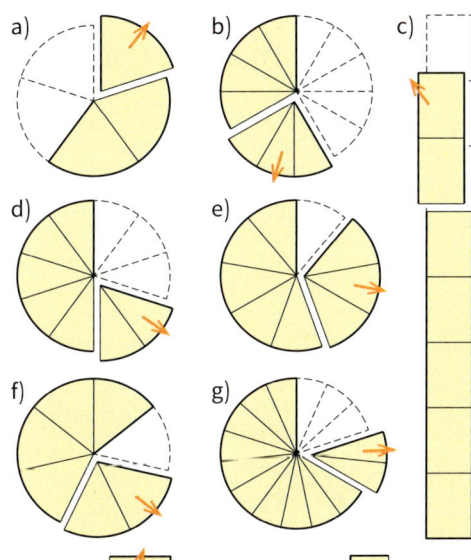

> Du addierst (subtrahierst) gleichnamige Brüche, indem du die Zähler addierst (subtrahierst). Der Nenner ändert sich nicht.
>
> $\frac{2}{7} + \frac{3}{7} = \frac{5}{7}$ $\frac{4}{5} - \frac{3}{5} = \frac{1}{5}$

4 Berechne.

a) $\frac{3}{5} + \frac{1}{5}$ b) $\frac{5}{7} - \frac{3}{7}$ c) $\frac{3}{11} + \frac{5}{11}$

$\frac{3}{7} + \frac{2}{7}$ $\frac{8}{9} - \frac{4}{9}$ $\frac{19}{23} - \frac{7}{23}$

$\frac{2}{9} + \frac{5}{9}$ $\frac{7}{10} - \frac{6}{10}$ $\frac{3}{17} + \frac{8}{17}$

$\frac{6}{13} + \frac{4}{13}$ $\frac{6}{15} - \frac{5}{15}$ $\frac{19}{20} - \frac{12}{20}$

Gleichnamige Brüche addieren und subtrahieren

Wenn möglich, kürze jedes Ergebnis.

5 Berechne wie in den Beispielen.

$$\frac{9}{16} + \frac{5}{16} = \frac{14}{16} = \frac{7}{8} \qquad \frac{11}{12} - \frac{3}{12} = \frac{8}{12} = \frac{2}{3}$$

a) $\frac{2}{14} + \frac{4}{14}$ b) $\frac{11}{21} + \frac{4}{21}$ c) $\frac{35}{77} + \frac{9}{77}$

$\frac{11}{14} - \frac{7}{14}$ $\frac{11}{35} - \frac{6}{35}$ $\frac{35}{44} - \frac{13}{44}$

d) $\frac{7}{18} + \frac{3}{18}$ e) $\frac{29}{36} - \frac{8}{36}$ f) $\frac{65}{82} + \frac{7}{82}$

$\frac{47}{90} + \frac{33}{90}$ $\frac{9}{48} - \frac{5}{48}$ $\frac{13}{16} - \frac{7}{16}$

g) $\frac{36}{100} + \frac{9}{100}$ h) $\frac{13}{54} + \frac{25}{54}$ i) $\frac{35}{248} + \frac{27}{248}$

$\frac{17}{20} - \frac{2}{20}$ $\frac{39}{46} - \frac{11}{46}$ $\frac{169}{248} - \frac{45}{248}$

Lösungen zu Aufgabe 5:

$\frac{1}{2}$ $\frac{1}{2}$ $\frac{1}{4}$ $\frac{3}{4}$ $\frac{1}{7}$ $\frac{2}{7}$ $\frac{3}{7}$ $\frac{4}{7}$ $\frac{5}{7}$ $\frac{3}{8}$ $\frac{5}{9}$ $\frac{8}{9}$
$\frac{1}{12}$ $\frac{7}{12}$ $\frac{9}{20}$ $\frac{14}{23}$ $\frac{19}{27}$ $\frac{36}{41}$

6 Berechne. Kürze das Ergebnis soweit wie möglich.

a) $\frac{7}{21} + \frac{4}{21} + \frac{3}{21}$ b) $\frac{7}{13} - \frac{4}{13} + \frac{10}{13}$

$\frac{26}{45} - \frac{17}{45} - \frac{3}{45}$ $\frac{6}{11} + \frac{4}{11} - \frac{1}{11}$

$\frac{10}{11} + \frac{5}{11} + \frac{7}{11}$ $\frac{17}{18} - \frac{6}{18} + \frac{4}{18}$

$\frac{73}{81} - \frac{14}{81} - \frac{23}{81}$ $\frac{29}{30} + \frac{9}{30} - \frac{14}{30}$

$\frac{23}{25} - \frac{7}{25} - \frac{6}{25}$ $\frac{11}{35} + \frac{16}{35} - \frac{6}{35}$

Lösungen zu Aufgabe 6:

$\frac{2}{15}$ $\frac{2}{3}$ $\frac{9}{11}$ 1 $\frac{4}{9}$ $\frac{5}{6}$ $\frac{4}{5}$ 2 $\frac{3}{5}$ $\frac{2}{5}$

7 Stelle die Aufgabe zeichnerisch dar und bestimme das Ergebnis.

a) $\frac{3}{10} + \frac{4}{10}$ b) $\frac{5}{12} + \frac{3}{12}$

c) $\frac{5}{8} + \frac{1}{8}$ d) $\frac{5}{6} - \frac{3}{6}$

8 Erläutere an einem Beispiel, wie du gleichnamige Brüche addieren (subtrahieren) kannst. Du kannst diese Aufgabe auch in deinem Lerntagebuch lösen.

9 Berechne wie im Beispiel.

$$\frac{7}{8} + \frac{5}{8} = \frac{12}{8} = \frac{3}{2} = 1\frac{1}{2}$$

a) $\frac{5}{8} + \frac{7}{8}$ b) $\frac{4}{5} + \frac{3}{5}$ c) $\frac{9}{10} + \frac{3}{10}$

$\frac{10}{11} + \frac{5}{11}$ $\frac{8}{9} + \frac{8}{9}$ $\frac{9}{20} + \frac{13}{20}$

$\frac{4}{5} + \frac{2}{5}$ $\frac{7}{12} + \frac{11}{12}$ $\frac{13}{15} + \frac{4}{15}$

$\frac{13}{18} + \frac{7}{18}$ $\frac{19}{25} + \frac{6}{25}$ $\frac{37}{42} + \frac{9}{42}$

Lösungen zu Aufgabe 9:

$1\frac{2}{15}$ 1 $1\frac{7}{9}$ $1\frac{1}{10}$ $1\frac{4}{11}$ $1\frac{1}{2}$ $1\frac{1}{5}$ $1\frac{1}{9}$
$1\frac{1}{2}$ $1\frac{1}{5}$ $1\frac{2}{5}$ $1\frac{2}{21}$

10 Berechne. Gib das Ergebnis als gemischte Zahl an.

$$6 - \frac{5}{9} = 5\frac{9}{9} - \frac{5}{9} = 5\frac{4}{9}$$

a) $8 - \frac{2}{3}$ b) $3 - \frac{5}{7}$ c) $4 - 2\frac{1}{3}$

$3 - \frac{5}{8}$ $4 - \frac{7}{10}$ $4 - 1\frac{2}{5}$

$2 - \frac{1}{3}$ $2 - \frac{1}{9}$ $5 - 3\frac{7}{9}$

Lösungen zu Aufgabe 10:

$2\frac{3}{5}$ $7\frac{1}{3}$ $1\frac{8}{9}$ $1\frac{2}{3}$ $1\frac{2}{9}$ $2\frac{2}{7}$ $2\frac{3}{8}$ $3\frac{3}{10}$ $1\frac{2}{3}$

11 Berechne. Gib das Ergebnis als gemischte Zahl an.

$$3\frac{3}{4} + \frac{3}{4} = 3\frac{6}{4} = 4\frac{2}{4} = 4\frac{1}{2}$$

a) $2\frac{5}{6} + \frac{3}{6}$ b) $3\frac{1}{3} - \frac{2}{3}$ c) $2\frac{4}{8} + 3\frac{5}{8}$

$3\frac{7}{12} + \frac{11}{12}$ $5\frac{1}{4} - \frac{3}{4}$ $7\frac{7}{10} + 1\frac{8}{10}$

$2\frac{3}{7} + \frac{6}{7}$ $4\frac{2}{7} - \frac{6}{7}$ $2\frac{6}{11} + 3\frac{7}{11}$

$4\frac{6}{9} + \frac{5}{9}$ $8\frac{2}{14} - \frac{9}{14}$ $4\frac{8}{56} + 3\frac{48}{56}$

Lösungen zu Aufgabe 11:

$5\frac{2}{9}$ 8 $3\frac{1}{3}$ $6\frac{2}{11}$ $7\frac{1}{2}$ $4\frac{1}{2}$ $3\frac{2}{7}$ $6\frac{1}{8}$ $4\frac{1}{2}$
$9\frac{1}{2}$ $3\frac{3}{7}$ $2\frac{2}{3}$

Rechnen mit Brüchen

Ungleichnamige Brüche addieren und subtrahieren

1 Nach Charlottes Geburtstagsfeier sind noch einige Pizzareste übriggeblieben. Von der Spinatpizza ist die Hälfte, von der Hawaiipizza ein Viertel und von der Salamipizza ein Drittel übrig. Diese Reste sollen auf einen Teller gelegt werden.

Die Pizzastücke werden auf jeden Fall auf einen Teller passen.

Ich glaube nicht, dass sie auf einen Teller passen!

Paul rechnet:

$\frac{1}{2} + \frac{1}{4} + \frac{1}{3} = \frac{3}{9} = \frac{1}{3}$

a) Warum kann das Ergebnis nicht stimmen? Begründe.
b) Vor der Party ist jede Pizza in zwölf gleich große Stücke geschnitten worden. Charlotte stellt deshalb folgende Rechnung auf:

$\frac{6}{12} + \frac{3}{12} + \frac{4}{12}$

Begründe Charlottes Rechnung und bestimme das Ergebnis.
c) Passen die Pizzastücke auf einen Teller?

2 Löse die Aufgabe mithilfe der Abbildung.

a) $\frac{1}{2} + \frac{1}{4} = \blacksquare$

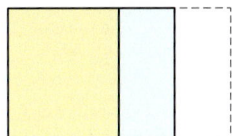 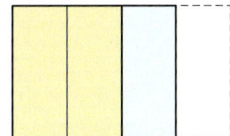

b) $\frac{3}{4} - \frac{3}{8} = \blacksquare$

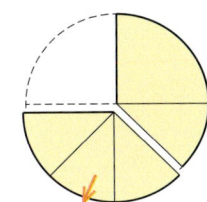 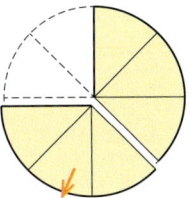

3 Bestimme das Ergebnis mithilfe der Abbildung.

a)

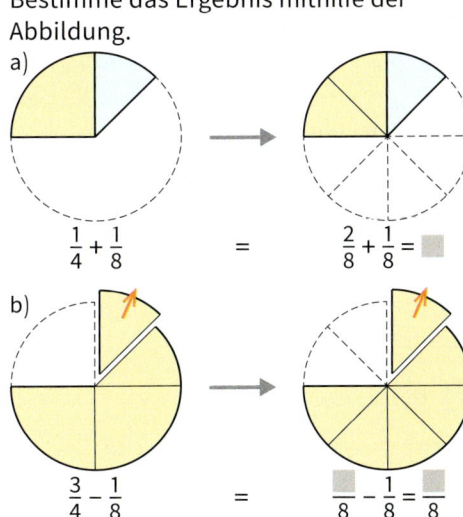

$\frac{1}{4} + \frac{1}{8}$ = $\frac{2}{8} + \frac{1}{8} = \blacksquare$

b)

$\frac{3}{4} - \frac{1}{8}$ = $\frac{\blacksquare}{8} - \frac{1}{8} = \frac{\blacksquare}{8}$

c)

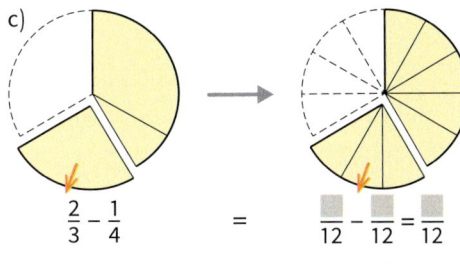

$\frac{2}{3} - \frac{1}{4}$ = $\frac{\blacksquare}{12} - \frac{\blacksquare}{12} = \frac{\blacksquare}{12}$

d)

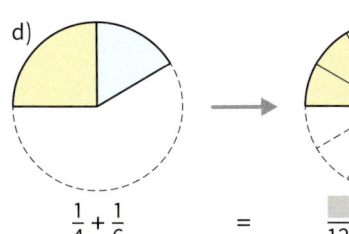

$\frac{1}{4} + \frac{1}{6}$ = $\frac{\blacksquare}{12} + \frac{\blacksquare}{12} = \frac{\blacksquare}{12}$

Rechnen mit Brüchen

Ungleichnamige Brüche addieren und subtrahieren

4 Bestimme die Platzhalter.

a) $\frac{1}{2} + \frac{1}{3} = \frac{\square}{6} + \frac{\square}{6} = \frac{\square}{6}$

b) $\frac{1}{4} + \frac{3}{5} = \frac{\square}{20} + \frac{\square}{20} = \frac{\square}{20}$

c) $\frac{2}{7} + \frac{1}{3} = \frac{\square}{21} + \frac{\square}{21} = \frac{\square}{21}$

d) $\frac{2}{9} + \frac{1}{6} = \frac{\square}{18} + \frac{\square}{18} = \frac{\square}{18}$

e) $\frac{7}{8} - \frac{1}{2} = \frac{7}{8} - \frac{\square}{8} = \frac{\square}{8}$

f) $\frac{3}{10} - \frac{1}{8} = \frac{\square}{40} - \frac{\square}{40} = \frac{\square}{40}$

g) $\frac{3}{8} - \frac{1}{6} = \frac{\square}{24} - \frac{\square}{24} = \frac{\square}{24}$

h) $\frac{5}{8} + \frac{1}{7} = \frac{\square}{56} + \frac{\square}{56} = \frac{\square}{56}$

> Du addierst (subtrahierst) ungleichnamige Brüche, indem du sie so erweiterst oder kürzt, dass sie den gleichen Nenner haben. Danach werden die gleichnamigen Brüche addiert (subtrahiert).
>
> $\frac{2}{3} + \frac{1}{4} = \frac{8}{12} + \frac{3}{12} = \frac{11}{12}$
>
> $\frac{3}{4} - \frac{2}{5} = \frac{15}{20} - \frac{8}{20} = \frac{7}{20}$

5 Berechne.

a) $\frac{7}{10} + \frac{1}{2}$ b) $\frac{2}{3} - \frac{4}{7}$ c) $\frac{11}{18} - \frac{5}{12}$

$\frac{5}{7} + \frac{1}{3}$ $\frac{5}{8} - \frac{1}{3}$ $\frac{3}{4} + \frac{1}{10}$

$\frac{3}{4} - \frac{1}{5}$ $\frac{3}{4} + \frac{1}{7}$ $\frac{1}{4} - \frac{1}{14}$

$\frac{2}{3} - \frac{1}{4}$ $\frac{7}{12} + \frac{1}{6}$ $\frac{3}{10} + \frac{1}{6}$

$\frac{1}{2} - \frac{2}{9}$ $\frac{1}{10} + \frac{3}{4}$ $\frac{9}{10} - \frac{5}{8}$

$\frac{2}{5} + \frac{1}{4}$ $\frac{7}{8} - \frac{1}{2}$ $\frac{1}{4} + \frac{1}{6}$

Lösungen zu Aufgabe 5:

$\frac{11}{20}$ $\frac{7}{24}$ $\frac{9}{12} = \frac{3}{4}$ $\frac{7}{15}$ $\frac{12}{10} = 1\frac{1}{5}$ $\frac{2}{21}$ $\frac{5}{12}$

$\frac{22}{21} = 1\frac{1}{21}$ $\frac{25}{28}$ $\frac{17}{20}$ $\frac{7}{36}$ $\frac{5}{28}$ $\frac{11}{40}$ $\frac{5}{18}$ $\frac{17}{20}$

$\frac{13}{20}$ $\frac{3}{8}$ $\frac{5}{12}$

6 Berechne.

a) $\frac{2}{9} + \frac{1}{4}$ b) $\frac{6}{7} - \frac{3}{8}$ c) $\frac{5}{8} - \frac{7}{12}$

$\frac{9}{11} - \frac{1}{2}$ $\frac{4}{9} + \frac{3}{8}$ $\frac{7}{9} - \frac{3}{4}$

$\frac{7}{20} + \frac{3}{8}$ $\frac{5}{6} - \frac{5}{8}$ $\frac{5}{12} + \frac{7}{15}$

Lösungen zu Aufgabe 6:

$\frac{7}{22}$ $\frac{59}{72}$ $\frac{17}{36}$ $\frac{27}{56}$ $\frac{1}{24}$ $\frac{29}{40}$ $\frac{1}{36}$ $\frac{53}{60}$ $\frac{5}{24}$

7 Berechne wie im Beispiel.

$\frac{2}{5} + 0{,}3 = \frac{2}{5} + \frac{3}{10} = \frac{4}{10} + \frac{3}{10} = \frac{7}{10}$

a) $\frac{1}{4} + 0{,}5$ b) $\frac{3}{4} - 0{,}4$ c) $0{,}5 + \frac{1}{8}$

d) $0{,}2 + \frac{3}{10}$ e) $0{,}75 + \frac{1}{5}$ f) $0{,}9 - \frac{3}{15}$

Lösungen zu Aufgabe 7:

$\frac{7}{20}$ $\frac{1}{2}$ $\frac{3}{4}$ $\frac{19}{20}$ $\frac{5}{8}$ $\frac{7}{10}$

8 Berechne. Suche dazu zuerst einen gemeinsamen Nenner für die drei Brüche. Gib das Ergebnis als gemischte Zahl an.

a) $\frac{1}{2} + \frac{1}{4} + \frac{7}{8}$ b) $\frac{2}{5} + \frac{3}{10} + \frac{3}{4}$

$\frac{1}{3} + \frac{4}{9} + \frac{5}{6}$ $\frac{7}{10} + \frac{7}{20} + \frac{3}{5}$

c) $\frac{3}{4} + \frac{1}{12} + \frac{3}{8}$ d) $\frac{9}{10} + \frac{13}{15} - \frac{2}{5}$

$\frac{1}{6} + \frac{11}{15} + \frac{2}{3}$ $\frac{5}{6} - \frac{3}{8} + \frac{7}{12}$

Lösungen zu Aufgabe 8:

$1\frac{11}{30}$ $1\frac{1}{24}$ $1\frac{17}{30}$ $1\frac{9}{20}$ $1\frac{5}{8}$ $1\frac{5}{24}$ $1\frac{13}{20}$

$1\frac{11}{18}$

9 Berechne wie in den Beispielen.

$1\frac{2}{3} + \frac{5}{6} = \frac{5}{3} + \frac{5}{6} = \frac{10}{6} + \frac{5}{6} = \frac{15}{6} = 2\frac{3}{6} = 2\frac{1}{2}$

$2\frac{1}{2} - \frac{3}{4} = \frac{5}{2} - \frac{3}{4} = \frac{10}{4} - \frac{3}{4} = \frac{7}{4} = 1\frac{3}{4}$

a) $4\frac{6}{21} + \frac{5}{7}$ b) $3\frac{2}{5} - \frac{8}{10}$ c) $2\frac{1}{7} + \frac{5}{6}$

d) $8\frac{5}{6} + \frac{7}{18}$ e) $4\frac{7}{9} + 1\frac{2}{3}$ f) $5\frac{3}{4} - 3\frac{5}{6}$

Lösungen zu Aufgabe 9:

$2\frac{3}{5}$ $9\frac{2}{9}$ $1\frac{11}{12}$ $6\frac{4}{9}$ $2\frac{41}{42}$ 5

Sachaufgaben zur Addition und Subtraktion

1 Am ersten Tag einer Reise wurden $\frac{5}{16}$ der gesamten Strecke zurückgelegt, am zweiten Tag $\frac{7}{16}$. Welcher Bruchteil der Gesamtstrecke ist noch zurückzulegen?

2 Tim gießt aus einer Flasche mit $\frac{7}{10}$ ℓ Waldmeisterbrause $\frac{1}{4}$ ℓ in ein Glas. Wie viel Liter sind noch in der Flasche?

3 Etwa zwei Drittel des menschlichen Körpers besteht aus Wasser, ungefähr ein Zehntel des Körpers ist Fett.
Welcher Bruchteil des menschlichen Körpers besteht aus anderen Stoffen?

4 Landwirtin Göppert besitzt Wiesen, Acker und Wald. $\frac{1}{12}$ ihres Besitzes sind Wiesen, $\frac{3}{5}$ sind Ackerfläche. Wie groß ist der Anteil an Wald?

5 Die Kinder der Klasse 6 b der Gesamtschule Gießen-Ost wohnen in der Kernstadt, in Kleinlinden, Rödgen und Wieseck. In der Kernstadt wohnt die Hälfte der Kinder, die Schülerinnen und Schüler aus Kleinlinden und Rödgen bilden jeweils ein Achtel der Klasse. Die restlichen Kinder kommen aus Wieseck.
a) Welcher Anteil der Kinder wohnt in Wieseck?
b) Wie viele Kinder kommen aus den einzelnen Stadtteilen, wenn in der Klasse 24 Schülerinnen und Schüler sind?

6 Ein Lastwagen darf höchstens $8\frac{1}{2}$ t transportieren. $3\frac{1}{4}$ t hat er schon geladen, $2\frac{1}{5}$ t werden noch zugeladen. Mit wie viel Tonnen darf er höchstens noch beladen werden?

7 Max kauft für seine Mutter auf dem Markt ein. Er kauft $2\frac{1}{2}$ kg Kartoffeln, $\frac{3}{4}$ kg Lachsfilet und 1,2 kg Möhren. Wie schwer ist der Einkauf?

8 Leonie, Hoa und Paula laufen 75 m um die Wette. Hoa kommt $\frac{6}{10}$ Sekunden nach Leonie ins Ziel und Paula $\frac{2}{5}$ Sekunden nach Hoa. Wie lange benötigen Hoa und Paula für die Strecke?

Zeit der Siegerin: 10,7 Sekunden

Lösungen zu den Aufgaben 1 bis 8:

$\frac{1}{4}$ 12 $\frac{1}{4}$ 3 $\frac{9}{20}$ $11\frac{7}{10}$ $\frac{7}{30}$ 3 $\frac{19}{60}$

$3\frac{1}{20}$ $4\frac{9}{20}$ $11\frac{3}{10}$ 6

Brüche mit natürlichen Zahlen multiplizieren

1 Welches der beiden Paare macht in der Woche mehr Sport? Begründe deine Antwort.

dreimal pro Woche jeweils eine Dreiviertelstunde

fünfmal pro Woche jeweils eine halbe Stunde

2 Bestimme den Platzhalter.

a)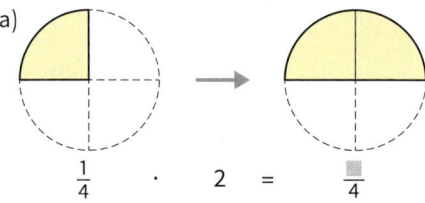
$\frac{1}{4} \cdot 2 = \frac{\square}{4}$

b)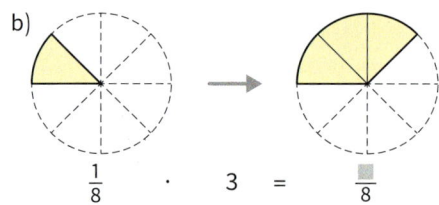
$\frac{1}{8} \cdot 3 = \frac{\square}{8}$

c)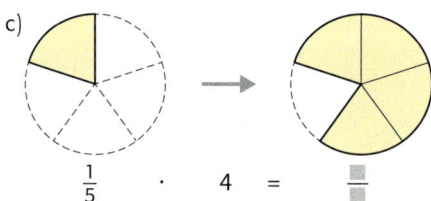
$\frac{1}{5} \cdot 4 = \frac{\square}{\square}$

d)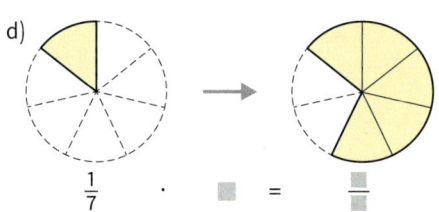
$\frac{1}{7} \cdot \square = \frac{\square}{\square}$

3 Gib die zugehörige Multiplikationsaufgabe an.

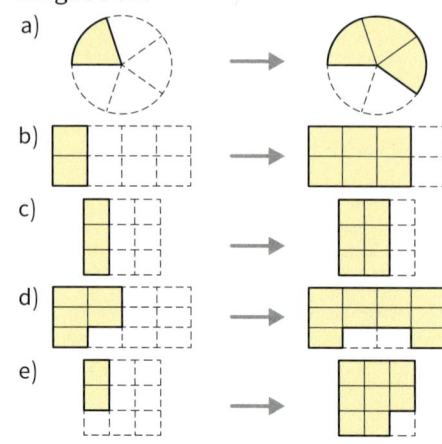

Du multiplizierst einen Bruch mit einer natürlichen Zahl, indem du den Zähler mit der natürlichen Zahl multiplizierst und den Nenner beibehältst.

$\frac{2}{7} \cdot 3 = \frac{2 \cdot 3}{7} = \frac{6}{7}$

4 Berechne.

a) $\frac{1}{9} \cdot 4$ b) $\frac{3}{11} \cdot 5$ c) $\frac{1}{7} \cdot 6$
d) $\frac{2}{13} \cdot 6$ e) $\frac{3}{17} \cdot 3$ f) $\frac{5}{19} \cdot 4$

5 Bestimme den Platzhalter.

a) $\frac{2}{11} \cdot \square = \frac{10}{11}$ b) $\frac{2}{15} \cdot \square = \frac{14}{15}$
c) $\frac{2}{\square} \cdot \square = \frac{8}{9}$ d) $\frac{\square}{\square} \cdot 3 = \frac{6}{7}$

6 Schreibe als Multiplikationsaufgabe und berechne. Kürze das Ergebnis, falls möglich.

a) das Fünffache von $\frac{1}{3}$
b) das Siebenfache von $\frac{11}{15}$
c) das Zehnfache von $\frac{6}{25}$
d) das Zwanzigfache von $\frac{2}{3}$
e) das Fünfzehnfache von $\frac{7}{45}$
f) das Neunfache von $\frac{14}{34}$

Lösungen zu Aufgabe 6:

$\frac{12}{5}$ $\frac{5}{3}$ $\frac{63}{17}$ $\frac{40}{3}$ $\frac{77}{15}$ $\frac{7}{3}$

Rechnen mit Brüchen

Brüche multiplizieren

1 Aus einem quadratischen Bogen Pappe wird eine kleinere Fläche mit den angegebenen Maßen ausgeschnitten.

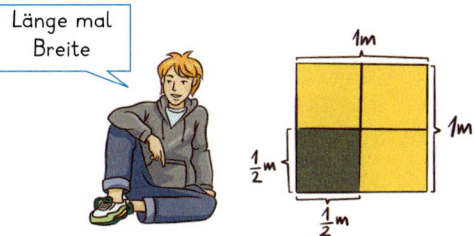

a) Welcher Bruchteil der großen Quadratfläche wird ausgeschnitten?
b) Wie kannst du den Inhalt der ausgeschnittenen Fläche auch mithilfe der angegebenen Seitenlängen bestimmen?

2 Gib die Multiplikationsaufgabe an und bestimme das Ergebnis wie im Beispiel.

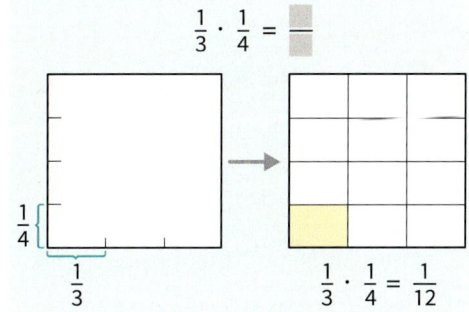

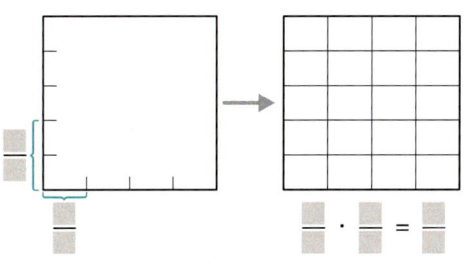

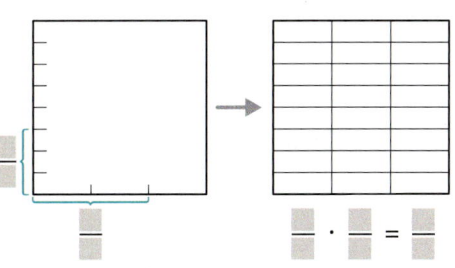

3 Gib die zugehörigen Multiplikationsaufgaben mit Ergebnis an.

a) 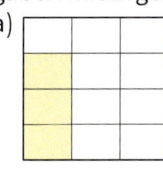   b)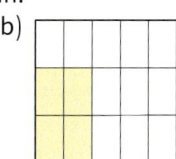

> Du multiplizierst zwei Brüche, indem du Zähler mit Zähler und Nenner mit Nenner multiplizierst.
> $\frac{2}{3} \cdot \frac{4}{5} = \frac{2 \cdot 4}{3 \cdot 5} = \frac{8}{15}$

4 Multipliziere.

a) $\frac{4}{5} \cdot \frac{3}{7}$ b) $\frac{3}{4} \cdot \frac{3}{5}$ c) $\frac{7}{12} \cdot \frac{1}{3}$

$\frac{1}{2} \cdot \frac{5}{9}$ $\frac{2}{7} \cdot \frac{5}{11}$ $\frac{3}{8} \cdot \frac{5}{16}$

d) $\frac{3}{5} \cdot \frac{6}{7}$ e) $\frac{6}{7} \cdot \frac{4}{13}$ f) $\frac{4}{9} \cdot \frac{4}{5}$

$\frac{5}{8} \cdot \frac{3}{7}$ $\frac{11}{13} \cdot \frac{3}{4}$ $\frac{8}{13} \cdot \frac{2}{7}$

Lösungen zu Aufgabe 4:

$\frac{9}{20}$ $\frac{15}{128}$ $\frac{18}{35}$ $\frac{33}{52}$ $\frac{16}{45}$ $\frac{10}{77}$ $\frac{16}{91}$
$\frac{15}{56}$ $\frac{12}{35}$ $\frac{24}{91}$ $\frac{5}{18}$ $\frac{7}{36}$

5 Multipliziere die Brüche und kürze.

$\frac{6}{7} \cdot \frac{3}{4} = \frac{18}{28} = \frac{9}{14}$

a) $\frac{3}{4} \cdot \frac{2}{5}$ b) $\frac{7}{8} \cdot \frac{4}{3}$ c) $\frac{4}{7} \cdot \frac{3}{4}$

$\frac{2}{3} \cdot \frac{5}{8}$ $\frac{5}{9} \cdot \frac{3}{10}$ $\frac{5}{11} \cdot \frac{7}{10}$

$\frac{2}{11} \cdot \frac{3}{4}$ $\frac{4}{7} \cdot \frac{3}{8}$ $\frac{1}{8} \cdot \frac{4}{11}$

d) $\frac{3}{4} \cdot \frac{2}{9}$ e) $\frac{4}{7} \cdot \frac{5}{8}$ f) $\frac{6}{7} \cdot \frac{21}{22}$

$\frac{5}{12} \cdot \frac{8}{9}$ $\frac{5}{6} \cdot \frac{7}{10}$ $\frac{7}{10} \cdot \frac{15}{14}$

$\frac{11}{13} \cdot \frac{9}{22}$ $\frac{3}{8} \cdot \frac{5}{6}$ $\frac{11}{12} \cdot \frac{6}{7}$

Lösungen zu Aufgabe 5:

$\frac{3}{10}$ $\frac{1}{6}$ $\frac{1}{22}$ $\frac{9}{26}$ $\frac{10}{27}$ $\frac{7}{22}$ $\frac{3}{14}$ $\frac{5}{12}$ $\frac{7}{6}$ $\frac{3}{7}$
$\frac{1}{6}$ $\frac{3}{22}$ $\frac{5}{14}$ $\frac{7}{12}$ $\frac{3}{4}$ $\frac{11}{14}$ $\frac{5}{16}$ $\frac{9}{11}$

Brüche multiplizieren

Wenn ich eine Zahl im Zähler und eine Zahl im Nenner durch dieselbe Zahl dividiere, ändert sich der Wert des Bruches nicht.

6 Liz hat festgestellt, dass beim Multiplizieren von Brüchen häufig große Zähler und Nenner entstehen, die dann anschließend wieder gekürzt werden können. Deshalb geht sie beim Multiplizieren anders vor.

$$\frac{7}{15} \cdot \frac{9}{14} = \frac{\overset{1}{\cancel{7}} \cdot \overset{3}{\cancel{9}}}{\underset{5}{\cancel{15}} \cdot \underset{2}{\cancel{14}}} = \frac{3}{10}$$

a) Beschreibe, wie Liz vorgeht.
b) Begründe, warum der Rechenweg von Liz vorteilhaft ist.

7 Multipliziere. Kürze zuerst.

a) $\frac{9}{28} \cdot \frac{7}{12}$ b) $\frac{7}{15} \cdot \frac{6}{35}$ c) $\frac{14}{23} \cdot \frac{23}{42}$

$\frac{22}{25} \cdot \frac{5}{33}$ $\frac{13}{25} \cdot \frac{15}{39}$ $\frac{17}{60} \cdot \frac{15}{68}$

$\frac{7}{18} \cdot \frac{9}{49}$ $\frac{14}{19} \cdot \frac{38}{49}$ $\frac{9}{52} \cdot \frac{26}{27}$

d) $\frac{5}{17} \cdot \frac{34}{45}$ e) $\frac{11}{20} \cdot \frac{4}{33}$ f) $\frac{17}{49} \cdot \frac{21}{34}$

$\frac{25}{48} \cdot \frac{16}{75}$ $\frac{24}{25} \cdot \frac{15}{16}$ $\frac{13}{63} \cdot \frac{18}{39}$

$\frac{35}{81} \cdot \frac{45}{49}$ $\frac{27}{28} \cdot \frac{7}{36}$ $\frac{27}{38} \cdot \frac{19}{72}$

Lösungen zu Aufgabe 7:

$\frac{1}{14}$ $\frac{4}{7}$ $\frac{1}{6}$ $\frac{25}{63}$ $\frac{3}{16}$ $\frac{9}{10}$ $\frac{1}{16}$ $\frac{1}{9}$ $\frac{1}{5}$ $\frac{2}{15}$
$\frac{3}{16}$ $\frac{2}{25}$ $\frac{1}{3}$ $\frac{2}{9}$ $\frac{1}{15}$ $\frac{3}{16}$ $\frac{2}{21}$ $\frac{3}{14}$

8 Multipliziere $\frac{1}{4}$ jeweils mit 8, 4, 2, 1, $\frac{1}{2}$, $\frac{1}{4}$, $\frac{1}{5}$. Vergleiche das Ergebnis jeweils mit dem Ausgangswert $\frac{1}{4}$. Was stellst du fest?

9 Hier musst du multiplizieren.

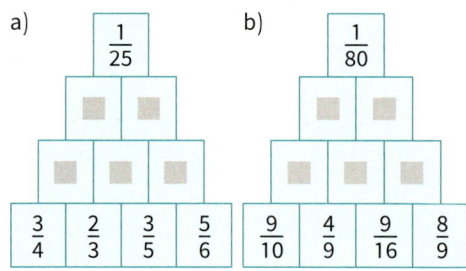

10 Bestimme die fehlenden Zahlen.

a) $\frac{4}{15} \cdot \frac{\blacksquare}{\blacksquare} = \frac{28}{45}$ b) $\frac{7}{9} \cdot \frac{\blacksquare}{\blacksquare} = \frac{14}{45}$

c) $\frac{5}{6} \cdot \frac{\blacksquare}{\blacksquare} = \frac{30}{30}$ d) $\frac{\blacksquare}{\blacksquare} \cdot \frac{2}{3} = \frac{8}{9}$

e) $\frac{5}{\blacksquare} \cdot \frac{\blacksquare}{8} = \frac{45}{56}$ f) $\frac{\blacksquare}{\blacksquare} \cdot \frac{1}{6} = 1$

11 Kürze vor dem Ausrechnen.

$$\frac{2}{15} \cdot \frac{1}{6} \cdot \frac{5}{7} = \frac{\overset{1}{\cancel{2}} \cdot 1 \cdot \overset{1}{\cancel{5}}}{\underset{3}{\cancel{15}} \cdot \underset{3}{\cancel{6}} \cdot 7} = \frac{1 \cdot 1 \cdot 1}{3 \cdot 3 \cdot 7} = \frac{1}{63}$$

a) $\frac{4}{5} \cdot \frac{2}{3} \cdot \frac{5}{6}$ b) $\frac{9}{10} \cdot \frac{5}{6} \cdot \frac{2}{3}$

$\frac{7}{9} \cdot \frac{3}{4} \cdot \frac{4}{5}$ $\frac{6}{7} \cdot \frac{2}{9} \cdot \frac{7}{8}$

$\frac{3}{4} \cdot \frac{8}{9} \cdot \frac{1}{5}$ $\frac{11}{14} \cdot \frac{7}{8} \cdot \frac{12}{33}$

c) $\frac{8}{11} \cdot \frac{5}{12} \cdot \frac{3}{4}$ d) $\frac{16}{27} \cdot \frac{12}{25} \cdot \frac{15}{32}$

$\frac{4}{15} \cdot \frac{5}{14} \cdot \frac{7}{16}$ $\frac{30}{49} \cdot \frac{21}{25} \cdot \frac{5}{12}$

$\frac{6}{17} \cdot \frac{5}{24} \cdot \frac{34}{35}$ $\frac{13}{14} \cdot \frac{3}{5} \cdot \frac{35}{39}$

Lösungen zu Aufgabe 11:

$\frac{1}{24}$ $\frac{1}{2}$ $\frac{5}{22}$ $\frac{1}{6}$ $\frac{2}{15}$ $\frac{4}{9}$ $\frac{7}{15}$ $\frac{3}{14}$ $\frac{2}{15}$ $\frac{1}{4}$
$\frac{1}{14}$ $\frac{1}{2}$

12 Wandle die gemischte Zahl zuerst in einen Bruch um. Multipliziere dann.

$$2\frac{1}{3} \cdot \frac{1}{4} = \frac{7}{3} \cdot \frac{1}{4} = \frac{7}{12}$$

a) $1\frac{1}{5} \cdot \frac{1}{7}$ b) $4\frac{1}{2} \cdot \frac{1}{11}$ c) $2\frac{2}{3} \cdot \frac{3}{4}$

$2\frac{3}{16} \cdot \frac{4}{7}$ $\frac{19}{21} \cdot 1\frac{4}{38}$ $1\frac{8}{69} \cdot \frac{23}{77}$

$1\frac{13}{27} \cdot \frac{3}{5}$ $\frac{16}{17} \cdot 1\frac{2}{32}$ $2\frac{8}{58} \cdot \frac{29}{31}$

$6\frac{6}{7} \cdot \frac{21}{24}$ $\frac{3}{7} \cdot 9\frac{4}{5}$ $18\frac{2}{3} \cdot \frac{5}{14}$

Lösungen zu Aufgabe 12:

$4\frac{1}{5}$ 2 6 $\frac{1}{3}$ 1 $\frac{8}{9}$ $1\frac{1}{4}$ 2 1 $6\frac{2}{3}$ $\frac{6}{35}$ $\frac{9}{22}$

13 Zeichne zu jeder Multiplikationsaufgabe ein Quadrat mit der Seitenlänge 4 cm und teile es richtig ein.

a) $\frac{1}{2} \cdot \frac{1}{4}$ b) $\frac{1}{4} \cdot \frac{3}{4}$ c) $\frac{1}{2} \cdot \frac{7}{8}$ d) $\frac{5}{8} \cdot \frac{3}{4}$

Bruchteile berechnen

1 Welchen Bruchteil der ganzen Tafel Schokolade erhält Lisa?

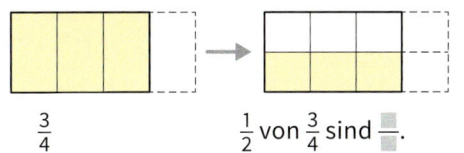

$\frac{1}{2}$ von $\frac{3}{4}$ sind $\frac{\square}{\square}$.

2 Bestimme mithilfe der Abbildungen die Platzhalter. Was stellst du fest? Wie kannst du den gesuchten Bruchteil berechnen?

a)
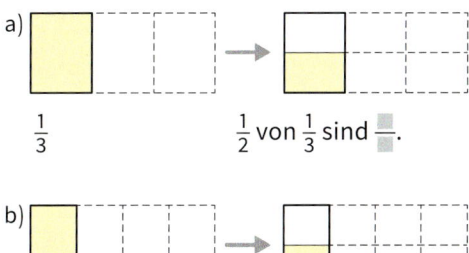

$\frac{1}{2}$ von $\frac{1}{3}$ sind $\frac{\square}{\square}$.

b)
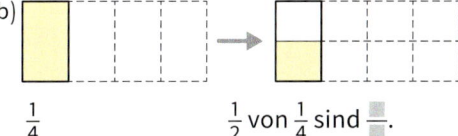

$\frac{1}{2}$ von $\frac{1}{4}$ sind $\frac{\square}{\square}$.

c)
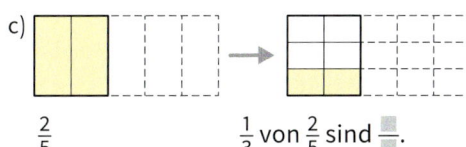

$\frac{1}{3}$ von $\frac{2}{5}$ sind $\frac{\square}{\square}$.

d)
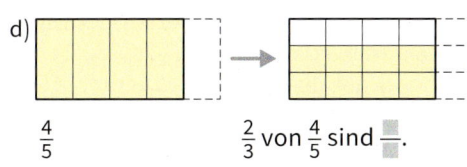

$\frac{2}{3}$ von $\frac{4}{5}$ sind $\frac{\square}{\square}$.

3 Schreibe als Multiplikationsaufgabe und berechne.

$\frac{2}{3}$ von $\frac{4}{5}$ sind $\blacksquare$.

$\frac{2}{3} \cdot \frac{4}{5} = \frac{2 \cdot 4}{3 \cdot 5} = \frac{8}{15}$

$\frac{2}{3}$ von $\frac{4}{5}$ sind $\frac{8}{15}$.

a) $\frac{1}{3}$ von $\frac{5}{8}$

$\frac{2}{3}$ von $\frac{3}{9}$

b) $\frac{1}{5}$ von $\frac{3}{4}$

$\frac{1}{8}$ von $\frac{3}{5}$

c) $\frac{3}{8}$ von $\frac{7}{10}$ d) $\frac{1}{2}$ von $\frac{5}{9}$ e) $\frac{2}{3}$ von $\frac{9}{8}$

$\frac{4}{5}$ von $\frac{3}{20}$ $\frac{3}{4}$ von $\frac{1}{7}$ $\frac{5}{7}$ von $\frac{14}{15}$

4 Berechne.

a) $\frac{3}{4}$ von $\frac{5}{11}\,\ell$ b) $\frac{3}{8}$ von $\frac{5}{7}\,m$

$\frac{2}{9}$ von $\frac{3}{5}\,\ell$ $\frac{4}{7}$ von $\frac{3}{8}\,m$

c) $\frac{1}{4}$ von 5 kg   d) $\frac{4}{15}$ von 20 ℓ

$\frac{1}{3}$ von 11 kg $\frac{3}{4}$ von 22 ℓ

e) $\frac{5}{12}$ von 30 ℓ   f) $\frac{2}{3}$ von 102 m

$\frac{2}{15}$ von 36 ℓ $\frac{5}{6}$ von 150 m

5 Die Gesamtfläche des abgebildeten Rechtecks beträgt 120 cm². Die Hälfte des Rechtecks ist gefärbt. Zwei Drittel der gefärbten Fläche sind kariert.

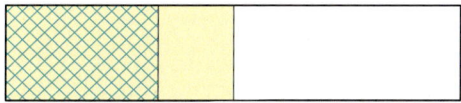

a) Welchen Bruchteil der gesamten Fläche stellt die karierte Fläche dar?
b) Gib den Inhalt der karierten Fläche in Quadratzentimeter an.

6 Berechne. Gib dein Ergebnis jeweils als Bruch und in der nächstkleineren Einheit an.

a) $\frac{2}{5}$ von $\frac{3}{5}$ kg   b) $\frac{1}{5}$ von $\frac{1}{2}$ km

c) $\frac{3}{4}$ von $\frac{1}{5}\,\ell$ d) $\frac{1}{2}$ von $\frac{1}{2}$ m²

e) $\frac{1}{2}$ von $\frac{3}{4}$ t   f) $\frac{3}{10}$ von $\frac{1}{4}$ km

$\frac{2}{3}$ von $\frac{4}{5}$ sind weniger als $\frac{4}{5}$. Dann ist das Ergebnis von $\frac{2}{3} \cdot \frac{4}{5}$ kleiner als $\frac{4}{5}$.

Brüche durch natürliche Zahlen dividieren

1 a) Lina, David und Tim teilen sich drei Viertel einer Pizza. Welchen Bruchteil der ganzen Pizza erhält jeder?
b) Mia, Lara und Noah wollen sich zwei Drittel einer Pizza teilen. Kannst du ihnen helfen?

2 Erläutere die Abbildung.

a)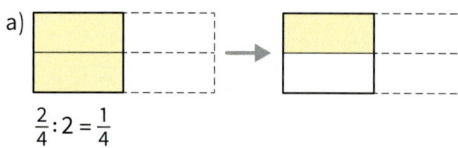
$\frac{2}{4} : 2 = \frac{1}{4}$

b)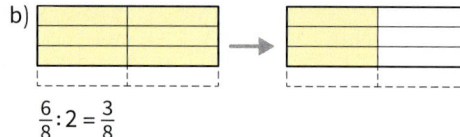
$\frac{6}{8} : 2 = \frac{3}{8}$

c)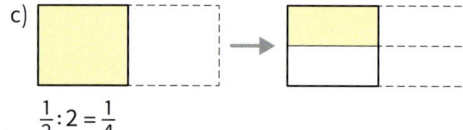
$\frac{1}{2} : 2 = \frac{1}{4}$

d)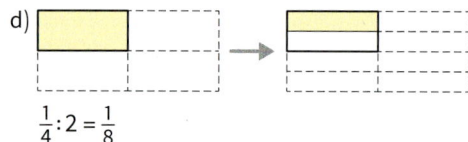
$\frac{1}{4} : 2 = \frac{1}{8}$

3 Bestimme die fehlenden Zahlen.

a)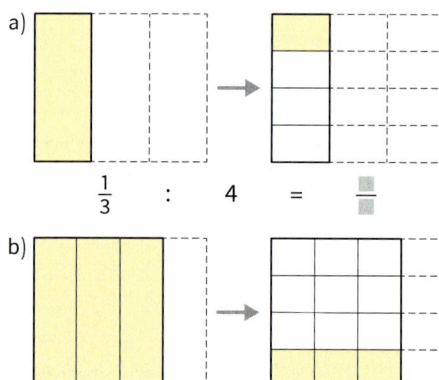
$\frac{1}{3} : 4 = \frac{\square}{\square}$

b)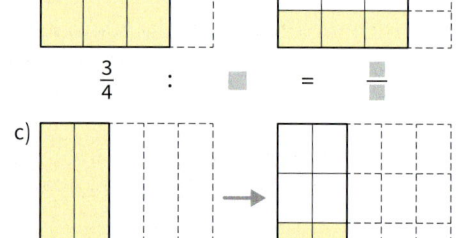
$\frac{3}{4} : \square = \frac{\square}{\square}$

c)
$\frac{2}{5} : \square = \frac{\square}{\square}$

4 Gib die zugehörige Divisionsaufgabe an.

a)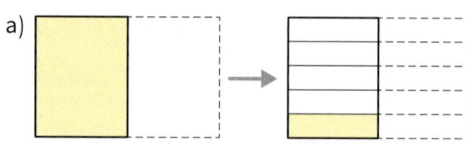

b)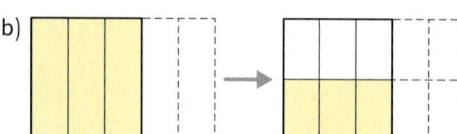

c)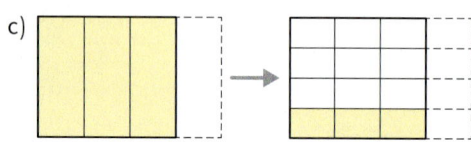

d)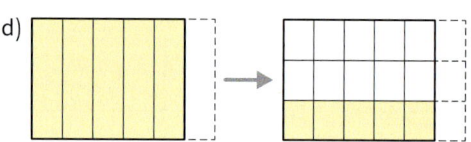

> Du dividierst einen Bruch durch eine natürliche Zahl, indem du den Nenner mit der natürlichen Zahl multiplizierst und den Zähler unverändert lässt.
> $\frac{3}{4} : 2 = \frac{3}{4 \cdot 2} = \frac{3}{8}$

5 Berechne.

a) $\frac{3}{4} : 2$ b) $\frac{4}{5} : 5$ c) $\frac{11}{12} : 2$

$\frac{2}{5} : 3$ $\frac{1}{3} : 2$ $\frac{7}{9} : 3$

$\frac{4}{7} : 5$ $\frac{3}{7} : 4$ $\frac{4}{7} : 5$

6 Schreibe als Divisionsaufgabe und berechne.
a) Du halbierst (drittelst, viertelst) ein Drittel einer Pizza.
b) Du halbierst (drittelst, viertelst) sieben Achtel einer Pizza.

7 Liz hat $\frac{6}{7}$ durch 3 dividiert, indem sie 6 durch 3 dividiert hat: $\frac{6}{7} : 3 = \frac{2}{7}$.
Mats hat die Regel angewendet, den Nenner mit 3 multipliziert und den Zähler unverändert gelassen: $\frac{6}{7} : 3 = \frac{6}{21}$.
Vergleiche die Ergebnisse.

Rechnen mit Brüchen

Durch Brüche dividieren

1 Wie viele $\frac{1}{8}$-ℓ-Gläser lassen sich aus einer $\frac{3}{4}$-ℓ-Flasche füllen?

2 Bestimme mithilfe der dargestellten Bruchteile den Platzhalter.

a)
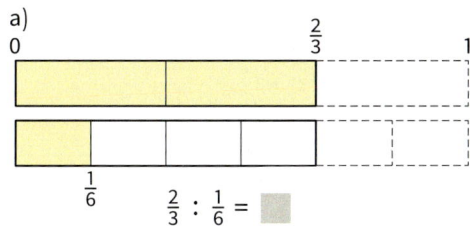

$\frac{2}{3} : \frac{1}{6} = \square$

b)
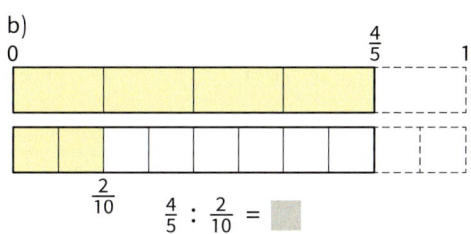

$\frac{4}{5} : \frac{2}{10} = \square$

3 In dem Beispiel wird eine Divisionsaufgabe in die entsprechende Multiplikationsaufgabe umgewandelt. Anschließend wird der Platzhalter in der Multiplikationsaufgabe durch Rückwärtsrechnen bestimmt.

Divisionsaufgabe: $\frac{2}{5} : \frac{3}{4} = \square$

Entsprechende Multiplikationsaufgabe: $\square \cdot \frac{3}{4} = \frac{2}{5}$

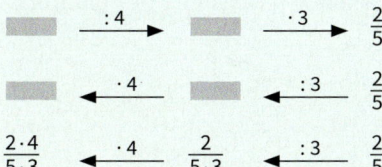

$\frac{2}{5} : \frac{3}{4} = \frac{2 \cdot 4}{5 \cdot 3} = \frac{8}{15}$

Löse die Aufgabe $\frac{1}{5} : \frac{3}{4}$ $\left(\frac{3}{7} : \frac{5}{9}\right)$ ebenso.

Wie kannst du das Ergebnis einfacher bestimmen?

Du dividierst durch einen Bruch, indem du mit seinem Kehrwert multiplizierst.

$\frac{1}{5} : \frac{2}{3} = \frac{1}{5} \cdot \frac{3}{2} = \frac{1 \cdot 3}{5 \cdot 2} = \frac{3}{10}$

Der Kehrwert von $\frac{2}{3}$ ist $\frac{3}{2}$.

$\frac{3}{7} : \frac{2}{5} = \frac{3}{7} \cdot \frac{5}{2} = \frac{3 \cdot 5}{7 \cdot 2} = \frac{15}{14} = 1\frac{1}{14}$

Der Kehrwert von $\frac{2}{5}$ ist $\frac{5}{2}$.

4 Nutze zur Berechnung den Kehrwert.

a) $\frac{3}{7} : \frac{1}{2}$ b) $\frac{1}{6} : \frac{5}{7}$ c) $\frac{2}{9} : \frac{13}{15}$

$\frac{5}{8} : \frac{7}{9}$ $\frac{3}{8} : \frac{2}{5}$ $\frac{9}{17} : \frac{4}{7}$

$\frac{1}{7} : \frac{5}{9}$ $\frac{2}{7} : \frac{5}{11}$ $\frac{2}{21} : \frac{3}{13}$

Lösungen zu Aufgabe 4:

$\frac{63}{68}$ $\frac{9}{35}$ $\frac{45}{56}$ $\frac{10}{39}$ $\frac{7}{30}$ $\frac{15}{16}$ $\frac{6}{7}$ $\frac{22}{35}$ $\frac{26}{63}$

5 Dividiere die Brüche und kürze.

$$\frac{3}{4} : \frac{9}{10} = \frac{3}{4} \cdot \frac{10}{9} = \frac{30}{36} = \frac{5}{6}$$

a) $\frac{2}{9} : \frac{4}{15}$ b) $\frac{9}{16} : \frac{3}{4}$ c) $\frac{4}{9} : \frac{5}{6}$

$\frac{5}{9} : \frac{10}{11}$ $\frac{7}{11} : \frac{7}{10}$ $\frac{3}{8} : \frac{9}{16}$

$\frac{3}{14} : \frac{5}{7}$ $\frac{2}{9} : \frac{5}{6}$ $\frac{3}{7} : \frac{9}{14}$

Lösungen zu Aufgabe 5:

$\frac{8}{15}$ $\frac{11}{18}$ $\frac{2}{3}$ $\frac{3}{4}$ $\frac{5}{6}$ $\frac{10}{11}$ $\frac{3}{10}$ $\frac{4}{15}$ $\frac{2}{3}$

6 Kürze wie in den Beispielen.

$$\frac{3}{10} : \frac{2}{5} = \frac{3}{10} \cdot \frac{5}{2} = \frac{3 \cdot \cancel{5}^{1}}{\cancel{10}_{2} \cdot 2} = \frac{3}{4}$$

$$\frac{12}{25} : \frac{9}{10} = \frac{12}{25} \cdot \frac{10}{9} = \frac{\cancel{12}^{4} \cdot \cancel{10}^{2}}{\cancel{25}_{5} \cdot \cancel{9}_{3}} = \frac{8}{15}$$

a) $\frac{1}{8} : \frac{7}{8}$ b) $\frac{5}{9} : \frac{2}{3}$ c) $\frac{9}{25} : \frac{3}{5}$

$\frac{1}{9} : \frac{4}{9}$ $\frac{3}{8} : \frac{9}{16}$ $\frac{5}{12} : \frac{9}{20}$

$\frac{3}{10} : \frac{4}{5}$ $\frac{7}{10} : \frac{14}{15}$ $\frac{20}{33} : \frac{15}{22}$

Lösungen zu Aufgabe 6:

$\frac{1}{7}$ $\frac{1}{4}$ $\frac{3}{8}$ $\frac{3}{5}$ $\frac{2}{3}$ $\frac{3}{4}$ $\frac{5}{6}$ $\frac{8}{9}$ $\frac{25}{27}$

Vertauschst du den Zähler und den Nenner eines Bruches, so erhältst du seinen Kehrwert.

Durch Brüche dividieren

7 Dividiere die Brüche und schreibe das Ergebnis als gemischte Zahl.

$$\frac{14}{15} : \frac{7}{10} = \frac{14}{15} \cdot \frac{10}{7} = \frac{\overset{2}{\cancel{14}} \cdot \overset{2}{\cancel{10}}}{\underset{3}{\cancel{15}} \cdot \underset{1}{\cancel{7}}} = \frac{4}{3} = 1\frac{1}{3}$$

a) $\frac{8}{9} : \frac{2}{3}$ b) $\frac{15}{17} : \frac{9}{34}$ c) $\frac{13}{15} : \frac{26}{45}$

$\frac{14}{15} : \frac{4}{5}$ $\frac{4}{5} : \frac{11}{15}$ $\frac{3}{8} : \frac{5}{16}$

$\frac{4}{5} : \frac{8}{25}$ $\frac{6}{7} : \frac{9}{28}$ $\frac{6}{11} : \frac{21}{44}$

Lösungen zu Aufgabe 7:

$1\frac{1}{11}$ $1\frac{1}{7}$ $1\frac{1}{6}$ $1\frac{1}{5}$ $1\frac{1}{3}$ $1\frac{1}{2}$ $2\frac{1}{2}$ $2\frac{2}{3}$ $3\frac{1}{3}$

8 Schreibe zunächst die Zahl als Bruch. Berechne dann wie im Beispiel.

$$8 : \frac{2}{3} = \frac{8}{1} \cdot \frac{3}{2} = \frac{\overset{4}{\cancel{8}} \cdot 3}{1 \cdot \underset{1}{\cancel{2}}} = \frac{12}{1} = 12$$

a) $8 : \frac{4}{5}$ b) $32 : \frac{8}{9}$ c) $18 : \frac{6}{11}$ d) $6 : \frac{12}{25}$

$15 : \frac{5}{7}$ $36 : \frac{4}{9}$ $25 : \frac{5}{9}$ $7 : \frac{14}{15}$

Lösungen zu Aufgabe 8:

$7\frac{1}{2}$ 10 $12\frac{1}{2}$ 21   33   36   81   45

9 Berechne und vergleiche. Formuliere eine Regel.

a) $6 : \frac{1}{3}$ und $6 \cdot 3$ b) $\frac{1}{2} : \frac{1}{3}$ und $\frac{1}{2} \cdot 3$

$9 : \frac{1}{4}$ und $9 \cdot 4$ $\frac{2}{3} : \frac{1}{4}$ und $\frac{2}{3} \cdot 4$

$11 : \frac{1}{8}$ und $11 \cdot 8$ $\frac{3}{4} : \frac{1}{5}$ und $\frac{3}{4} \cdot 5$

10 Schreibe alle Zahlen als Bruch und berechne das Ergebnis.

$$3\frac{1}{2} : 1\frac{2}{3} = \frac{7}{2} : \frac{5}{3} = \frac{7}{2} \cdot \frac{3}{5} = \frac{21}{10} = 2\frac{1}{10}$$

a) $\frac{5}{8} : 2\frac{1}{2}$ b) $\frac{1}{2} : 4\frac{2}{3}$ c) $2\frac{3}{5} : 2\frac{1}{6}$

$\frac{5}{6} : 6\frac{3}{7}$ $6 : 2\frac{1}{4}$ $4\frac{1}{2} : 3\frac{3}{8}$

$\frac{11}{12} : 8\frac{1}{4}$ $5 : 6\frac{2}{3}$ $6\frac{6}{7} : 5\frac{1}{3}$

Lösungen zu Aufgabe 10:

$\frac{3}{4}$ $1\frac{1}{5}$ $\frac{3}{28}$ $\frac{1}{4}$ $\frac{1}{9}$ $1\frac{1}{3}$ $2\frac{2}{3}$ $\frac{7}{54}$ $1\frac{2}{7}$

11 Bestimme den Platzhalter wie im Beispiel.

$\frac{1}{3}$ von ■ ist $\frac{4}{15}$.

Multiplikationsaufgabe: $\frac{1}{3} \cdot ■ = \frac{4}{15}$

Entsprechende Divisionsaufgabe: $\frac{4}{15} : \frac{1}{3} = ■$

$\frac{4}{15} : \frac{1}{3} = \frac{4}{15} \cdot \frac{3}{1} = \frac{4 \cdot \overset{1}{\cancel{3}}}{\underset{5}{\cancel{15}} \cdot 1} = \frac{4 \cdot 1}{5 \cdot 1} = \frac{4}{5}$

$\frac{1}{3}$ von $\frac{4}{5}$ ist $\frac{4}{15}$.

a) $\frac{1}{4}$ von ■ ist $\frac{5}{24}$.   b) $\frac{3}{4}$ von ■ sind $\frac{3}{8}$.

$\frac{1}{5}$ von ■ ist $\frac{3}{20}$. $\frac{4}{5}$ von ■ sind $\frac{3}{10}$.

$\frac{1}{3}$ von ■ ist $\frac{4}{27}$. $\frac{5}{6}$ von ■ sind $\frac{3}{4}$.

12 $\frac{3}{4}$ der Fläche des Rechtecks ist gefärbt. $\frac{4}{5}$ der gefärbten Fläche ist schraffiert. Der Flächeninhalt der schraffierten Fläche beträgt 24 cm².

Berechne den Flächeninhalt des gesamten Rechtecks.

13 Bestimme den Platzhalter.

a) ■ $: \frac{1}{2} = \frac{4}{9}$ b) $\frac{4}{5} : ■ = \frac{8}{9}$ c) ■ $: \frac{2}{3} = \frac{9}{10}$

14 Berechne jeweils den Doppelbruch.

$$\frac{\frac{2}{3}}{\frac{5}{7}} = \frac{2}{3} : \frac{5}{7} = \frac{2}{3} \cdot \frac{7}{5} = \frac{14}{15}$$

a) $\frac{\frac{2}{7}}{\frac{4}{5}}$ b) $\frac{\frac{9}{20}}{\frac{3}{5}}$ c) $\frac{\frac{2}{9}}{\frac{8}{15}}$ d) $\frac{\frac{3}{7}}{\frac{9}{10}}$ e) $\frac{\frac{2}{17}}{\frac{9}{34}}$

$\frac{\frac{4}{9}}{\frac{8}{9}}$ $\frac{\frac{7}{12}}{\frac{2}{3}}$ $\frac{\frac{8}{21}}{\frac{4}{7}}$ $\frac{\frac{4}{5}}{\frac{14}{15}}$ $\frac{\frac{4}{9}}{\frac{22}{45}}$

Lösungen zu Aufgabe 14:

$\frac{5}{14}$ $\frac{5}{12}$ $\frac{4}{9}$ $\frac{1}{2}$ $\frac{10}{21}$ $\frac{2}{3}$ $\frac{3}{4}$ $\frac{6}{7}$ $\frac{7}{8}$ $\frac{10}{11}$

VERTIEFEN: Bruchrechnen in Ägypten

Vor 5000 Jahren schrieben die Menschen in Ägypten Zahlen mithilfe von Bildzeichen, die Hieroglyphen genannt werden.

| = 1   ∩ = 10   ℮ = 100

Um Bruchzahlen darzustellen, benutzten die Ägypter das Zeichen ⬭, das eigentlich „Mund" bedeutet.

⬭/||||| = $\frac{1}{5}$ ⬭/∩ = $\frac{1}{10}$

⬭/∩|| = $\frac{1}{12}$ ⬭/℮ = $\frac{1}{100}$

Wenn der Nenner des Bruches aus vielen Bildzeichen bestand, wurde die Hieroglyphe ⬭ nur über einen Teil des Nenners geschrieben, die übrigen Zeichen standen daneben.

|||| ∩∩ ⬭ / ||| ∩∩ ℮℮ = $\frac{1}{249}$

Für manche Brüche gab es besondere Zeichen.

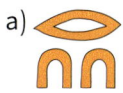 = $\frac{1}{2}$  = $\frac{2}{3}$

1 Welche Brüche sind hier dargestellt?

a) 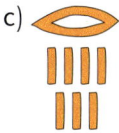   b)

c)    d)

e)    f)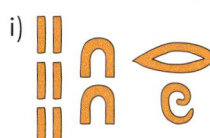

g)    h)

i)   k)

2 Schreibe den Bruch wie die Ägypter.

a) $\frac{1}{5}$ b) $\frac{1}{15}$ c) $\frac{1}{30}$

d) $\frac{1}{24}$ e) $\frac{1}{110}$ f) $\frac{1}{236}$

VERTIEFEN: Bruchrechnen in Ägypten

3 Mithilfe des Zeichens 👁 konnten die Ägypter nur Brüche mit dem Zähler 1 schreiben. Brüche mit anderen Zählern drückten sie als Summe aus. Dabei benutzten sie niemals Zerlegungen wie $\frac{2}{5} = \frac{1}{5} + \frac{1}{5}$, sondern wählten bei den einzelnen Summanden immer verschiedene Nenner.

$\frac{2}{5}$ schrieben sie so:

Das bedeutet:
$$\frac{1}{3} + \frac{1}{15}$$
$$= \frac{5}{15} + \frac{1}{15}$$
$$= \frac{6}{15}$$
$$= \frac{2}{5}$$

Welche Brüche sind hier dargestellt?

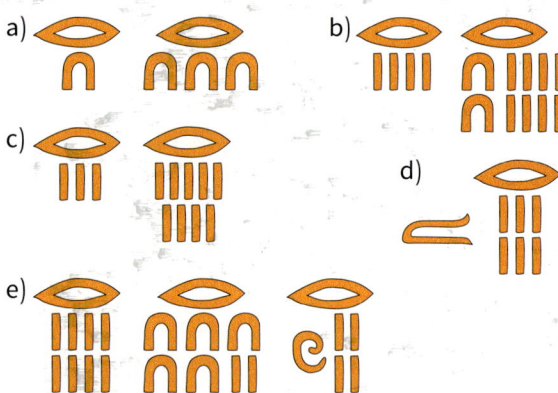

a) b) c) d) e)

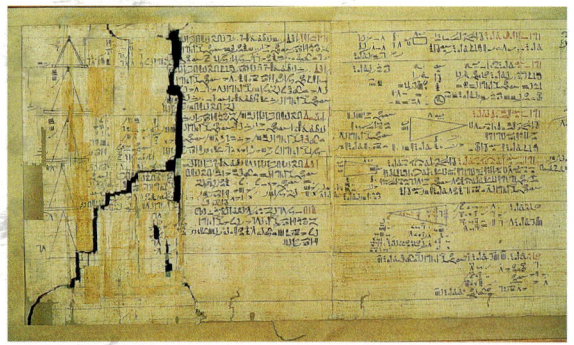

4 Wie die Ägypter vor Jahrtausenden mit Brüchen rechneten, wissen wir vor allem durch den Papyrus Rhind. Dieser Papyrus ist 5,50 m lang und 32 cm breit. Er wurde um das Jahr 1650 vor Christus von dem Schreiber Ahmes verfasst, der eine 200 Jahre ältere Vorlage kopierte. Benannt ist der Papyrus nach dem Schotten Henry Alexander Rhind, der ihn 1858 kaufte.

Der Papyrus Rhind enthält eine Tabelle, in der Brüche mit dem Zähler 2 als Summe von Brüchen mit dem Zähler 1 dargestellt sind.

$\frac{2}{3} = \frac{1}{2} + \frac{1}{6}$ $\qquad$ $\frac{2}{13} = \frac{1}{8} + \frac{1}{52} + \frac{1}{104}$

$\frac{2}{5} = \frac{1}{3} + \frac{1}{15}$ $\qquad$ $\frac{2}{15} = \frac{1}{10} + \frac{1}{30}$

$\frac{2}{7} = \frac{1}{4} + \frac{1}{28}$ $\qquad$ $\frac{2}{17} = \frac{1}{12} + \frac{1}{51} + \frac{1}{68}$

$\frac{2}{9} = \frac{1}{6} + \frac{1}{18}$ $\qquad$ $\frac{2}{19} = \frac{1}{12} + \frac{1}{76} + \frac{1}{114}$

$\frac{2}{11} = \frac{1}{6} + \frac{1}{66}$ $\qquad$ $\frac{2}{21} = \frac{1}{14} + \frac{1}{42}$

Im Beispiel siehst du, wie die Ägypter mithilfe der Tabelle des Papyrus Rhind den Bruch $\frac{5}{9}$ in eine Summe aus verschiedenen Stammbrüchen umwandelten.

$$\frac{5}{9} = \frac{2}{9} + \frac{2}{9} + \frac{1}{9}$$
$$= \frac{1}{6} + \frac{1}{18} + \frac{1}{6} + \frac{1}{18} + \frac{1}{9}$$
$$= \frac{2}{6} + \frac{2}{18} + \frac{1}{9}$$
$$= \frac{1}{3} + \frac{1}{9} + \frac{1}{9}$$
$$= \frac{1}{3} + \frac{2}{9}$$
$$= \frac{1}{3} + \frac{1}{6} + \frac{1}{18}$$

Stelle den Bruch als Summe aus verschiedenen Stammbrüchen dar. Schreibe ihn dann in Hieroglyphen.

a) $\frac{3}{7}$ $\qquad$ b) $\frac{3}{11}$ $\qquad$ c) $\frac{5}{21}$

d) $\frac{7}{15}$ $\qquad$ e) $\frac{8}{9}$ $\qquad$ f) $\frac{5}{13}$

Rechnen mit Brüchen

AUSGANGSTEST

1 Berechne und kürze das Ergebnis soweit wie möglich.

a) $\frac{1}{8} + \frac{3}{8}$ b) $\frac{7}{15} + \frac{2}{15}$ c) $\frac{7}{20} + \frac{3}{20}$

$\frac{9}{10} - \frac{3}{10}$ $\frac{11}{12} - \frac{7}{12}$ $\frac{11}{18} - \frac{5}{18}$

2 Berechne und kürze das Ergebnis soweit wie möglich.

a) $\frac{1}{2} + \frac{2}{7}$ b) $\frac{3}{4} - \frac{4}{7}$ c) $\frac{2}{15} + \frac{3}{10}$

$\frac{3}{4} - \frac{2}{5}$ $\frac{1}{6} + \frac{2}{9}$ $\frac{7}{8} - \frac{7}{20}$

$\frac{2}{3} + \frac{3}{10}$ $\frac{7}{8} - \frac{5}{6}$ $\frac{7}{12} - \frac{3}{16}$

3 Berechne.

a) $\frac{1}{2} - 0{,}25$ b) $0{,}5 + \frac{3}{8}$ c) $1{,}4 - \frac{1}{4}$

4 Berechne.

a) $3 \cdot \frac{2}{7}$ b) $\frac{2}{9} \cdot 6$ c) $7 \cdot \frac{5}{14}$ d) $\frac{6}{11} \cdot 33$

e) $\frac{2}{3} : 5$ f) $\frac{9}{10} : 3$ g) $\frac{15}{16} : 10$ h) $\frac{8}{9} : 4$

5 Multipliziere.

a) $\frac{5}{7} \cdot \frac{3}{8}$ b) $\frac{3}{4} \cdot \frac{8}{9}$ c) $\frac{5}{12} \cdot \frac{4}{15}$ d) $\frac{8}{11} \cdot \frac{33}{56}$

6 Dividiere.

a) $\frac{5}{8} : \frac{7}{9}$ b) $\frac{3}{7} : \frac{9}{14}$ c) $\frac{9}{20} : \frac{3}{5}$ d) $\frac{12}{19} : \frac{15}{38}$

7 Landwirt Walter hat Äcker, Weiden und Wald. $\frac{7}{12}$ seines Grundbesitzes bestehen aus Äckern, $\frac{2}{9}$ aus Weiden. Welcher Bruchteil seines Grundbesitzes entfällt auf den Wald?

8 Von einem Stoffballen mit 18 m Länge verkauft Herr Frank an einem Tag 0,75 m, $2\frac{1}{4}$ m und $5\frac{1}{5}$ m. Wie viel Meter Stoff sind noch übrig?

9 Von den 168 Schülerinnen und Schülern eines Jahrgangs fahren $\frac{1}{4}$ mit dem Bus, $\frac{3}{7}$ mit dem Fahrrad zur Schule, die übrigen gehen zu Fuß.
Wie viele Schülerinnen und Schüler kommen mit dem Bus (dem Fahrrad, zu Fuß)?

10 Herr Jodeit trainiert für das Sportabzeichen. Auf dem Sportplatz benötigt er für 18 Runden $1\frac{1}{5}$ Stunden. Wie viele Sekunden braucht er im Durchschnitt für eine Runde?

11 Berechne den Doppelbruch.

a) $\dfrac{\frac{4}{7}}{\frac{20}{21}}$ b) $\dfrac{\frac{4}{15}}{\frac{14}{25}}$ c) $\dfrac{\frac{9}{20}}{\frac{3}{5}}$ d) $\dfrac{\frac{18}{81}}{\frac{36}{45}}$

Ich kann …

	Aufgabe	Hilfen und Aufgaben	
gleichnamige Brüche addieren und subtrahieren.	1	Seite 119, 120, 134, 135	
ungleichnamige Brüche addieren und subtrahieren.	2, 3	Seite 121, 122, 134, 135	
Brüche mit natürlichen Zahlen multiplizieren und durch natürliche Zahlen dividieren.	4	Seite 124, 128, 136	I
Brüche multiplizieren.	5	Seite 125, 126, 136	
durch Brüche dividieren.	6	Seite 129, 130, 136	
Sachaufgaben zur Addition und Subtraktion von Brüchen lösen.	7, 8	Seite 123, 138	II
Sachaufgaben zur Multiplikation von Brüchen lösen.	9	Seite 131, 138	
komplexe Sachaufgaben zur Division von Brüchen lösen.	10	Seite 131, 138	III
mit Doppelbrüchen rechnen.	11	Seite 130	

7 Daten erfassen, darstellen und auswerten

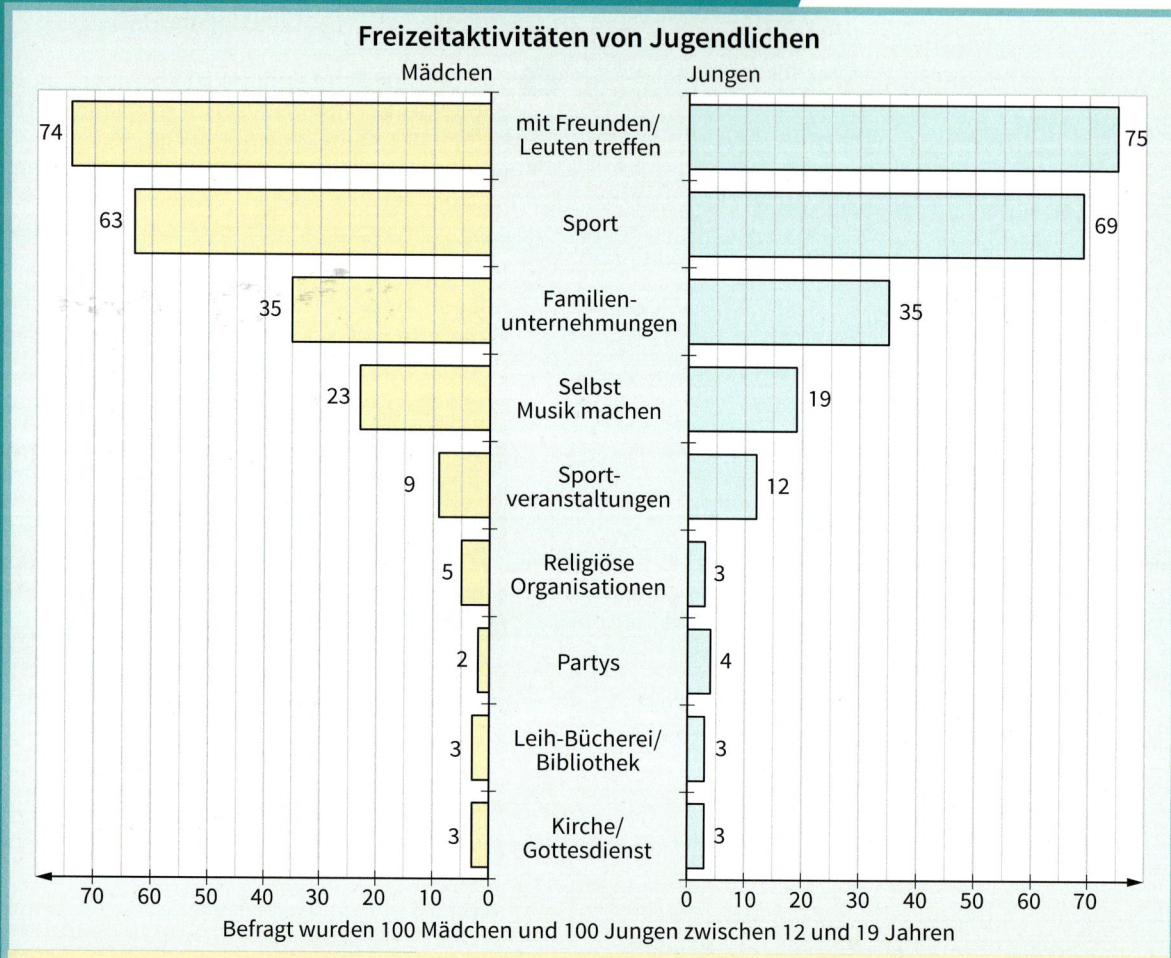

Die Grafiken auf diesen beiden Seiten enthalten Informationen zum Freizeitverhalten von Jungen und Mädchen. Die Ergebnisse der Befragung heißen auch Daten. Entnimm die Daten den Grafiken und vergleiche mit dem Freizeitverhalten in deiner Lerngruppe.

Bist du fit für dieses Kapitel? Eingangstest auf Seite 189.

In diesem Kapitel ...
- planst du Datenerhebungen, führst sie durch und wertest sie aus.
- bestimmst du Maximum, Minimum und arithmetisches Mittel von Daten.
- stellst du Daten grafisch dar.

Daten erfassen, darstellen und auswerten

Freizeitverhalten von Jugendlichen

Mediennutzung in der Freizeit (Angaben in Prozent)

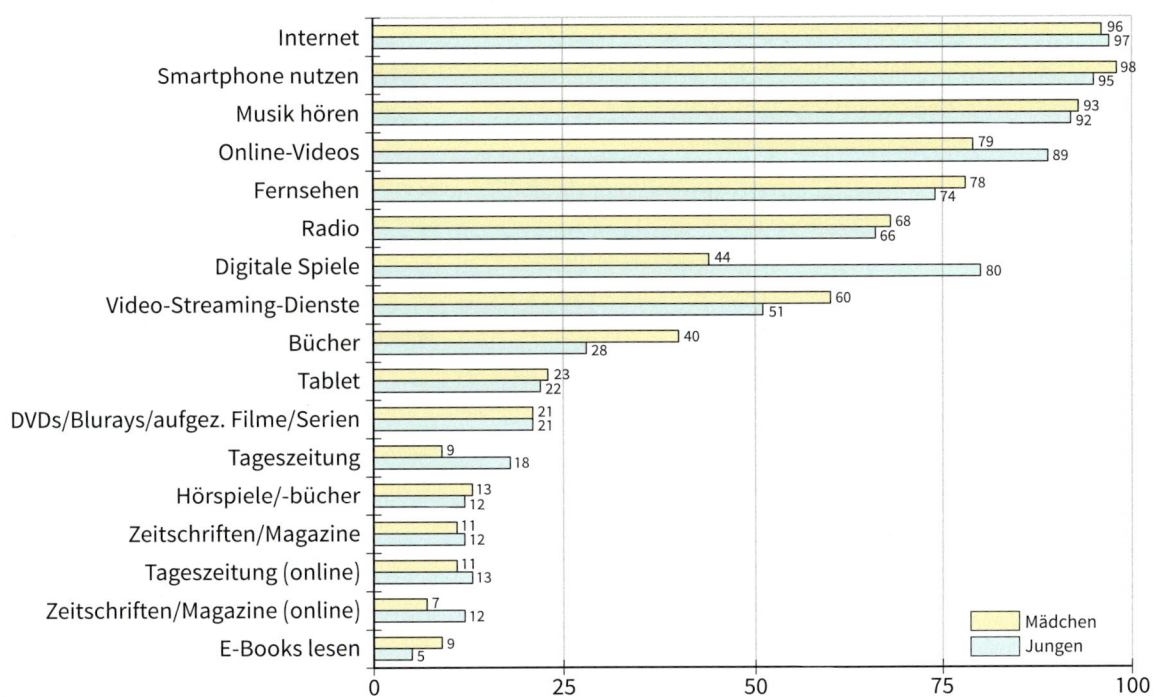

Medium	Mädchen	Jungen
Internet	96	97
Smartphone nutzen	98	95
Musik hören	93	92
Online-Videos	79	89
Fernsehen	78	74
Radio	68	66
Digitale Spiele	44	80
Video-Streaming-Dienste	60	51
Bücher	40	28
Tablet	23	22
DVDs/Blurays/aufgez. Filme/Serien	21	21
Tageszeitung	9	18
Hörspiele/-bücher	13	12
Zeitschriften/Magazine	11	12
Tageszeitung (online)	11	13
Zeitschriften/Magazine (online)	7	12
E-Books lesen	9	5

Nutzung verschiedener Medien zum Musikhören (Angaben in Prozent)

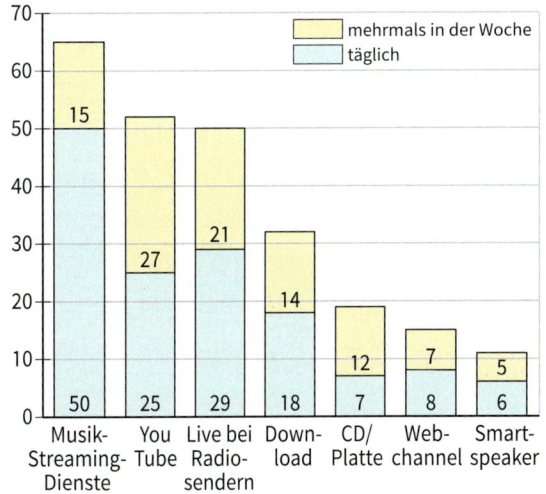

	Musik-Streaming-Dienste	YouTube	Live bei Radiosendern	Download	CD/Platte	Webchannel	Smartspeaker
mehrmals in der Woche	15	27	21	14	12	7	5
täglich	50	25	29	18	7	8	6

Befragt wurden 100 Jugendliche zwischen 12 und 19 Jahren.

Freizeitverhalten von Jugendlichen

Auf den folgenden Seiten werden einige Diagrammformen vorgestellt. Du hast drei Möglichkeiten, diese Seiten zu bearbeiten:
1. Du kannst die vorgegebenen Daten verwenden.
2. Du kannst mithilfe des Fragebogens eine eigene Umfrage durchführen und mit deinen Ergebnissen arbeiten.
3. Du kannst eine eigene Umfrage zu einem anderen Thema durchführen und die Ergebnisse grafisch darstellen. Beachte dazu die Tipps auf den Seiten 159 und 160.

Fragebogen

Wie verbringst du deine Freizeit?

1. Gib dein Geschlecht an.   männlich ▪   weiblich ▪   divers ▪
2. Gib dein Alter in Jahren an. ▪
3. Wie viele Personen leben in deinem Haushalt? ▪
4. Wie viele Handys gibt es in deinem Haushalt? ▪
5. Wie viele Tablet-PCs gibt es in deinem Haushalt? ▪
6. Wie viele Minuten verbringst du pro Tag an deinem Handy? ▪
7. Wie viele Haustiere habt ihr zu Hause? ▪
8. Wie oft liest du in einem Buch?
       ▪ täglich   ▪ mehrmals wöchentlich
       ▪ einmal pro Woche   ▪ nie
9. Wie viele Stunden schaust du täglich Videos? ▪
10. Wie viel Euro hast du im letzten Monat für deine Freizeitgestaltung ausgegeben? ▪
11. Wie viele Nachrichten hast du letzten Monat geschrieben? ▪

Säulen- und Balkendiagramm

1 Die Angaben zum Lebensalter (in Jahren) wurden zunächst mithilfe einer Strichliste geordnet.

Strichliste

Lebensalter (Jahre)	
11								
12								
13												
14										
15											
16							

a) Wie viele Personen wurden insgesamt befragt?

Häufigkeitstabelle

Lebensalter (Jahre)	absolute Häufigkeit	relative Häufigkeit
11	7	$\frac{7}{50} = 0{,}14$
12	▨	▨
13	▨	▨
14	▨	▨
15	▨	▨
16	▨	▨
Summe	▨	▨

b) Übertrage die Häufigkeitstabelle in dein Heft und trage die absoluten Häufigkeiten der einzelnen Altersangaben ein.
c) Bestimme die zugehörigen **relativen Häufigkeiten** wie im Beispiel.

Lebensalter:	11 Jahre
absolute Häufigkeit:	7
Anzahl aller Daten:	50
relative Häufigkeit:	$\frac{7}{50} = 0{,}14$

d) Addiere die relativen Häufigkeiten. Was stellst du fest?

2 Die Ergebnisse der Befragung zum Lebensalter wurden in einem Säulendiagramm dargestellt.

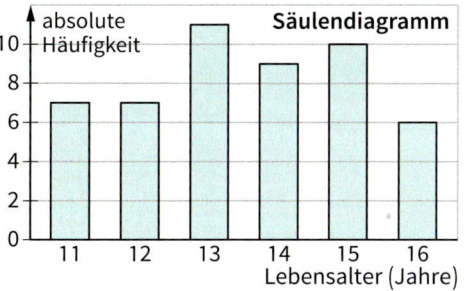

Stelle die Ergebnisse der Befragung auch in einem Balkendiagramm dar. Vervollständige dazu das Balkendiagramm in deinem Heft.

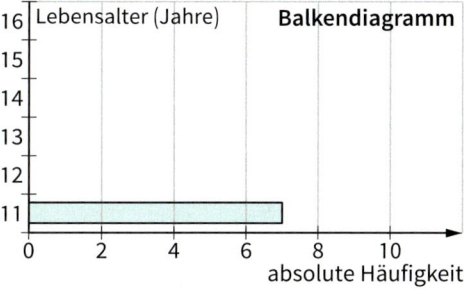

3 a) Ordne die in der **Urliste** gesammelten Daten einer Umfrage mithilfe einer Strichliste.

Urliste

Anzahl der Personen in einem Haushalt

4 4 3 5 2 3 4 5 6 5 3 2 4 3 4
3 5 4 4 5 4 3 5 4 3 2 4 4 3 5
4 3 2 6 7 5 4 4 5 6 3 3 5 3 4
3 4 3 5 4

b) Trage die absoluten Häufigkeiten der Anzahlen in eine Häufigkeitstabelle ein.
c) Berechne die relativen Häufigkeiten als Bruch (Dezimalzahl, in Prozent) und trage sie ebenfalls in die Häufigkeitstabelle ein.
d) Stelle die Ergebnisse grafisch dar.

---

6 Personen im Haushalt:

relative Häufigkeit als Bruch: $\frac{3}{50} = \frac{6}{100}$

als Dezimalzahl: 0,06

in Prozent: 6 %

Weitere Hinweise zu Prozentzahlen findest du auf Seite 78.

Streifendiagramm

1 In der Häufigkeitstabelle wird das Ergebnis der Frage „Wie viele Handys gibt es in deinem Haushalt?" für die Jungen dargestellt.

Anzahl Handys	absolute Häufigkeit	relative Häufigkeit	relative Häufigkeit (%)
0	2	$\frac{2}{20} = \frac{10}{100} = 0{,}10$	10 %
1	8	▪	▪
2	6	▪	▪
3	2	▪	▪
mehr als 3	2	▪	▪
Summe	20	▪	▪

a) Übertrage die Häufigkeitstabelle in dein Heft und vervollständige sie.
b) Stelle die Häufigkeiten der einzelnen Ergebnisse in einem Streifendiagramm mit der Gesamtlänge 100 mm dar. Berechne dazu die Längen der einzelnen Abschnitte wie im Beispiel. Zeichne das vollständige Streifendiagramm in dein Heft.

Anzahl Handys: 0

absolute Häufigkeit: 2

relative Häufigkeit: $\frac{2}{20}$

Länge des zugehörigen Abschnitts:

$\frac{2}{20}$ von 100 mm sind ▪.

$\frac{2}{20} \cdot 100 = \frac{2 \cdot 100}{20} = 10$

$\frac{2}{20}$ von 100 mm sind 10 mm.

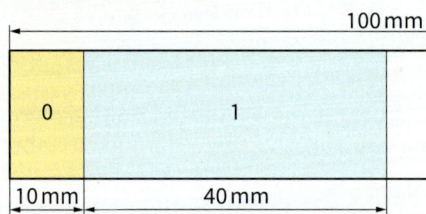

c) Begründe, warum eine Gesamtlänge von 100 mm besonders gut geeignet ist. Nenne eine weitere gut geeignete Gesamtlänge.

2 Die Frage „Wie viele Haustiere habt ihr zu Hause?" wurde von Jungen und Mädchen wie folgt beantwortet.

Anzahl Tiere	Jungen	Mädchen
0	2	4
1	4	5
2	6	6
3	2	4
4	1	3
5 und mehr	5	3

a) Lege zu den Ergebnissen der Umfrage jeweils eine Häufigkeitstabelle an. Gib die relativen Häufigkeiten auch als Bruch, Dezimalzahl und in Prozent an.
b) Stelle das Ergebnis in zwei Streifendiagrammen (Gesamtlänge 100 mm) grafisch dar.
Warum ist es sinnvoll, vor dem Zeichnen die relativen Häufigkeiten in Prozent anzugeben?

3 Zu der Frage, mit wem Schülerinnen und Schüler ihre Zeit vor dem Fernseher verbringen, wurden drei Antwortmöglichkeiten vorgegeben. Es durfte nur eine Antwort angekreuzt werden.

Stelle die in der Häufigkeitstabelle zusammengefassten Daten in einem Streifendiagramm dar.

Kreisdiagramm

1 Die Schülerinnen und Schüler der 6 b haben 200 zufällig ausgewählte Schüler nach ihrer Lieblingssportart gefragt. Das Ergebnis ihrer Befragung haben sie in einem Kreisdiagramm grafisch dargestellt.

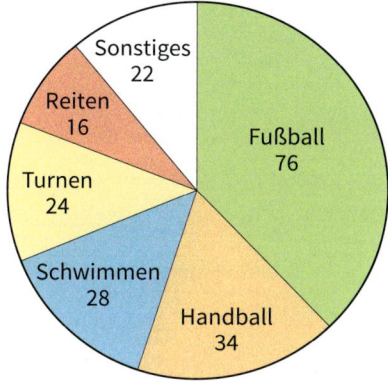

Lieblingssportart

Berechne die relativen Häufigkeiten und trage die absoluten und relativen Häufigkeiten in eine Häufigkeitstabelle ein.

2 120 zufällig ausgewählte Schüler wurden gefragt, welche Mannschaftssportart sie am liebsten ausüben. Das Ergebnis der Befragung wurde in einem Kreisdiagramm dargestellt.

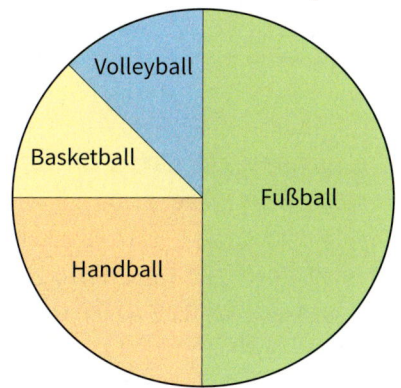

Beliebteste Mannschaftssportart

a) Bestimme zu jeder Mannschaftssportart die zugehörige relative Häufigkeit als Bruch.
b) Berechne die absoluten Häufigkeiten und stelle sie in einer Tabelle dar.

3 Die Schülerinnen und Schüler der 6 c haben 180 Schülerinnen ebenfalls nach ihrer Lieblingssportart gefragt.

Lieblingssportart	absolute Häufigkeit
Turnen	45
Fußball	20
Reiten	28
Tennis	15
Schwimmen	24
Handball	25
Sonstiges	23

a) Berechne die relativen Häufigkeiten als Bruch und trage sie in eine Tabelle ein.
b) Stelle die Häufigkeiten in einem Kreisdiagramm (Radius 5 cm) dar. Berechne dazu die Winkelgrößen der zugehörigen Kreisausschnitte wie im Beispiel.

Ergebnis: Fußball
absolute Häufigkeit: 20

relative Häufigkeit: $\frac{20}{180}$

Winkel des dazugehörigen Kreisausschnitts:

$\frac{20}{180}$ von 360° sind ■.

$\frac{20}{180} \cdot 360 = \frac{20 \cdot 360}{180} = 40$

$\frac{20}{180}$ von 360° sind 40°.

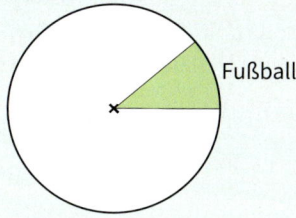

4 Frage 60 Schülerinnen und 60 Schüler deiner Schule nach ihrer Lieblingssportart. Stelle das Ergebnis der Befragung in zwei Kreisdiagrammen (Radius 5 cm) dar und vergleiche.

Histogramm

1 45 Schülerinnen und Schüler wurden gefragt, wie viel Zeit sie täglich vor dem Fernseher verbringen. Die Ergebnisse der Befragung wurden in der Urliste notiert.

Zeit vor dem Fernseher (h)							
0,5	1,2	2,0	2,6	3,0	3,0	4,0	5,0	6,5
1,0	0,7	2,0	2,5	3,2	3,5	4,0	5,5	4,2
3,5	2,3	2,5	1,8	1,5	2,5	2,4	3,4	4,2
4,5	3,5	2,8	2,3	1,6	1,0	2,6	3,6	4,5
3,8	2,8	1,5	2,8	2,7	3,5	2,8	3,5	1,8

Um die Antworten gut auswerten zu können, werden Daten zusammengefasst. Diese Zusammenfassung von Daten wird Klasseneinteilung genannt.

Zeitdauer	absolute Häufigkeit
von 0 bis unter 1 h	2
von 1 bis unter 2 h	▢
von 2 bis unter 3 h	▢
von 3 bis unter 4 h	▢
von 4 bis unter 5 h	▢
von 5 bis unter 6 h	▢
von 6 bis unter 7 h	▢

a) Weshalb ist hier eine Klasseneinteilung notwendig? Begründe.
b) Vervollständige die Tabelle in deinem Heft.
c) Im Beispiel wurden auf der x-Achse die Klassen eingetragen. Über den ersten beiden Klassen wurde dann jeweils ein Rechteck gezeichnet. Die Rechteckhöhen entsprechen dabei jeweils den absoluten Häufigkeiten. Das Diagramm wird **Histogramm** genannt.

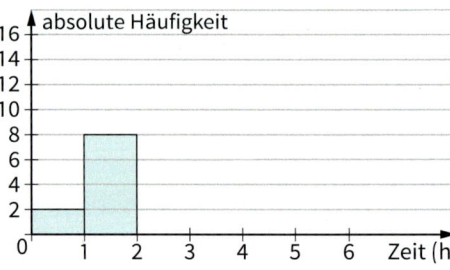

Vervollständige das Histogramm in deinem Heft.

2 Jungen im Alter von 12 bis 13 Jahren wurden gefragt, wie viele Stunden Sport sie in der Woche treiben.

Die Ergebnisse wurden in der Urliste aufgeschrieben.

Zeitdauer (h)							
9,0	4,6	5,8	9,5	2,7	3,3	4,3	4,8	6,0
7,5	4,5	3,5	2,5	1,0	1,5	2,5	3,5	3,0
4,0	4,3	5,0	5,5	3,8	4,0	5,2	5,8	6,0
4,5	3,7	4,3	5,2	3,8	8,5	7,0	6,2	6,8
1,8	1,5	6,8	7,3	6,5	2,8	4,7	3,5	4,3

Lege zu der Klasseneinteilung „0 bis unter 2 h", „2 bis unter 4 h", ... eine Häufigkeitstabelle an und zeichne das zugehörige Histogramm.

3 Die Schülerinnen und Schüler wurden auch gefragt, wie viel Euro sie in den letzten zwei Wochen für die Gestaltung ihrer Freizeit ausgegeben haben. Die Daten findest du in der abgebildeten Urliste.

Ausgaben (€)					
4,50	7,50	12,50	8,00	9,40	18,70	5,40
19,80	6,80	14,20	12,00	28,40	14,50
9,00	3,90	8,20	14,00	16,90	13,00	18,90
25,90	15,40	6,80	13,50	17,20	2,80	3,30
1,90	4,40	5,00	6,90	22,00	16,40	11,90
10,00	13,10	10,70	17,00	9,50	11,50

a) Wähle eine sinnvolle Klasseneinteilung und lege dazu eine Häufigkeitstabelle an.
b) Zeichne das zugehörige Histogramm.

Daten erfassen, darstellen und auswerten

Statistische Darstellungen beurteilen

1 In den Schaubildern werden Informationen über Jugendliche und ihr Freizeitverhalten dargestellt.
a) Welche Informationen kannst du den Schaubildern entnehmen?
b) Werden die Informationen in den Schaubildern übersichtlich dargestellt?
c) Vergleiche die Ergebnisse mit aktuellen Umfrageergebnissen.

A Wofür nutzt du das Internet?
(n=218; Mehrfachnennungen)

- Chatten/Messenger: 180
- Musik hören: 178
- Surfen: 112
- Videos gucken: 105
- Spielen: 103
- Für die Schule: 89
- Nachrichten: 88
- Downloads: 84
- E-mailen: 57
- Bloggen: 9

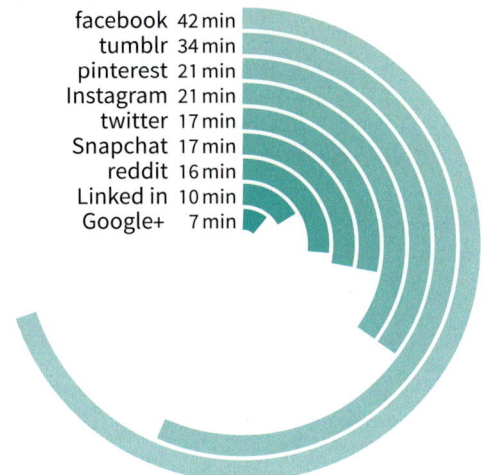

B Durchschnittliche Zeit, die ein Nutzer pro Tag in sozialen Netzwerken verbringt

- facebook 42 min
- tumblr 34 min
- pinterest 21 min
- Instagram 21 min
- twitter 17 min
- Snapchat 17 min
- reddit 16 min
- Linked in 10 min
- Google+ 7 min

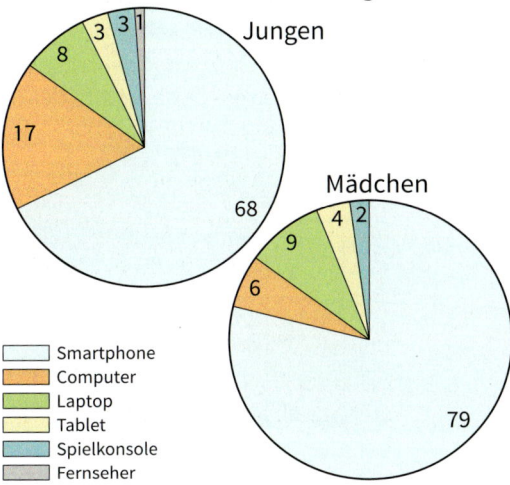

C Welches Gerät nutzt du am häufigsten, wenn du ins Internet gehst?

Jungen: 68, 17, 8, 3, 3, 1
Mädchen: 79, 6, 9, 4, 2

Legende: Smartphone, Computer, Laptop, Tablet, Spielkonsole, Fernseher

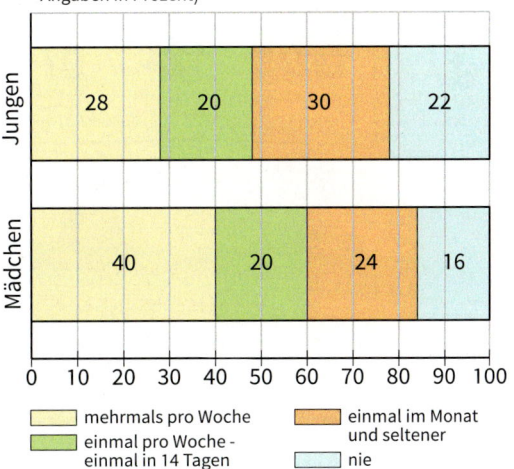

D Wie oft liest du ein Buch?
(Befragung von 12- bis 16-jährigen Mädchen und Jungen, Angaben in Prozent)

Jungen: 28 | 20 | 30 | 22
Mädchen: 40 | 20 | 24 | 16

Legende: mehrmals pro Woche | einmal pro Woche – einmal in 14 Tagen | einmal im Monat und seltener | nie

Statistische Darstellungen beurteilen

2 Eine neue Jugendzeitschrift lässt in einer Untersuchung erfragen, wie bekannt die Zeitschrift bei den Jugendlichen ist.

Das Ergebnis wird mithilfe von Piktogrammen (Bildsymbolen) dargestellt.

Vergleiche die beiden Darstellungen miteinander.

3 In einer Kleinstadt läuft seit mehreren Jahren die Aktion „Öfter mit dem Fahrrad unterwegs".
Die Darstellung zeigt, wie viele städtische Angestellte mit dem Fahrrad zur Arbeit kommen.

a) Was fällt dir an der Darstellung auf?
b) Stelle die relativen Häufigkeiten in einem Balkendiagramm dar und vergleiche. Was stellst du fest?

4 In einer Zeitung ist der folgende Artikel abgedruckt.

Zuschauerzahlen dramatisch zurückgegangen!

Wie aus einer heute vom Sender xtv veröffentlichten Statistik hervorgeht, sinkt das Interesse der Zuschauer an der einst so beliebten Serie „Little Sister" deutlich.

a) Was fällt dir an der Darstellung auf?
b) Stelle die absoluten Häufigkeiten in einem Säulendiagramm dar.
Vergleiche mit dem abgebildeten Diagramm. Was stellst du fest?

Arbeiten mit dem Computer: Tabellenkalkulation

1 Anna und Julian haben Schülerinnen und Schüler in einem Fragebogen unter anderem gefragt, wie häufig sie Nachrichten austauschen.
Sie haben die Fragebögen mithilfe von Strichlisten ausgewertet und die absoluten Häufigkeiten in ein Tabellenkalkulationsprogramm eingegeben.

a) Beschreibe, wie sie mithilfe des Programms die Summe der absoluten Häufigkeiten bestimmt haben.

b) In der Abbildung unten siehst du, wie Anna und Julian die relative Häufigkeit mithilfe einer Formel bestimmt haben. Beschreibe, wie sie vorgegangen sind.

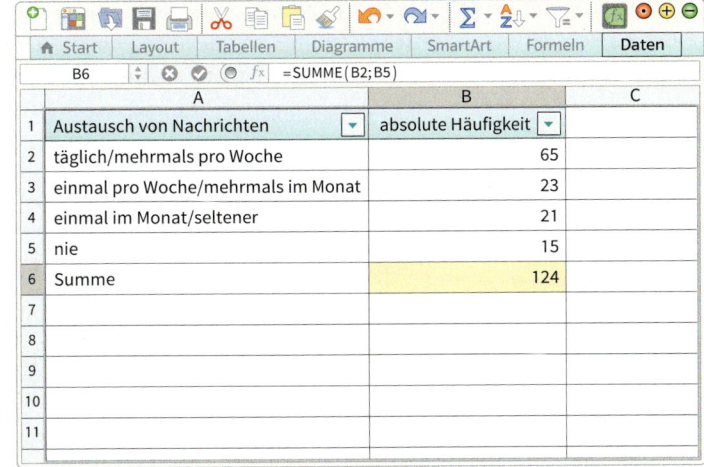

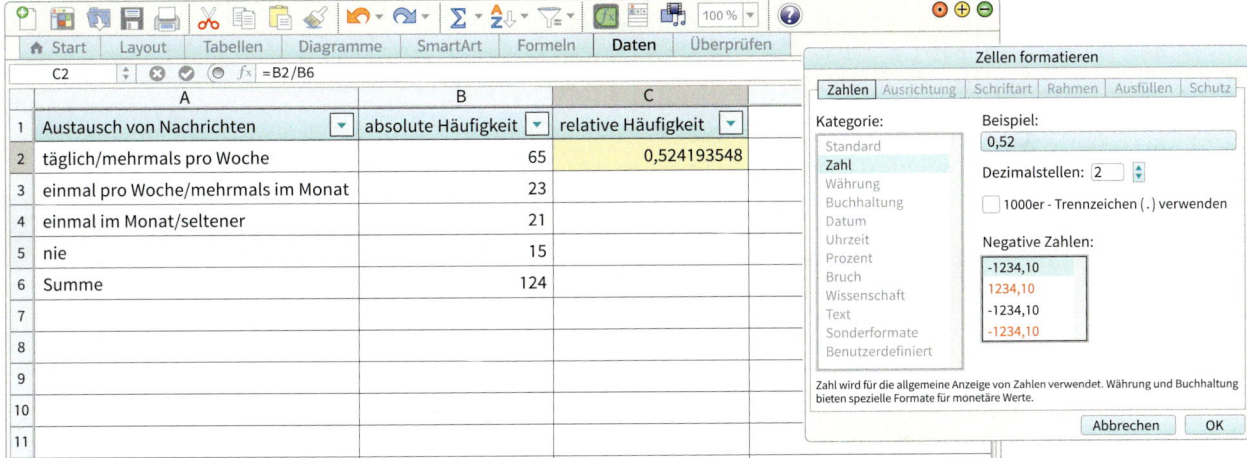

c) Gib die Daten wie Anna und Julian in das Tabellenkalkulationsprogramm ein. Bestimme die fehlenden relativen Häufigkeiten. Gib die Ergebnisse auf zwei Nachkommastellen gerundet an. Formatiere dazu die zugehörigen Zellen.

d) Bestimme auch die Summe der relativen Häufigkeiten.

e) Markiere die Zellen **A1** bis **A5** und **B1** bis **B5**, wähle in der Menüleiste „Einfügen" und erstelle ein Säulendiagramm. Gestalte dann mithilfe der Diagrammtools Diagramm- und Achsentitel.

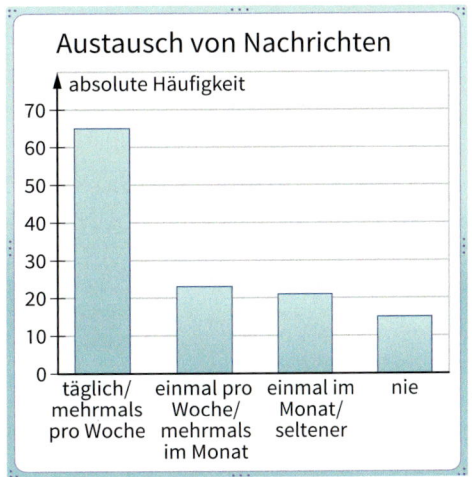

Arbeiten mit dem Computer: Tabellenkalkulation

Beim Chatten lauern Gefahren! Du weißt häufig nicht, wer sich hinter dem Chatpartner verbirgt.

2 Die Schülerinnen und Schüler wurden auch gefragt, wie häufig sie chatten. Die Ergebnisse der Befragung wurden zunächst in einer Strichliste zusammengefasst.

Chatgewohnheiten der Schülerinnen und Schüler

Chatten	absolute Häufigkeit
täglich/mehrmals pro Woche	ЖЖ ЖЖ ЖЖ ЖЖ ЖЖ ЖЖ ЖЖ IIII
einmal pro Woche/ mehrmals pro Monat	ЖЖ ЖЖ IIII
einmal im Monat/ seltener	ЖЖ ЖЖ ЖЖ II
nie	ЖЖ ЖЖ ЖЖ ЖЖ ЖЖ ЖЖ ЖЖ ЖЖ ЖЖ ЖЖ ЖЖ ЖЖ ЖЖ ЖЖ IIII

a) Gib die Daten in ein Tabellenkalkulationsprogramm ein. Bestimme die Summe der absoluten Häufigkeiten.
b) Bestimme die relativen Häufigkeiten auf drei Nachkommastellen genau. Bestimme die Summe der relativen Häufigkeiten.
c) Erstelle ein Säulendiagramm.

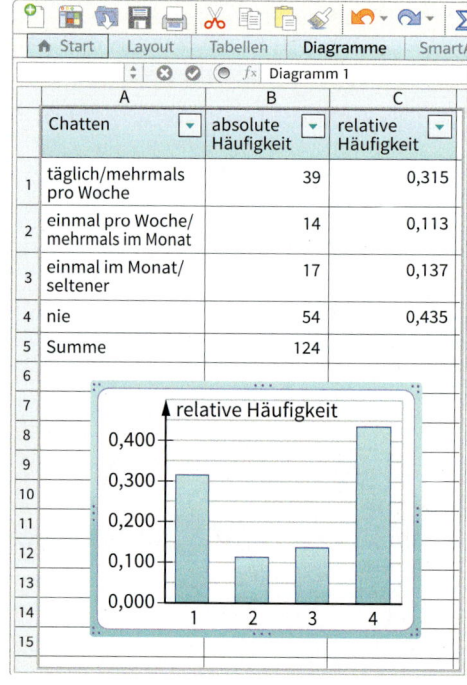

d) Formatiere die Zellen, in denen die relativen Häufigkeiten stehen, als Zahl.
Gib mithilfe der Menüpunkte **„%"** und **„Dezimalstelle hinzufügen"** die relativen Häufigkeiten in Prozent auf eine Nachkommastelle genau an.
e) Stelle die absoluten (relativen) Häufigkeiten auch in anderen Diagrammformen dar. Markiere dazu vorher die zugehörigen Zellbereiche.

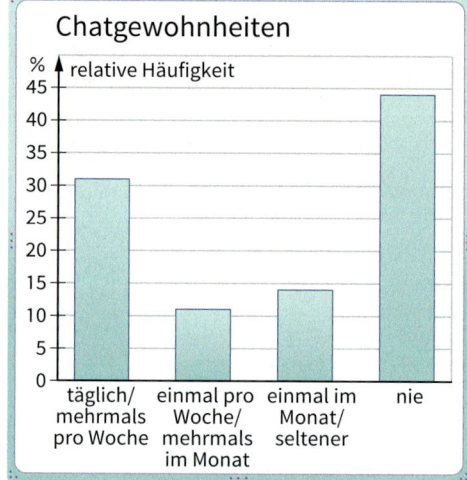

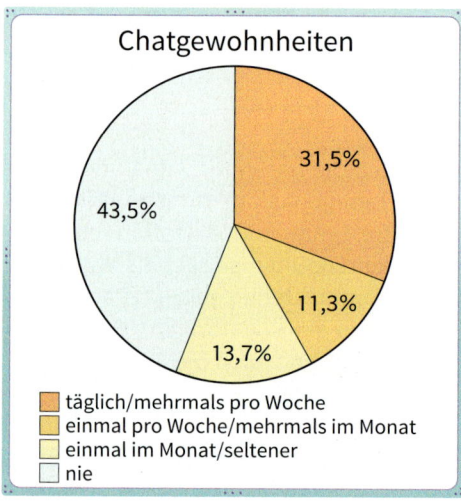

f) Von weiteren befragten Schülerinnen und Schülern chatten 13 mehrmals pro Woche, 6 mehrmals im Monat, 4 seltener als einmal im Monat und 23 nie.
Ergänze die absoluten Häufigkeiten in deiner Tabelle.

Daten auswerten

1 Eine statistische Untersuchung zum „Freizeitverhalten" in der Klasse 6 b ergab das unten abgebildete Ergebnis.

Fernsehzeiten an einem Wochentag:
16 Mädchen insgesamt 20 h
12 Jungen insgesamt 18 h

Die Mädchen sehen länger fern als die Jungen.

Ist die Behauptung von Lennart richtig? Begründe.

2

Die Jungen in unserer Klasse sind im Durchschnitt genauso groß wie die Mädchen.

Körpergröße der Jungen (cm)
150 151 153 162 154 177 159 158
164 167 162 151 159

Körpergröße der Mädchen (cm)
163 149 144 172 149 157 143 149
172 171 145 170 154 174

Hat Johanna recht?

Arithmetisches Mittel (Mittelwert):
Handelt es sich bei Daten um Zahlen, kannst du das arithmetische Mittel $\bar{x}$ (*lies:* x quer) berechnen.

$$\bar{x} = \frac{\text{Summe aller Daten}}{\text{Anzahl der Daten}}$$

Körpergewicht (kg)
56 47 53 61 44 72

$\bar{x} = \frac{56 + 47 + 53 + 61 + 44 + 72}{6}$

$\bar{x} = 55{,}5$ kg

3 Luis hat an zehn Tagen die Zeitdauer aufgeschrieben, die er für seine Hausaufgaben benötigt.
Berechne das arithmetische Mittel.

Dauer der Hausaufgaben (min)
32 46 50 67 36 40 39 35 60 55

4 Die 14 Mädchen der Klasse 6 a lassen sich gemeinsam auf einer Pkw-Waage wiegen. Ihr Gesamtgewicht beträgt 679 kg. Berechne das Durchschnittsgewicht.

5 Das Gesamtgewicht der 15 Jungen der Klasse 6 a beträgt 683 kg. Berechne das arithmetische Mittel. Runde auf eine Nachkommastelle.

6 Robin, Moritz und Daniel wollen gemeinsam ihren Geburtstag feiern.
Sie haben dafür getrennt eingekauft.
Robin hat 25 €, Moritz 19 € und Daniel 28 € ausgegeben.
Mache einen Vorschlag, wie sie die Kosten gerecht verteilen können.

Daten auswerten

7 In der Häufigkeitstabelle siehst du die Ergebnisse einer Umfrage zur Anzahl der Kinder pro Familie.

Anzahl der Kinder	absolute Häufigkeit
1	25
2	19
3	4
4	2

Im Beispiel wird gezeigt, wie du das arithmetische Mittel mithilfe der absoluten Häufigkeiten berechnen kannst.

Umfrage zur Anzahl der Kinder

Anzahl der Kinder	absolute Häufigkeit	Produkt
1	25	1 · 25 = 25
2	19	2 · 19 = 38
3	4	3 · 4 = 12
4	2	4 · 2 = 8
Summe	50	83

Multipliziere jede Anzahl mit der zugehörigen absoluten Häufigkeit. Addiere dann die berechneten Produkte.
1 · 25 + 2 · 19 + 3 · 4 + 4 · 2 = 83

Dividiere die Summe durch die Anzahl der Daten. 83 : 50 = 1,66

$$\overline{x} = \frac{1 \cdot 25 + 2 \cdot 19 + 3 \cdot 4 + 4 \cdot 2}{50} = \frac{83}{50} = 1{,}66$$

a) Erkläre die Rechnung.
b) Bei einer anderen Umfrage zur Anzahl der Kinder wurden 40 Familien befragt. Berechne das arithmetische Mittel mithilfe der absoluten Häufigkeiten.

Anzahl der Kinder	absolute Häufigkeit
1	18
2	10
3	7
4	4
5	1

8 Bei einer Verkehrszählung wurde die Anzahl der Personen pro Pkw in einer Urliste erfasst.

Anzahl der Personen pro Pkw
1 1 2 1 2 2 3 2 1 1 2 2 1 1 1
3 4 1 3 5 3 1 2 1 2 3 2 1 1 1
3 2 4 2 1 1 2 1 1 2 2 2 2 3 1
4 1 3 4 1

Berechne das arithmetische Mittel mithilfe der absoluten Häufigkeiten.

9 Die grafische Darstellung zeigt dir Informationen zum Taschengeld.

6 – 7 Jahre | 8 – 9 Jahre | 10 – 11 Jahre | 12 – 15 Jahre | 16 – 17 Jahre

In der Urliste findest du die Daten einer Umfrage zum Thema „Taschengeld pro Monat" im 6. Jahrgang.

Taschengeld pro Monat (€)
20 24 16 12 16 20 24 25 16 12
10 10 12 16 24 20 12 10 10 12
10 16 10 10 12 16 12 16 20 12
16 12 16 12 12 20 16 10 12 16

Berechne das arithmetische Mittel und vergleiche.

Daten auswerten

10 Steffi hat an einem Weitsprungwettbewerb teilgenommen. Ihre erzielten Sprungweiten wurden in der Urliste gesammelt.

Sprungweite (cm)				
485	479	450	495	486

a) Berechne das arithmetische Mittel.
b) Ordne die Sprungweiten der Größe nach. Beginne mit der kleinsten Weite (Minimum).

11 Paul und Tom hatten beim Weitsprung jeweils sechs Versuche.

Sprungweite von Paul (cm)					
465	468	477	472	459	449

Sprungweite von Tom (cm)					
464	466	0	472	453	479

a) Ordne beide Urlisten der Größe nach. Beginne jeweils mit dem größten Wert (Maximum). Du erhältst die zugehörigen Ranglisten.
b) Kannst du die Ergebnisse von Paul und Tom besser mithilfe der Urlisten oder der Ranglisten vergleichen? Begründe deine Antwort.

> Ordnest du die Daten in einer Urliste der Größe nach, erhältst du eine **Rangliste**.
>
> | Sprungweite (cm) | | | | |
> |---|---|---|---|---|
> | 466 | 473 | 442 | 0 | 449 |
>
> Du kannst mit dem kleinsten Wert (**Minimum**) beginnen: 0
>
> **Rangliste** (Sprungweite in cm):
>
> 0   442   449   466   473
>
> Du kannst mit dem größten Wert (**Maximum**) beginnen: 473
>
> **Rangliste** (Sprungweite in cm):
>
> 473   466   449   442   0

12 Lisa hat aufgeschrieben, wie lange sie mit dem Fahrrad für ihren Schulweg braucht. Dabei musste sie auch die Panne am 5. Tag berücksichtigen.

Dauer des Schulwegs (min)								
17	19	20	18	41	20	21	22	20

a) Berechne das arithmetische Mittel $\bar{x}$.
b) Lege eine Rangliste an. Beginne mit dem Minimum.
c) Vergleiche das arithmetische Mittel mit dem mittleren Wert in der Rangliste. Was fällt dir auf?

13 Für einen Sportwettkampf muss Frau Kornfeld einen Schüler für den 50-m-Lauf auswählen.

Zeiten im 50-m-Lauf von Felix (s)								
8,5	8,7	8,4	8,9	8,2	8,3	8,6	8,3	8,6

Zeiten im 50-m-Lauf von Kevin (s)								
8,6	8,6	8,3	8,5	8,3	8,3	8,4	8,2	

Bestimme jeweils das arithmetische Mittel und lege eine Rangliste an. Wen soll Frau Kornfeld für den Wettkampf aufstellen? Begründe.

WISSEN KOMPAKT

Bei **statistischen Untersuchungen** werden **Daten** durch Befragung, Beobachtung oder Experiment gesammelt.
Die in einer **Urliste** gesammelten Daten können mithilfe einer **Strichliste** geordnet und dann in einer **Häufigkeitstabelle** dargestellt werden.

Häufigkeitstabelle

Lebensalter (Jahre)	absolute Häufigkeit	relative Häufigkeit	
12	23	0,23	23 %
13	26	0,26	26 %
14	19	0,19	19 %
15	18	0,18	18 %
16	14	0,14	14 %
Summe	100	1,00	100 %

Die **relative Häufigkeit** jedes Ergebnisses gibt den Anteil dieses Ergebnises an allen gesammelten Daten an.
Die relative Häufigkeit kann als Bruch, Dezimalzahl oder in Prozent angegeben werden.

$$\text{relative Häufigkeit} = \frac{\text{absolute Häufigkeit}}{\text{Anzahl der Daten}}$$

Die in der Häufigkeitstabelle aufbereiteten Daten können in verschiedenen Diagrammformen grafisch dargestellt werden.

Säulendiagramm

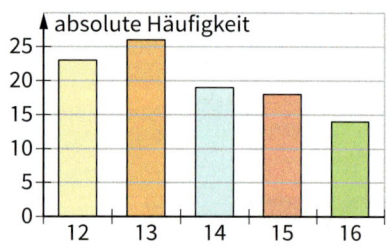

Streifendiagramm

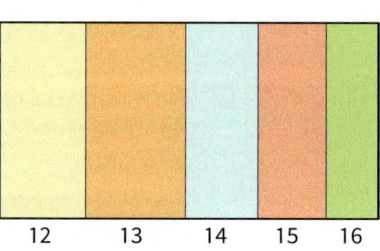

Kreisdiagramm

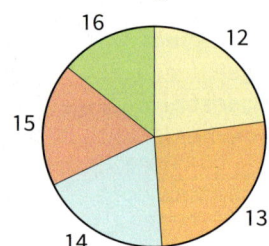

Handelt es sich bei den Daten um Zahlen, kannst du das arithmetische Mittel $\bar{x}$, den kleinsten Wert und den größten Wert bestimmen und die Daten der Größe nach in einer Rangliste sortieren.

Urliste

Körpergewicht (kg)
44 49 52 44 48 46 48 50 47 48

arithmetisches Mittel (Mittelwert) $\bar{x}$:

$$\bar{x} = \frac{44 + 49 + 52 + 44 + 48 + 46 + 48 + 50 + 47 + 48}{10} = \frac{476}{10} = 47,6$$

$\bar{x} = 47,6$ kg

Minimum (kleinster Wert): 44 kg

Maximum (größter Wert): 52 kg

Ranglisten (Körpergewicht in kg):

44 44 46 47 48 48 48 49 50 52

52 50 49 48 48 48 47 46 44 44

ÜBEN

Daten erfassen, darstellen und auswerten — 157

1 Eine Umfrage nach der Anzahl der Tablet-PCs im Haushalt führte zu dem in der Urliste dargestellten Ergebnis.

Anzahl der Tablet-PCs

2	1	1	2	3	0	0	1	0	2	1	0	1	4	1	
0	1	2	1	0	0	1	1	1	2	0	1	2	1		
0	0	1	3	4	2	1	1	4	1	0	2	1	0	1	
3	2	3	0	3											

a) Bestimme die absoluten Häufigkeiten mithilfe einer Strichliste.
b) Berechne die relativen Häufigkeiten und trage sie in eine Häufigkeitstabelle ein.
c) Stelle die absoluten Häufigkeiten in einem Säulendiagramm (Balkendiagramm) grafisch dar.

2 Ein Automobilclub hat an einer Bundesstraße die Anzahl der Personen in den vorbeifahrenden Pkw gezählt.

Die Daten wurden in eine Urliste geschrieben.

Anzahl der Personen pro Pkw

2	2	1	3	1	1	2	4	5	1	2	1	2	1	1	
1	2	3	3	2	1	4	1	1	5	1	1	2	1	2	
3	1	2	1	2	1	4	3	1	1	3	1	1	4	2	
3	2	3	1	5											

a) Bestimme die absoluten Häufigkeiten mithilfe einer Strichliste.
b) Berechne die relativen Häufigkeiten und trage sie in eine Häufigkeitstabelle ein.
c) Stelle die absoluten Häufigkeiten in einem Streifendiagramm (Gesamtlänge 10 cm) dar.

3 In einer Umfrage wurden 1 000 Mädchen und 1 000 Jungen gefragt, welche Art von Computerspiel sie am liebsten spielen. Das Ergebnis der Umfrage wird in dem Balkendiagramm dargestellt.

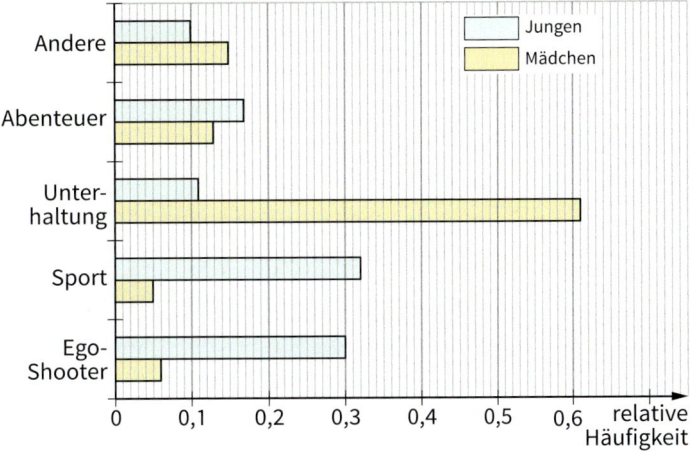

a) Vergleiche die Ergebnisse der Befragung bei Mädchen und Jungen.
b) Gib die zugehörigen absoluten Häufigkeiten an.

4 Bei einer Umfrage wurden 200 zufällig ausgewählte Jugendliche im Alter von 11 bis 16 Jahren gefragt, welchen Weg sie hauptsächlich zum Musikhören nutzen. 80 Jugendliche nutzen Streaming-Dienste, 50 das Radio, 40 YouTube und 30 Jugendliche hören Musik vom MP3-Player, von CD, Kassette oder Platte.
a) Berechne die relativen Häufigkeiten als Dezimalzahl.
b) Stelle die relativen Häufigkeiten in einem Kreisdiagramm (Radius 5 cm) dar.

5 Eine Umfrage unter Mädchen, wie viele Bücher sie im letzten Monat gelesen haben, führte zu den in der Urliste aufgeschriebenen Ergebnissen.

Anzahl der gelesenen Bücher

2	3	1	1	2	1	0	0	4	2

a) Berechne das arithmetische Mittel.
b) Bestimme Maximum und Minimum und lege eine Rangliste an.

ÜBEN

6 In der Urliste findest du die Daten einer Umfrage zum Thema „Taschengeld pro Monat".

Taschengeld pro Monat (€)									
20	24	16	12	16	20	24	12	16	12
10	10	12	16	24	20	12	10	10	12
10	16	10	10	12	16	12	16	20	12
16	12	16	12	12	20	16	10	12	16
10	16	12	16	24	12	16	10	16	12

a) Lege eine Häufigkeitstabelle an. Bestimme die relativen Häufigkeiten als Bruch und als Dezimalzahl.
b) Stelle das Ergebnis der Umfrage grafisch dar.
c) Bestimme das Maximum und das Minimum.
d) Berechne das arithmetische Mittel mithilfe der absoluten Häufigkeiten.

7 Mehrere zufällig ausgewählte Schülerinnen und Schüler wurde gefragt, wie viele Smartphones bei ihnen zu Hause genutzt werden.

Anzahl der Smartphones	1	2	3	4
absolute Häufigkeit	15	20	10	5

a) Lege eine Häufigkeitstabelle an. Bestimme die relativen Häufigkeiten als Dezimalzahl und in Prozent.
b) Stelle das Ergebnis der Umfrage in einem Kreisdiagramm grafisch dar.
c) Berechne das arithmetische Mittel mithilfe der absoluten Häufigkeiten.

8 Jungen, die am Computer spielen, wurden gefragt, wie viel Zeit sie damit täglich verbringen.
In der Urliste sind die von ihnen genannten Zeiten notiert.

tägliche Spieldauer (h)				
1,5	2,5	1,0	2,0	3,5
0,5	4,0	1,0	1,5	3,0

a) Bestimme Maximum und Minimum und lege eine Rangliste an.
b) Berechne das arithmetische Mittel.

9 Ein Autohersteller wirbt damit, dass sich die Verkaufszahlen in den letzten Jahren deutlich gesteigert haben. Das soll durch das abgebildete Diagramm bestätigt werden.

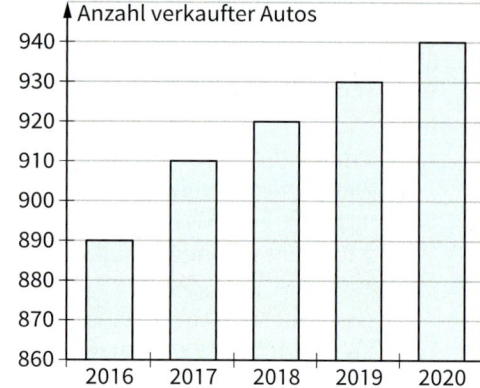

a) Was fällt dir an dem Diagramm auf?
b) Stelle die Verkaufszahlen in einem Säulendiagramm dar. Vergleiche beide Diagramme.

10 Der Leiter eines Freizeitparks möchte den Service verbessern und befragt die Besucher nach ihrer Wartezeit an der Wasserrutsche. Die Ergebnisse wurden in der Urliste festgehalten.

Wartezeit (min)											
3	6	9	5	2	8	1	7	13	11	8	12	6
3	9	4	3	8	7	16	18	2	1	12	15
18	14	11	9	6	8	7	7	9	9	11	10

a) Bestimme Maximum und Minimum.
b) Berechne das arithmetische Mittel.
c) Erstelle ein Histogramm. Wähle eine Klassenbreite von zwei Minuten.

Daten erfassen, darstellen und auswerten

ÜBEN: Eine Umfrage erstellen

1 Plant in Gruppen eine Umfrage zu einem Thema. Überlegt, wen ihr befragen wollt. Entwerft einen Fragebogen.

Mögliche Themen:
Unser Schulweg
Das monatliche Taschengeld
Wozu benutzen wir unser Smartphone?
Verhalten wir uns umweltbewusst?

Modellieren — Eine Umfrage planen

1. Wer soll gefragt werden?

Schülerinnen und Schüler des 7. Jahrgangs

Jugendliche von 10 bis 16 Jahren

Erwachsene

beliebige Personen

2. Wie soll ausgewählt werden?

Alle Schülerinnen und Schüler einer Klasse (eines Jahrgangs) werden gefragt.
Eine zufällige Auswahl von Schülerinnen und Schülern wird gefragt.
Zufällig ausgewählte, beliebige Personen werden gefragt.

3. Worauf ist beim Entwurf des Fragebogens zu achten?

~~Was muss bei dem Freizeitangebot anders werden?~~

~~Haben Schülerinnen und Schüler an anderen Schulen einen kürzeren Schulweg?~~

Was machst du in deiner Freizeit?

Du kannst mehrere Antworten ankreuzen.

☐ Sport
☐ Musik hören
☐ mit Freunden treffen

Wie viele Geschwister hast du?

Bitte kreuze die richtige Anwort an.

0 ☐   1 ☐
2 ☐   3 ☐
4 ☐   5 ☐
mehr als 5 ☐

Wie lang ist dein Schulweg (in km)?

Bitte kreuze die richtige Anwort an.

0 bis 5 km ☐
über 5 bis 10 km ☐
über 10 bis 15 km ☐
über 15 bis 20 km ☐
über 20 km ☐

Stellt keine Fragen, die nicht beantwortet werden können.
Die Antworten müssen sich gut auswerten lassen.

Wenn mehr als eine Antwort gegeben werden kann, muss das deutlich gemacht werden.

Bei vorgegebenen Antworten muss es zu jedem möglichen Befragungsergebnis auch eine Ankreuzmöglichkeit geben.

ÜBEN: Eine Umfrage auswerten

1 Führt eine geplante Umfrage durch und wertet sie in Gruppen aus. Stellt die Ergebnisse grafisch dar.

Hinweise zum Präsentieren findet ihr auf der Seite 203.

Modellieren: Eine Umfrage auswerten und die Ergebnisse darstellen

1. Worauf ist bei der Auswertung der Fragebögen zu achten?

			|||| ||||	relative Häufigkeit Bruch: $\frac{28}{100}$ Dezimalzahl: 0,28 Prozent: 28 %	arithmetisches Mittel (Mittelwert) $\bar{x}$: Maximum: Minimum:	Zeit (s) 15 16 25 23 17 12 18 45 10 48 67 22 32 19 18 34
Bei der Auswertung sollte zunächst mit Strichlisten gearbeitet werden.	Müssen auch relative Häufigkeiten berechnet werden? Wie sollen sie angegeben werden?	Können das arithmetische Mittel (der Mittelwert), das Maximum und das Minimum bestimmt werden?	Müssen Daten in Klassen zusammengefasst werden?

2. Kann ein Tabellenkalkulationsprogramm eingesetzt werden?

3. Worauf ist bei der Darstellung der Ergebnisse zu achten?

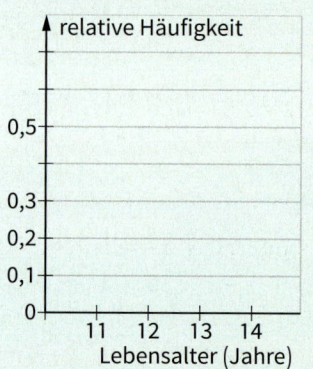
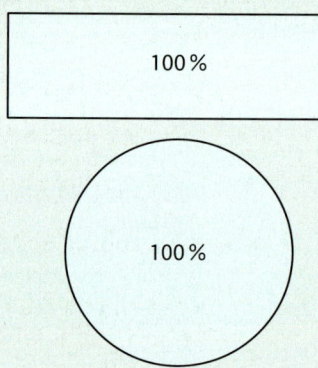
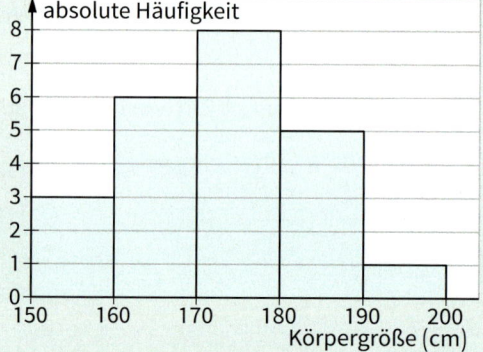

Die Achsen müssen eine Einteilung haben und beschriftet sein.

Kreis- und Streifendiagramm eignen sich nicht bei Mehrfachantworten.

Bei Daten, die in Klassen zusammengefasst werden, ist das Histogramm die richtige Diagrammform.

Daten erfassen, darstellen und auswerten

VERTIEFEN: Median und Spannweite

1 Steffi nimmt an einem Weitsprungwettbewerb teil. Von fünf Versuchen ist einer ungültig.

Sprungweite (cm)				
485	479	0	495	486

a) Berechne das arithmetische Mittel.
b) Ordne die Sprungweiten der Größe nach. Beginne mit der kleinsten Weite. Bestimme die Sprungweite, die genau in der Mitte steht.
c) Vergleiche diese Weite mit dem arithmetischen Mittel. Welcher Wert beschreibt Steffis Sprungleistungen besser?

Insbesondere bei **Stichproben mit stark abweichenden Werten (Ausreißern)** ist es sinnvoll, als Mittelwert den **Median (Zentralwert)** zu bestimmen.

Ungerader Stichprobenumfang

Sprungweite (cm)				
466	473	442	0	449

Geordnete Urliste:

0	442	449	466	473

Bei ungeradem Stichprobenumfang ist der Median $\tilde{x}$ *(lies: x Schlange)* der mittlere Wert in der geordneten Urliste.

Median: $\tilde{x}$ = 449

---

2 Berechne das arithmetische Mittel und bestimme den Median.

a)

Sprungweite (cm)						
432	0	0	453	422	455	438

b)

Sprungweite (cm)						
464	466	0	472	453	444	482

3 Auch von Julians Weitsprungversuchen war einer ungültig.

Sprungweite (cm)					
472	483	0	474	488	456

a) Berechne das arithmetische Mittel.
b) Ordne die Sprungweiten der Größe nach. Beginne mit der kleinsten Weite.
c) Kannst du einen Wert angeben, der die Sprungleistungen von Julian besser beschreibt als das arithmetische Mittel?

Gerader Stichprobenumfang

Sprungweite (cm)					
495	434	0	467	459	443

Geordnete Urliste:

0	434	443	459	467	495

Bei geradem Stichprobenumfang liegt der Median zwischen den beiden mittleren Werten in der geordneten Urliste.

Median: $\tilde{x} = \dfrac{443 + 459}{2} = 451$

---

4 Paul und Tom haben beim Weitsprung jeweils sechs Versuche gehabt.

Sprungweite von Paul (cm)					
465	468	477	472	459	449

Sprungweite von Tom (cm)					
464	466	0	472	453	482

a) Bestimme jeweils den Median.
b) Bestimme auch jeweils die Differenz zwischen dem größten Wert (Maximum) und dem kleinsten Wert (Minimum). Diese Differenz wird **Spannweite** genannt.
c) Vergleiche die Ergebnisse von Paul und Tom. Was stellst du fest?

VERTIEFEN: Median und Spannweite

5 Geschwindigkeitsmessungen auf der Autobahn ergaben die in der Urliste aufgeschriebenen Messwerte.

Geschwindigkeit (km/h)							
89	95	61	43	106	112	189	102
73	98	89	99	123	116	105	178
90	77	87	56	132	109	198	117

a) Bestimme den Median und die Spannweite.
b) Berechne das arithmetische Mittel.

6 Mit einem Echolot wird auf Schiffen die Wassertiefe gemessen. Dazu werden Schallwellen ausgesendet, vom Meeresboden reflektiert und wieder empfangen. Die folgenden Messwerte wurden am gleichen Ort aufgenommen:
1 225,4 m; 1 225,0 m; 1 226,3 m; 866,4 m und 1 226,8 m.
a) Bestimme den Median und berechne das arithmetische Mittel.
b) Wie wirkt sich der fehlerhafte Messwert 866,4 m auf den Median, wie auf das arithmetische Mittel aus?

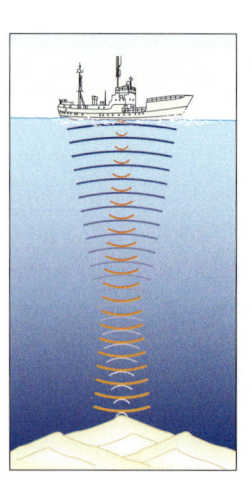

7 Mats übt für einen Weitsprungwettbewerb. Bei drei Versuchen ist er 3,80 m, 3,76 m und 3,54 m weit gesprungen. Er hat noch drei weitere Versuche.
Gib drei mögliche Sprungweiten an, so dass der Median dann 3,56 m (das arithmetische Mittel dann 3,60 m) beträgt.

8

Lisa hat aufgeschrieben, wie lange sie mit dem Fahrrad für ihren Schulweg braucht. Dabei musste sie auch die Panne am 13. Tag berücksichtigen.

Dauer des Schulwegs (min)
17 19 20 18 22 23 21 22 20 19
18 22 46 19 18

a) Bestimme den Median.
b) Berechne das arithmetische Mittel.
c) Welcher Mittelwert kennzeichnet die Dauer des Schulwegs besser? Begründe.

9 Für einen Sportwettkampf mit einer anderen Schule muss Herr Stein einen Schüler für den 50-m-Lauf auswählen.

Er schaut sich dazu die von Paul und Tom im 50-m-Lauf erzielten Zeiten an.

Zeiten im 50-m-Lauf von Paul (s)
8,4 8,6 8,3 8,8 8,1 8,2

Zeiten im 50-m-Lauf von Tom (s)
8,6 8,3 8,5 8,6 8,4 8,3 8,2

Bestimme jeweils den Median und die Spannweite. Wen soll Herr Stein für den Wettkampf aufstellen? Begründe.

AUSGANGSTEST

1. In der Urliste findest du die Zeugnisnoten der Klasse 6 a im Fach Englisch.

   Zeugnisnote in Englisch
   4 3 2 3 4 4 5 1 6 5 4 3 4 3 2 3 4 2 1 2 4 5 3 2 4

   a) Lege eine Strichliste und eine Häufigkeitstabelle an. Berechne auch die relativen Häufigkeiten als Bruch und als Dezimalzahl.
   b) Zeichne dazu ein Säulendiagramm.

2. In dem Balkendiagramm wird das Ergebnis einer statistischen Untersuchung zum monatlichen Taschengeld dargestellt.

   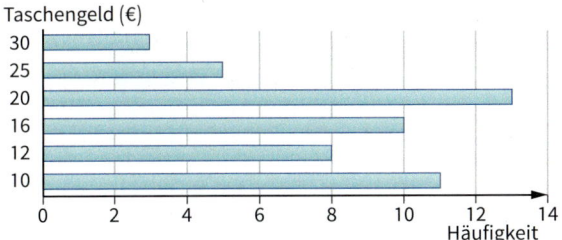

   a) Beschreibe das abgebildete Diagramm. Welche Informationen kannst du dem Diagramm entnehmen?
   b) Berechne die relativen Häufigkeiten als Dezimalzahl und in Prozent.
   c) Zeichne ein zugehöriges Streifendiagramm (Gesamtlänge 10 cm).
   d) Berechne das arithmetische Mittel mithilfe der absoluten Häufigkeiten.

3. Im 6. Jahrgang wird die Notenverteilung im Fach Deutsch untersucht.

Note	1	2	3	4	5	6
absolute Häufigkeit	10	28	38	24	15	5

   Zeichne das zugehörige Kreisdiagramm.

4. Für die Schulmeisterschaften im Weitsprung muss Herr Grabbe eine Schülerin auswählen.

   Sprungweiten (m) von Paula
   3,80   3,65   3,55   3,60   3,50   3,70   3,40

   Sprungweite (m) von Ayla
   3,75   3,60   3,45   3,80   3,50   3,70   3,40   3,60

   a) Bestimme jeweils das arithmetische Mittel.
   b) Bestimme Minimum und Maximum und lege eine Rangliste an.
   c) Wen soll Herr Grabbe auswählen? Begründe.

5. Paul springt bei fünf Weitsprüngen im Durchschnitt 3,80 m weit. Seine ersten beiden Sprungweiten betragen 3,75 m und 3,70 m.
   Gib drei weitere Sprungweiten an, so dass das arithmetische Mittel 3,80 m beträgt.

Ich kann ...

	Aufgabe	Hilfen und Aufgaben	
Strichlisten und Häufigkeitstabellen erstellen.	1	Seite 145, 157, 158	I
Säulendiagramme und Streifendiagramme erstellen.	1, 2 c	Seite 145, 146, 157, 158	I
Informationen aus Grafiken entnehmen.	2	Seite 149, 150, 157	I
relative Häufigkeiten berechnen.	1, 2 b	Seite 145, 146, 147, 157, 158	I
das arithmetische Mittel berechnen.	4	Seite 153, 154, 157, 158	I
Maximum und Minimum bestimmen und Daten in einer Rangliste ordnen.	4	Seite 155	
statistische Darstellungen beurteilen.	2 a	Seite 149	II
das arithmetische Mittel mithilfe der absoluten Häufigkeiten berechnen.	2 d	Seite 154	II
Kreisdiagramme erstellen.	3	Seite 147, 157, 158	
zu einem vorgegebenen arithmetischen Mittel passende Daten bestimmen.	5	Seite 153, 162	III

8 Zufalls-experimente

Bist du fit für dieses Kapitel? Eingangstest auf Seite 190.

In diesem Kapitel ...
- bestimmst du mögliche Ergebnisse von Zufallsexperimenten.
- führst du Zufallsexperimente durch und wertest sie aus.
- bestimmst du Wahrscheinlichkeiten von Zufallsexperimenten.

Experimente und ihre Ergebnisse

Auf den Fotos werden unterschiedliche Tätigkeiten dargestellt. Diese Tätigkeiten nennen wir Experimente.

- Bei welchem Experiment erhältst du auch bei Wiederholungen immer dasselbe Ergebnis?
- Bei welchem Experiment kannst du das Ergebnis nicht vorhersagen? Nenne dann mögliche Ergebnisse.

Zufallsexperimente und ihre Ergebnisse

> Bei einigen Experimenten wie zum Beispiel Glücksspielen oder Befragungen, lassen sich die **Ergebnisse** nicht sicher vorhersagen. Sie kommen zufällig zustande. Diese Experimente heißen **Zufallsexperimente**.

1 Bei einem Münzwurf kann das Ergebnis Zahl oder Bild sein. Nenne bei dem folgenden Zufallsexperiment mindestens zwei mögliche Ergebnisse.
a) Ein Würfel wird einmal geworfen.
b) Die erste Lottozahl wird gezogen.
c) Ein Glücksrad, dessen Felder jeweils eine der 10 Ziffern tragen, wird gedreht.
d) Aus einer Urne mit schwarzen und roten Kugeln wird eine Kugel gezogen.

2 Eine Schülerin (ein Schüler) deiner Klasse wird ausgelost und befragt.

Welche Ergebnisse sind möglich?
a) Welche Farbe haben deine Augen?
b) Welche Schuhgröße hast du?
c) Wie viele Geschwister hast du?
d) Wie alt bist du?
e) Wie viel Taschengeld bekommst du im Monat?
f) Welche Körpergröße hast du?

3 Jule und Lukas befragen einen zufällig ausgewählten Schüler ihrer Klasse nach seiner Lieblingssportart (seinem Lieblingsfach, seinem Lieblingstier, seiner Lieblingssängerin). Nenne mögliche Ergebnisse der Befragung.

4 Ein Dodekaeder ist ein regelmäßiger Körper, dessen Oberfläche aus zwölf gleich großen Fünfecken besteht. Mit dem abgebildeten Dodekaeder wird einmal gewürfelt.

Gib alle möglichen Ergebnisse an.

5 Finja will feststellen, wie viele Ergebnisse folgendes Zufallsexperiment hat:
Sie nimmt mit geschlossenen Augen aus der Schale zwei Kugeln gleichzeitig heraus und zeichnet dieses Ergebnis mit entsprechenden Farbstiften auf.
Dann legt sie beide Kugeln wieder zurück, mischt gut durch und wiederholt das Experiment.

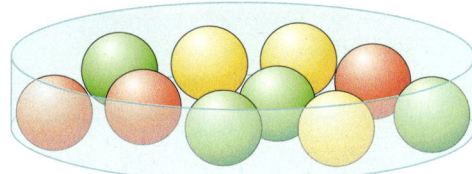

1. Ergebnis   2. Ergebnis

Welche anderen Ergebnisse kann Finja bei weiteren Wiederholungen erwarten?

6 Der abgebildete Tetraeder trägt auf jeweils einer Seite einen der Buchstaben A, B, C oder D. Er wird zweimal nacheinander geworfen. Der Buchstabe, der unten liegt, zählt als Ergebnis.
Schreibe alle möglichen Ergebnisse auf.

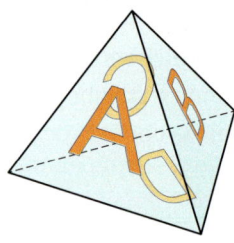

Die Ergebnisse von Zufallsexperimenten interpretieren

1 Vor einem Fußballspiel wird durch einen Münzwurf entschieden, welche Mannschaft die Seitenwahl hat.
Die Mannschaft, die beim Münzwurf verloren hat, hat dann Anstoß.

Auch Sarah und Niklas werfen eine Münze. Sie wollen untersuchen, wer von ihnen häufiger gewinnt. Bei Bild gewinnt Sarah, bei Zahl Niklas. Sie werfen die Münze insgesamt sechzehnmal. Die Münzoberseite zeigt siebenmal Zahl. Hat Sarah mehr Glück als Niklas?

2 Auch Jakob und Marie haben beide mehrmals eine Münze geworfen und die Ergebnisse jeweils in einer **Strichliste** festgehalten.

Jakob:
Zahl	ЖЖ ЖЖ ЖЖ I
Bild	ЖЖ ЖЖ ЖЖ ЖЖ IIII

Marie:
Zahl	ЖЖ ЖЖ ЖЖ
Bild	ЖЖ ЖЖ ЖЖ

Das Ergebnis „Zahl" zählt als Gewinn, bei „Bild" hat man verloren.
a) Wie oft hat Jakob das Ergebnis „Zahl" erzielt, wie oft Marie?
b) Wer hat mehr Glück gehabt, Jakob oder Marie? Begründe.

3 Paula und Simon haben dieselbe Münze unterschiedlich oft geworfen. Die Ergebnisse ihres Zufallsexperimentes haben sie in zwei Strichlisten festgehalten.

	Paula	Simon
Zahl	ЖЖ ЖЖ ЖЖ ЖЖ III	ЖЖ ЖЖ ЖЖ III
Bild	ЖЖ ЖЖ ЖЖ ЖЖ ЖЖ II	ЖЖ ЖЖ ЖЖ ЖЖ II

In dem Beispiel wird für Paula der Anteil berechnet, den das Ergebnis „Zahl" an allen Würfen hat. Der Anteil wird als Bruch angegeben und **relative Häufigkeit** genannt.

> Ergebnis: Zahl
> absolute Häufigkeit: 23
> Gesamtzahl der Würfe: 50
> relative Häufigkeit: $\frac{23}{50}$

a) Übertrage die Häufigkeitstabelle für Paulas Ergebnisse in dein Heft. Bestimme die relative Häufigkeit für das Ergebnis „Bild".

Ergebnis	absolute Häufigkeit	relative Häufigkeit
Zahl	23	$\frac{23}{50}$
Bild	27	■
Summe	■	■

b) Lege auch für die Würfe von Simon eine Häufigkeitstabelle an. Gib die relativen Häufigkeiten als Bruch an.

> **relative Häufigkeit** = $\frac{\text{absolute Häufigkeit}}{\text{Gesamtzahl der Versuche}}$

4 Wirf in Partnerarbeit eine Münze zehnmal (zwanzigmal, fünfzigmal, hundertmal).
a) Bestimme mithilfe einer Strichliste die absoluten Häufigkeiten der einzelnen Ergebnisse.
b) Lege eine Häufigkeitstabelle an. Gib die relativen Häufigkeiten als Bruch an und trage sie in die Tabelle ein.
c) Vergleiche die relativen Häufigkeiten für „Zahl" und „Bild" miteinander. Was stellst du fest?

Die Ergebnisse von Zufallsexperimenten interpretieren

5 Lilli hat das folgende Glücksspiel durchgeführt: Sie hat mit geschlossenen Augen eine Kugel aus der Schale (der Urne) gezogen, die Farbe notiert und die Kugel wieder zurückgelegt.

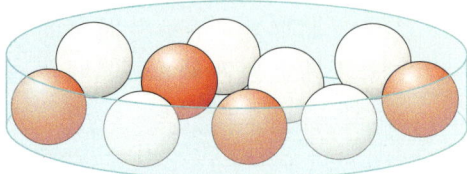

Nach 10 (20, 50, 100) Ziehungen hat sie die absoluten Häufigkeiten in der Häufigkeitstabelle zusammengefasst.

Ergebnis	absolute Häufigkeit			
rot	3	7	18	38
weiß	7	13	32	62
Summe	■	■	■	■

a) Berechne die relativen Häufigkeiten als Bruch und als Dezimalzahl und trage sie in die abgebildete Tabelle ein.

Anzahl der Ziehungen	relative Häufigkeit	
	rot	weiß
10	$\frac{3}{10} = 0{,}3$	$\frac{7}{10} = 0{,}7$
20	■	■

b) Vergleiche die relativen Häufigkeiten. Was stellst du fest?

6 Aus einer Urne mit zwei weißen und acht blauen, sonst gleichartigen Kugeln wurde mehrmals eine Kugel gezogen, ihre Farbe notiert und wieder zurückgelegt.

Ergebnis	absolute Häufigkeit			
weiß	3	6	12	42
blau	7	19	38	158

a) Berechne die relativen Häufigkeiten als Bruch und als Dezimalzahl und notiere sie in einer Tabelle.
b) Vergleiche die relativen Häufigkeiten. Was stellst du fest?

7 Vesna und Ben haben das folgende Glücksspiel vereinbart: Sie werfen eine Heftzwecke. Liegt die Heftzwecke auf dem Kopf hat Vesna gewonnen, liegt sie auf der Seite, gewinnt Ben.

Sie haben dieses Zufallsexperiment oft durchgeführt und dabei nach 10 (20, 25, ...) Würfen die absoluten Häufigkeiten bestimmt und in die Häufigkeitstabelle eingetragen.

absolute Häufigkeit		Anzahl der Würfe
Kopf	Seite	
3	7	10
7	13	20
9	16	25
19	21	■
26	24	■
43	57	■
82	118	■
168	232	■

a) Berechne zu jeder Anzahl von Würfen die relativen Häufigkeiten beider Ergebnisse als Bruch und als Dezimalzahl und trage sie in die unten abgebildete Tabelle ein.

Anzahl der Würfe	relative Häufigkeit	
	Kopf	Seite
10	$\frac{3}{10} = 0{,}3$	$\frac{7}{10} = 0{,}7$
20	■	■

b) Vergleiche die relativen Häufigkeiten. Was stellst du fest?
c) Haben Vesna und Ben die gleichen Gewinnchancen? Begründe.

Die Ergebnisse von Zufallsexperimenten interpretieren

8 Emily und Florian haben mit einem Würfel gewürfelt und die Ergebnisse ihres Zufallsexperiments in der abgebildeten Häufigkeitstabelle festgehalten.

Ergebnis	1	2	3	4	5	6
absolute Häufigkeit	16	15	20	17	14	18

a) Berechne die relativen Häufigkeiten und notiere sie in einer Tabelle.
b) Emily und Florian wollen die Ergebnisse ihres Zufallsexperiments in einem Säulendiagramm darstellen. Übertrage das Säulendiagramm in dein Heft und vervollständige es.

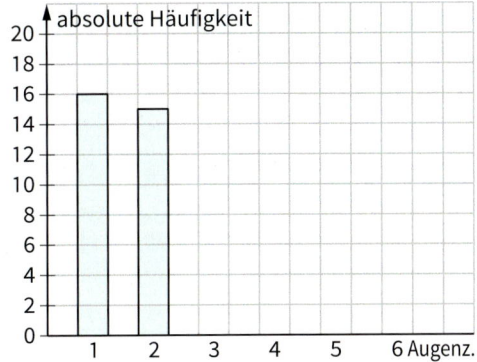

9 a) Werft in Partnerarbeit fünfzigmal (hundertmal, zweihundertmal, ...) einen Würfel. Haltet die Ergebnisse in einer Strichliste fest.
b) Legt eine Häufigkeitstabelle an und berechnet die absoluten und relativen Häufigkeiten.
c) Stellt die absoluten Häufigkeiten in einem Säulendiagramm dar.

10 Würfelt in Partnerarbeit mit Spielsteinen, die nicht die Form eines Würfels haben. Haltet die Ergebnisse in Strichlisten fest. Bestimmt die absoluten und relativen Häufigkeiten. Stellt die absoluten Häufigkeiten in einem Säulendiagramm dar.

11 In dem Säulendiagramm sind die Ergebnisse des Zufallsexperiments „Werfen eines Würfels" grafisch dargestellt.

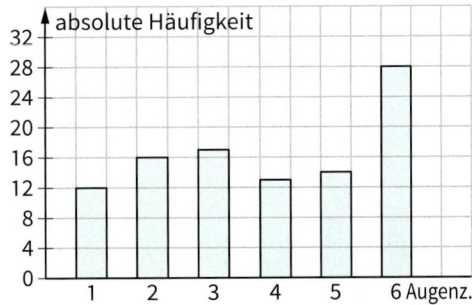

a) Bestimme die absoluten Häufigkeiten und berechne die relativen Häufigkeiten.
b) Handelt es sich um einen „normalen" Würfel? Begründe.

12 Die abgebildeten Spielsteine wurden unterschiedlich oft geworfen.

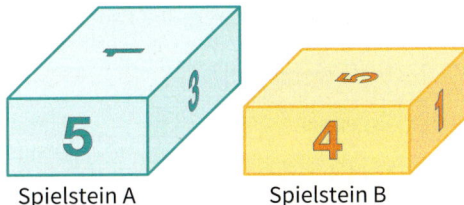

Spielstein A   Spielstein B

Die absoluten Häufigkeiten der einzelnen Ergebnisse wurden für jeden Spielstein in einem **Balkendiagramm** dargestellt.

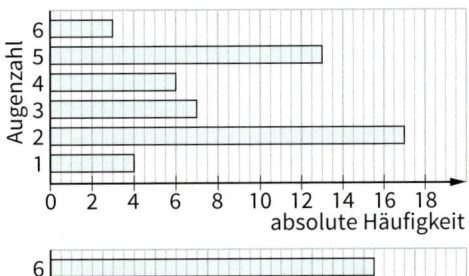

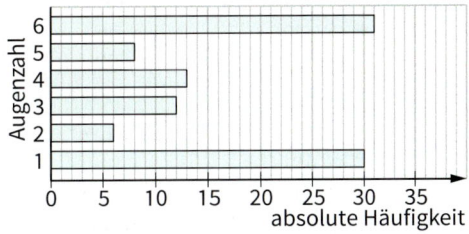

a) Berechne jeweils die relativen Häufigkeiten als Bruch und als Dezimalzahl und vergleiche sie miteinander.
b) Welches Diagramm gehört zu welchem Spielstein? Begründe.

> Beachte die Hinweise zur Partnerarbeit auf Seite 202.

Wahrscheinlichkeiten bestimmen

1 Die Schülerinnen und Schüler der Klasse 6 a bauen für ein Schulfest das abgebildete Glücksrad.

Sind die Gewinnchancen für jedes Feld gleich groß?

a) Was müssen sie beim Einteilen des Glücksrades in die verschiedenfarbigen Felder besonders beachten?
b) Die Schülerinnen und Schüler haben das Glücksrad 100-mal gedreht und die Ergebnisse in einer Häufigkeitstabelle festgehalten.

Ergebnis	absolute Häufigkeit	relative Häufigkeit
1	20	
2	18	
3	22	
4	21	
5	19	
Summe	100	

Übertrage die Tabelle in dein Heft und bestimme die relativen Häufigkeiten. Was stellst du fest?
c) Welche relativen Häufigkeiten erwartest du bei 1 000 Drehungen?

2 Bei welchem der folgenden Zufallsexperimente ist die Gewinnchance am größten, wenn nur das Ergebnis „1" einen Gewinn erzielt? Begründe deine Antwort.
A: Du wirfst einen Spielwürfel.
B: Du wirfst eine 1-Cent-Münze.
C: Du ziehst eine Kugel aus einer Urne mit acht Kugeln, die die Ziffern von 1 bis 8 tragen.

3 Ein Glücksrad ist in vier gleich große Felder mit den Zahlen 1, 2, 3 und 4 eingeteilt.
a) Wie oft zeigt der Zeiger wahrscheinlich bei 100 Versuchen auf jedes Feld?
b) Ist diese Zahl genau vorhersagbar?
c) Welche relative Häufigkeit erwartest du für die Zahl 4 (1, 2, 3) bei 1 000 Versuchen?

4 Aus der abgebildeten Urne soll 100-mal eine Kugel gezogen werden. Nach jeder Ziehung wird die gezogene Kugel wieder zurückgelegt und es wird neu gemischt.

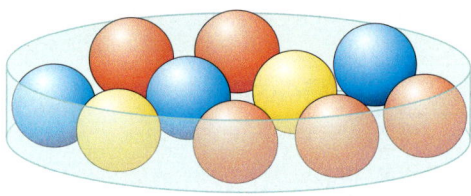

a) Wie oft wird wahrscheinlich jede Farbe bei 100 Versuchen gezogen werden?
b) Welche relative Häufigkeiten erwartest du für die einzelnen Farben bei 1 000 Versuchen?

Bei einem Zufallsexperiment wird die **erwartete relative Häufigkeit** eines Ergebnisses die **Wahrscheinlichkeit** des Ergebnisses genannt. Die Wahrscheinlichkeit lässt sich oft mithilfe eines Anteils bestimmen.

Zufallsexperiment:

Drehen eines Glücksrades

Mögliche Ergebnisse: gelb, rot, blau

Anzahl der gelben Felder: 4
Anzahl der roten Felder: 3
Anzahl der blauen Felder: 1
Anzahl aller Felder: 8

Wahrscheinlichkeit für gelb: $\frac{4}{8} = \frac{1}{2}$

Wahrscheinlichkeit für rot: $\frac{3}{8}$

Wahrscheinlichkeit für blau: $\frac{1}{8}$

Wahrscheinlichkeiten bestimmen

5 Aus der abgebildeten Urne wird mit geschlossenen Augen eine Kugel herausgenommen, die Farbe festgestellt und die Kugel wieder zurückgelegt.

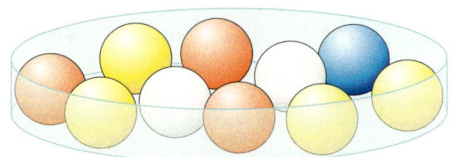

In dem Beispiel wird die Wahrscheinlichkeit für das Ziehen einer gelben Kugel bestimmt.

Anteil der gelben Kugeln:
4 von 10 sind $\frac{4}{10} = \frac{2}{5}$

Wahrscheinlichkeit für das Ziehen einer gelben Kugel: $\frac{2}{5}$

Gib die Wahrscheinlichkeit für das Ziehen einer roten (weißen, blauen) Kugel an.

6 a) Bestimme für jedes Glücksrad den Anteil der gelben Farbe an der Gesamtfläche.
b) Gib jeweils die Wahrscheinlichkeit für das Ergebnis „gelbes Feld" an.

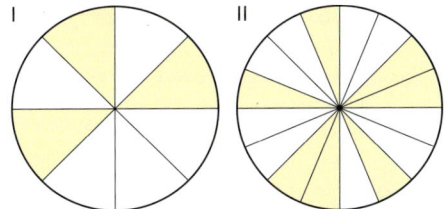

7 In einer Lostrommel befinden sich 90 Nieten, neun Gewinnlose und ein Hauptgewinn.

Wie groß ist die Wahrscheinlichkeit, dass eine Niete (ein Gewinnlos, der Hauptgewinn) gezogen wird?

8 Zufallsexperimente, bei denen alle Ergebnisse gleichwahrscheinlich sind, heißen **Laplace-Experimente**. Im Beispiel siehst du, wie du bei solchen Experimenten die Wahrscheinlichkeit für jedes Ergebnis bestimmen kannst.

Zufallsexperiment:	Werfen eines Würfels
mögliche Ergebnisse:	1, 2, 3, 4, 5, 6
Anzahl der Ergebnisse:	6
Wahrscheinlichkeit für jedes Ergebnis:	$\frac{1}{6}$

Bestimme für das Laplace-Experiment wie im Beispiel alle möglichen Ergebnisse und die Wahrscheinlichkeit für jedes Ergebnis.
a) Eine Münze wird einmal geworfen.
b) Ein Tetraeder mit A, B, C und D auf jeweils einer Seite wird geworfen.
c) Ein Glücksrad hat acht gleich große Felder mit den Ziffern von 1 bis 8. Es wird einmal gedreht.
d) Aus einer Urne mit 15 gleichartigen Kugeln, die die Zahlen von 1 bis 15 tragen, wird eine Kugel gezogen.
e) Aus einem Stapel von 32 unterschiedlichen Spielkarten wird eine Karte gezogen.

9 Von den 14 Jungen der Klasse 6 c kommen acht regelmäßig mit dem Fahrrad zur Schule, während nur fünf von 15 Mädchen das Fahrrad benutzen.
Wie groß ist die Wahrscheinlichkeit, dass ein zufällig ausgewähltes Mädchen (ein zufällig ausgewählter Junge) der 6 c mit dem Fahrrad zur Schule kommt? Gib die Wahrscheinlichkeit als Bruch und als Dezimalbruch an. Runde auf zwei Nachkommastellen.

10 Zeichne ein Glücksrad (Radius 4 cm) und teile es in farbige Felder ein. Die farbigen Anteile sollen dabei den angegebenen Wahrscheinlichkeiten entsprechen.

a) orange: $\frac{1}{2}$; blau: $\frac{1}{3}$; weiß: $\frac{1}{6}$

b) grün: $\frac{1}{8}$; rot: $\frac{1}{2}$; gelb: $\frac{1}{8}$; blau: $\frac{1}{4}$

Wahrscheinlichkeiten schätzen

1 Tobias und Marco haben an einer verkehrsreichen Kreuzung bei 1 000 Pkw gezählt, wie viele Personen jeweils im Auto sitzen. Das Ergebnis ihrer Untersuchung haben sie in einer Häufigkeitstabelle zusammengefasst.

Ergebnis	absolute Häufigkeit
eine Person	498
zwei Personen	231
drei Personen	164
vier Personen	62
fünf oder mehr Personen	45

Wie groß ist die Wahrscheinlichkeit dafür, dass ein mit zwei Personen (mit einer Person) besetzter Pkw die Kreuzung befährt? Begründe.

2 Juliane möchte wissen, wie groß beim Werfen einer Heftzwecke die Wahrscheinlichkeit für das Ergebnis „Kopf" ist.

Sie hat dazu mehrmals hintereinander eine Heftzwecke geworfen und die absolute Häufigkeit für das Ergebnis „Kopf" in der Häufigkeitstabelle festgehalten.

Gesamtzahl der Versuche	absolute Häufigkeit für „Kopf"
10	3
50	23
100	41
500	225
1 000	435

a) Berechne zu jeder Gesamtzahl die zugehörige relative Häufigkeit.
b) Welche Wahrscheinlichkeit ordnest du dem Ergebnis „Kopf" zu? Begründe.

3 Im Technikunterricht wurden Fahrräder auf ihre Verkehrssicherheit hin überprüft.

Ergebnis	absolute Häufigkeit
keine Mängel	75
leichte Mängel	115
schwere Mängel	60

Wie groß ist die Wahrscheinlichkeit, dass ein zufällig ausgewähltes Fahrrad leichte Mängel (schwere Mängel, keine Mängel) aufweist?

Zufallsexperiment: Befragung einer zufällig ausgewählten Person nach ihrer Blutgruppe

Untersuchungsergebnis bei 10 000 zufällig ausgewählten Personen

Ergebnis	absolute Häufigkeit
A	4 209
B	1 280
AB	705
0	3 806

Ergebnis:
Die Person hat Blutgruppe A.

Wahrscheinlichkeit für das Ergebnis:

$$\frac{4\,209}{10\,000} = 0{,}4209$$

Können bei einem Zufallsexperiment die Wahrscheinlichkeiten nicht mithilfe geeigneter Anteile bestimmt werden, betrachtet man bereits erfolgte Durchführungen des Zufallsexperiments.
Als Schätzwert für die Wahrscheinlichkeit eines Ergebnisses wird dann die vorher ermittelte relative Häufigkeit genommen.

WISSEN KOMPAKT

Versuche, bei denen sich die **Ergebnisse** nicht sicher vorhersagen lassen, sondern zufällig zustande kommen, heißen **Zufallsexperimente**.

Ergebnisse von Zufallsexperimenten können in **Urlisten** gesammelt, mit **Strichlisten** geordnet und in einer **Häufigkeitstabelle** und unterschiedlichen **Diagrammen** dargestellt werden.

Zufallsexperiment: Werfen einer Münze

Urliste

B Z B B Z Z B B
B B Z Z B Z B Z Z
Z B Z B Z Z Z B

Strichliste

Bild: |||| |||| ||
Zahl: |||| |||| |||

Häufigkeitstabelle

Ergebnis	absolute Häufigkeit	relative Häufigkeit
Bild	12	$\frac{12}{25}$ = 0,48
Zahl	13	$\frac{13}{25}$ = 0,52

Bei einem Zufallsexperiment wird die **erwartete relative Häufigkeit** eines Ergebnisses die **Wahrscheinlichkeit** des Ergebnisses genannt.
Die Wahrscheinlichkeit lässt sich oft mithilfe eines **Anteils** bestimmen.

Zufallsexperiment: Ziehen einer Kugel aus der Urne.

mögliche Ergebnisse: weiß, rot, grün

Anteil der weißen Kugeln: $\frac{2}{10}$ = 0,2

Die Wahrscheinlichkeit für das Ziehen einer weißen Kugel beträgt $\frac{2}{10}$ = 0,2.

Zufallsexperimente, bei denen alle Ergebnisse gleich wahrscheinlich sind, heißen **Laplace-Experimente**.
Für die Wahrscheinlichkeit für jedes Ergebnis gilt dann:

Wahrscheinlichkeit für jedes Ergebnis = $\frac{1}{\text{Anzahl aller Ergebnisse}}$

Können die Wahrscheinlichkeiten nicht mithilfe geeigneter Anteile bestimmt werden, werden bereits erfolgte Durchführungen des Zufallsexperiments betrachtet. Als Schätzwert für die Wahrscheinlichkeit eines Ergebnisses wird dann die vorher ermittelte relative Häufigkeit des Ergebnisses genommen.

Zufallsexperiment: Ein zufällig ausgewählter Pkw wird auf seine Verkehrssicherheit hin überprüft.

Ergebnis: Der Pkw hat leichte Mängel.

Wahrscheinlichkeit für das Ergebnis:

$\frac{154}{1\,000}$ = 0,154

Es wurden 1 000 Pkw überprüft.

Ergebnis	absolute Häufigkeit
keine Mängel	815
leichte Mängel	154
schwere Mängel	31

ÜBEN

1 Tilman hat einen Würfel fünfzigmal geworfen und die Ergebnisse seines Zufallsexperiments in einer Urliste aufgeschrieben.

Ergebnisse beim Werfen eines Würfels

5 6 1 2 1 2 1 4 4 5 3 2 1 2 3
4 1 6 5 3 4 3 5 6 6 4 6 2 5 3
4 6 6 3 2 2 3 1 1 3 4 5 4 4 5
5 3 1 2 3

a) Bestimme die absoluten Häufigkeiten mithilfe einer Strichliste.
b) Stelle die absoluten Häufigkeiten in einem Säulendiagramm dar.
c) Berechne die relativen Häufigkeiten und trage sie in eine Häufigkeitstabelle ein.
d) Berechne das arithmetische Mittel der Augenzahlen.

2 Das abgebildete Glücksrad wurde 200-mal gedreht. Die absoluten Häufigkeiten der Ergebnisse werden in dem Säulendiagramm dargestellt.

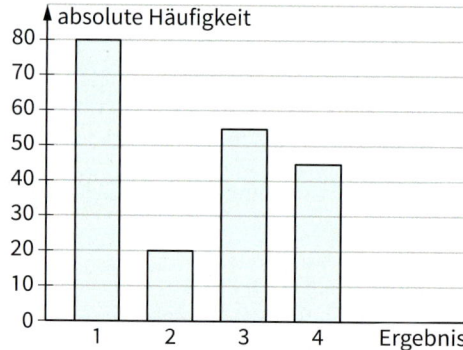

a) Berechne die relativen Häufigkeiten und stelle sie in einer Tabelle dar.
b) Wie viele Felder tragen die Ziffer 1, wie viele die Ziffer 2 (3, 4)? Begründe deine Meinung.

3 In der Klasse 6 b sind 14 Mädchen und 15 Jungen. Für eine Veranstaltung soll aus jeder Klasse ein Vertreter ausgewählt werden. Die Schülerinnen und Schüler der 6 b wollen das Los entscheiden lassen.
a) Wie groß ist die Wahrscheinlichkeit, dass das Los auf Anne aus der 6 b fällt?
b) Wie groß ist die Wahrscheinlichkeit, dass ein Mädchen (Junge) ausgelost wird?

4 In einer Urne befinden sich zwanzig gleichartige Kugeln. Davon sind sechs rot, sieben weiß, drei schwarz und vier Kugeln blau. Eine Kugel wird aus der Urne gezogen. Berechne die Wahrscheinlichkeiten aller möglichen Ergebnisse.

5 Auf der Kirmes gibt es an der Losbude ein Los der Gewinnklasse 1, zehn Lose der Gewinnklasse 2, 50 Lose der Gewinnklasse 3, 100 Freilose und 839 Nieten. Ein Los wird gezogen. Wie groß ist die Wahrscheinlichkeit dafür, dass das Los der Gewinnklasse 1 (ein Los der Gewinnklasse 2, ein Los der Gewinnklasse 3, ein Freilos, eine Niete) gezogen wird?

6 Von 100 000 zufällig ausgewählten Einwohnern der Bundesrepublik wurde das Lebensalter ermittelt. Das Ergebnis wird in der Häufigkeitstabelle dargestellt.

Der Bevölkerungsaufbau in der Bundesrepublik Deutschland (100 000 zufällig ausgewählte Einwohner)	
Lebensalter	absolute Häufigkeit
unter 20 Jahre	21 309
20 bis unter 60 Jahre	55 688
60 bis unter 80 Jahre	18 959
80 Jahre und älter	4 044

a) Wie groß ist die Wahrscheinlichkeit dafür, dass ein zufällig ausgewählter Einwohner der Bundesrepublik unter 20 Jahre (20 bis unter 60 Jahre, 60 bis unter 80 Jahre) alt ist?
b) Informiere dich über den aktuellen Bevölkerungsaufbau.

ÜBEN

7 Die Tabelle zeigt dir, wie sich 20 000 zufällig ausgewählte Fahrzeuge in der Bundesrepublik Deutschland auf die unterschiedlichen Fahrzeugarten verteilen.

Fahrzeugart	absolute Häufigkeit
Mofas, Mokicks, Mopeds	625
Krafträder	1 311
Pkw	16 444
Omnibusse	32
Zugmaschinen	359
Lkw	980
übrige Kraftfahrzeuge	249

Kristin und Stefan stehen an einer Durchgangsstraße und beobachten den Verkehr.
a) Wie groß ist die Wahrscheinlichkeit dafür, dass das nächste Fahrzeug ein Pkw (Lkw, Omnibus) ist?
b) Wie groß ist die Wahrscheinlichkeit, dass das nächste Fahrzeug ein motorgetriebenes Zweirad ist?

8 Ein Ikosaeder ist ein regelmäßiger Körper, dessen Oberfläche aus zwanzig gleich großen Dreiecksflächen besteht. Diese Dreiecksflächen tragen hier die Zahlen von 1 bis 20.

Mit dem Ikosaeder wird einmal gewürfelt. Wie groß ist die Wahrscheinlichkeit, dass die gewürfelte Zahl größer als 15 (kleiner als 7, ungerade, ein Vielfaches von 3) ist?

9 Ein Glücksrad soll in gleich große Felder eingeteilt werden, die entweder rot oder weiß oder grün sind. Welche Einteilung wählst du, wenn die Wahrscheinlichkeit für ein rotes Feld $\frac{1}{4}$, für ein grünes Feld $\frac{3}{8}$ und ein weißes Feld $\frac{3}{8}$ betragen soll?

10 Der abgebildete Dodekaederwürfel soll einmal geworfen werden.

Lege zu den vorgegebenen Ergebnissen und den Wahrscheinlichkeiten fest, wie die Seitenflächen beschriftet oder bemalt werden müssen.
a) Ergebnisse: 1, 2, 3, ..., 12.
   Die Wahrscheinlichkeit für alle Ergebnisse soll gleich groß sein.
b) Ergebnisse: A, B, C, D.
   Die Wahrscheinlichkeit für A soll $\frac{1}{12}$, für B $\frac{1}{6}$, für C $\frac{1}{4}$ und für D $\frac{1}{2}$ betragen.
c) Ergebnisse: rot, grün, gelb, blau, schwarz.
   Die Wahrscheinlichkeit dafür, dass eine rote Fläche oben liegt, soll $\frac{1}{12}$ betragen, für eine grüne Fläche $\frac{1}{6}$, für eine gelbe Fläche $\frac{1}{4}$ und für eine blaue Fläche $\frac{1}{3}$.

11 Das abgebildete Kartenspiel besteht aus 32 Karten: Sieben, Acht, Neun, Zehn, Bube, Dame, König, Ass in den Farben Karo, Herz, Pik und Kreuz. Aus dem vollständigen Kartenspiel soll eine Karte gezogen werden.

a) Wie groß ist die Wahrscheinlichkeit, dass die gezogene Karte eine Herz-Karte (ein Bube, eine rote Karte) ist?
b) Wie groß ist die Wahrscheinlichkeit, dass die gezogene Karte die Karo-Sieben (ein schwarzer König) ist?

VERTIEFEN: Wahrscheinlichkeiten im Alltag

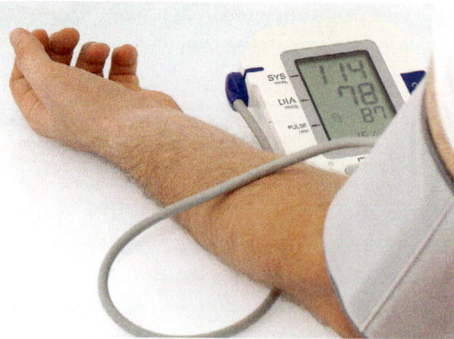

1 Ein Medikament gegen Bluthochdruck wird bei 50 Patienten getestet, die unter Bluthochdruck leiden.
Bei 48 Patienten wird der Blutdruck durch das Medikament deutlich gesenkt. Bestimme die Wahrscheinlichkeit dafür, dass das Medikament bei einem Bluthochdruckpatienten wirkt.

2 Von 100 000 Einwohnern sterben in einem Jahr in Brandenburg 83 an einem Herzinfarkt, in Schleswig-Holstein 42.
a) Bestimme jeweils die Wahrscheinlichkeit dafür, dass ein Einwohner an einem Herzinfarkt stirbt und vergleiche.
b) Raucher, die mehr als 15 Zigaretten pro Tag rauchen, haben ein viermal so großes Herzinfarktrisiko. Berechne jeweils die zugehörigen Wahrscheinlichkeiten.

3 Vergleiche die angegebenen Wahrscheinlichkeiten:
A: Die Wahrscheinlichkeit für sechs Richtige im Lotto beträgt ungefähr 1 : 14 000 000.

B: Die Wahrscheinlichkeit für einen tödlichen Autounfall beträgt 1 : 10 000 000.
C: Die Wahrscheinlichkeit für einen tötlichen Blitzschlag beträgt 1 : 20 000 000.

4 In dem Text findest du Informationen zu drei medizinischen Sachverhalten.

> Von 250 Europäern haben 15 die Blutgruppe AB, von 150 Europäern haben 21 die Blutgruppe B.
>
> Von 200 untersuchten Männern haben 18 eine Rot-Grün-Farbsehschwäche, von 1 500 untersuchten Frauen 16.
>
> In Deutschland haben 150 von 200 Männern und 236 von 400 Frauen Übergewicht.

Bestimme jeweils die Wahrscheinlichkeiten der folgenden Ergebnisse und vergleiche.
a) Eine zufällig ausgewählte Person hat Blutgruppe AB (Blutgruppe B).
b) Ein zufällig ausgewählter Mann (eine zufällig ausgewählte Frau) hat eine Rot-Grün-Farbsehschwäche.
c) Ein zufällig ausgewählter Mann (eine zufällig ausgewählte Frau) hat Übergewicht.

5 Die Wahrscheinlichkeit für die Geburt eines Mädchens ist etwa so groß wie für einen Jungen.

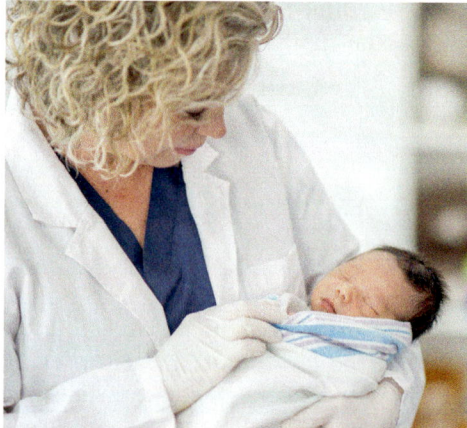

Beurteile die folgenden Angaben:
Auf der Entbindungsstation eines Krankenhauses wurden am 6. Juni letzten Jahres drei Mädchen und zwei Jungen geboren. Insgesamt wurden dort im letzten Jahr 625 Mädchen und 616 Jungen geboren.

AUSGANGSTEST

1 Jana hat das abgebildete Glücksrad mehrmals gedreht und die Ergebnisse des Zufallsexperiments in einer Urliste aufgeschrieben.

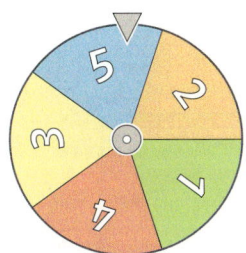

Ergebnisse beim Drehen des Glücksrades

5 4 1 2 1 2 1 4 4 5
3 2 1 2 3 4 1 1 5 3
4 3 5 2 2 4 3 2 5 3
4 3 5 3 2 2 3 1 1 3
4 5 4 4 5 5 3 1 2 3

a) Bestimme die absoluten Häufigkeiten mithilfe einer Strichliste.
b) Stelle die absoluten Häufigkeiten in einem Säulendiagramm dar.
c) Berechne die relativen Häufigkeiten und trage sie in eine Häufigkeitstabelle ein.

2 Aus der abgebildeten Urne wird eine Kugel gezogen. Berechne die Wahrscheinlichkeiten aller möglichen Ergebnisse.

3 In einer Lostrommel befinden sich 920 Nieten, 60 Freilose, 19 Kleingewinne und ein Hauptgewinn. Wie groß ist die Wahrscheinlichkeit, dass eine Niete (ein Freilos, ein Kleingewinn, der Hauptgewinn) gezogen wird?

4 Der Technische Überwachungsverein (TÜV) überprüft Gebrauchtwagen auf ihre Verkehrssicherheit. Die Häufigkeitstabelle zeigt das Resultat der Überprüfung.

Ergebnis	absolute Häufigkeit
keine Mängel	1 020
leichte Mängel	700
erhebliche Mängel	280

Wie groß ist die Wahrscheinlichkeit dafür, dass ein zufällig ausgewählter Gebrauchtwagen leichte Mängel (keine Mängel, erhebliche Mängel) aufweist?

5 In einer Urne befinden sich 40 gleichartige Kugeln, die entweder rot, blau, gelb oder grün gefärbt sind. Die Wahrscheinlichkeit dafür, dass eine rote Kugel gezogen wird, soll $\frac{3}{8}$ betragen, für eine blaue Kugel $\frac{1}{4}$, für eine gelbe Kugel $\frac{1}{4}$ und für eine grüne Kugel $\frac{1}{8}$. Wie viele Kugeln von jeder Farbe sind in der Urne?

Ich kann ...

	Aufgabe	Hilfen und Aufgaben	
absolute Häufigkeiten mithilfe einer Strichliste bestimmen.	1 a	Seite 145, 167, 174	I
absolute Häufigkeiten in Säulendiagrammen darstellen.	1 b	Seite 145, 174	
relative Häufigkeiten berechnen und in einer Häufigkeitstabelle darstellen.	1 c	Seite 145, 167, 174	
Wahrscheinlichkeiten von Ergebnissen berechnen.	2, 3	Seite 170, 171, 174	
relative Häufigkeiten als Näherungswerte für Wahrscheinlichkeiten bestimmen.	4	Seite 172, 174, 175	II
von Wahrscheinlichkeiten auf die Verteilung der Kugeln in einer Urne schließen.	5	Seite 174, 175	III

Projekt: Wir beobachten das Wetter

Liz, Paul und Mats sind in ihrer Schule in der Wetterkunde-AG. Sie möchten an sechs aufeinander folgenden Tagen die Temperaturen aufzeichnen. Dazu legen sie zunächst fest, wer an welchem Wochentag die Temperaturen vom Außenthermometer abliest.

In diesem Kapitel ...
- arbeitest du mit Zuordnungen und ihren Darstellungen.
- lernst du negative Zahlen als Minustemperaturen kennen.
- führst du Rechnungen zu Temperaturveränderungen durch.

Wetterkunde-AG

Paul notiert am Montag von 6.00 Uhr morgens bis 22.00 Uhr abends jede zweite Stunde die Außentemperatur.

Liz trägt die notierten Temperaturen in ein Koordinatensystem ein und zeichnet durch die eingetragenen Punkte eine Temperaturkurve.

- Beschreibe die Zuordnungen, die in den drei Zeichnungen vorgenommen werden. Wie werden diese Zuordnungen dargestellt?

Zuordnungen und ihre Darstellungen

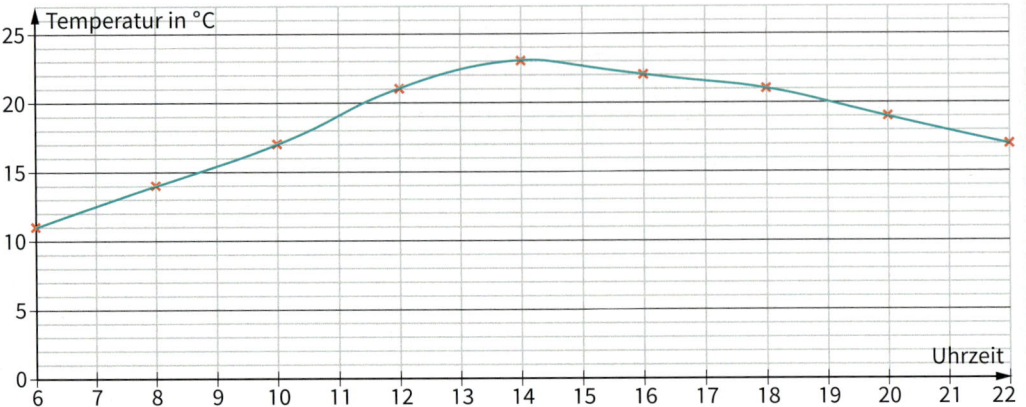

1 Paul hat die an einem Mittwoch notierten Temperaturen in ein Koordinatensystem eingetragen und durch die Punkte eine Kurve gezeichnet.
Er hat so den Graphen der Zuordnung „Uhrzeit → Temperatur" erhalten.
a) Beschreibe den Verlauf des Graphen.
b) Übertrage die Tabelle in dein Heft und fülle sie aus. Lies dazu die fehlenden Werte aus dem Graphen ab.

Uhrzeit	6.00	8.00	10.00	12.00	14.00
Temp. (°C)	◻	◻	◻	◻	◻

Uhrzeit	16.00	18.00	20.00	22.00
Temp. (°C)	◻	◻	◻	◻

c) Lies ab, wann die Temperatur 17 °C (18 °C, 19 °C, 22 °C) betrug. Vervollständige dazu das Pfeildiagramm der Zuordnung „Temperatur → Zeit" in deinem Heft.

17 °C  10.00 Uhr
                22.00 Uhr

18 °C

19 °C

22 °C

d) In welchen Zeiträumen stieg (fiel) die Temperatur?

Niederschlagsmesser

2 Mats hat an einem Donnerstag von 6.00 Uhr morgens bis 22.00 Uhr abends jede zweite Stunde die Außentemperatur notiert.

Uhrzeit	6.00	8.00	10.00	12.00	14.00
Temp. (°C)	10	13	16	20	22

Uhrzeit	16.00	18.00	20.00	22.00
Temp. (°C)	21	20	18	16

Stelle die Zuordnung in einem Koordinatensystem dar (x-Achse: Uhrzeit, y-Achse: Temperatur).
Überlege zunächst, wie du die Achsen einteilen musst. Trage dann die Punkte ein und zeichne durch die eingetragenen Punkte eine Kurve.

3 Herr Garn hat in seinem Garten einen Niederschlagsmesser aufgestellt. Jeden Morgen liest er den Niederschlag des vergangenen Tages ab.

Datum	Niederschlag
15. Dez.	5 mm
16. Dez.	4 mm
17. Dez.	0 mm
18. Dez.	2 mm
19. Dez.	6 mm
20. Dez.	1 mm
21. Dez.	3 mm

Stelle die Zuordnung „Datum → Niederschlag" in einem Säulendiagramm dar.

Zuordnungen und ihre Darstellungen

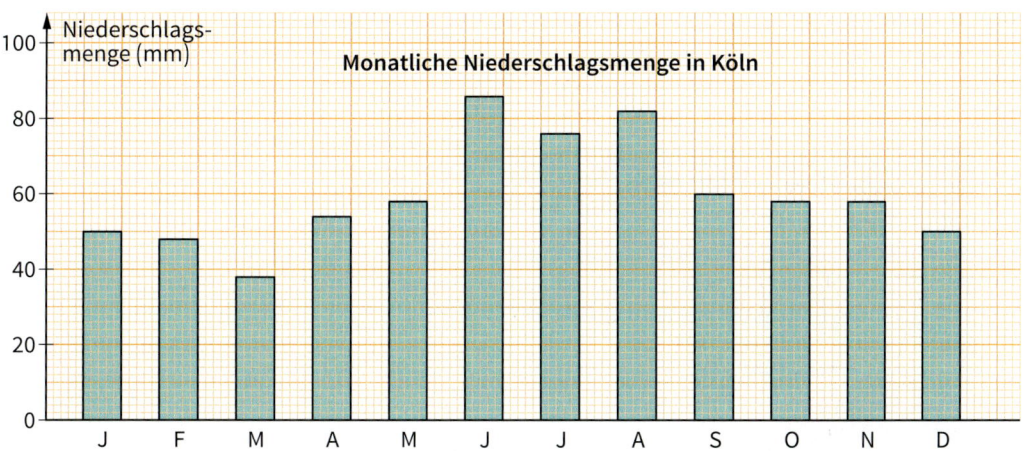

4 a) Lies aus dem Säulendiagramm jeweils die monatlichen Niederschlagsmengen ab und trage sie in eine Tabelle ein.
b) Berechne die jährliche Niederschlagsmenge.
c) Berechne die durchschnittliche monatliche Niederschlagsmenge.

> **durchschnittliche Niederschlagsmenge:**
> 1. Addiere alle Niederschlagsmengen.
> 2. Dividiere durch die Anzahl der Monate.

d) In welchen Monaten liegt die Niederschlagsmenge über (unter) dem Durchschnitt?

5 Die Tabelle gibt die monatlichen Niederschlagsmengen in Millimeter an.

	Jan	Feb	Mär	Apr	Mai	Jun
Frankfurt	57	44	36	43	54	72
Münster	66	56	42	50	52	60

	Jul	Aug	Sep	Okt	Nov	Dez
Frankfurt	68	77	56	50	53	53
Münster	87	76	58	57	76	56

a) Stelle die Zuordnung „Monat → Niederschlagsmenge" für Frankfurt am Main und für Münster jeweils in einem Säulendiagramm dar.
b) Berechne jeweils den Jahresniederschlag und die durchschnittliche monatliche Niederschlagsmenge.

6 In der Tabelle findest du die monatlichen Niederschlagsmengen in Millimeter.

	Jan	Feb	Mär	Apr	Mai	Jun
Kassel	46	42	32	46	60	64
Kahler Asten	152	126	112	106	96	108

	Jul	Aug	Sep	Okt	Nov	Dez
Kassel	70	66	52	52	48	46
Kahler Asten	124	122	104	130	126	154

a) Zeichne für jeden Monat zwei Säulen nebeneinander: eine für die Niederschläge in Kassel, die andere für die Niederschläge auf dem Kahler Asten.
b) Bestimme für jeden Monat den Unterschied der Niederschlagsmengen.

Januar

Minustemperaturen

1 Die Zugspitze ist mit 2 962 m über dem Meeresspiegel Deutschlands höchster Berg. Hier befindet sich eine von vielen Wetterstationen in Deutschland.

Das Diagramm zeigt die hier im Verlauf einer Oktoberwoche gemessenen Höchst- und Tiefsttemperaturen.

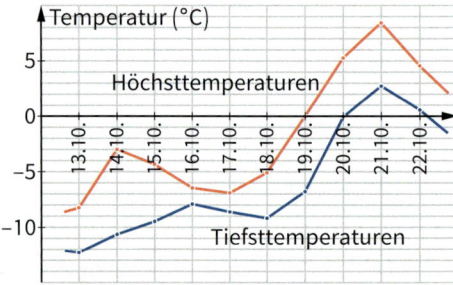

a) An welchem Tag war es am kältesten (am wärmsten)?
b) An welchem Tag war der Unterschied zwischen Höchst- und Tiefsttemperatur am größten?

2 Welche Temperaturen zeigen die Thermometer jeweils an?

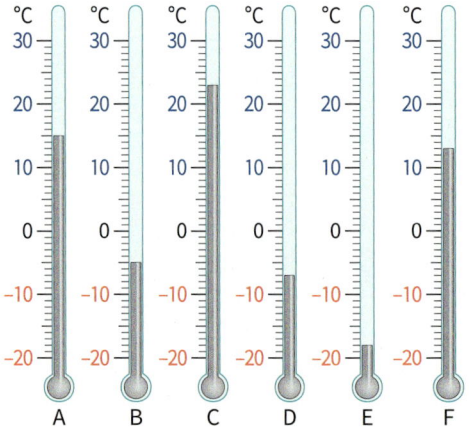

3 Vergleiche die Temperaturen. Welche ist höher? Verwende das >-Zeichen.

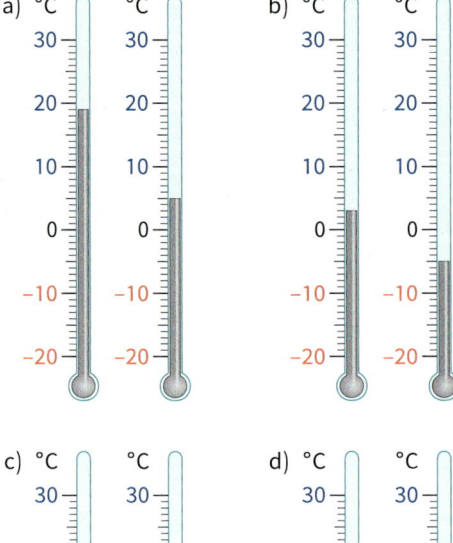

4 Vergleiche die Temperaturangaben. Setze in deinem Heft > oder < ein.

a) +8 °C ■ +9 °C   b) −1 °C ■ −2 °C
   −4 °C ■ −3 °C   −4 °C ■ −2 °C
   −1 °C ■ +1 °C   +1 °C ■ 0 °C
   +2 °C ■ −2 °C   −2 °C ■ −3 °C

c) +5 °C ■ +8 °C   d) +5 °C ■ +4 °C
   −3 °C ■ −9 °C   −5 °C ■ −6 °C
   −1 °C ■ −10 °C   −9 °C ■ −5 °C
   +3 °C ■ −3 °C   +7 °C ■ +6 °C

5 Ordne die Temperaturen der Größe nach. Verwende das <-Zeichen.
a) −12 °C, +3 °C, −7 °C, +9 °C, −14 °C
b) −3 °C, −20 °C, −7 °C, −15 °C, −14 °C
c) +45 °C, −8 °C, −31 °C, −11 °C, 0 °C
d) +32 °C, −9 °C, −32 °C, +1 °C, 0 °C

Minustemperaturen

6 Die Tabelle gibt die Lufttemperaturen in Kassel an zwei verschiedenen Tagen in Grad Celsius an.

	0 h	4 h	8 h	12 h	16 h	20 h	24 h
29.12.	1	−4	−2	2	3	−2	−4
30.12.	−4	−7	−3	−1	0	−3	−6

Um die Temperaturen für den 29. und 30. Dezember in das Koordinatensystem eintragen zu können, muss die y-Achse nach unten erweitert werden.

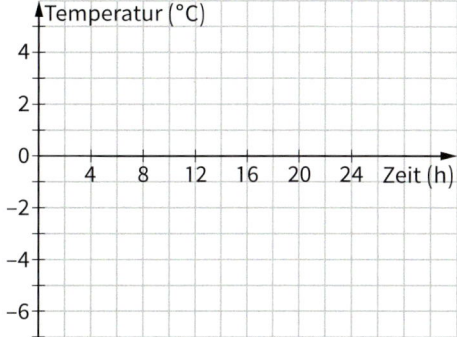

a) Trage die Werte für den 29. und 30. Dezember in das Koordinatensystem ein und zeichne durch die Punkte für jeden Tag eine Temperaturkurve.
b) Gib jeweils die höchste und die niedrigste Tagestemperatur an.
c) Sophia hat die Temperaturen um 8 Uhr verglichen.

> Temperaturunterschied um 8 Uhr
> 30.12.: 1 °C kälter als am Vortag

Gib ebenso die Temperaturunterschiede um 20 Uhr (24 Uhr) an.

d) Der Wetterbericht sagt voraus, dass die Temperaturen am 31. Dezember um 4 °C kälter als am Vortag sein werden. Welche Temperaturen sind zu den verschiedenen Tageszeiten zu erwarten?

7 Am 27. Februar wurden in Freiburg und Wiesbaden folgende Temperaturen in Grad Celsius gemessen:

	0 h	2 h	4 h	6 h	8 h	10 h	12 h
Freiburg	2	2	0	2	5	9	9
Wiesbaden	−4	−7	−9	−8	−5	−3	1

	14 h	16 h	18 h	20 h	22 h	24 h
Freiburg	11	7	5	1	1	0
Wiesbaden	2	1	−1	−4	−6	−7

a) Stelle die Temperaturen für beide Orte in demselben Koordinatensystem dar. Verwende verschiedene Farben.
b) Vergleiche. Wann ist der Unterschied der Temperaturen am größten (kleinsten)?

8 Der Temperaturschreiber einer Wetterstation hat die Temperaturkurve am 2. Dezember in Heidelberg aufgezeichnet.

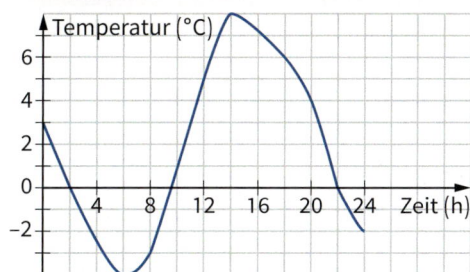

a) Lies die Temperaturen zu den verschiedenen Tageszeiten ab.
b) In welchen Zeitspannen steigt (fällt) die Temperatur?
c) Wann wird die höchste (niedrigste) Temperatur erreicht?
d) Wann wird die 0-°C-Grenze überschritten?

Temperaturveränderungen

1 Um 8 Uhr beträgt die Temperatur –4 °C. Bis Mittag steigt die Temperatur um 10 °C. Was zeigt die Temperatur um 12 Uhr an?

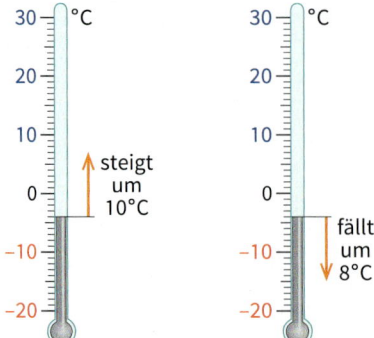

Die Temperatur fällt bis 20 Uhr um 8 °C. Welche Temperatur misst man um 20 Uhr?

2 Die Temperatur steigt um 7 °C (fällt um 12 °C).

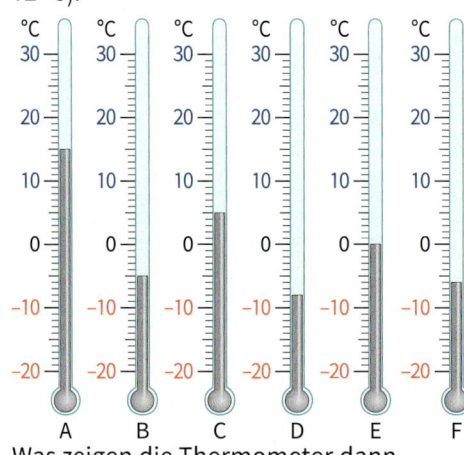

Was zeigen die Thermometer dann jeweils an?

3 Bestimme für jede Stadt die Temperaturveränderung.

Die Karte zeigt für jede Stadt die Temperatur um 7.00 Uhr in blau und um 14.00 Uhr in rot (in Klammern).

Stockholm –7 °C (–2 °C)
London –2 °C (3 °C)
Berlin –8 °C (–1 °C)
Warschau –10 °C (–4 °C)
Luxemburg –5 °C (3 °C)
Bordeaux –1 °C (9 °C)
Genua –1 °C (10 °C)
Madrid –4 °C (11 °C)
Lissabon 2 °C (15 °C)
Dubrovnik 8 °C (17 °C)
Iraklion 10 °C (21 °C)

4 Bestimme jeweils die Endtemperatur wie in den Beispielen.

$$-7\,°C \xrightarrow{+9\,°C} +2\,°C$$
$$+6\,°C \xrightarrow{-10\,°C} -4\,°C$$

a)
Anfangs-temperatur	Temperatur steigt um	End-temperatur
+4 °C	9 °C	▪
–5 °C	8 °C	▪
+3 °C	15 °C	▪
–8 °C	4 °C	▪
–16 °C	9 °C	▪
–19 °C	12 °C	▪

b)
Anfangs-temperatur	Temperatur fällt um	End-temperatur
+12 °C	7 °C	▪
+4 °C	8 °C	▪
+3 °C	10 °C	▪
–2 °C	6 °C	▪
–9 °C	11 °C	▪
+13 °C	15 °C	▪

c)
Anfangs-temperatur	Temperatur fällt um	End-temperatur
–7 °C	4 °C	▪
–9 °C	2 °C	▪
–6 °C	3 °C	▪
–1,5 °C	5 °C	▪
+2,5 °C	7,5 °C	▪

5 Berechne die Endtemperatur.
a) Die Anfangstemperatur von –3 °C steigt um 7 °C (fällt um 2 °C).
b) Die Anfangstemperatur von –9 °C steigt um 11 °C (fällt um 1 °C).
c) Die Anfangstemperatur von –5 °C steigt um 5 °C (fällt um 5 °C).
d) Die Anfangstemperatur von –7 °C steigt um 4 °C (fällt um 3 °C).

6 Wie hat sich die Temperatur verändert?

Anfangs-temperatur	End-temperatur	Temperatur-veränderung
+1 °C	–3 °C	▪
–5 °C	–4 °C	▪
–1 °C	+7 °C	▪
+17 °C	–35 °C	▪

Das Wetter in Europa

1 Die Karte zeigt die Jahresdurchschnittstemperaturen in Europa für das Jahr 2018.
a) In welchem Land war die Temperatur am höchsten (am niedrigsten)? Wie groß war der Temperaturunterschied?

b) Wegen des Klimawandels ist die Durchschnittstemperatur in den letzten 50 Jahren um 1,2 °C gestiegen. Wie hoch war die Durchschnittstemperatur vor 50 Jahren in Deutschland (Finnland, Russland)?

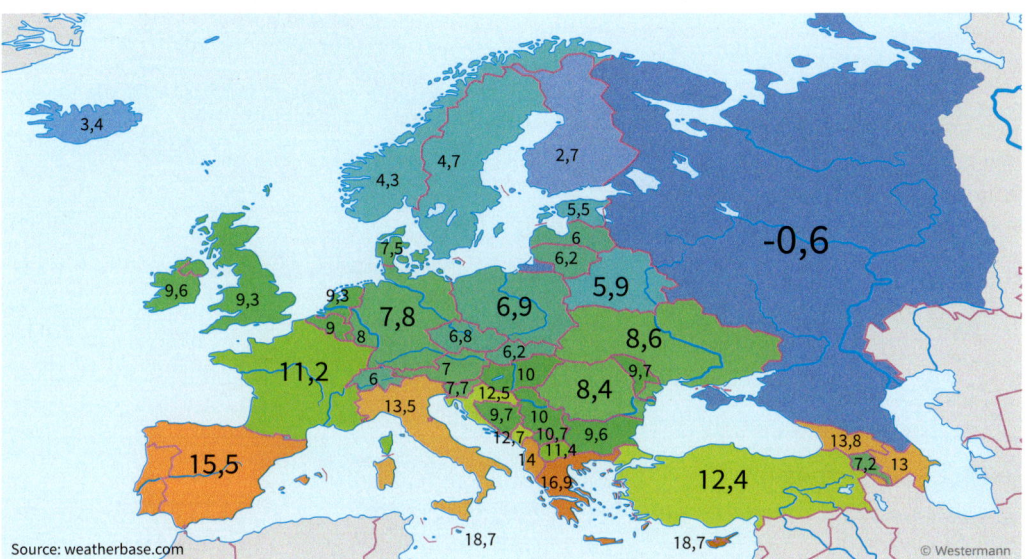

2 Die Karte zeigt den Jahresniederschlag in Europa für das Jahr 2019.
a) In welchen Ländern war der Niederschlag am höchsten (niedrigsten)?
b) Was war der niedrigste, was der höchste Niederschlag in Deutschland?

c) Wegen des Klimawandels sind die Niederschläge in Nordeuropa in den letzten 50 Jahren auf das 1,4-Fache gestiegen, in Südeuropa auf das 0,8-Fache gesunken. Wie hoch waren die Niederschläge vor 50 Jahren in Norwegen (Spanien)?

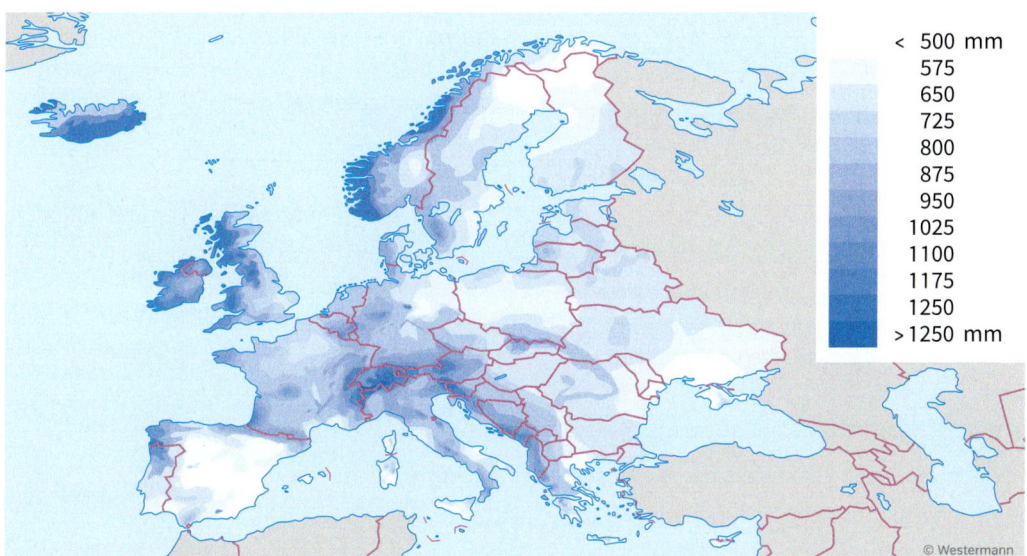

EINGANGSTEST

Zu den Kapiteln 1 bis 8 in diesem Buch wird jeweils ein Eingangstest angeboten.
Damit kannst du überprüfen, ob du die mathematischen Fähigkeiten hast, die bei der Bearbeitung des jeweiligen Kapitels vorausgesetzt werden.
Die Ergebnisse der Aufgaben findest du auf den Seiten 205 – 206.

Die Tabelle zur Selbsteinschätzung hilft dir zu entscheiden, welche Kompetenzen du bereits hast und welche du noch erwerben musst.
Kommst du mithilfe der Tabelle zu dem Ergebnis, dass dir bestimmte Voraussetzungen fehlen, benutze die angegebenen Hilfen und bearbeite die angegebenen Aufgaben.

1 Dezimalzahlen

1. Ordne der Größe nach. Verwende das <-Zeichen.
   a) 1 221, 1 122, 2 112, 2 211, 2 121
   b) 6 006, 6 606, 6 600, 6 060, 6 066

2. Runde auf Hunderter.
   a) 34 522   b) 7 871   c) 324 034

3. Berechne im Kopf.
   a) 67 + 23   b) 66 – 14   c) 3 · 12
      51 + 34   31 – 19   5 · 13
      112 + 46   100 – 63   11 · 7

   d) 48 : 6   e) 15 · 10   f) 3 · 6 + 9
      72 : 8   31 · 100   30 – 3 · 7
      54 : 9   11 · 1 000   2 + 8 · 5

4. Berechne schriftlich.
   a) 56 701 + 580   b) 13 070 – 5 688
   c) 3 461 · 41   d) 25 817 : 11

5. Schreibe den Rechenweg auf und bestimme die Lösung.
   a) Multipliziere die Summe aus 14 und 23 mit 3.
   b) Addiere 15 zum Produkt aus 8 und 6.

6. Für ihre Wohnung bezahlt Familie Gärtner 524 € Miete im Monat. Berechne die Miete für ein Jahr.

7. Bei ihrer Radtour sind Elena und Melina 34 480 m gefahren. Sie waren fünf Stunden unterwegs. Wie viel Meter haben sie durchschnittlich in einer Stunde zurückgelegt?

Ich kann ...	Aufgabe	Hilfen und Aufgaben
natürliche Zahlen der Größe nach ordnen.	1	Seite 191
natürliche Zahlen runden.	2	Seite 191
einfache Aufgaben zu den Grundrechenarten bei natürlichen Zahlen im Kopf ausführen.	3, 5	Seite 192, 194
die Grundrechenarten bei natürlichen Zahlen schriftlich ausführen.	4, 6, 7	Seite 193, 195
einfache Aufgaben mit natürlichen Zahlen aus der Wortform in die Zahlform übertragen.	5	Seite 192, 194
einfache Sachaufgaben mit natürlichen Zahlen lösen.	6, 7	Seite 192, 194

EINGANGSTEST

2 Strategien zum Problemlösen

1 a) Runde auf Tausender: 23 145 4 578 582
b) Runde auf Zehntausender: 643 872 2 137 853

2 Stelle mithilfe einer Überschlagsrechnung fest, welches der drei Ergebnisse das richtige ist.
a) 52 · 39 = ■
  1 158
  2 028
  12 498
b) 199 · 302 = ■
  9 758
  45 788
  60 098

3 Drei Kisten wiegen zusammen 55 kg. Die erste Kiste wiegt 20 kg, die zweite Kiste ist 5 kg schwerer als die erste.
Wie viel Kilogramm wiegt die dritte Kiste?

4 a) Lies den Text über die roten Waldameisen. Notiere alle Angaben, die der Text enthält.

> In den Wäldern Europas, Nordasiens und Nordamerikas errichten rote Waldameisen ihre kuppelförmigen Bauten. In einem Bau leben eine Million Ameisen. Eine rote Waldameise ist etwa 9 mm lang und wiegt 0,01 g. Ihre Nahrung besteht vor allem aus Honigtau, das sind Ausscheidungen von Läusen, die Zucker enthalten. 500 g Honigtau schaffen die Ameisen täglich in den Bau. Dabei kann eine Ameise das 30-Fache ihres Körpergewichts tragen.

b) Wie viel Kilogramm wiegen alle Ameisen eines Baus zusammen?
c) Wie viel Gramm kann eine Ameise tragen?
d) Wie viel Kilogramm Honigtau benötigt der Ameisenbau in einem Jahr?

Ich kann ...

Ich kann ...	Aufgabe	Hilfen und Aufgaben
natürliche Zahlen runden.	1	Seite 191
Überschlagsrechnungen durchführen.	2	Seite 195
einfache Sachaufgaben lösen.	3, 4	Seite 194 – 195
einem Text Informationen entnehmen.	4	Seite 202

3 Teiler und Vielfache

1 Bestimme das Ergebnis im Kopf.
a) 8 · 12
  16 · 5
b) 6 · 15
  13 · 3
c) 54 : 9
  63 : 7
d) 38 : 2
  72 : 8
e) 4 · 24
  77 : 7
f) 96 : 8
  6 · 18

2 a) Setze die Dreierreihe 3, 6, 9, 12, … um zehn weitere Zahlen fort.
b) Setze die Elferreihe 11, 22, 33, 44, … um acht weitere Zahlen fort.

3 Bestimme den Platzhalter.
a) 6 · ■ = 48
  ■ · 7 = 63
b) ■ : 4 = 9
  52 : ■ = 4
c) 14 · ■ = 84
  ■ : 12 = 5

4 Notiere drei unterschiedliche Multiplikationsaufgaben mit dem angegebenen Ergebnis. Ersetze dazu die Platzhalter durch passende Zahlen.
a) ■ · ■ = 24
  ■ · ■ = 24
  ■ · ■ = 24
b) ■ · ■ = 30
  ■ · ■ = 30
  ■ · ■ = 30
c) ■ · ■ = 54
  ■ · ■ = 54
  ■ · ■ = 54

Ich kann ...

Ich kann ...	Aufgabe	Hilfen und Aufgaben
einfache Multiplikations- und Divisionsaufgaben mit natürlichen Zahlen im Kopf lösen.	1, 2	Seite 194
zu Multiplikations- und Divisionsaufgaben die entsprechenden Umkehraufgaben angeben.	3, 4	Seite 194

EINGANGSTEST

4 Brüche

1 Welcher Bruchteil ist gefärbt?

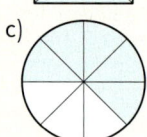

2 Stelle die folgenden Brüche zeichnerisch dar.
a) $\frac{1}{6}$ b) $\frac{3}{8}$ c) $\frac{5}{12}$

3 Die Abbildung zeigt dir den Bruchteil eines Ganzen. Ergänze in deinem Heft zum Ganzen. Es gibt mehrere Möglichkeiten.

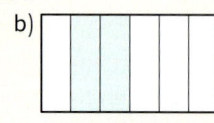

4 Die Schülerinnen und Schüler der Klasse 6 b wurden nach ihren Hobbys befragt. Neun Kinder spielen gerne mit Puppen, elf mit Klemmbausteinen und sieben Basteln und Malen gerne. Bestimme die Anteile für jedes Hobby als Bruch.

Ich kann ...

	Aufgabe	Hilfen und Aufgaben
Bruchteile mit Brüchen beschreiben.	1	Seite 196
Brüche zeichnerisch darstellen.	2	Seite 196
Bruchteile zu einem Ganzen ergänzen.	3	Seite 196
Anteile als Bruch angeben.	4	Seite 196

5 Körper

1 Berechne den Flächeninhalt des Rechtecks.

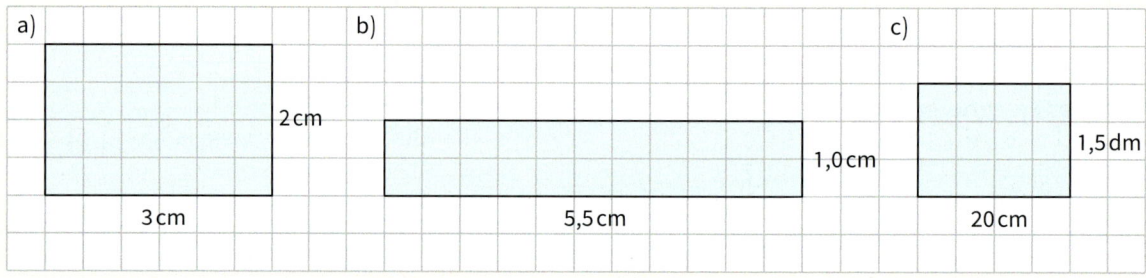

2 Schreibe in der Einheit, die in Klammern steht.
a) 4 dm² (cm²)
   5 m² (dm²)
   6 cm² (mm²)
b) 100 cm² (dm²)
   200 dm² (m²)
   9 000 mm² (cm²)

3 Berechne.
a) $2 \cdot (3 \cdot 4 + 3 \cdot 5)$ b) $2 \cdot 3 \cdot 4 + 2 \cdot 3 \cdot 5 + 8$

Ich kann ...

	Aufgabe	Hilfen und Aufgaben
den Flächeninhalt eines Rechtecks berechnen.	1	Seite 198
Flächeninhalte in unterschiedlichen Einheiten schreiben.	2	Seite 198
die Regeln „Punkt- vor Strichrechnung" und „Klammern zuerst" anwenden.	3	Seite 194

EINGANGSTEST

6 Rechnen mit Brüchen

1 Welche Brüche sind dargestellt?

a) 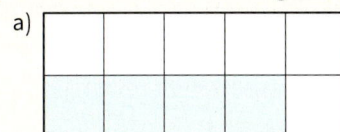 b)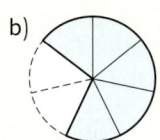

2 Kürze so weit wie möglich.

a) $\frac{40}{45}$ b) $\frac{18}{30}$ c) $\frac{17}{51}$ d) $\frac{5}{250}$

3 Suche die Erweiterungszahl und berechne den Platzhalter.

a) $\frac{5}{6} = \frac{\square}{30}$ b) $\frac{11}{16} = \frac{55}{\square}$

4 Welche Aussage ist wahr, welche falsch?
a) Die Zahl über dem Bruchstrich heißt Zähler.
b) Der Nenner gibt an, wie viele Teile betrachtet werden.
c) Die Zahl unter dem Bruchstrich beschreibt, in wie viele gleich große Teile das Ganze geteilt wird.
d) Wenn der Zähler größer als der Nenner ist, dann ist der Bruch größer als 1.
e) Durch Erweitern vergrößert sich der Wert des Bruches.

Ich kann ...

	Aufgabe	Hilfen und Aufgaben
Bruchteile mit Brüchen beschreiben.	1	Seite 66, 196
Brüche kürzen.	2	Seite 67 – 70
Brüche erweitern.	3	Seite 67 – 69
Aussagen zu Brüchen beurteilen.	4	Seite 66 – 72, 196

7 Daten erfassen, darstellen und auswerten

1 Gib den Bruch als Dezimalzahl an.

a) $\frac{1}{10}$ b) $\frac{1}{4}$ c) $\frac{3}{5}$ d) $\frac{4}{25}$

2 Gib den Bruch in Prozent an.

a) $\frac{1}{2}$ b) $\frac{13}{50}$ c) $\frac{3}{4}$ d) $\frac{12}{20}$

3 Ordne die Dezimalzahlen der Größe nach, beginne mit der kleinsten.

0,2   0,02   0,23   0,32   0,3   0,003

4 Bestimme jeweils die Winkelgrößen.

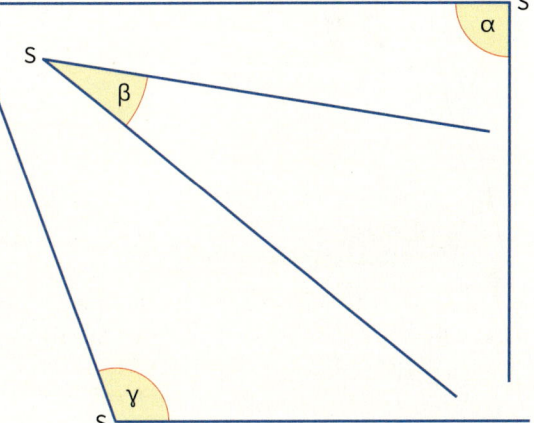

Ich kann ...

	Aufgabe	Hilfen und Aufgaben
Brüche als Dezimalzahlen angeben.	1	Seite 74, 75
Brüche in Prozent angeben.	2	Seite 78
Dezimalzahlen der Größe nach ordnen.	3	Seite 10
Winkelgrößen bestimmen.	4	Seite 201

EINGANGSTEST

8 Zufallsexperimente

1 Gib den Anteil als Bruch an.
a) 15 von 20 gleichartigen Kugeln
b) 12 von 60 gleichartigen Kugeln
c) 150 von 700 Fahrrädern

2 Bestimme den Anteil.
a) $\frac{1}{3}$ von 60 gleichartigen Kugeln
b) $\frac{1}{4}$ von 920 Schülerinnen und Schülern
c) $\frac{2}{5}$ von 200 gleichartigen Spielsteinen

3 Berechne das Ganze.
a) $\frac{1}{5}$ einer Anzahl von Kugeln sind 4 Kugeln.
b) $\frac{2}{3}$ eines Jahrgangs sind 80 Schülerinnen und Schüler.
c) $\frac{5}{6}$ aller getesteten Fahrräder sind 700 Fahrräder.

4 Schreibe als Dezimalzahl.
a) $\frac{1}{5}$ b) $\frac{4}{5}$ c) $\frac{3}{8}$
$\frac{1}{4}$ $\frac{3}{4}$ $\frac{5}{16}$

Ich kann ...	Aufgabe	Hilfen und Aufgaben
Anteile als Brüche angeben.	1	Seite 196
zu angegebenen Brüchen den zugehörigen Anteil bestimmen.	2	Seite 76
zu Bruchteilen das zugehörige Ganze bestimmen.	3	Seite 77
Brüche als Dezimalzahlen schreiben.	4	Seite 74, 75

Jede Schülerin und jeder Schüler kann einen Eingangstest für sich bearbeiten und fehlende Kompetenzen dann mithilfe der angegebenen Seiten erwerben.
Es kann aber auch die ganze Lerngruppe den Eingangstest machen. Die Diagnose ergibt dann, ob nur einzelne Schülerinnen oder Schüler fehlende Kompetenzen erwerben müssen oder die ganze Lerngruppe.

WIEDERHOLUNG
Natürliche Zahlen

1 Schreibe in Ziffern.
  a) 6 Millionen 453 Tausend 520
     456 Millionen 23 Tausend 8
     45 Millionen 8 Tausend 14

  b) 5 Milliarden 25 Millionen 5 Tausend
     23 Milliarden 111 Millionen 461 Tausend 300
     765 Milliarden 3 Millionen 5 Tausend 4

2 Lass dir die Zahlen vorlesen und schreibe sie in dein Heft.
  a) 47 000   b) 53 007   c) 5 670 300
     8 700   870 495   12 350 555
     350 000   3 525 007   444 000 850

3 Schreibe die Zahlen in Worten.
  a) 380   b) 5 400   c) 40 000   d) 800 000
     614   3 200   53 000   350 000
     703   9 900   61 500   780 000

4 Ordne in einer Kette nach der Beziehung „ist kleiner"
  (5 < 6 < 7).
  a) 101, 111, 99, 110, 98, 102
  b) 1 010, 1 000, 1 012, 1 100, 1 009, 1 001
  c) 100 010, 100 100, 110 010, 100 110, 100 001, 110 000

5 Gib alle natürlichen Zahlen an, die zwischen den beiden angegebenen Zahlen liegen.
  a) 1 888 889 und 1 888 894   b) 999 998 und 1 000 005
  c) 5 679 997 und 5 680 002   d) 344 996 und 345 002

6 Wie viele natürliche Zahlen liegen zwischen den beiden angegebenen Zahlen?
  a) 48 und 53   b) 87 und 111
  c) 450 und 570   d) 6 000 und 8 000

7 Runde
  a) auf Hunderter: b) auf Tausender: c) auf Millionen:
     214 561   823 425   6 540 000
     47 128   46 571   32 490 500
     111 333   100 500   61 723 900

8 Die angegebene Zahl ist durch Runden auf Hunderter entstanden. Wie könnte die genaue Zahl lauten? Gib fünf Möglichkeiten an.
  a) 4 300   b) 24 800   c) 5 800   d) 456 000   e) 400

9 a) Gib alle natürlichen Zahlen an, die du aus den Ziffern 3, 5, 9 (aus den Ziffern 0, 2, 7) bilden kannst.
  b) Bestimme die größte (zweitkleinste) natürliche Zahl, die du aus den Ziffern 2, 4, 7, 9 bilden kannst.

Die Namen sehr großer Zahlen

eine Million   1 000 000
eine Milliarde   1 000 000 000
eine Billion   1 000 000 000 000
eine Billiarde   1 000 000 000 000 000
eine Trillion   1 000 000 000 000 000 000

Die Menge der natürlichen Zahlen

Die Menge der natürlichen Zahlen wird mit $\mathbb{N}$ bezeichnet.
$\mathbb{N} = \{0, 1, 2, 3, 4, ...\}$

Zahlen anordnen

Die natürlichen Zahlen werden in gleichen Abständen auf dem **Zahlenstrahl** angeordnet.
Alle natürlichen Zahlen haben einen **Nachfolger.** Alle natürlichen Zahlen außer 0 (Null) haben einen **Vorgänger.**

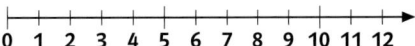

Auf dem Zahlenstrahl steht:
3 links von 7   7 rechts von 3
3 ist kleiner als 7   7 ist größer als 3
3 < 7   7 > 3

Zahlen runden

Bei den Ziffern **0 1 2 3 4** runde **ab**!
Bei den Ziffern **5 6 7 8 9** runde **auf**!

Runde 3 6 2 8 4 9 auf Hunderter.

362 849 ≈ 362 800
362 849 auf Tausender gerundet:
362 849 ≈ 363 000

WIEDERHOLUNG
Addieren und Subtrahieren

Addition

Summand		Summand		Summe
48	+	16	=	64

Auch **48 + 16** wird als **Summe** der Zahlen 48 und 16 bezeichnet.

Subtraktion

Minuend		Subtrahend		Differenz
64	–	48	=	16

Auch **64 – 48** wird als **Differenz** der Zahlen 64 und 48 bezeichnet.

Addition und Subtraktion sind Umkehrungen voneinander.

48 + 16 = 64   64 – 48 = 16
                     64 – 16 = 48

Rechnen mit Klammern

Die Klammer wird zuerst berechnet.

84 – (17 + 44) = 84 – 61 = 23
68 – (35 – 24) = 68 – 11 = 57

Sind keine Klammern vorhanden, so rechnet man schrittweise von links nach rechts.

84 – 17 + 44 = 67 + 44 = 111
68 – 35 – 24 = 33 – 24 = 9

Rechengesetze

Bei der Addition darf man beliebig Klammern setzen. Das Ergebnis verändert sich dabei nicht (**Assoziativgesetz**).

(35 + 14) + 26 = 49 + 26 = 75
35 + (14 + 26) = 35 + 40 = 75

Bei der Addition darf man die Reihenfolge der Summanden beliebig vertauschen. Das Ergebnis verändert sich dabei nicht (**Kommutativgesetz**).

5 + 3 = 3 + 5   5 + 57 + 65 = 5 + 65 + 57

1 Notiere die Aufgabe und berechne.
a) Die Summanden heißen 305 und 85. Berechne die Summe.
b) Addiere zu der Zahl 24 die Summe der Zahlen 88 und 112.
c) Wie heißt die Differenz der Zahlen 314 und 108?
d) Subtrahiere von der Zahl 600 die Zahlen 480 und 95.

2 Der erste Summand ist 440, der zweite Summand ist um 34 größer als der erste Summand, der dritte Summand ist um 90 kleiner als der erste Summand. Wie groß ist die Summe?

3 Bestimme die fehlende Zahl.
a) ■ + 48 = 120   b) 145 – ■ = 80   c) ■ – 485 = 75
   ■ – 66 = 34   88 + ■ = 250   124 + ■ = 230

4 Berechne.
a) 224 – (48 + 72)   b) 126 – (35 – 25)   c) 126 + 47 – 36
   112 – (56 – 13)   (48 + 222) – 100   161 – 11 + 222

5 Bei einigen Rechnungen fehlen die Klammern.
a) 56 – 28 – 12 = 40   b) 130 – 45 + 48 = 133
   115 – 28 + 13 = 100   87 – 11 + 33 = 43

6 Schreibe den Rechenweg zu der folgenden Aufgabe auf. Benutze Klammern.
a) Subtrahiere von 250 die Summe der Zahlen 46 und 28.
b) Subtrahiere von 144 die Differenz aus 250 und 125.
c) Addiere zu der Summe der Zahlen 85 und 145 die Differenz aus 105 und 75.

7 Schreibe zu den folgenden Aufgaben zunächst einen Text. Berechne anschließend die Aufgabe.
a) 160 – (35 – 20)   b) 85 – (120 – 65)
c) (56 + 24) – 45   d) (125 + 55) + (30 – 5)
e) (140 – 65) – (15 + 45)

8 Vertausche die Zahlen und setze die Klammern so, dass du vorteilhaft rechnen kannst.
a) 33 + 208 + 67 + 72   b) 15 + 34 + 21 + 85 + 66 + 119
c) 220 + 74 + 326 + 80   d) 123 + 3 045 + 7 + 28 + 255 + 72

9 Von einem 3 m langen Holzbrett sägt Frau Becker zunächst 50 cm und anschließend 175 cm ab. Wie lang ist jetzt das Brett?

10 Familie Schöder möchte um ihren 33 m langen und 24 m breiten Garten einen neuen Zaun ziehen.
Wie viel Meter Maschendraht müssen sie dafür kaufen, wenn sie auf einer der kürzeren Seiten den alten Zaun noch stehenlassen wollen?

WIEDERHOLUNG
Schriftliches Addieren und Subtrahieren

1 a) 347   b) 1673   c) 63 527   d)   28
      +2706   + 962   + 5 493   + 4 056
      +   89   +4056   +29 058   +21 301

2 a) 519 + 4 623 + 383   b) 6 783 + 941 + 5 672
      c) 7 621 + 25 486 + 617   d) 51 896 + 4 175 + 16 690

3 a) 2874   b) 78 456   c) 276 305   d) 5689
      – 237   –   789   – 58 746   – 1289

4 a) 5 689 – 1 298 – 784   b) 189 456 – 6 897 – 64 376
      c) 67 894 – 456 – 1 289   d) 3 914 – 58 – 1 345

5 Um wie viel Euro sind die Geräte reduziert?

~~2 225~~ €   **1 998 €**   ~~999 €~~ **748 €**

6 Frau Weis kauft eine Hose für 39 € (herabgesetzt von 69 €), eine Jacke für 65 € (herabgesetzt von 95 €) und ein Kleid für 75 € (herabgesetzt von 115 €). Wie viel Euro hat sie gespart?

7 a) Addiere die größte zweistellige Zahl und die kleinste dreistellige Zahl.
      b) Subtrahiere die größte vierstellige Zahl von der kleinsten sechsstelligen Zahl.
      c) Subtrahiere vom Vorgänger der Zahl 1 000 den Nachfolger der Zahl 888.

8 a) 496 – 371 + 52 + 854 – 79   b) 768 – (630 – 240) + 55
      4 006 – 1 286 + 375 – 2 421   (1 380 – 565) – (350 – 178)

9 Wähle aus den angegebenen Zahlen zwei (drei) Summanden aus und bilde fünf Additionsaufgaben. Die Summe soll immer zwischen 800 und 1 000 liegen.

84	397	268	409	127	283
	414	511	161	97	132

10 Wähle zwei Zahlen aus und subtrahiere. Die Differenz soll unter 1 000 liegen. Bilde vier Aufgaben.

9 306	7 850	5 093	4 829	3 735
5 295	2 646	2 655	6 879	8 207

Bei der schriftlichen **Addition** und **Subtraktion** müssen die Zahlen stellenrichtig untereinander geschrieben werden: Einer unter Einer, Zehner unter Zehner, …

439 + 4 907 + 87 = ▨

Überschlag:
400 + 5 000 + 100 = 5 500

```
   439
 +4907
 +  87
 ¹ ¹²
  5433
```

439 + 4 907 + 87 = 5 433

8 045 – 2 378 = ▨

Überschlag: 8 000 – 2 400 = 5 600

```
  8045
 –2378
  ¹ ¹ ¹
  5667
```

8 045 – 2 378 = 5 667

48 966 – 14 350 – 978 = ▨

Überschlag:
49 000 – 14 000 – 1 000 = 34 000

1. Lösungsweg

```
  14350        48966
+   978      –15328
  ¹ ¹              ¹
  15328        33638
```

48 966 – 14 350 – 978 = 33 638

2. Lösungsweg:

```
  48966
 –14350
 –  978
   ¹ ¹¹
  33638
```

48 966 – 14 350 – 978 = 33 638

WIEDERHOLUNG
Multiplizieren und Dividieren

Multiplikation

Faktor · Faktor = Produkt
15 · 13 = 195

Auch **15·13** wird als **Produkt** der Zahlen 15 und 13 bezeichnet.

Division

Dividend : Divisor = Quotient
195 : 13 = 15

Auch **195:13** wird als **Quotient** der Zahlen 195 und 13 bezeichnet.

Multiplikation und Division sind Umkehrungen voneinander.

Verbindung der Grundrechenarten

Enthält eine Aufgabe Punkt- und Strichrechnung, dann gilt: Punktrechnung (**·** und **:**) geht vor Strichrechnung (**+** und **−**).

54 − 6·5 = 54 − 30 = 24
63 + 18:9 = 63 + 2 = 65

Enthält eine Aufgabe Klammern, dann gilt: Die Klammer wird zuerst berechnet.

(16 − 5)·8 = 11·8 = 88
(34 + 8):7 = 42:7 = 6

Rechengesetze

Kommutativgesetz
a·b = b·a   13·5 = 5·13

Assoziativgesetz
(a·b)·c = a·(b·c)
(8·6)·5 = 8·(6·5)

Distributivgesetz
(a + b)·c = a·c + b·c
(12 + 4)·5 = 12·5 + 4·5

(a − b)·c = a·c − b·c
(20 − 3)·5 = 20·5 − 3·5

Potenzen

Ein Produkt aus gleichen Faktoren kann als Potenz geschrieben werden.

$4·4·4·4·4 = 4^5$ (*lies:* 4 hoch 5)

---

1 a) Die beiden Faktoren eines Produktes heißen 12 und 8. Berechne das Produkt.
b) Das Produkt ist 42. Der eine Faktor heißt 7. Wie groß ist der andere Faktor?
c) Nenne zwei Faktoren, deren Produkt 48 (84, 120, 144) ist.
d) Ein Produkt aus drei Faktoren hat den Wert 210. Der erste Faktor ist 6, der zweite Faktor ist 5. Bestimme den dritten Faktor.

2 a) Addiere zum Quotienten aus 96 und 8 die Zahl 88.
b) Dividiere das Produkt aus 5 und 24 durch 8.
c) Multipliziere die Zahl 40 mit dem Quotienten aus 72 und 8.
d) Der Quotient aus zwei Zahlen ist 9. Wie groß ist der Dividend, wie groß der Divisor? Gib vier unterschiedliche Möglichkeiten an.

3 Bestimme den Platzhalter.
a) 8·■ = 72   b) ■·12 = 60   c) ■:6 = 9   d) ■:7 = 12

4 Berechne.
a) 125:(29 − 4)   b) 350 − 8·12   c) (96 − 24):8
   7·8 + 44   6·(45 + 25)   148 + 36:3
   11·(24 − 13)   235 + 5·9   120:(37 − 22)

5 Bei einigen Aufgaben hat Vural vergessen, Klammern zu setzen. Schreibe die Aufgaben richtig in dein Heft.
a) 14 + 8:4 = 16   b) 180:60 − 24 = 5   c) 64 − 16:8 = 6
   54:9 − 6 = 18   36 + 18:3 = 42   120:12 + 12 = 5

6 Rechne vorteilhaft.
a) 47·50·2   b) 53·50·20   c) 4·11·8·25
   2·340·5   25·17·4   2·13·2·25
   200·43·5   4·55·250   6·8·3·125

7 Der Fahrer eines Getränkemarktes liefert Wasser in Kisten zu je 24 Flaschen aus.
Familie Meyer erhält sechs Kisten, die Firma Timme 13 Kisten und Frau Germar eine Kiste. Nach der Auslieferung befinden sich noch fünf Kisten Wasser auf dem Lieferwagen. Wie viele Flaschen Wasser hatte der Fahrer insgesamt geladen?

8 Berechne möglichst einfach.
a) 5·194 + 5·6   b) 397·5 + 3·5   c) 92·55 + 8·55
   7·104 − 7·4   5 008·9 − 8·9   16·73 − 6·73

9 Schreibe als Potenz.
a) 7·7·7·7·7   b) 11·11·11   c) 6·6·6·6·6·6·6

10 Schreibe als Produkt und berechne.
a) 5^3 b) 8^2 c) 4^3 d) 10^5

WIEDERHOLUNG
Schriftliches Multiplizieren und Dividieren

1 Berechne. Manchmal ist es sinnvoll, die beiden Faktoren vorher zu vertauschen.
a) 345 · 24   b) 9 · 230 068   c) 66 · 7 076   d) 12 · 89 456   e) 2 464 · 135

2 Umut hat drei Aufgaben falsch gerechnet. Finde jeweils den Fehler und berichtige ihn.

```
  6 8 · 7 0      8 6 4 · 4 3      2 3 4 · 2 3 4      4 6 8 · 2 0 3
    6 0 7 6        3 4 5 6            4 6 8              9 3 6
                   2 5 9 2            7 0 2            1 4 0 4
                 3 6 0 5 2          1 1 9 3 6        1 0 7 6 4
                                    5 4 7 5 6
```

3 Berechne.
a) 9 324 : 6   b) 54 312 : 8   c) 34 350 : 50   d) 20 680 : 11
   2 583 : 7   39 395 : 5   21 360 : 40   3 276 : 14
   72 729 : 9   79 008 : 8   48 090 : 70   4 995 : 15

4 Herr Celik setzt aus Einzelteilen Getriebe für Motoren zusammen. In der ersten Woche hat er an fünf Arbeitstagen jeden Tag 43 Getriebe montiert, in der zweiten Woche 44, in der dritten Woche 48. Wie viele Getriebe hat er im Durchschnitt an einem Tag montiert?

5 Schreibe den Rechenweg auf und gib die Lösung an.
a) Multipliziere die Summe der Zahlen 89 und 126 mit 35.
b) Multipliziere den Quotienten aus 291 und 3 mit 1 234.
c) Addiere die Zahl 1 478 zu dem Produkt der Zahlen 83 und 29.
d) Subtrahiere von dem Produkt aus 23 und 32 den Quotienten aus 266 und 7.

6 Zu jedem Rest gehört ein Buchstabe. Die Buchstaben ergeben in der Reihenfolge der Aufgaben einen Satz mit drei Wörtern.

E = 7	I = 6	A = 4	H = 11	C = 9	D = 1	L = 5
R = 3		T = 10		S = 2	W = 8	

a) 1 660 : 7   b) 9 048 : 20   c) 8 288 : 11   d) 4 692 : 21
   5 890 : 9   7 984 : 20   3 103 : 12   17 464 : 31
   3 650 : 8   10 593 : 30   7 221 : 13   3 801 : 17

7 Den größten Bahnhof der Welt in New York (USA) befahren im Durchschnitt 21 000 Züge im Monat (30 Tage) und etwa 18 Millionen Fahrgäste benutzen ihn monatlich. Wie viele Züge und wie viele Fahrgäste sind es im Durchschnitt pro Tag?

8 a) 4 · ▩ = 48   b) ▩ : 540 = 560
       ·   ·   ·   :   :
       ▩ · ▩ = ▩   630 : ▩ = ▩
       =   =   =   =   =
       ▩ · 72 = 2 016   ▩ : ▩ = 8

---

483 · 627 = ▩

Überschlag:
500 · 600 = 30 000

```
  4 8 3 · 6 2 7
    2 8 9 8
      9 6 6
    3 3 8 1
    ¹ ² ¹ ¹
  3 0 2 8 4 1
```

483 · 627 = 302 841

3 888 : 8 = ▩

Überschlag:
4 000 : 8 = 500

3 888 : 8 = 486
 32
 68
 64
  48
  48   Probe: 486 · 8
   0   3888

3 888 : 8 = 486

4 937 : 12 = ▩

Überschlag:
4 800 : 12 = 400

4 937 : 12 = 411   Rest 5
 48
 13
 12
  17
  12
   5

Probe: 411 · 12   4932
        411   +   5
        822   4937
       4932

4 937 : 12 = 411 Rest 5

WIEDERHOLUNG
Brüche

Brüche

Der **Nenner** eines **Bruches** gibt an, in wie viele gleich große Teile das Ganze eingeteilt wird.
Der **Zähler** gibt an, wie viele Teile genommen werden.

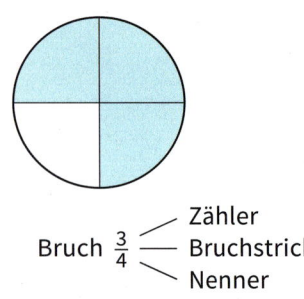

Bruch $\frac{3}{4}$ — Zähler / Bruchstrich / Nenner

Den gefärbten Bruchteil einer Figur bestimmen

Teile die Figur in gleich große Teilflächen ein.

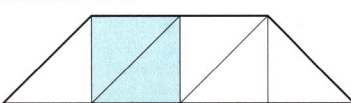

Anzahl gleich großer Teile: 6
Anzahl der gefärbten Teile: 2
Bruchteil der gefärbten Fläche: $\frac{2}{6}$

Brüche vergleichen

Brüche mit gleichen Nennern kannst du vergleichen, indem du die Zähler vergleichst.
$\frac{2}{7} < \frac{3}{7}$, denn 2 < 3

Brüche mit gleichen Zählern kannst du vergleichen, indem du die Nenner vergleichst.
$\frac{5}{8} > \frac{5}{9}$, denn $\frac{1}{8} > \frac{1}{9}$

Anteile

Die Klasse hat 27 Schülerinnen und Schüler, 7 davon tragen eine Brille. Anteil der Schülerinnen und Schüler, die eine Brille tragen als Bruch: $\frac{7}{27}$

1 Welcher Bruchteil ist gefärbt (weiß)?

a) b) 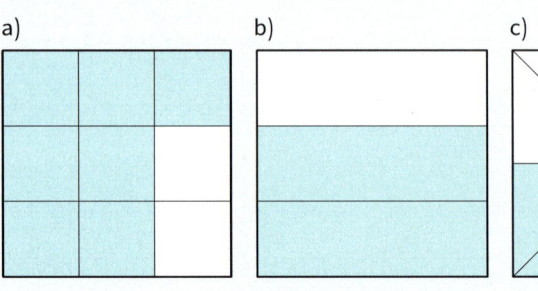 c)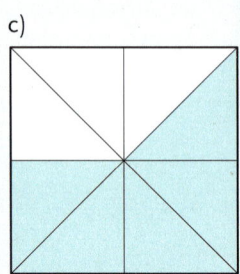

2 Zeichne zu jeder Aufgabe ein 4 cm langes und 3 cm breites Rechteck und färbe den angegebenen Bruchteil.

a) $\frac{7}{12}$ b) $\frac{13}{24}$ c) $\frac{3}{4}$ d) $\frac{2}{3}$ e) $\frac{5}{8}$

3 Bestimme den Bruchteil der gefärbten Fläche.

a) b) 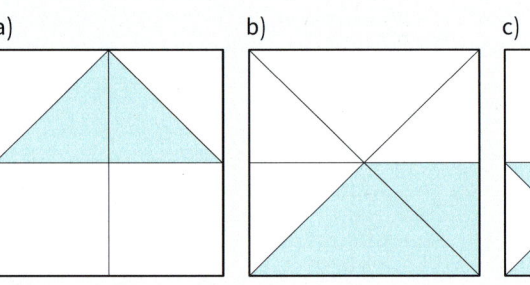 c)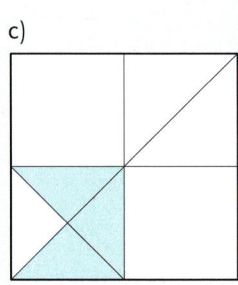

4 Vergleiche die Brüche. Setze kleiner oder größer (<, >) ein.

a) $\frac{1}{6}$ ■ $\frac{1}{9}$ b) $\frac{4}{9}$ ■ $\frac{5}{9}$ c) $\frac{2}{7}$ ■ $\frac{2}{5}$ d) $\frac{3}{8}$ ■ $\frac{3}{10}$

e) $\frac{7}{10}$ ■ $\frac{7}{12}$ f) $\frac{5}{11}$ ■ $\frac{4}{11}$ g) $\frac{3}{8}$ ■ $\frac{5}{8}$ h) $\frac{1}{10}$ ■ $\frac{1}{7}$

5 Gib den Anteil als Bruch an.
a) Von 28 Schülerinnen und Schülern kommen 11 mit dem Bus zur Schule.
b) Bei der Klassensprecherwahl erhält Paula 15 von 26 Stimmen.
c) In einer Lostrommel befinden sich 250 Lose, 231 davon sind Nieten.
d) Von 110 Kugeln sind 37 Kugeln rot.
e) An einer Straßenkreuzung fahren in drei Stunden 1 200 Fahrzeuge vorbei. Davon sind 991 Pkw.

6 Die Heinrich-Böll-Schule und die Thomas-Mann-Schule werden beide von jeweils 750 Schülerinnen und Schülern besucht.
In der Heinrich-Böll-Schule nutzen 340 von 400 Schülerinnen täglich soziale Netzwerke, in der Thomas-Mann-Schule 340 von 380 Schülerinnen.
a) Bestimme für jede Schule den Anteil der Schülerinnen und den Anteil der Schüler.
b) In welcher Schule ist der Anteil der Schüler größer?
c) In welcher Schule ist der Anteil der Schülerinnen, die täglich soziale Netzwerke nutzen, größer?

WIEDERHOLUNG
Längen

1 Gib in der Einheit an, die in Klammern steht.
a) 5 cm (mm); 55 cm (mm); 11 m (dm); 65 dm (cm); 7 km (m)
b) 60 cm (dm); 30 mm (cm); 60 dm (m); 4500 cm (m); 14 km (m)

2 Berechne.

6,45 m + 38 cm = 645 cm + 38 cm = 683 cm = 6,83 m

a) 56 m + 23 dm
11 dm – 8 cm
4 km + 670 m

b) 7 m – 45 dm
35 cm + 8 mm
5 m – 34 cm

c) 5,65 m + 25 cm
0,65 m + 85 cm
3,5 km – 800 m

Längeneinheiten

Die Umwandlungszahl für Längeneinheiten ist 10.

1 m = 10 dm
1 dm = 10 cm
1 cm = 10 mm

1 km = 1 000 m

3 Ergänze die Tabelle im Heft. Gib deine Ergebnisse in Metern an.

	Maßstab	Länge in der Zeichnung	Länge in der Wirklichkeit
a)	1 : 100	5 cm	
b)	1 : 100	6,5 cm	
c)	1 : 1 000	5,3 cm	
d)	1 : 500	3 cm	
e)	1 : 100 000	8,5 cm	
f)	1 : 20 000	4,3 cm	

Maßstab

Der Maßstab **1 : 100** bedeutet:
1 cm in der Karte entspricht 100 cm in der Wirklichkeit.

1 cm ≙ 100 cm

Länge in der Zeichnung	Länge in der Wirklichkeit
4 cm	4 cm · 100 = 400 cm = 4 m

4 cm ≙ 4 m

4 Berechne den Umfang des abgebildeten Rechtecks (Quadrats).

a) Maße in m
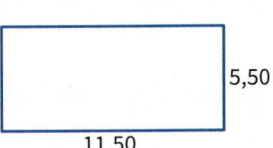
5,50
11,50

b)
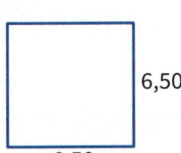
6,50
6,50

c)
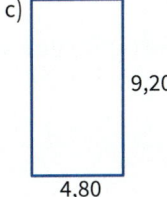
9,20
4,80

Umfang eines Rechtecks

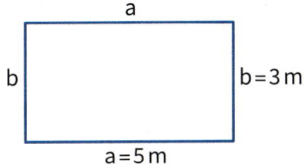
b = 3 m
a = 5 m

u = 2 · 5 + 2 · 3
u = 10 + 6 = 16
u = 16 m

u = 2 · a + 2 · b

5 Berechne den Umfang. Achte auf die Einheiten.

	a)	b)	c)
Rechteck	a = 8,5 m b = 3,5 m	a = 7,20 m b = 175 cm	a = 56 cm b = 440 mm
Quadrat	a = 45 m	a = 4,50 m	a = 66 mm

6 Finde drei weitere Rechtecke mit dem Umfang u = 26 m (u = 50 m).
Gib jeweils die Länge und die Breite des Rechtecks an.

u = 26 m

b = 2 m
a = 11 m

Umfang eines Quadrats

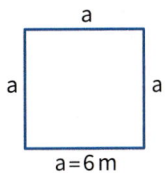
a = 6 m

u = 4 · 6 = 24
u = 24 m

u = 4 · a

WIEDERHOLUNG
Flächen

Flächeneinheiten

Die Umwandlungszahl für Flächeneinheiten ist 100.

$1\ km^2 = 100\ ha$
$1\ ha = 100\ a$
$1\ a = 100\ m^2$
$1\ m^2 = 100\ dm^2$
$1\ dm^2 = 100\ cm^2$
$1\ cm^2 = 100\ mm^2$

$5\ cm^2 = 500\ mm^2$ $45\ m^2 = 4500\ dm^2$
$7\ ha = 700\ a$ $9\ km^2 = 900\ ha$

$600\ cm^2 = 6\ dm^2$ $2400\ dm^2 = 24\ m^2$
$5600\ a = 56\ ha$ $500\ ha = 5\ km^2$

$7\ m^2\ 55\ dm^2 = 7{,}55\ m^2$
$61\ cm^2\ 8\ mm^2 = 61{,}08\ cm^2$
$675\ cm^2 = 6{,}75\ dm^2$
$14\ ha = 0{,}14\ km^2$

Flächeninhalt eines Rechtecks

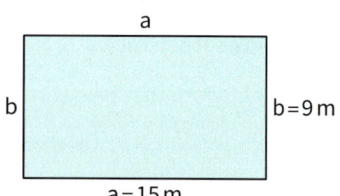

$A = 15 \cdot 9 = 135$
$A = 135\ m^2$

$A = a \cdot b$

Flächeninhalt eines Quadrats

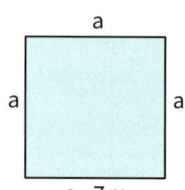

$A = 7 \cdot 7 = 49$
$A = 49\ m^2$

$A = a \cdot a = a^2$

1 Gib in der Einheit an, die in Klammern steht.
  a) $12\ m^2$ (dm^2); $5\ ha$ (a); $35\ cm^2$ (mm^2); $8\ km^2$ (ha); $6\ dm^2$ (cm^2)
  b) $600\ a$ (ha); $4500\ dm^2$ (m^2); $2400\ mm^2$ (cm^2); $8000\ ha$ (km^2)

2 Schreibe mit Komma in der größten genannten Einheit.
  a) $18\ m^2\ 23\ dm^2$ b) $8\ a\ 56\ m^2$ c) $9\ cm^2\ 61\ mm^2$ d) $3\ ha\ 7\ a$

3 Schreibe mit Komma in der nächstgrößeren Einheit.
  a) $565\ cm^2$ b) $1245\ a$ c) $805\ ha$
  d) $105\ cm^2$ e) $95\ dm^2$ f) $6\ ha$

4 Berechne den Flächeninhalt des abgebildeten Rechtecks.

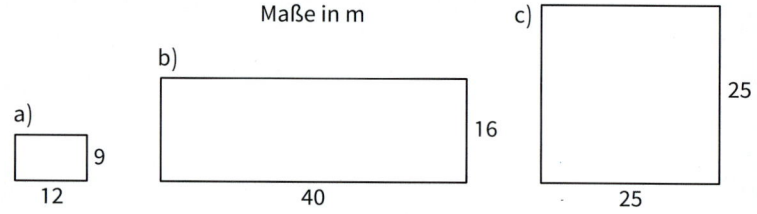

5 Berechne den Flächeninhalt des Rechtecks mit den angegebenen Seitenlängen. Achte auf die Einheiten.

	a)	b)	c)	d)
Seitenlänge a	50 cm	6,40 m	250 mm	0,60 m
Seitenlänge b	24 cm	400 cm	8 cm	70 cm

6 Berechne den Flächeninhalt eines Quadrats mit der Seitenlänge $a = 15\ cm$ ($a = 24\ m$; $a = 2{,}50\ m$).

7 Zeichne drei verschiedene Rechtecke. Jedes Rechteck soll einen Flächeninhalt von $24\ cm^2$ haben.

8 Berechne den Flächeninhalt der abgebildeten Figur.

a) Maße in cm

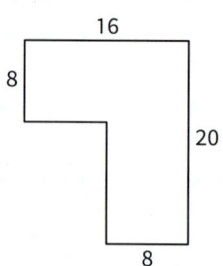

b)

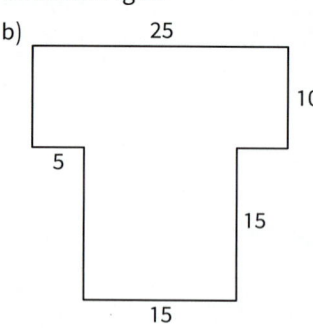

9 a) Ein Rechteck hat einen Flächeninhalt von $72\ m^2$. Eine Seite des Rechtecks ist 12 m lang. Bestimme die fehlende Seitenlänge.
b) Der Flächeninhalt eines Quadrats beträgt $81\ m^2$. Bestimme die Seitenlänge des Quadrats.

WIEDERHOLUNG
Geometrische Grundbegriffe

1 a) Welche ebene Figur ist in dem Koordinatensystem abgebildet? Beschreibe die Eigenschaften der Figur.
b) Gib jeweils die Koordinaten der Eckpunkte an.

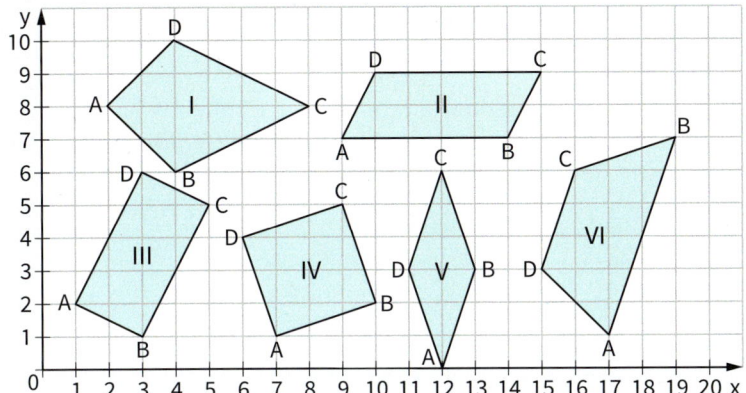

Koordinatensystem

Die waagerechte x-Achse und die senkrechte y-Achse bilden ein Koordinatensystem.

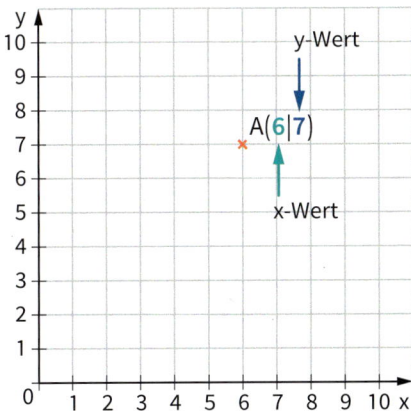

Der **Punkt A** hat die **Koordinaten 6** und **7**:

$$A(6|7)$$

2 Zeichne die Vierecke mit den angegebenen Eckpunkten in ein Koordinatensystem (Einheit 0,5 cm). Welche Figur erhältst du?

Viereck I	Viereck II	Viereck III	Viereck IV
A (3|9)	A (15|9)	A (1|1)	A (12|0)
B (10|11)	B (19|12)	B (9|4)	B (18|2)
C (9|15)	C (15|15)	C (9|9)	C (16|8)
D (2|13)	D (11|12)	D (1|6)	D (10|6)

3 Bestimme in einem Koordinatensystem (Einheit 0,5 cm) die Koordinaten des fehlenden Eckpunktes.
a) Quadrat: A (2|2), B (8|3), C (7|9), D (■|■)
b) Rechteck: A (2|14), B (■|■), C (11|12), D (3|16)
c) Raute: A (17|12), B (21|15), C (■|■), D (13|15)
d) Parallelogramm: A (■|■), B (17|4), C (19|11), D (14|10)

Gerade Linien – Strecke und Gerade

Strecke $\overline{AB}$

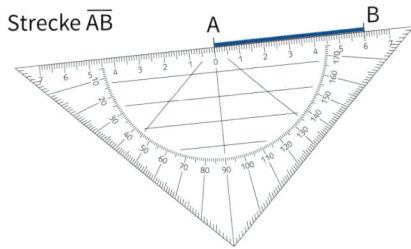

Eine **Strecke** ist die kürzeste Verbindung zwischen zwei Punkten. Eine Strecke wird durch ihre Endpunkte oder mit kleinen Buchstaben bezeichnet.

Gerade g

Gerade AB

Eine **Gerade** hat keinen Anfangspunkt und keinen Endpunkt. Geraden werden mit kleinen Buchstaben (g, h, a, b, ...) bezeichnet. Zwei Punkte legen genau eine Gerade fest.

4 Miss jeweils die Längen der abgebildeten Strecken. Notiere dein Ergebnis ($\overline{AB}$ = ■ cm). Zeichne anschließend die einzelnen Strecken in dein Heft.

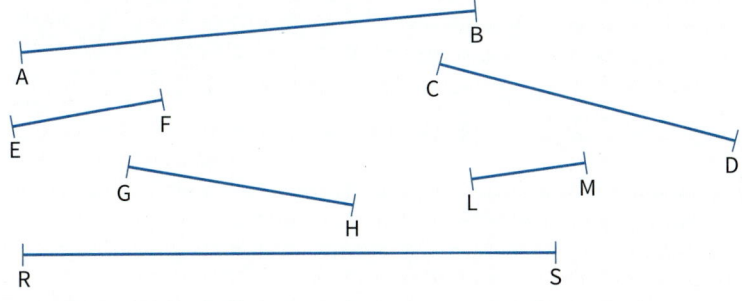

5 Wie viele Geraden und Strecken findest du in der Abbildung?

WIEDERHOLUNG
Geometrische Grundbegriffe

Die Geraden g und h stehen **senkrecht zueinander**, sie bilden **rechte Winkel**.

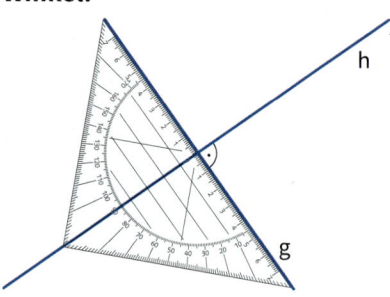

Man schreibt: g ⊥ h
Man sagt: g steht senkrecht zu h

Abstand

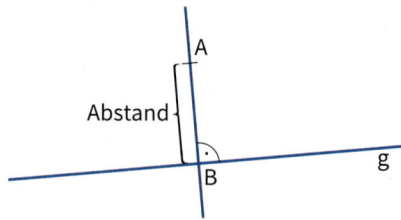

Die Länge der Strecke $\overline{AB}$ ist der Abstand des Punktes A von der Geraden g.
Der Abstand wird auf der Senkrechten zur Geraden g durch Punkt A gemessen.

Zwei Geraden g und h, die zu einer dritten Geraden senkrecht stehen, heißen **zueinander parallel**.

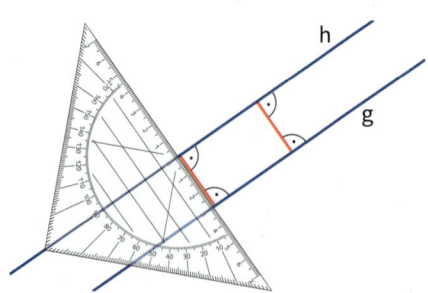

Man schreibt: g ∥ h
Man sagt: g parallel zu h

6 a) Trage die Punkte A (2|2), B (11|5), C (6|1), D (2|10), E (12|3) und F (0|6) in ein Koordinatensystem (Einheit 0,5 cm) ein.
b) Zeichne die Strecken $\overline{AB}$, $\overline{CD}$ und $\overline{EF}$. In welchen Punkten schneiden sie sich? Gib jeweils die Koordinaten der Schnittpunkte an.

7 Zeichne in einem Koordinatensystem (Einheit 0,5 cm) durch die beiden angegebenen Punkte jeweils eine Gerade. Überprüfe, welche Geraden zueinander senkrecht sind.

Gerade g	Gerade h	Gerade e	Gerade f
A (4|12)	C (6|3)	E (1|4)	G (3|1)
B (11|5)	D (2|9)	F (7|8)	H (11|9)

8 Übertrage zunächst die Abbildung in dein Heft. Zeichne anschließend durch jeden Punkt die Senkrechte zur Geraden g. Miss in deiner Zeichnung den Abstand des Punktes A von der Geraden g.

a)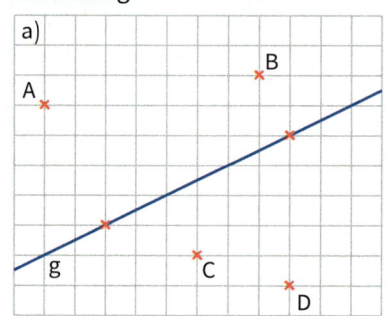

b)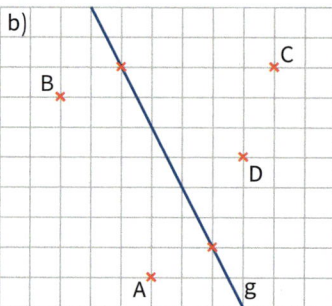

9 Zeichne in einem Koordinatensystem (Einheit 0,5 cm) durch die beiden Punkte jeweils eine Gerade. Überprüfe, welche Geraden zueinander parallel sind.

Gerade g	Gerade h	Gerade e	Gerade f	Gerade k
A (3|3)	C (1|7)	E (4|9)	G (5|11)	K (3|6)
B (9|6)	D (10|1)	F (12|2)	H (14|5)	L (9|9)

10 Zeichne die Gerade AB mit A (1|8) und B (13|12) sowie die Punkte P (3|12) und Q (9|4) in ein Koordinatensystem (Einheit 0,5 cm). Zeichne jeweils eine Parallele zu der Geraden AB durch die Punkte P und Q.

11 Zeichne eine Gerade g schräg in dein Heft. Zeichne zu g eine Parallele mit dem folgenden Abstand.
a) 3 cm   b) 4,8 cm   c) 37 mm   d) 5,5 cm   e) 0,26 dm

WIEDERHOLUNG
Winkel messen und zeichnen

1 Ergänze die Tabelle im Heft.

Winkel	α	β	
Winkelart	spitzer Winkel		
geschätze Größe			
gemessene Größe			

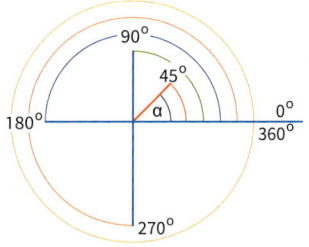

Die Größe eines Winkels wird in der **Einheit Grad** angegeben.
1 Grad (1°) ist der 360. Teil eines Vollwinkels.

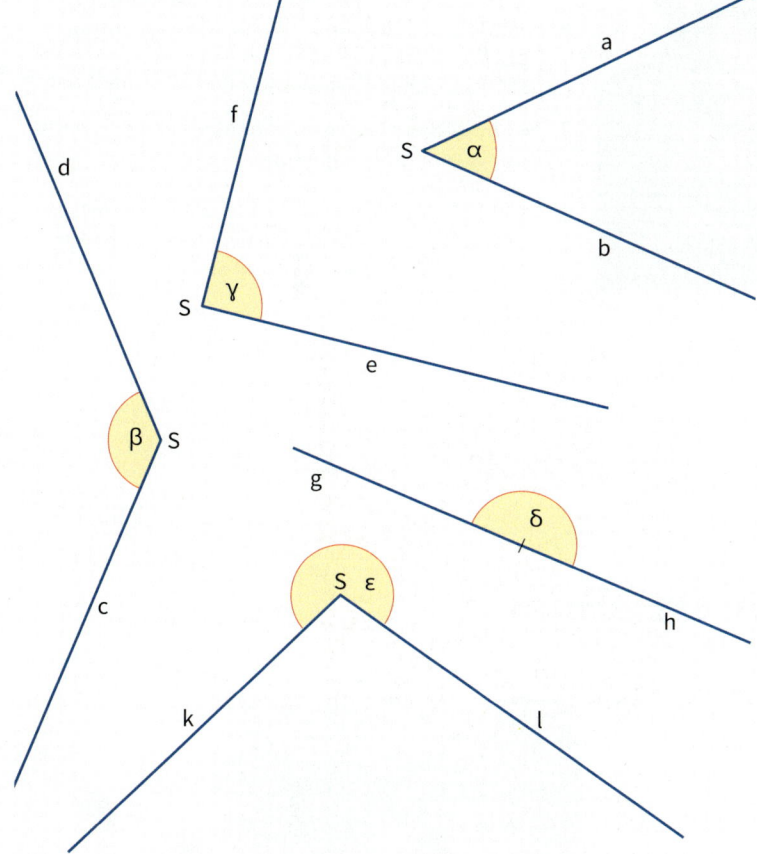

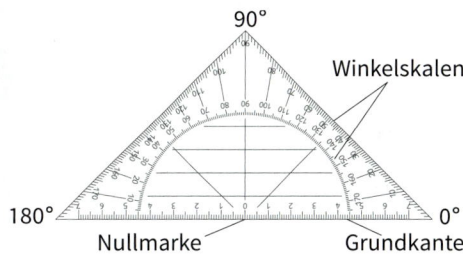

Winkel messen

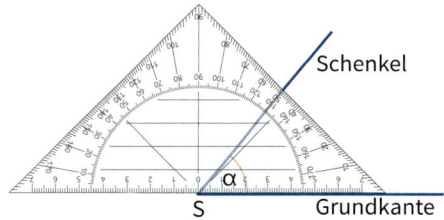

2 Zeichne jeweils einen Winkel der angegebenen Größe. Markiere den Winkel mit einem Kreisbogen.
a) 35° 65° 27° 53° 78° 15° 86° 45° 90°
b) 100° 165° 125° 158° 103° 175° 250° 300°

Winkel zeichnen

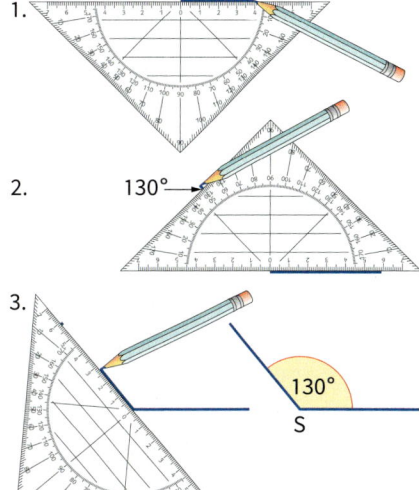

3 Trage die Punkte S, A und B in ein Koordinatensystem (Einheit 0,5 cm) ein.
Zeichne von S aus jeweils einen Strahl a durch Punkt A und einen Strahl b durch Punkt B. Miss die Größe des Winkels ∢(a, b).
a) S(3|12), A(2|1), B(14|11) b) S(9|2), A(9|14), B(1|10)
c) S(10|3), A(23|5), B(1|10) d) S(8|13), A(2|6), B(19|9)

WIEDERHOLUNG
Kommunizieren

Partnerarbeit

Regeln für die Partnerarbeit

1. Jeder liest zunächst die Aufgabenstellung für sich durch und beachtet dabei die vorgegebenen Arbeitsschritte, Hinweise und Hilfen.
2. Jeder entwickelt einen eigenen Lösungsansatz.
3. Vergleicht eure Lösungsansätze und erarbeitet eine gemeinsame Lösung.
4. Bereitet eine Präsentation eures Ergebnisses vor (Folie, Lernplakat, Vortrag mit Stichwortzettel, …).

Einem Text Informationen entnehmen

1. Lies den Text im Ganzen durch. Schreibe in einem Satz auf, wovon der Text handelt.
2. Lies jeden einzelnen Abschnitt des Textes langsam und konzentriert.
Schreibe zu jedem Abschnitt eine Überschrift auf.
3. Schreibe die Aussagen des Textes auf, die du für besonders wichtig hältst.
4. Schreibe die Wörter auf, die du nicht kennst. Kläre ihre Bedeutung, indem du ein Lexikon benutzt oder deine Lehrerin oder deinen Lehrer fragst.
5. Berichte einem Mitschüler oder einer Mitschülerin, was du gelesen hast.

Gruppenarbeit

Regeln für die Gruppenarbeit

1. Der Arbeitsplatz wird eingerichtet. Alle Arbeitsmaterialien werden zurechtgelegt.
2. Die Gruppenarbeit beginnt mit einer gemeinsamen Besprechung der Aufgabenstellung.
3. Der Arbeitsablauf wird organisiert. Dabei werden alle an der Arbeit beteiligt.
4. Alle Gruppenmitglieder notieren die wichtigsten Ergebnisse.
5. Der Vortrag der Ergebnisse wird gemeinsam vorbereitet. Alle sind für die Qualität der Arbeit verantwortlich.

Regeln für die Präsentation

1. Beginne nicht sofort, sondern warte ab, bis Ruhe herrscht.
2. Versuche frei zu sprechen und schaue das Publikum an. Benutze einen Notizzettel als Merkhilfe.
3. Stelle wichtige Informationen besonders heraus.
   Benutze dazu die Tafel, Folien, Plakate.
4. Warte am Ende ab, ob es noch Fragen oder Anmerkungen gibt.

Regeln für das Publikum

1. Wenn eine Gruppe ihre Ergebnisse vorträgt, hört das Publikum aufmerksam zu.
2. Jeder überlegt während der Präsentation:
   • Was kann ich bei dieser Präsentation lernen?
   • Welche Fragen habe ich noch?
   • Was hat mir gut gefallen, was könnte noch verbessert werden?
3. Das Publikum nimmt in der Nachbesprechung dazu Stellung.

WIEDERHOLUNG
Kommunizieren

Mit einem Lernplakat präsentieren

Mögliche Arbeitsschritte

- Überlegt, was auf dem Plakat dargestellt werden soll.
- Erstellt in Partnerarbeit jeweils einen Entwurf auf einem DIN-A4-Blatt.
- Diskutiert die verschiedenen Entwürfe in der Gruppe.
- Verteilt Arbeitsaufträge an die einzelnen Gruppenmitglieder. Jeder Schüler ist für eine Teilaufgabe verantwortlich: Texte, Bilder, Grafiken, …

Es ist sinnvoll das Lernplakat in Gruppenarbeit zu erstellen.
Die Gruppe sollte nicht zu groß sein. Achtet darauf, dass jeder etwas zum Gelingen der Arbeit beiträgt.

Auf einem Lernplakat werden Informationen übersichtlich und anschaulich dargestellt.
Dazu werden Texte, Bilder und Zeichnungen benutzt.
Jedes Plakat besitzt eine Überschrift, die weithin sichtbar ist.
Die Schriftgröße muss immer so gewählt werden, dass die Texte aus einer Entfernung von einem Meter noch lesbar sind.

Der Goldhamster als Haustier

Artgerechte und abwechslungsreiche Haltung:

Hamster wollen sich putzen, fressen, klettern, laufen und dazwischen immer mal wieder ein Nickerchen einlegen. Sie sollten nicht ununterbrochen herumgetragen und gestreichelt werden.
Unnötiges Wecken während der Schlafzeiten fördert die Aggressivität und verringert die Lebenserwartung. Hamster sind Einzelgänger.

Anschaffungskosten:

Goldhamster	15,00 €
Buch über artgerechte Haltung	9,95 €
Hamsterkäfig	49,90 €
Hamsterkletterburg	12,00 €
Laufrad	15,90 €
Fressnapf	5,29 €
Tränke	3,49 €
Transportbox	7,69 €
Hamsterschmaus (1 kg)	8,80 €
Streu (10 l)	7,39 €
Nagerstein	1,79 €

Monatliche Kosten:

Für Futter und Nistmaterial sollten pro Monat 20 € gerechnet werden.

Tipp:
Hamsterkletterburgen und -häuschen lassen sich auch leicht selber bauen.

LÖSUNGEN
zu den Eingangstests

Dezimalzahlen Seite 186

1 a) 1 122 < 1 221 < 2 112 < 2 121 < 2 211
b) 6 006 < 6 060 < 6 066 < 6 600 < 6 606

2 a) 34 500   b) 7 900   c) 324 000

3 a) 90, 85, 158   b) 52, 12, 37
c) 36, 65, 77   d) 8, 9, 6
e) 150, 3 100, 11 000   f) 27, 9, 42

4 a) 57 281   b) 7 382   c) 141 901   d) 2 347

5 a) $(14 + 23) \cdot 3 = 111$ b) $15 + 8 \cdot 6 = 63$

6 Die Miete beträgt 6 288 € pro Jahr.

7 Pro Stunde haben sie durchschnittlich 6 896 m zurückgelegt.

Strategien zum Problemlösen Seite 187

1 a) 23 000, 4 579 000   b) 640 000, 2 140 000

2 a) 2 028   b) 60 098

3 Die dritte Kiste wiegt 10 kg.

4 a) –
b) Alle Ameisen eines Baus wiegen zusammen 10 kg.
c) Eine Ameise kann 0,3 g tragen.
d) Der Ameisenbau benötigt 182,5 kg Honigtau in einem Jahr (1 Jahr = 365 Tage).

Teiler und Vielfache Seite 187

1 a) 96, 80   b) 90, 39   c) 6, 9
d) 19, 9   e) 96, 11   f) 12, 108

2 a) 15, 18, 21, 24, 27, 30, 33, 36, 39, 42
b) 55, 66, 77, 88, 99, 110, 121, 132

3 a) 8, 9   b) 36, 13   c) 6, 60

4 a) $2 \cdot 12 = 24$ b) $2 \cdot 15 = 30$ c) $2 \cdot 27 = 54$
$3 \cdot 8 = 24$ $3 \cdot 10 = 30$ $3 \cdot 18 = 54$
$4 \cdot 6 = 24$ $5 \cdot 6 = 30$ $6 \cdot 9 = 54$

Brüche Seite 188

1 a) $\frac{2}{4} = \frac{1}{2}$ b) $\frac{2}{6} = \frac{1}{3}$ c) $\frac{5}{8}$ d) $\frac{6}{16} = \frac{3}{8}$

2 a) $\frac{1}{6}$ b) $\frac{3}{8}$ c) $\frac{5}{12}$

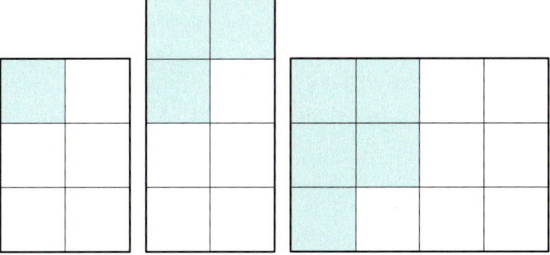

3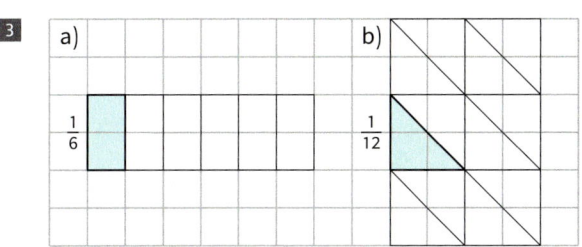

4 mit Puppen spielen: $\frac{9}{27} = \frac{1}{3}$
mit Klemmbausteinen spielen: $\frac{11}{27}$
Basteln und Malen: $\frac{7}{27}$

Körper Seite 188

1 a) 6 cm²   b) 5,5 cm²   c) 300 cm² = 3 dm²

2 a) 400 cm²   500 dm²   600 mm²
b) 1 dm²   2 m²   90 cm²

3 a) 54   b) 62

Rechnen mit Brüchen Seite 189

1 a) blau: $\frac{4}{10} = \frac{2}{5}$ weiß: $\frac{6}{10} = \frac{3}{5}$
b) blau: $\frac{5}{7}$ weiß: $\frac{2}{7}$

2 a) $\frac{8}{9}$ b) $\frac{3}{5}$ c) $\frac{1}{3}$ d) $\frac{1}{50}$

3 a) $\frac{5}{6} = \frac{25}{30}$ b) $\frac{11}{16} = \frac{55}{80}$

4 a) wahr   b) falsch   c) wahr
d) wahr   e) falsch

LÖSUNGEN
zu den Eingangstests

Daten erfassen, darstellen und auswerten Seite 189

1 a) 0,1 b) 0,25 c) 0,6 d) 0,16

2 a) 50 % b) 26 % c) 75 % d) 60 %

3 a) 0,003 < 0,02 < 0,2 < 0,23 < 0,3 < 0,32

4 a) α = 90°; β = 30° ; γ = 110°

Zufallsexperimente Seite 190

1 a) $\frac{15}{20} = \frac{3}{4}$ b) $\frac{12}{60} = \frac{1}{5}$ c) $\frac{150}{700} = \frac{3}{14}$

2 a) 20 Kugeln
b) 230 Schülerinnen und Schüler
c) 80 Spielsteine

3 a) 20 Kugeln
b) 120 Schülerinnen und Schüler
c) 840 Fahrräder

4 a) 0,2   0,25 b) 0,8   0,75 c) 0,375   0,3125

LÖSUNGEN
zu den Ausgangstests

zu Seite 33

1 a) 0,9   0,04   0,008   b) 0,11   0,012   0,16
c) 0,63   0,052   0,903

2 a) <, >, <   b) =, <, =

3 a) 1. Kyle Chalmers, 2. Pieter Timmers, 3. Nathan Adrian, 4. Santo Condorelli, 5. Duncan Scott, 6. Caeleb Dressel

4 a) 0,6   1,8   10,5   b) 0,87   2,46   3,84
c) 0,555   1,850   0,100

5 a) 1,6   6,4   4,1   b) 3,2   7,1   1,5
c) 3,5   5,4   3,2   d) 239   145,2   1 222,5
e) 6   0,21   4   f) 7,98   0,378   0,00156
g) 3,9   0,6   0,9   h) 0,22   2,8   0,5

6 a) 16,84   5,069   4,185
b) 2,55   0,49   0,271
c) 32,852   13,3692   0,06253
d) 3,57   9,57   0,578

7 Julius muss 4,30 € bezahlen.

8 Der Wagen von Frau Then verbraucht auf 100 Kilometern durchschnittlich 7,5 Liter Benzin.

9 Der Wagen hat 50,84 Liter Benzin verbraucht.

10 Subtraktion: Leon hat einen Übertrag nicht beachtet.
Multiplikation: Das Ergebnis hat weniger Stellen nach dem Komma als beide Faktoren zusammen.
Division: Leon hat beim Überschreiten des Kommas kein Komma im Ergebnis gesetzt.

zu Seite 49

1 Schätzen:
100 m · 70 m = 7 000 m²; 7 000 · 25 000 = 175 000 000
(genau 178 500 000 Grashalme)

2 Anna hat 7 Bleistifte gekauft.

3 Sie muss 7 Monate sparen.

4 x + (x + 3) + (x + 3 + 2) = 44; x = 12;
Leon: 12 Jahre, Emre: 15 Jahre, Paul: 17 Jahre

5 a) 8 · x − 5 = 27; x = 4   b) 7 · x + 19 = 61; x = 6

6 zwischen 12 333 333 und 17 200 000 Menschen

7 Cansu hat 4 Fineliner und 3 Bleistifte gekauft.

zu Seite 63

1 z. B.: 24, 36, 48, 60, 72

2 a) 1, 2, 3, 6, 9, 18   b) 1, 2, 4, 5, 10, 20
c) 1, 3, 9, 27   d) 1, 2, 5, 10, 25, 50

3 7, 11, 13, 17, 19, 23, 41

4 a) ggT (24, 30) = 6
b) ggT (15, 55) = 5
c) ggT (16, 40) = 8

5 a) kgV (6, 9) = 18
b) kgV (16, 20) = 80
c) kgV (12, 18) = 36

6 a) 123, 144, 1 377, 1 497   b) 104, 448, 1 212
c) 96, 546, 1 422   d) 675, 6 120, 2 475
e) 441, 1 575

7 a)

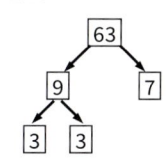

66 = 11 · 2 · 3

b)

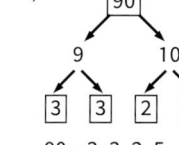

90 = 3 · 3 · 2 · 5

8 a) z. B.

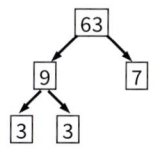

63 = 3 · 3 · 7

b) z. B.

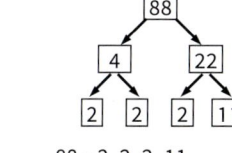

88 = 2 · 2 · 2 · 11

9 a) z. B. ggT (16, 20) = 4   b) z. B. ggT (12, 18) = 6
c) z. B. kgV (3, 8) = 24   d) z. B. kgV (4, 5) = 20

10 a) 1 143   24 750   22 833
b) Es gibt jeweils mehrere Möglichkeiten:
104, 124, 144, 164, 184
24 700, 24 720, 24 740, 24 760, 24 780
232, 236

LÖSUNGEN
zu den Ausgangstests

11 a) Die Aussage ist wahr. Wenn eine Zahl durch 4 teilbar ist, so ist sie auch durch 2 teilbar, da 2 ein Teiler von 4 ist.
b) Die Aussage ist falsch. Ein Gegenbeispiel ist die Zahl 14. Diese Zahl ist durch 2, aber nicht durch 4 teilbar.
c) Die Aussage ist wahr. Jede Primzahl hat genau zwei Teiler: 1 und die Primzahl selbst.
Der einzige gemeinsame Teiler von zwei verschiedenen Primzahlen ist daher 1. Also ist 1 der größte gemeinsame Teiler von zwei Primzahlen.
d) Die Aussage ist falsch. Beispielsweise ist die Zahl 2 eine Primzahl. Alle Vielfachen der Zahl 2 sind gerade Zahlen. Zum Beispiel ist 26, das kleinste gemeinsame Vielfache der Primzahlen 2 und 13, eine gerade Zahl.

zu Seite 85

1 a) $\frac{6}{12} = \frac{1}{2}$; $\left(\frac{6}{12} = \frac{1}{2}\right)$ b) $\frac{4}{5}$; $\left(\frac{1}{5}\right)$ c) $\frac{4}{10} = \frac{2}{5}$; $\left(\frac{6}{10} = \frac{3}{5}\right)$
d) $\frac{8}{12} = \frac{2}{3}$; $\left(\frac{4}{12} = \frac{1}{3}\right)$ e) $\frac{5}{16}$; $\left(\frac{11}{16}\right)$ f) $\frac{2}{12} = \frac{1}{6}$; $\left(\frac{10}{12} = \frac{5}{6}\right)$

2 a) 5   b) 7   c) 72
    30   8   60
    7   41   9

3 $\frac{16}{48}$ $\frac{18}{48}$ $\frac{28}{48}$ $\frac{33}{48}$ $\frac{25}{48}$ $\frac{37}{48}$

4 a) >   b) >   c) <
     <   >   =

5 a) $\frac{3}{5}$ b) $1\frac{1}{5}$ c) $\frac{3}{500}$
     $\frac{11}{20}$ $2\frac{3}{4}$ $7\frac{1}{8}$
     $\frac{1}{500}$ $1\frac{4}{5}$ $3\frac{8}{25}$

6 a) 0,2   b) $0,\overline{3}$ c) 2,2
     0,4   0,625   4,45
     0,87 $0,\overline{8}$ 1,8

7 a) $A = \frac{16}{5} = 3\frac{1}{5} = 3,2$; $B = \frac{19}{5} = 3\frac{4}{5} = 3,8$; $C = \frac{41}{10} = 4\frac{1}{10} = 4,1$;
$D = \frac{23}{5} = 4\frac{3}{5} = 4,6$; $E = \frac{26}{5} = 5\frac{1}{5} = 5,2$
b) $A = \frac{1}{6} = 0,1\overline{6}$; $B = \frac{7}{6} = 1\frac{1}{6} = 1,1\overline{6}$; $C = \frac{7}{12} = 0,58\overline{3}$;
$D = \frac{3}{2} = 1\frac{1}{2} = 1,5$; $E = \frac{41}{24} = 1\frac{17}{24} = 1,708\overline{3}$

8 Das Fahrrad kostet 400 €.

9 a) Der Kreis wurde nicht in 3 gleich große Teile geteilt.
b) Die Fläche wurde nicht in 5 gleich große Teile geteilt.

zu Seite 115

1 A – Zylinder
B – Kegel
C – Würfel
D – Quader
E – Pyramide
F – Kugel

2 a) Würfel
b) Zylinder
c) Pyramide
d) Zylinder
e) Tetraeder
f) Dreiecksprisma

3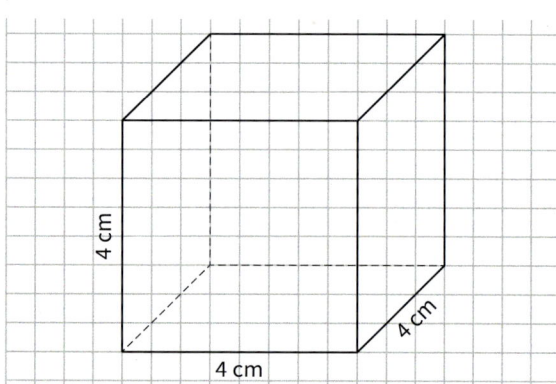

4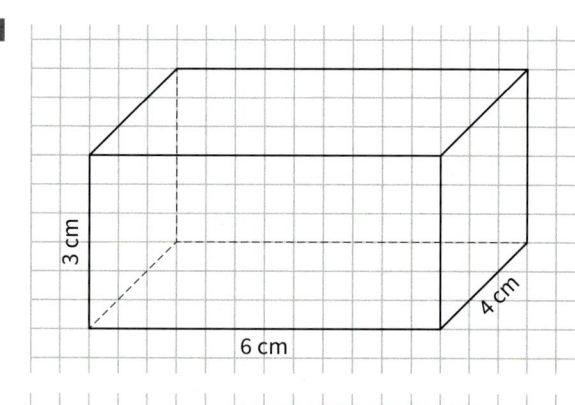

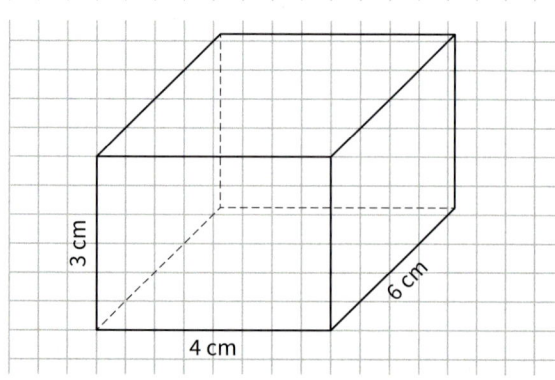

LÖSUNGEN
zu den Ausgangstests

zu Seite 141

1 a) $\frac{1}{2}$ b) $\frac{3}{5}$ c) $\frac{1}{2}$
$\frac{3}{5}$ $\frac{1}{3}$ $\frac{1}{3}$

2 a) $\frac{11}{14}$ b) $\frac{5}{28}$ c) $\frac{13}{30}$
$\frac{7}{20}$ $\frac{7}{18}$ $\frac{21}{40}$
$\frac{29}{30}$ $\frac{1}{24}$ $\frac{19}{48}$

3 a) $0{,}25 = \frac{1}{4}$ b) $0{,}875 = \frac{7}{8}$ c) $1{,}15 = 1\frac{3}{20}$

4 a) $\frac{6}{7}$ b) $\frac{12}{9} = 1\frac{1}{3}$
c) $\frac{35}{14} = 2\frac{1}{2}$ d) $\frac{198}{11} = 18$
e) $\frac{2}{15}$ f) $\frac{3}{10}$
g) $\frac{3}{32}$ h) $\frac{2}{9}$

5 a) $\frac{15}{56}$ b) $\frac{24}{36} = \frac{2}{3}$
c) $\frac{20}{180} = \frac{1}{9}$ d) $\frac{264}{616} = \frac{3}{7}$

6 a) $\frac{45}{56}$ b) $\frac{42}{63} = \frac{2}{3}$
c) $\frac{45}{60} = \frac{3}{4}$ d) $\frac{456}{285} = \frac{8}{5} = 1\frac{3}{5}$

7 $\frac{7}{36}$ des Grundbesitzes entfällt auf den Wald.

8 Es sind noch 9,8 m Stoff übrig.

9 42 Schülerinnen und Schüler kommen mit dem Bus.
72 Schülerinnen und Schüler kommen mit dem Fahrrad.
54 Schülerinnen und Schüler kommen zu Fuß.

10 Herr Jodeit braucht im Durchschnitt 240 Sekunden für eine Runde.

11 a) $\frac{3}{5}$ b) $\frac{10}{21}$ c) $\frac{3}{4}$ d) $\frac{5}{18}$

5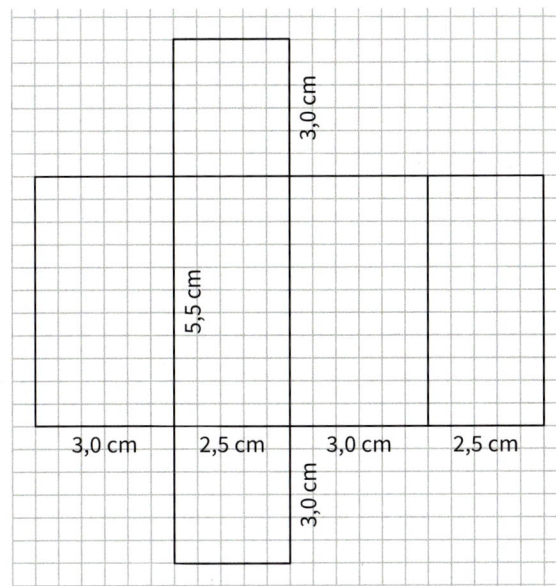

6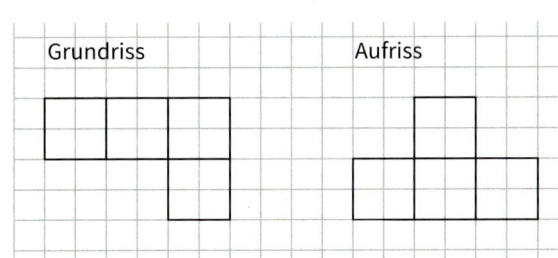

7 Volumen = 216 cm³
Oberflächeninhalt = 216 cm²

8 Volumen = 120 cm³
Oberflächeninhalt = 158 cm²

9 a) 2 000 mm³   b) 5 dm³   c) 2 dm³
4 000 cm³   5 m³   1 000 cm³
200 cm³   0,5303 dm³   4 500 mℓ

10 Das Volumen beträgt 0,5 ℓ.

11 Sie braucht 24 300 cm² (2,43 m²) Stoff.

12 Der Wasserspiegel steigt um 2 cm an.

LÖSUNGEN
zu den Ausgangstests

zu Seite 163

1 a)

Note	Strichliste	relative Häufigkeit
1	||	$\frac{2}{25} = 0{,}08$
2	||||	$\frac{5}{25} = \frac{1}{5} = 0{,}2$
3	|||| |	$\frac{6}{25} = 0{,}24$
4	|||| ||||	$\frac{8}{25} = 0{,}32$
5	|||	$\frac{3}{25} = 0{,}12$
6	|	$\frac{1}{25} = 0{,}04$

b)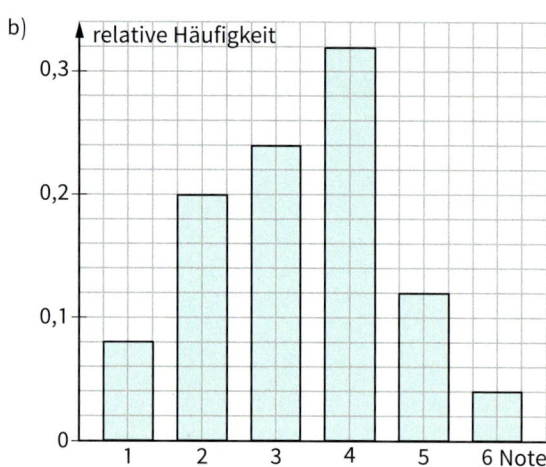

2 a) Man kann entnehmen, wie viele Personen wie viel Taschengeld erhalten.
Die meisten Personen erhalten 20 €, die wenigsten 30 €.

b) 10 €: 0,22 = 22 %
12 €: 0,16 = 16 %
16 €: 0,2 = 20 %
20 €: 0,26 = 26 %
25 €: 0,1 = 10 %
30 €: 0,06 = 6 %

c)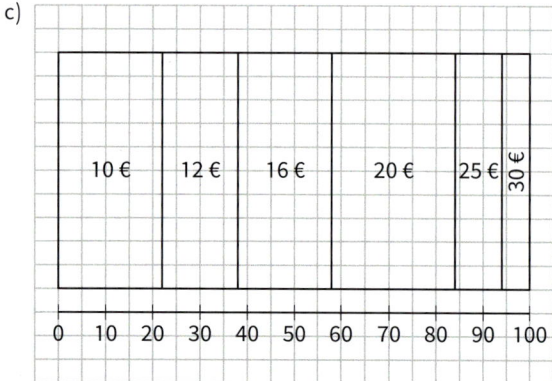

d) Arithmetisches Mittel: $\bar{x} = 16{,}82$ €

3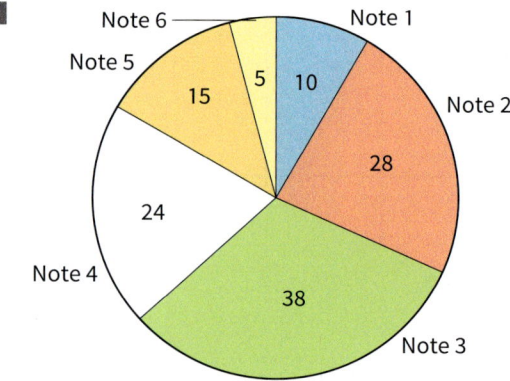

Note 1: 30°; Note 2: 84°; Note 3: 114°; Note 4: 72°; Note 5: 45°; Note 6: 15°

4 a) Paula: $\bar{x} = 3{,}60$ m
Ayla: $\bar{x} = 3{,}60$ m

b) Paula
Minimum: 3,40 m
Maximum: 3,80 m
Rangliste (Sprungweiten in m):
3,40 3,50 3,55 3,60 3,65 3,70 3,80

Ayla
Minimum: 3,40 m
Maximum: 3,80 m
Rangliste (Sprungweiten in m):
3,40 3,45 3,50 3,60 3,60 3,70 3,75 3,80

c) Mögliche Begründung: Es ist egal, wen Herr Grabbe auswählt, da beide Schülerinnen im Durchschnitt gleich weit springen. Außerdem ist der weiteste Sprung bei beiden 3,80 m.

5 z. B. 3,85 m; 3,90 m; 3,80 m oder 3,75 m; 3,85 m; 3,95 m

LÖSUNGEN
zu den Ausgangstests

zu Seite 177

1 a)

1	＃＃ IIII
2	＃＃ ＃＃
3	＃＃ ＃＃ II
4	＃＃ ＃＃
5	＃＃ IIII

b)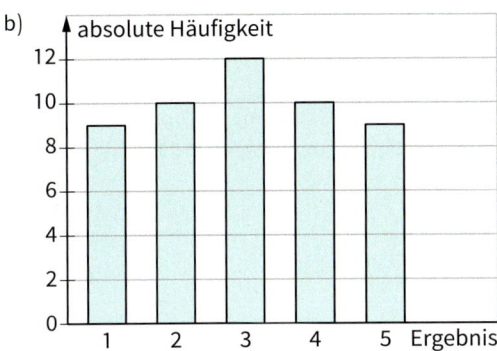

c)

Ergebnis	absolute Häufigkeit	relative Häufigkeit
1	9	$\frac{9}{50} = 0{,}18$
2	10	$\frac{10}{50} = 0{,}20$
3	12	$\frac{12}{50} = 0{,}24$
4	10	$\frac{10}{50} = 0{,}20$
5	9	$\frac{9}{50} = 0{,}18$

2 Wahrscheinlichkeit für das Ziehen einer
roten Kugel: $\frac{8}{20} = 0{,}40$;
weißen Kugel: $\frac{5}{20} = 0{,}25$;
blauen Kugel: $\frac{3}{20} = 0{,}15$;
schwarzen Kugel: $\frac{4}{20} = 0{,}20$

3 Wahrscheinlichkeit für das Ziehen
einer Niete: $\frac{920}{1\,000} = 0{,}92$;
eines Freiloses: $\frac{60}{1\,000} = 0{,}06$;
eines Kleingewinnes: $\frac{19}{1\,000} = 0{,}019$;
eines Hauptgewinnes: $\frac{1}{1\,000} = 0{,}001$

4 Wahrscheinlichkeit für
leichte Mängel: $\frac{700}{2\,000} = 0{,}35$;
keine Mängel: $\frac{1\,020}{2\,000} = 0{,}51$;
erhebliche Mängel: $\frac{280}{2\,000} = 0{,}14$

5 In der Urne befinden sich z. B. 15 rote Kugeln,
10 blaue Kugeln, 10 gelbe Kugeln und 5 grüne Kugeln.

LÖSUNGEN
zu den Üben-Seiten

zu Seite 25

1 a) 0,84   b) 0,16   c) 1,1
0,609   0,34   0,212
0,035   0,095   0,403

2 a) 7,82   1,855   111,8   7,805   26,803
b) 36,91   5,812   33,819   6,21   0,017

3 Zehntel (Tausendstel, Einer, Hundertstel, Zehntel)

4 gleich: a), c), f); ungleich: b), d), e)

5 a)/b)

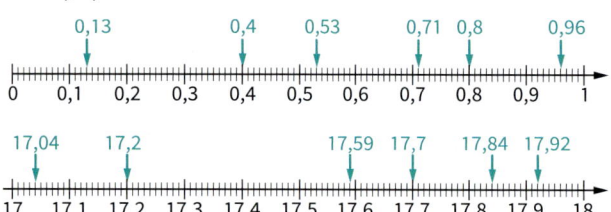

6 a) 4,45 < 4,54 < 4,55 < 5,44 < 5,45 < 5,54
b) 0,102 < 0,112 < 0,201 < 0,212 < 0,221
c) 1,57 < 1,75 < 5,17 < 5,71 < 7,15 < 7,51
d) 1,4 < 1,404 < 1,4044 < 1,40444 < 1,444
e) 0,001 < 0,0111 < 0,1011 < 0,11 < 1,101
f) 3,223 < 3,233 < 3,322 < 3,323 < 3,332

7 a) 0,8   b) 12,50   c) 0,778
34,5   31,99   0,081
2,1   0,01   21,705
0,1   1,81   1,009
11,1   2,30   0,000
18,7   5,70   1,100
3,7
10,0

8

London	8,91 Mio
Berlin	3,64 Mio
Madrid	3,27 Mio
Rom	2,86 Mio
Paris	2,14 Mio
Wien	1,90 Mio
Hamburg	1,84 Mio
Warschau	1,78 Mio
Barcelona	1,64 Mio
München	1,47 Mio

9 a) z. B. 7,45; 7,48; 7,49; 7,52; 7,54
(1,15; 1,17; 1,22; 1,23; 1,24
0,55; 0,56; 0,58; 0,63; 0,64
2,999; 2,995; 2,951; 3,043; 3,049)
b) z. B. 1,231; 1,232; 1,233; 1,229; 1,228
(0,861; 0,862; 0,863; 0,859; 0,858
0,071; 0,072; 0,073; 0,069; 0,068
2,101; 2,102; 2,103; 2,099; 2,098)

10 Die Länge des Weges zum Strandbad beträgt mindestens 650 m und höchstens 749 m (die zum Kurhaus mindestens 1 350 m und höchstens 1 449 m und die zum Aussichtsturm beträgt mindestens 2 550 m und höchstens 2 649 m).

zu Seite 26

1 a) 4,1   b) 1,3   c) 0,26
4,2   1,2   0,96
8,7   2,9   0,66

2 a) 0,3; 0,2; 0,29; 0,51; 0,008
b) 2,5; 1,8; 4,1; 0,48; 1,95
c) 0,8; 1,3; 49,5; 90,5; 76,3

3 5,88; 16,38; 9,1; 6,01; 2,42; 18,08; 6,8; 4,82
4,344; 1,474; 12,15; 9,059; 4,539; 5,266; 7,146; 3,418
3,079; 2,108; 6,488; 7,395; 4,485; 9,35; 6,147; 0,018

4 a) ROT   b) LILA

5 a) 15   b) 8
17   12
18   2

6 a)

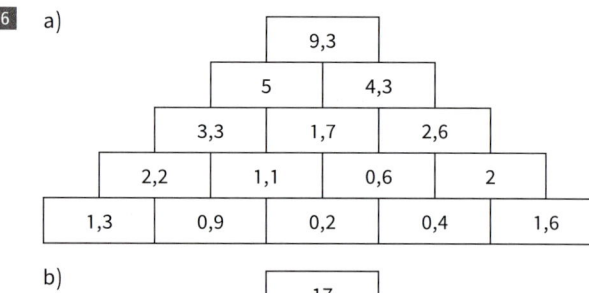

b)

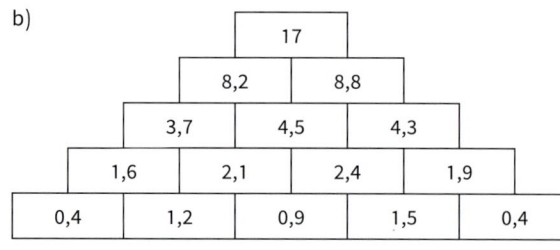

LÖSUNGEN
zu den Üben-Seiten

c)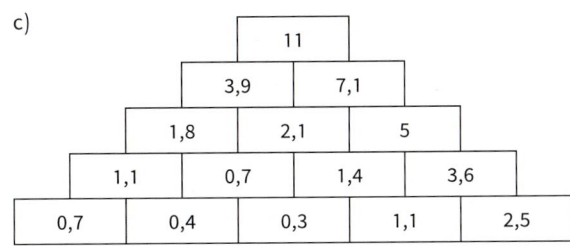

7 a) 3,5   b) 1,8   c) 3,7
   1,1   8,5   2,6
   10   3,4   0,4

5 a) 7,3   b) 9,7
   3,4   2,7
   3,9   0,42
   0,31   23

6 a) 6,04   b) 6,48   c) 0,56   d) 0,80937
   2,33   4,2   3,8   0,84
   5,34   1,29   4,6   1,1466

zu Seite 27

1 a) 3,6   b) 28   c) 0,16   d) 34,2
   5,2   3,2   0,18   8,53
   9,3   19   0,28   0,038

   e) 0,045   f) 0,024 g) 0,052 h) 7
   4,82   0,0036   0,00042   0,000039
   70   0,0033   78,1   9

2 a) GEIER   b) TASSE   c) TRAUER   d) GESTERN
   REITER   GEIST   GARTEN   TELLER
   TIGER   GESTALT   REISE   GLEITEN

   e) TAL   f) EIS   g) GANS   h) STIER
   GAS   ALT   ENTE   RATTE
   GUT   RAT   ESEL   NASE

   i) STEIN   k) TUNNEL
   STATUE   GAUNER
   GEGENTEIL   GESTE

3 a) GELB   b) BLAU

4 a) Das Ergebnis der ersten Aufgabe hat eine Nachkommastelle, das der zweiten drei Nachkommastellen und das der dritten ebenfalls drei. In der vierten Aufgabe sind wegen der 0 im zweiten Faktor die Zwischenergebnisse nicht stellengerecht untereinander geschrieben worden.

   b) Bei der ersten Aufgabe muss im Ergebnis nach der 4 das Komma gesetzt werden, bei der zweiten Aufgabe ist das Komma beim Dividenden nicht verschoben worden. Bei der dritten Aufgabe ist das Komma beim Dividenden nicht um zwei Stellen verschoben worden, bei der vierten Aufgabe steht im Ergebnis das Komma vor der 1.

zu Seite 28

1 a) 9   b) 2,7   c) 0,4   d) 2,2
   10   99   1,5   9,9
   6,3   7,7   0,3   2,3

   e) 1,8   f) 0,15   g) 5   h) 32
   1   6   1,9   3,3
   2,1   0,32   4,2   7,2

2 a) 2   b) 3,7   c) 1,5   d) 1,8
   0,4   3,1   5,8   3,4
   3,2   4,1   8   5,1

   e) 2,2   f) 1,3   g) 3   h) 0,23
   2,4   6   4   0,45
   3,3   3,5   4,2   0,14

3 a) 31,2   b) 32,4   c) 55,3
   72,8   21,5   14,7
   56,7   33,6   17,1

4 $7,5 - 6 \cdot 0,7 = 7,5 - 4,2 = 3,3$
   $0,2 \cdot (4 \cdot 0,7) = 0,2 \cdot 2,8 = 0,56$
   $4,8 - 4,2 : 6 = 4,8 - 0,7 = 4,1$

5 $4,2 : (0,6 + 1,5) = 2$
   $3 \cdot (0,9 - 0,2) \cdot 4 = 8,4$

6 a) $(3,2 + 2,3) \cdot 4 = 22$ b) $(6,8 - 5,6) \cdot 3 = 3,6$
   c) $(6,8 + 0,9) : 7 = 1,1$ d) $5,3 + 1,1 \cdot 3 = 8,6$
   e) $2,9 - 2,4 : 6 = 2,5$ f) $3,8 + 0,8 \cdot 1,5 = 5$

7 a) Der dritte Summand ist 0,3.
   b) Der dritte Faktor ist 2.

LÖSUNGEN
zu den Üben-Seiten

zu Seite 29

1 Lea muss 8,14 € bezahlen. Sara muss 17,82 € bezahlen.

2 Bislang kostet der Einkauf 8,94 €. Somit kann er noch einen Schokopudding kaufen.

3 Bananen: 2,48 €, Äpfel: 7,10 €, Orangen: 1,17 €; insgesamt: 10,75 €

4 a) $2 \cdot 4 € + 3 \cdot 1 € + 2 \cdot 2 € + 5 € = 20 €$
Der Einkauf kostet etwa 20 €.
b) 19,22 €
Da alle Preise aufgerundet wurden, liegt der genaue Preis etwas unter 20 €.

5 a) Ein 30er Pack kostet 3,99 € und zwei 15er Packs kosten 4,98 €. Der 30er Pack ist also 0,99 € günstiger.
b) Fünf 6er Packs entsprechen einem 30er Pack. Ein 30er Pack Taschentücher ist 2,46 € günstiger als dieselbe Anzahl Taschentücher in 6er Packs.

6 a) 250 g Butter, 15er Pack Taschentücher, zwei Gläser Nuss-Nougat-Creme, vier Becher Fruchtjoghurt, vier Kiwis
b) Er hat 12,88 € bezahlt.

7 –

zu Seite 30

8 a) Er müsste 4 Kartons zu je 1,2 kg kaufen. Die 4 Kartons sind 0,97 € teurer als der 4,8 kg Karton.
b) Der 8,4 kg Karton ist 1,44 € günstiger als dieselbe Menge Waschmittel in Kartons mit je 1,2 kg.

9 a) Beim ersten Klebestift kosten 10 g Klebstoff 1,29 €, beim zweiten 0,84 € und beim dritten 0,62 €. Beim dritten Stift ist der Klebstoff am günstigsten.
b) Er sollte beim Kauf bedenken, wie häufig er Klebstoff benötigt. Wenn er nur sehr selten Klebstoff braucht, kann der Kauf des kleinen Klebestifts sinnvoll sein. So verhindert David, dass der Stift eintrocknet.
c) David soll abwägen, wie viel Klebstoff er benötigt. Wenn er viel und häufig Klebstoff braucht, ist der Kauf des großen Klebestifts sinnvoll.

10 Im 6er Pack zahlt man etwa 0,22 € pro Päckchen.
Im 30er Pack zahlt man etwa 0,13 € pro Päckchen.

11 a) Bei 32 Tabs zahlt man etwa 0,14 € pro Tab.
Bei 60 Tabs zahlt man etwa 0,13 € pro Tab.
b) Der Preisunterschied bei einem Tab beträgt 0,01 €.

12 a) Frau Speckmann: 2,66 €/kg,
Frau Kruppa: rund 2,00 €/kg
b) Der Preisunterschied beträgt 0,66 € pro Kilogramm.

13

	0,5-ℓ-Flasche	1,5-ℓ-Pack	0,7-ℓ-Flasche	0,3-ℓ-Flasche	3 × 0,2-ℓ-Päckchen	1-ℓ-Flasche
Preis pro Liter	1,30 €	1,66 €	1,40 €	2,00 €	2,65 €	1,79 €

Die unterschiedlichen Materialien der Verpackungen, das Gewicht und die Inhaltsgröße sprechen für jedes Angebot. Auch die Wiederverschließbarkeit der Verpackungen kann ein Grund für den Kauf sein.

14 –

zu Seite 47

1 Es sind etwa 343 846,8 t Hausmüll.

2 Es sind etwa 118 190 680 000 ℓ Kraftstoff.

3 Es wird die Anzahl der Schülerinnen und Schüler sowie die der Lehrerinnen und Lehrer und die aller anderen beschäftigten Personen benötigt.
Männer wiegen im Durchschnitt 85 kg, Frauen 70 kg, Jungen 58 kg und Mädchen 54 kg. Bei den Jungen und Mädchen sind die Durchschnittswerte im Alter von 10 Jahren bis 17 Jahren (5. – 12. Klasse) berechnet worden.

4 a) 5 Becher Joghurt
b) 6 Kiwis

5 a) Sophie ist 10 Jahre alt.
b) Abir ist 11 Jahre, Emma 13 Jahre und Svenja 10 Jahre alt.
c) Eda ist 13 Jahre alt.

zu Seite 58

1 9: BAD, 10: BLUT, 15: BAUM, 33: BACH, 50: BLUTEN, 77: BOCK

LÖSUNGEN
zu den Üben-Seiten

2 a) 27 lässt sich nicht ohne Rest durch 4 teilen. Es können also nur 6 Vierergruppen und eine Dreiergruppe gebildet werden.
b) Es sind Gruppen von 3 und 9 Schülerinnen und Schülern möglich.
c) 30: 2, 3, 5, 6, 10, 15   32: 2, 4, 8, 16
28: 2, 4, 7, 14   29: –

3 a) LONDON   b) PARIS

4 vier Teiler: z. B. 15, 21
sechs Teiler: z. B. 12, 18
drei Teiler: z. B. 25, 49

5 PRIMZAHL

6 a) ggT (16, 24) = 8   b) ggT(12, 30) = 6
ggT (9, 15) = 3   ggT(22, 55) = 11
ggT (20, 25) = 5   ggT(14, 35) = 7

c) ggT (4, 6, 8) = 2   d) ggT (8, 12, 20) = 4
ggT (2, 3, 7) = 1   ggT (9, 15, 30) = 3
ggT (3, 4, 9) = 1   ggT (10, 15, 25) = 5

7 a) ggT (25, 32) = 1; teilerfremd
ggT (45, 56) = 1; teilerfremd
ggT (33, 39) = 3
b) ggT(81, 100) = 1; teilerfremd
ggT(24, 42) = 6
ggT(16, 27) = 1; teilerfremd

8 a) kgV (16, 24) = 48   b) kgV (12, 30) = 60
kgV (9, 15) = 45   kgV (22, 55) = 110
kgV (20, 25) = 100   kgV (14, 35) = 70

c) kgV (4, 6, 8) = 24   d) kgV (8, 12, 20) = 120
kgV (2, 3, 7) = 42   kgV (9, 15, 30) = 90
kgV (3, 4, 9) = 36   kgV (10, 15, 25) = 150

9 Beide schlagen nach 150 Sekunden wieder gleichzeitig am Beckenrand an. Lina ist dann fünf Bahnen geschwommen, Eda sechs Bahnen.

10 Alle Treppenstufen sind 16 cm hoch.

zu Seite 59

11 a)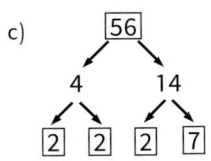
36 = 2 · 2 · 3 · 3

b)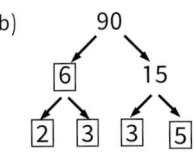
90 = 2 · 3 · 3 · 5

c)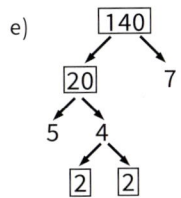
56 = 2 · 2 · 2 · 7

d)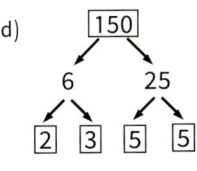
150 = 2 · 3 · 5 · 5

e)
140 = 5 · 2 · 2 · 7

f)
300 = 3 · 5 · 2 · 2 · 5

LÖSUNGEN
zu den Üben-Seiten

12 a)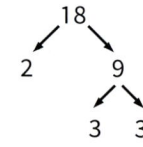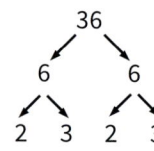

$18 = 2 \cdot 3 \cdot 3$ $36 = 2 \cdot 3 \cdot 2 \cdot 3$

b)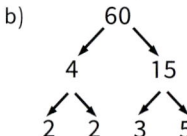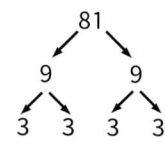

$60 = 2 \cdot 2 \cdot 3 \cdot 5$ $81 = 3 \cdot 3 \cdot 3 \cdot 3$

c)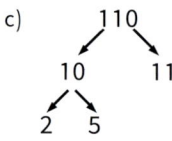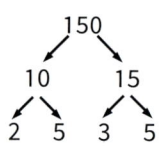

$110 = 2 \cdot 5 \cdot 11$ $150 = 2 \cdot 5 \cdot 3 \cdot 5$

d)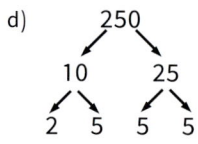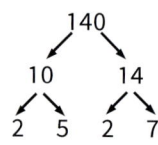

$250 = 2 \cdot 5 \cdot 5 \cdot 5$ $140 = 2 \cdot 5 \cdot 2 \cdot 7$

e)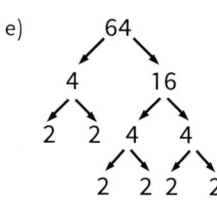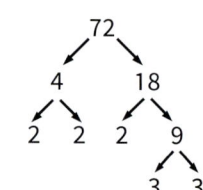

$64 = 2 \cdot 2 \cdot 2 \cdot 2 \cdot 2 \cdot 2$ $72 = 2 \cdot 2 \cdot 2 \cdot 3 \cdot 3$

13 a) 4 852, 8 452, 5 824, 8 524, 2 584, 5 284, 4 528, 5 428, 5 248, 2 548

b) 3 570, 3 750, 5 370, 5 730, 7 350, 7 530, 3 075, 3 705, 7 305, 7 035

c) 2 370, 2 730, 3 072, 3 270, 3 702, 3 720, 7 032, 7 230, 7 302, 7 320

14 Tim hat unrecht, da beispielsweise 25 keine Primzahl ist.

15 MAN SIEHT NUR MIT DEM HERZEN GUT.
EGAL WIE WEIT DER WEG IST, MAN MUSS DEN ERSTEN SCHRITT TUN.

16 Wahre Aussagen:
Wenn eine gerade Zahl durch 3 teilbar ist, dann ist sie auch durch 6 teilbar.
Wenn eine gerade Zahl durch 5 teilbar ist, dann ist sie auch durch 10 teilbar.
Wenn eine Zahl durch 4 teilbar ist, dann ist ihre letzte Ziffer eine gerade Zahl.

zu Seite 80

1

	gefärbt	weiß
a)	$\frac{3}{4}$	$\frac{1}{4}$
b)	$\frac{2}{4} = \frac{1}{2}$	$\frac{2}{4} = \frac{1}{2}$
c)	$\frac{4}{5}$	$\frac{1}{5}$
d)	$\frac{5}{6}$	$\frac{1}{6}$
e)	$\frac{4}{7}$	$\frac{3}{7}$
f)	$\frac{3}{8}$	$\frac{5}{8}$
g)	$\frac{10}{16} = \frac{5}{8}$	$\frac{6}{16} = \frac{3}{8}$
h)	$\frac{11}{24}$	$\frac{13}{24}$
i)	$\frac{6}{12} = \frac{1}{2}$	$\frac{6}{12} = \frac{1}{2}$

2

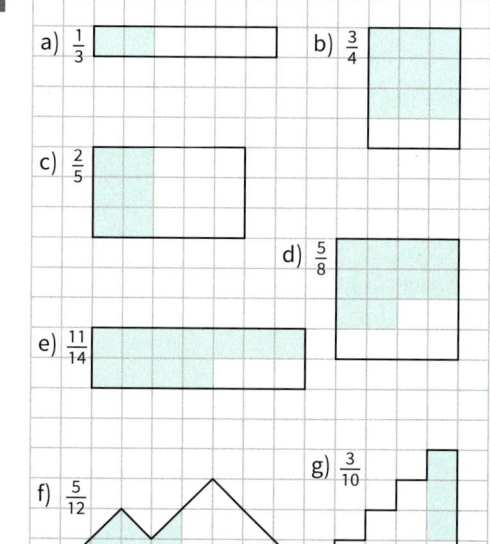

LÖSUNGEN
zu den Üben-Seiten

3

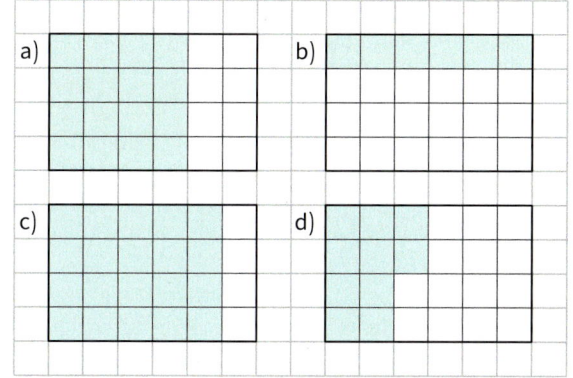

a) $\frac{2}{3} = \frac{4}{6} = \frac{16}{24}$ b) $\frac{1}{4} = \frac{2}{8} = \frac{6}{24}$

c) $\frac{5}{6} = \frac{10}{12} = \frac{20}{24}$ d) $\frac{5}{12} = \frac{10}{24}$

4

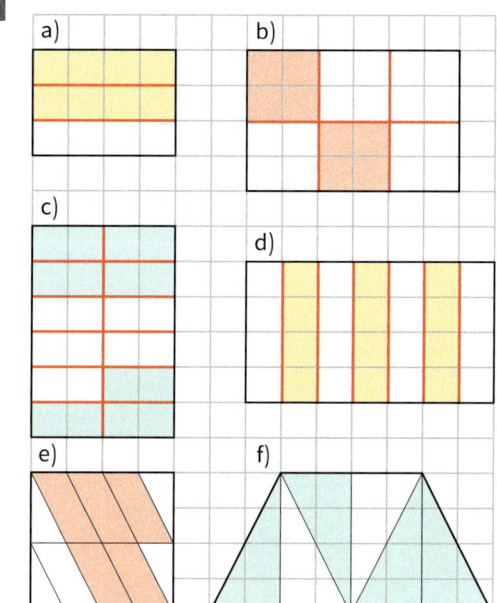

a) $\frac{8}{12} = \frac{4}{6} = \frac{2}{3}$ b) $\frac{8}{24} = \frac{4}{12} = \frac{2}{6}$

c) $\frac{14}{24} = \frac{7}{12}$ d) $\frac{12}{28} = \frac{3}{7}$

e) $\frac{10}{16} = \frac{5}{8}$ f) $\frac{16}{24} = \frac{4}{6}$

5 a) $\frac{12}{24} = \frac{3}{6} = \frac{1}{2}$ b) $\frac{10}{30} = \frac{5}{15} = \frac{1}{3}$

c) $\frac{8}{12} = \frac{4}{6} = \frac{2}{3}$ d) $\frac{12}{16} = \frac{6}{8} = \frac{3}{4}$

6 a) 18 b) 2 c) 6
d) 28 e) 27 f) 8

7 a) $\frac{3}{7} = \frac{24}{56}$ $\frac{5}{14} = \frac{20}{56}$ $\frac{6}{8} = \frac{42}{56}$

$\frac{17}{28} = \frac{34}{56}$ $\frac{78}{112} = \frac{39}{56}$ $\frac{150}{168} = \frac{50}{56}$

b) $\frac{2}{5} = \frac{24}{60}$ $\frac{4}{6} = \frac{40}{60}$ $\frac{3}{10} = \frac{18}{60}$

$\frac{5}{12} = \frac{25}{60}$ $\frac{13}{30} = \frac{26}{60}$ $\frac{110}{120} = \frac{55}{60}$

$\frac{162}{180} = \frac{54}{60}$

zu Seite 81

8 a) $\frac{16}{96} = \frac{1}{6}$ $\frac{75}{275} = \frac{3}{11}$ $\frac{65}{325} = \frac{1}{5}$ $\frac{21}{336} = \frac{1}{16}$ $\frac{48}{126} = \frac{8}{21}$

b) $\frac{30}{510} = \frac{1}{17}$ $\frac{33}{96} = \frac{11}{32}$ $\frac{84}{169} = \frac{84}{169}$ $\frac{44}{121} = \frac{4}{11}$ $\frac{240}{320} = \frac{3}{4}$

c) $\frac{48}{84} = \frac{4}{7}$ $\frac{57}{75} = \frac{19}{25}$ $\frac{483}{897} = \frac{7}{13}$ $\frac{67}{90} = \frac{67}{90}$ $\frac{104}{130} = \frac{4}{5}$

9 COMPUTER

10 a) < b) > c) = d) =
e) > f) <

11 SOMMERFERIEN

12 a) $\frac{15}{4} = 3\frac{3}{4}$ b) $\frac{9}{5} = 1\frac{4}{5}$ c) $\frac{10}{6} = 1\frac{4}{6}$ d) $\frac{41}{9} = 4\frac{5}{9}$

13 a) $\frac{5}{4}$ b) $\frac{11}{4}$ c) $\frac{22}{6} = \frac{11}{3}$

d) $\frac{18}{7}$ e) $\frac{14}{8} = \frac{7}{4}$ f) $\frac{37}{9}$

14 a) $3\frac{1}{2}$ b) 2 c) $2\frac{1}{4}$

d) $3\frac{2}{5}$ e) 3 f) $3\frac{1}{8}$

15

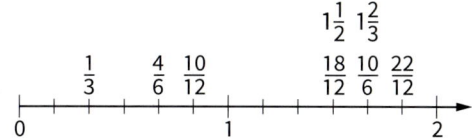

LÖSUNGEN
zu den Üben-Seiten

16 a) A: $\frac{1}{5} = 0{,}2$ B: $\frac{4}{5} = 0{,}8$ C: $\frac{7}{5} = 1\frac{2}{5} = 1{,}4$
D: $\frac{8}{5} = 1\frac{3}{5} = 1{,}6$ E: $\frac{9}{5} = 1\frac{4}{5} = 1{,}8$

b) A: $\frac{10}{12} = 0{,}8\overline{3}$ B: $\frac{14}{12} = 1\frac{2}{12} = 1{,}1\overline{6}$ C: $\frac{17}{12} = 1\frac{5}{12} = 1{,}41\overline{6}$
D: $\frac{22}{12} = 1\frac{10}{12} = 1{,}8\overline{3}$ E: $\frac{28}{12} = 2\frac{4}{12} = 2{,}\overline{3}$

17 a) $\frac{6}{10} = \frac{3}{5}$ $\frac{8}{10} = \frac{4}{5}$ $\frac{75}{100} = \frac{3}{4}$
$\frac{1}{100}$ $\frac{5}{1000} = \frac{1}{200}$

b) $\frac{78}{100} = \frac{39}{50}$ $\frac{375}{1000} = \frac{3}{8}$ $\frac{6}{9} = \frac{2}{3}$
$\frac{65}{100} = \frac{13}{20}$ $\frac{75}{1000} = \frac{3}{40}$

c) $1\frac{2}{10} = 1\frac{1}{5}$ $\frac{3}{9} = \frac{1}{3}$ $2\frac{25}{100} = 2\frac{1}{4}$
$3\frac{75}{100} = 3\frac{3}{4}$ $2\frac{45}{1000} = 2\frac{9}{200}$

d) $5\frac{25}{100} = 5\frac{1}{4}$ $6\frac{45}{10000} = 6\frac{9}{2000}$ $2\frac{5}{100} = 2\frac{1}{20}$
$\frac{7}{9}$ $3\frac{2}{10000} = 3\frac{1}{5000}$

18 a) 0,2   0,7   0,76   0,5 $0{,}\overline{8}$
b) 0,6   0,8   0,125 $0{,}\overline{714285}$ 0,6875
c) 1,15   1,04   1,3125   0,112   0,5

zu Seite 82

1 Zur Verschönerung des Klassenraumes bleiben der Klasse 6 b noch 100 € übrig.

2 Ein schnell laufender Mensch schafft in einer Sekunde 12 m, ein Delfin 16 m, ein Pferd im Galopp 24 m und ein Vogel Strauß 18 m.

3 220 Schülerinnen und Schüler entscheiden sich für Gericht 3.

4 Ein Apfel von 100 g enthält etwa 85 g Wasser und 10 g Zucker.
(Ein Apfel von 120 g enthält 102 g Wasser und 12 g Zucker. Ein Apfel von 140 g enthält 119 g Wasser und 14 g Zucker.)

5 Der 6. Jahrgang ($\frac{3}{4}$ der Fahrräder ohne Mängel) schnitt bei der Fahrradkontrolle besser ab als der 7. Jahrgang ($\frac{2}{3}$ der Fahrräder ohne Mängel).

6 Tommy muss 60 Seiten lesen, damit er auf denselben Anteil wie Felix kommt.

7 Die Elbe ist 1 095 km lang. Der durch Deutschland fließende Teil ist 720 km lang.

8 Gülistan gibt den größeren Anteil ihres Taschengeldes für Zeitschriften aus (36 %).

zu Seite 108

1

	Körper	Kanten	Ecken	Begrenzungsflächen
a)	Pyramide	8	5	5
b)	Würfel	12	8	6
c)	Dreiecksprisma	9	6	5
d)	Quader	12	8	6
e)	Zylinder	2	0	3
f)	Kegel	1	1	2
g)	Tetraeder	6	4	4

2 a) Bei den vier dargestellten Schrägbildern sind unterschiedliche Kanten durchgezogen bzw. gestrichelt gezeichnet. Außerdem wurden für die Darstellung unterschiedliche Fluchtpunkte gewählt.

b)
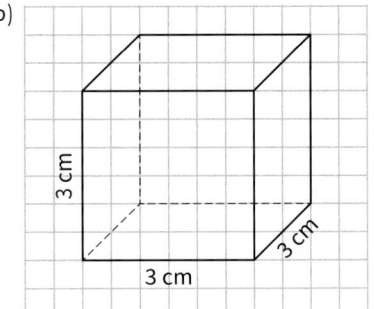

LÖSUNGEN
zu den Üben-Seiten

3

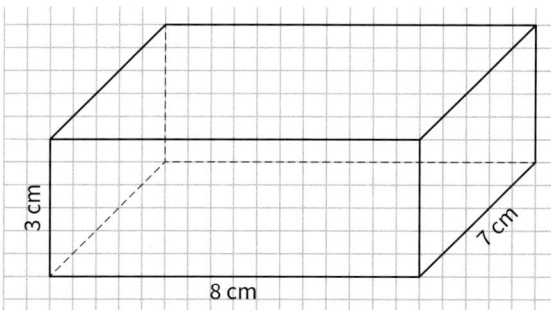
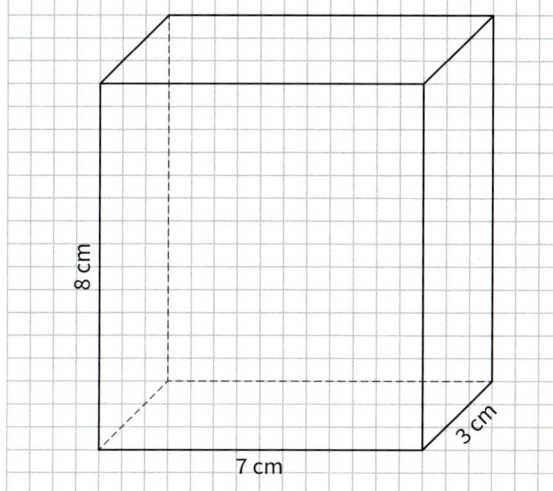

4 Nur D ist ein Quadernetz.

5
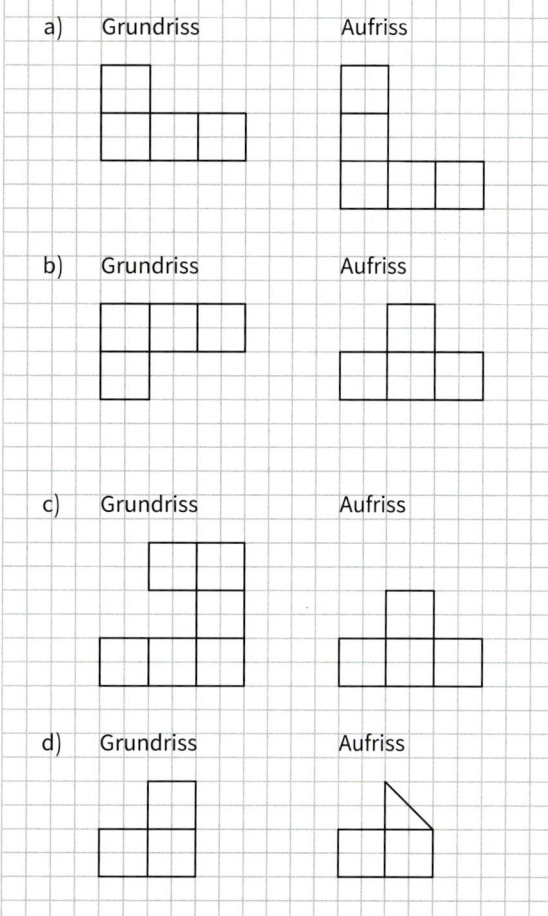

6
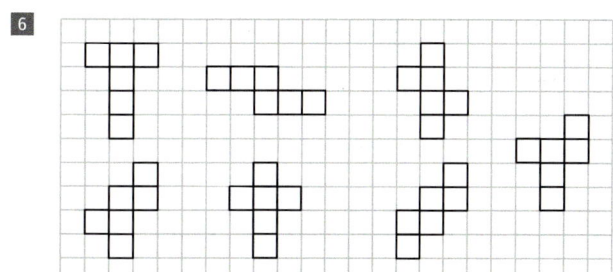

7 –

zu Seite 109

8 a) O = 150 cm²   b) O = 190 m²
c) O = 66 cm²   d) O = 650 dm²

LÖSUNGEN
zu den Üben-Seiten

9 a) 300 mm²   b) 4 m²
500 cm²   6 dm²
8 000 dm²   8,5 cm²
50 000 mm²   2,5 dm²
25 000 dm²   8,3 cm²

10 O = 486 cm² (O = 726 cm²; O = 2 904 cm²)

11 a) 31 cm²   b) 26 cm²
c) 26,25 cm²   d) 44 cm²

12 a) V = 27 000 cm³   b) V = 220 cm³

13 a) O = 448 cm²   b) O = 480 cm²

14 a) V = 48 cm³   b) V = 116 cm³
c) V = 15 cm³

15 a) 47 000 cm³   b) 0,345 dm³
5 000 mm³   0,011 cm³
129 000 cm³   0,004 m³

zu Seite 110

16 a) O = 1 630 cm²; V = 1 700 cm³
b) O = 4 006 000 mm²; V = 2 000 000 mm³

17 Die Kantenlänge des Würfels beträgt 9 cm.

18 Der Quader ist 5 cm hoch und der Oberflächeninhalt beträgt 62 cm².

19 a) 504 Würfel   b) 560 Würfel

20 Jenni hat nicht recht. Das Volumen bleibt gleich (18 cm³), die Oberfläche verändert sich:
A: O = 72 cm², B: O = 96 cm², C: O = 102 cm².

21 a) Bei einer Verdoppelung der Kantenlänge wächst das Volumen auf das Achtfache, bei einer Verdreifachung auf das 27-Fache.
b) Die Oberfläche wächst auf das Vierfache (das Neunfache).

22 a) V = 7,5 cm³   b) V = 8,5 cm³

23 In den großen Quader passen 125 kleine Quader.

24 10 · 10 · 10; 20 · 5 · 10; 5 · 5 · 40; 5 · 8 · 25; …

zu Seite 111

1 Das Volumen beträgt 1 014 cm³, der Materialverbrauch 650 cm².

2 Der leere Klassenraum fasst 144 m³ Luft.

3 In das Becken passen 90 m³ Wasser.

4 a) Er muss acht Beutel Blumenerde kaufen.
b) Es bleiben acht Liter Blumenerde übrig.

5 Die Angabe ist falsch. Der Kühlschrank fasst nur 300 ℓ.

6 Die Kugel hat ein Volumen von 600 cm³.

7 h_1 = 24 cm, h_2 = 16 cm

zu Seite 112

1 a) Die einzelnen Flächen des Aquariums sind abgebildet: Bodenfläche, Fläche der beiden Seitenwände, Rückwand und Vorderwand.
b) Maßstab 1 : 20
c) Bodenfläche: 50 cm · 50 cm = 2 500 cm²
Seitenflächen: 2 · 30 cm · 50 cm = 3 000 cm²
Vorder- und Rückwand: 2 · 50 cm · 30 cm = 3 000 cm²
d)

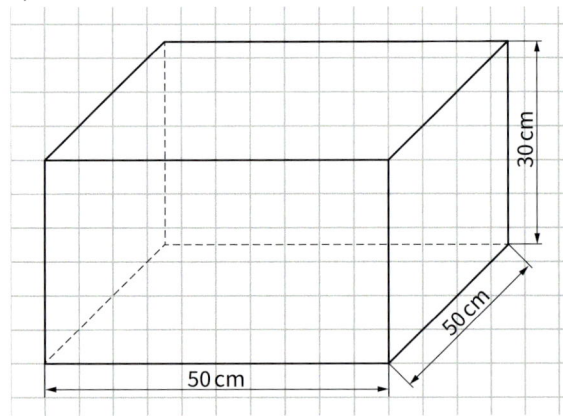

e) Es werden 0,85 m² benötigt.
f) In das Aquarium passen ca. 75 Liter Wasser.

2 Das gefüllte Aquarium wiegt ungefähr 100 kg.

3 Ja, die Wassermenge reicht aus. Die Fische brauchen 43,5 bis 58 Liter Wasser.

LÖSUNGEN
zu den Üben-Seiten

zu Seite 113

1 a) –
b) Die Länge einer Streichholzschachtel beträgt etwa 5 cm, die Breite etwa 3,5 cm und die Höhe 1,5 cm. Das Volumen beträgt etwa 26 cm³.

2 a) Kantenlänge: 16 mm, V = 4 096 mm³
b) bis e) –

3 a) Die Höhe beträgt ungefähr 60 cm.
b) Es passen ungefähr 420 ℓ Wasser in das Aquarium.
c) Es wird ungefähr 2,74 m² Glas benötigt.

4 a) z. B. Länge: 33 cm, Breite: 20 cm, Höhe: 11 cm; O = 2 486 cm²
b) z. B. Länge: 5,4 cm, Breite: 1,9 cm, Höhe: 0,8 cm; O = 32,2 cm²
c) z. B. Länge: 17 cm, Breite: 7,5 cm, Höhe: 1 cm; O = 304 cm²

5 a) V = 210 dm³
b) Die ungefähre Masse des Steins beträgt 588 kg.

6 geschätzt: Länge: 12 cm, Breite: 9 cm, Höhe: 3 cm; V = 324 cm³

7 Bei dieser Aufgabe kann die Größe des Tennisballs als Hilfe bei der Schätzung genommen werden. Der Durchmesser eines Tennisballs beträgt ca. 6,5 cm. Geschätzte Maße der Wanne sind:
Höhe: 14 cm; Länge: 34 cm; Breite: 20 cm
Daher könnte das Volumen der Wanne ca. 9,5 dm³ betragen.

zu Seite 134

1 a) $\frac{8}{12} + \frac{2}{12} = \frac{10}{12} = \frac{5}{6}$ b) $\frac{12}{15} + \frac{1}{15} = \frac{13}{15}$
c) $\frac{1}{8} + \frac{3}{8} = \frac{4}{8} = \frac{1}{2}$ d) $\frac{3}{8} + \frac{2}{8} = \frac{5}{8}$
e) $\frac{4}{12} + \frac{2}{12} = \frac{6}{12} = \frac{1}{2}$ f) $\frac{2}{5} + \frac{1}{5} = \frac{3}{5}$
g) $\frac{6}{8} + \frac{1}{8} = \frac{7}{8}$ h) $\frac{3}{10} + \frac{2}{10} = \frac{5}{10} = \frac{1}{2}$
i) $\frac{3}{12} + \frac{2}{12} = \frac{5}{12}$

2 a) $\frac{6}{8} - \frac{1}{8} = \frac{5}{8}$ b) $\frac{4}{5} - \frac{2}{5} = \frac{2}{5}$
c) $\frac{5}{6} - \frac{2}{6} = \frac{3}{6} = \frac{1}{2}$ d) $\frac{7}{10} - \frac{5}{10} = \frac{2}{10} = \frac{1}{5}$
e) $\frac{8}{12} - \frac{3}{12} = \frac{5}{12}$ f) $\frac{6}{6} - \frac{2}{6} = \frac{4}{6} = \frac{2}{3}$
g) $\frac{8}{8} - \frac{1}{8} = \frac{7}{8}$ h) $\frac{9}{9} - \frac{5}{9} = \frac{4}{9}$
i) $\frac{10}{10} - \frac{3}{10} = \frac{7}{10}$ k) $\frac{9}{9} - \frac{5}{9} = \frac{4}{9}$
l) $\frac{15}{15} - \frac{8}{15} = \frac{7}{15}$

3 a) $\frac{3}{5}$ b) $\frac{2}{10} = \frac{1}{5}$ c) $\frac{9}{11}$
$\frac{7}{8}$ $\frac{11}{12}$ $\frac{17}{20}$
$\frac{5}{7}$ $\frac{4}{8} = \frac{1}{2}$ $\frac{5}{10} = \frac{1}{2}$
$\frac{7}{9}$ $\frac{4}{15}$ $\frac{16}{18} = \frac{8}{9}$
$\frac{12}{11} = 1\frac{1}{11}$ $\frac{7}{17}$ $\frac{28}{21} = \frac{4}{3} = 1\frac{1}{3}$

4 a) $\frac{1}{2} + \frac{1}{6} = \frac{3}{6} + \frac{1}{6} = \frac{4}{6}$ b) $\frac{1}{2} - \frac{3}{10} = \frac{5}{10} - \frac{3}{10} = \frac{2}{10}$
c) $\frac{1}{4} + \frac{2}{6} = \frac{3}{12} + \frac{4}{12} = \frac{7}{12}$ d) $\frac{1}{3} - \frac{1}{4} = \frac{4}{12} - \frac{3}{12} = \frac{1}{12}$
e) $\frac{1}{3} + \frac{2}{5} = \frac{5}{15} + \frac{6}{15} = \frac{11}{15}$

5 a) $\frac{11}{12}$ b) $\frac{9}{10}$ c) $\frac{9}{40}$
$\frac{9}{10}$ $\frac{14}{15}$ $\frac{19}{36}$
$\frac{37}{40}$ $\frac{29}{40}$ $\frac{13}{21}$

6 a) $\frac{19}{30}$ b) $\frac{13}{36}$ c) $\frac{1}{2}$
$\frac{5}{24}$ $\frac{43}{180}$ $\frac{7}{72}$
$\frac{11}{24}$ $\frac{1}{6}$ $\frac{4}{9}$

7 a) $\frac{4}{5} = 0{,}8$ b) $\frac{5}{8} = 0{,}625$ c) $\frac{13}{20} = 0{,}65$
d) $\frac{5}{5} = 1$ e) $\frac{23}{25} = 0{,}92$ f) $\frac{4}{5} = 0{,}8$

zu Seite 135

8 a) $\frac{1}{4}$ $\frac{5}{9}$ $\frac{2}{5}$
b) $\frac{5}{12}$ $\frac{11}{14}$ $\frac{7}{8}$
c) $\frac{4}{15}$ $\frac{13}{32}$ $\frac{1}{16}$
d) $\frac{1}{6}$ $\frac{1}{12}$ $\frac{1}{27}$

LÖSUNGEN
zu den Üben-Seiten

9 a) $\frac{7}{8} + \frac{3}{8} = \frac{10}{8} = \frac{5}{4} = 1\frac{1}{4}$ b) $\frac{8}{10} + \frac{6}{10} = \frac{14}{10} = \frac{7}{5} = 1\frac{2}{5}$
c) $\frac{1}{2} + \frac{3}{4} = \frac{5}{4} = 1\frac{1}{4}$ d) $\frac{3}{4} + \frac{5}{8} = \frac{11}{8} = 1\frac{3}{8}$
e) $1\frac{1}{4} + \frac{2}{4} = 1\frac{3}{4}$ f) $2\frac{3}{8} + \frac{2}{8} = 2\frac{5}{8}$

10 NASE

11 a) $2\frac{3}{8}$ b) 3 c) $4\frac{1}{10}$
$3\frac{1}{3}$ $7\frac{1}{7}$ 5
$4\frac{4}{7}$ $6\frac{2}{9}$ 7

12 a) $2\frac{1}{3}$ b) $1\frac{3}{8}$ c) $1\frac{3}{10}$
$3\frac{5}{7}$ $\frac{2}{5}$ $4\frac{5}{6}$
$2\frac{7}{9}$ $1\frac{7}{12}$ $3\frac{6}{11}$

13 a) $3\frac{1}{4}$ b) $1\frac{4}{5}$ c) $6\frac{1}{5}$
$1\frac{1}{3}$ $1\frac{7}{8}$ $1\frac{5}{7}$
d) $3\frac{3}{4}$ e) $1\frac{1}{5}$ f) $2\frac{3}{8}$
$1\frac{2}{3}$ $1\frac{1}{8}$ $3\frac{3}{10}$

14 a) $3\frac{7}{12}$ $3\frac{1}{3}$ $3\frac{5}{24}$ $3\frac{7}{8}$ $3\frac{13}{24}$ $3\frac{5}{8}$ $3\frac{11}{24}$ $3\frac{1}{12}$
b) $3\frac{1}{36}$ $2\frac{5}{18}$ $3\frac{1}{9}$ $3\frac{31}{36}$ $3\frac{11}{18}$ $3\frac{13}{36}$ $3\frac{19}{36}$ $3\frac{1}{12}$

zu Seite 136

1 a) $\frac{12}{13}$; $\frac{9}{2}$; $\frac{4}{3}$
b) 24 ; $\frac{3}{2}$; $\frac{8}{3}$
c) $\frac{28}{9}$; $\frac{7}{3}$; $\frac{14}{3}$

2 a) $\frac{3}{35}$; $\frac{2}{3}$; $\frac{1}{2}$
b) $\frac{10}{21}$; $\frac{3}{10}$; $\frac{4}{15}$
c) $\frac{7}{24}$; $\frac{16}{39}$; $\frac{2}{3}$

3 a) $\frac{2}{15}$; $\frac{1}{33}$; $\frac{1}{40}$
b) $\frac{2}{21}$; $\frac{3}{26}$; $\frac{2}{27}$
c) $\frac{5}{42}$; $\frac{7}{150}$; $\frac{1}{27}$

4 a) $\frac{9}{8}$; $\frac{10}{11}$; $\frac{4}{9}$; $\frac{3}{2}$
b) $\frac{35}{12}$; $\frac{5}{12}$; $\frac{3}{4}$; $\frac{4}{3}$
c) $\frac{48}{5}$; 12 ; $\frac{4}{3}$; 14

5 a) $\frac{9}{28}$; $\frac{20}{27}$; $\frac{9}{10}$; $\frac{8}{5}$
b) $\frac{8}{35}$; $\frac{40}{11}$; $\frac{16}{21}$; $\frac{11}{14}$
c) $\frac{10}{3}$; $\frac{7}{4}$; $\frac{3}{2}$; 6

6 a) $\frac{2}{3} \cdot 21 = 14$; $\frac{3}{7} \cdot 56 = 24$
b) $\frac{5}{21} \cdot 28 = \frac{20}{3}$; $\frac{8}{45} \cdot 60 = \frac{32}{3}$
c) $\frac{5}{12} \cdot \frac{9}{10} = \frac{3}{8}$; $\frac{8}{15} \cdot \frac{9}{16} = \frac{3}{10}$

7 a) $\frac{3}{5}$ km = 600 m b) $\frac{7}{20}$ m = 35 cm
c) $\frac{21}{4}$ m² = 525 dm² d) $\frac{1}{8}$ ℓ = 125 cm³

8 a) $\frac{7}{3}$ b) $\frac{6}{7}$ c) 3
d) $\frac{1}{6}$ e) $\frac{5}{6}$ f) $\frac{3}{2}$

9 a) $\frac{1}{15}$ b) 2 c) $\frac{7}{5}$

10 $2\frac{2}{3} \cdot 5 = 20 : 1\frac{1}{2}$
$2\frac{1}{8} \cdot 2 = 1\frac{5}{12} \cdot 3$
$6\frac{3}{10} : 7 = 4\frac{1}{2} : 5$
$1\frac{1}{5} \cdot 2 = 7\frac{1}{5} : 3$

11 a) $\frac{17}{8} \cdot 20 = \frac{85}{2}$ b) $\frac{7}{4} : 7 = \frac{1}{4}$
$\frac{44}{7} \cdot \frac{7}{8} = \frac{11}{2}$ $\frac{7}{6} : \frac{2}{3} = \frac{7}{4}$
$\frac{2}{5} \cdot \frac{15}{4} = \frac{3}{2}$ $\frac{8}{9} : \frac{14}{9} = \frac{4}{7}$
$\frac{35}{16} \cdot \frac{4}{7} = \frac{5}{4}$ $\frac{24}{5} : \frac{6}{7} = \frac{28}{5}$
c) $\frac{3}{7} \cdot \frac{49}{5} = \frac{21}{5}$
$\frac{21}{8} : 3 = \frac{7}{8}$
$\frac{5}{2} : 5 = \frac{1}{2}$
$\frac{56}{3} \cdot \frac{5}{14} = \frac{20}{3}$

zu Seite 137

1 a) $\frac{3}{2} : 3 = \frac{1}{2}$ b) $\frac{9}{14} \cdot 7 = \frac{9}{2}$
$\frac{5}{8} \cdot 4 = \frac{5}{2}$ $\frac{1}{10} : 4 = \frac{1}{40}$
$\frac{4}{9} : 8 = \frac{1}{18}$ $\frac{5}{6} : 10 = \frac{1}{12}$

2 a) $\frac{19}{30}$; $\frac{4}{3}$; $\frac{1}{10}$ b) $\frac{1}{3}$; $\frac{27}{16}$; $\frac{1}{4}$

3 a) $4\frac{8}{9}$ b) $7\frac{1}{8}$ c) $14\frac{11}{14}$

LÖSUNGEN
zu den Üben-Seiten

4 a) $\frac{7}{6}$; $\frac{3}{4}$; $\frac{7}{9}$ b) $\frac{1}{4}$; $\frac{4}{5}$; 1

5 a) $\frac{23}{35}$ b) $\frac{1}{2}$ c) $\frac{11}{12}$ d) $\frac{1}{6}$
e) 10   f) $\frac{5}{2}$ g) $\frac{7}{6}$ h) $\frac{11}{6}$

6 a) $\frac{7}{12}$; $\frac{3}{8}$; $\frac{3}{2}$; $\frac{4}{3}$
b) $\frac{3}{10}$; $\frac{5}{9}$; $\frac{53}{30}$; $\frac{13}{60}$

7 a) $\frac{7}{20}$; $\frac{1}{36}$; $\frac{1}{4}$ b) $\frac{2}{5}$; $\frac{3}{8}$; $\frac{1}{2}$
c) $\frac{3}{4}$; $\frac{6}{5}$; $\frac{2}{3}$ d) $\frac{1}{3}$; $\frac{3}{8}$; 2

8 a) $\left(\frac{3}{4}+\frac{1}{8}\right) \cdot \frac{4}{9}=\frac{7}{18}$
b) $\left(\frac{3}{5}-\frac{3}{10}\right) \cdot \frac{5}{6}=\frac{1}{4}$
c) $\frac{5}{8}:\left(\frac{1}{4}+\frac{1}{2}\right)=\frac{5}{6}$
d) $\frac{1}{2} \cdot \frac{4}{9}+\frac{10}{11}:\frac{11}{18}=\frac{1862}{1089}$
e) $\frac{1}{3}:\frac{1}{6}-\frac{7}{10} \cdot \frac{5}{14}=\frac{7}{4}$

zu Seite 138

1 Frederik trinkt am Tag $\frac{61}{60}$ Liter Milch.

2 Die Mutter hat recht. Die Summe der Brüche liegt über 1 $\left(1\frac{2}{15}\right)$.

3 $\frac{1}{12}$ der Ernte bleibt übrig.

4 Emma: $11\frac{1}{20}$ s   Johanna: $11\frac{4}{5}$ s   Mia: $12\frac{3}{10}$ s

5 Sie müssen noch $\frac{3}{5}$ der Strecke zurücklegen. Das sind 9 km.

6 a) Sie lernt jeden Tag 25 Minuten.
b) Insgesamt lernt sie $3\frac{3}{4}$ Stunden.

7 Anzahl der Stücke: 40

8 Es sind 18 Baggerschaufeln Sand nötig, um den Lkw zu beladen.

zu Seite 157

1 a)

Anzahl der Tablet-PCs		
0															13
1																						20
2											9
3							5
4					3

b)

Anzahl der Tablet-PCs	absolute Häufigkeit	relative Häufigkeit	
0	13	0,26	26 %
1	20	0,4	40 %
2	9	0,18	18 %
3	5	0,1	10 %
4	3	0,06	6 %
Summe	50	1,00	100 %

c) Säulendiagramm

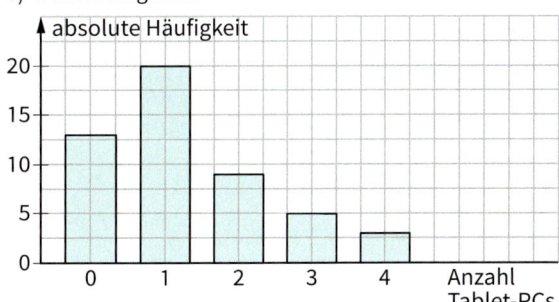

Balkendiagramm

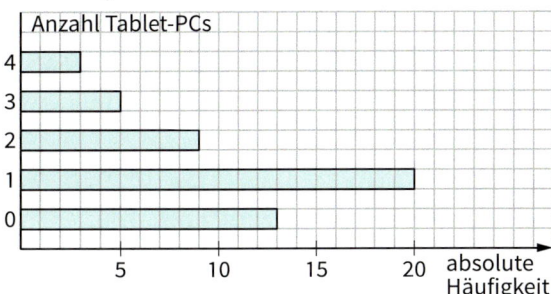

LÖSUNGEN
zu den Üben-Seiten

2 a)/b)

Ergebnis	absolute Häufigkeit	relative Häufigkeit
1	22	0,44
2	13	0,26
3	8	0,16
4	4	0,08
5	3	0,06

c)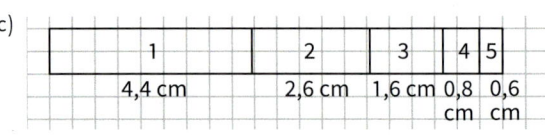

3 a) Bei den Jungen sind vor allem Spiele der Kategorie „Sport" und „Ego-Shooter" beliebt.
Mädchen bevorzugen hingegen Unterhaltungsspiele. Abenteuerspiele sind bei Jungen etwas beliebter als bei Mädchen.

b)

Art von Computerspiel	absolute Häufigkeit Jungen	absolute Häufigkeit Mädchen
Andere	100	150
Abenteuer	170	130
Unterhaltung	110	610
Sport	320	50
Ego-Shooter	300	60

4 a)

Weg zum Musikhören	absolute Häufigkeit	relative Häufigkeit
Streaming-Dienste	80	0,4
Radio	50	0,25
YouTube	40	0,2
MP3-Player, CD, Kassette oder Platte	30	0,15

b) Kreisdiagramm: Streaming-Dienste 144°, Radio 90°, YouTube 72°, MP3-Player, CD, Kassette oder Platte 54°

5 a) Arithmetisches Mittel: 1,6
b) 0 0 1 1 1 2 2 2 3 4

zu Seite 158

6 a)

Taschengeld pro Monat (€)	absolute Häufigkeit	relative Häufigkeit	
10	10	$\frac{1}{5}$	0,2
12	16	$\frac{8}{25}$	0,32
16	15	$\frac{3}{10}$	0,3
20	5	$\frac{1}{10}$	0,1
24	4	$\frac{2}{25}$	0,08
Summe	50	1	1,00

b) Verschiedene Möglichkeiten, Beispiel:

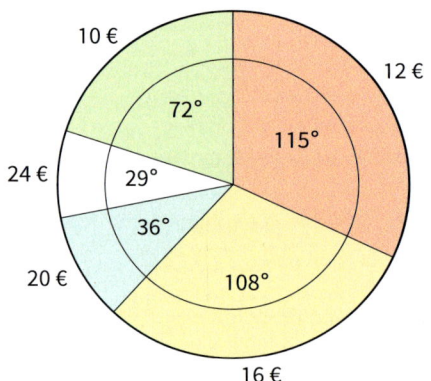

c) Minimum: 10 €; Maximum: 24 €
d) Arithmetisches Mittel: 14,56 €

7 a)

Anzahl der Smartphones	absolute Häufigkeit	relative Häufigkeit	
1	15	0,3	30 %
2	20	0,4	40 %
3	10	0,2	20 %
4	5	0,1	10 %
Summe	50	1	100 %

b)

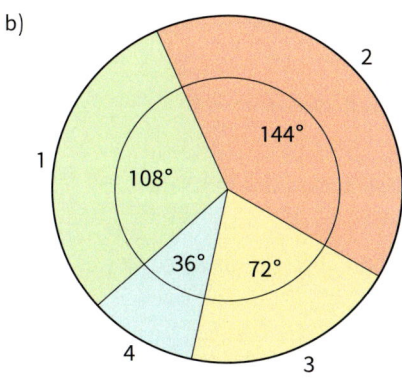

c) Arithmetisches Mittel: 2,1

8 a) Minimum: 0,5 h
Maximum: 4,0 h
0,5 1,0 1,0 1,5 1,5 2,0 2,5 3,0 3,5 4,0
b) Arithmetisches Mittel: 2,05 h

9 a) Zum Beispiel:
- Die y-Achse beginnt nicht bei Null.
- Der gewählte Abstand auf der x-Achse für ein Jahr ist genauso groß wie der Abstand für elf Jahre
- sehr geringe Abstände zwischen den Werten auf der y-Achse

b)
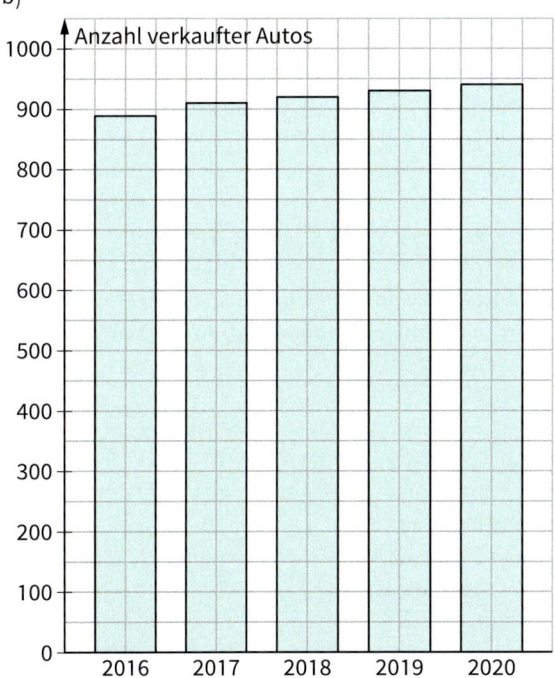

Im Säulendiagramm wirkt die Steigung nicht so stark wie im Diagramm des Herstellers.

10 a) Minimum: 1; Maximum: 18
b) Arithmetisches Mittel: $8,\overline{324}$
c) Werte:

Wartezeit (min)	P
1–2	$\frac{4}{37}$
3–4	$\frac{4}{37}$
5–6	$\frac{4}{37}$
7–8	$\frac{8}{37}$
9–10	$\frac{6}{37}$
11–12	$\frac{5}{37}$
13–14	$\frac{2}{37}$
15–16	$\frac{2}{37}$
17–18	$\frac{2}{37}$

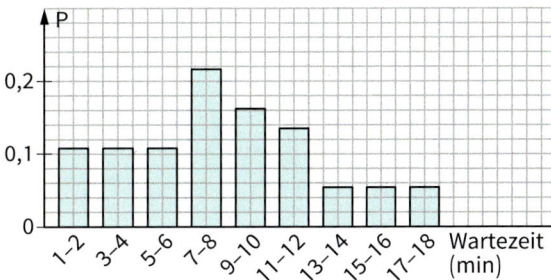

zu Seite 159 & 160

LÖSUNGEN
zu den Üben-Seiten

zu Seite 174

1 a)/c)

Ergebnis	absolute Häufigkeit	relative Häufigkeit
1	ℍℍ III (8)	0,16
2	ℍℍ III (8)	0,16
3	ℍℍ ℍℍ (10)	0,20
4	ℍℍ IIII (9)	0,18
5	ℍℍ III (8)	0,16
6	ℍℍ II (7)	0,14

b)

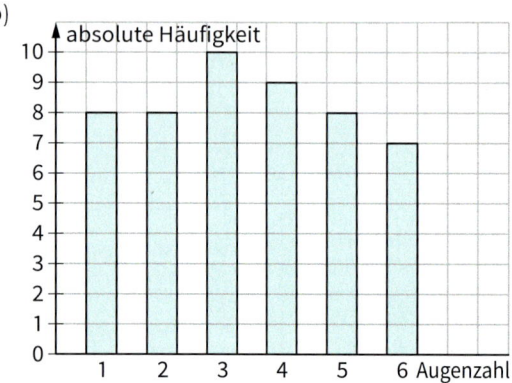

d) $\bar{x} = 3{,}44$

2 a)

Ergebnis	absolute Häufigkeit	relative Häufigkeit
1	80	0,400
2	20	0,100
3	55	0,275
4	45	0,225

b) Die Wahrscheinlichkeit für ein Feld ist 0,125. Deshalb könnten 3 Felder eine 1, ein Feld eine 2 und je zwei Felder eine 3 oder 4 tragen.

3 a) Die Wahrscheinlichkeit, dass das Los auf Anne fällt, beträgt $\frac{1}{29}$.
b) Die Wahrscheinlichkeit, dass ein Mädchen (ein Junge) ausgelost wird, beträgt $\frac{14}{29}\left(\frac{15}{29}\right)$.

4 Wahrscheinlickeit, dass eine rote Kugel gezogen wird: $\frac{6}{20} = 0{,}3$

Wahrscheinlickeit, dass eine weiße Kugel gezogen wird: $\frac{7}{20} = 0{,}35$

Wahrscheinlickeit, dass eine schwarze Kugel gezogen wird: $\frac{3}{20} = 0{,}15$

Wahrscheinlickeit, dass eine blaue Kugel gezogen wird: $\frac{4}{20} = 0{,}2$

5 Die Wahrscheinlichkeit für Gewinnklasse I (Gewinnklasse II, Gewinnklasse III, ein Freilos oder eine Niete) beträgt $\frac{1}{1\,000}\left(\frac{1}{100}, \frac{1}{20}, \frac{1}{10}, \frac{839}{1\,000}\right)$.

6 a) Die Wahrscheinlichkeit dafür, dass ein zufällig ausgewählter Einwohner der Bundesrepublik Deutschland unter 20 Jahre (20 bis unter 60 Jahre, 60 bis unter 80 Jahre) alt ist, beträgt $\frac{21\,309}{100\,000}\left(\frac{55\,688}{100\,000}, \frac{18\,959}{100\,000}\right)$.
b) –

zu Seite 175

7 a) Die Wahrscheinlichkeit, dass das nächste Fahrzeug ein Pkw (Lkw, Omnibus) ist, beträgt etwa $\frac{16\,444}{20\,000}\left(\frac{980}{20\,000}, \frac{32}{20\,000}\right)$.

b) Die Wahrscheinlichkeit, dass das nächste Fahrzeug ein motorbetriebenes Zweirad ist, beträgt $\frac{1\,936}{20\,000}$.

8 Die Wahrscheinlichkeit, dass die gewürfelte Zahl größer als 15 (kleiner als 7, ungerade, ein Vielfaches von 3) ist, beträgt $\frac{5}{20} = \frac{1}{4}\left(\frac{6}{20} = \frac{3}{10}, \frac{10}{20} = \frac{1}{2}, \frac{6}{20} = \frac{3}{10}\right)$.

9 Das Glücksrad kann z. B. in acht gleich große Felder eingeteilt werden; davon werden zwei rot, drei grün und drei weiß gefärbt.

10 a) Die Seiten werden mit den Zahlen 1–12 beschriftet.
b) Eine Seite wird mit A, zwei Seiten mit B, drei Seiten mit C und sechs Seiten mit D beschriftet.
c) Eine Seite ist rot, zwei Seiten sind grün, drei Seiten sind gelb, 4 Seiten sind blau und zwei Seiten sind schwarz gefärbt.

11 a) Die Wahrscheinlichkeit, dass die gezogene Karte eine Herzkarte (ein Bube, eine rote Karte) ist, beträgt $\frac{1}{4}\left(\frac{1}{8}, \frac{1}{2}\right)$.
b) Die Wahrscheinlichkeit, dass die gezogene Karte die Karo-Sieben (ein schwarzer König) ist, beträgt $\frac{1}{32}\left(\frac{1}{16}\right)$.

FORMELN UND GESETZE

Mengen

M = {4, 5, 6, 7} Menge aus den Elementen 4, 5, 6 und 7 in aufzählender Form
ℕ = {0, 1, 2, 3, …} Menge der natürlichen Zahlen

Beziehungen zwischen Zahlen

≈	ungefähr gleich		
a = b	a gleich b	a > b	a größer als b
a ≠ b	a ungleich b	a < b	a kleiner als b

Verknüpfungen von Zahlen

a + b	Summe *(lies: a plus b)*	a · b	Produkt *(lies: a mal b)*
a − b	Differenz *(lies: a minus b)*	a : b	Quotient *(lies: a geteilt durch b)*

Rechengesetze

Kommutativgesetz
3 + 7 = 7 + 3   3 · 7 = 7 · 3

Assoziativgesetz
3 + (7 + 5) = (3 + 7) + 5   3 · (7 · 5) = (3 · 7) · 5

Distributivgesetz
6 · (8 + 5) = 6 · 8 + 6 · 5   6 · (8 − 5) = 6 · 8 − 6 · 5
(20 + 10) : 5 = 20 : 5 + 10 : 5   (20 − 10) : 5 = 20 : 5 − 10 : 5

Geometrie

A, B, C, …	Punkte
$\overline{AB}$	Strecke mit den Endpunkten A und B
AB	Gerade durch die Punkte A und B
g, h, k, …	Geraden
g ∥ k	g ist parallel zu k
g ⊥ h	g ist senkrecht zu h
P (3 | 4)	Punkt im Koordinatensystem mit den Koordinaten 3 (x-Wert) und 4 (y-Wert)

α, β, γ, δ
∡ ASB   } Winkel
∡ (a, b)

REGISTER

Abstand 200
Addition 192, 193
Anteil 173, 196
Arbeiten mit dem Computer
– Tabellenkalkulation 151
Arithmetisches Mittel 153, 156
Assoziativgesetz 192, 194
Aufriss 96, 106
Ausreißer 161

Balkendiagramm 145, 169
Brüche 79, 132, 196
– addieren und subtrahieren 119, 122, 132
– am Zahlenstrahl 73, 79
– darstellen 66, 79
– dividieren 128, 129, 130, 133
– erweitern und kürzen 69, 70, 79
– gleichnamige 71, 119, 132
– in Ägypten 139, 140
– multiplizieren 124, 125, 133
– verfeinern und vergröbern 67, 68
– vergleichen 71, 196
– und Dezimalzahlen 74, 75, 79
– und Prozentzahlen 78
– ungleichnamige 71, 122, 132
Bruchteil 76, 127, 133, 196

Dezimalbrüche 9, 24, 74
Dezimalzahlen 9, 24, 74
– abbrechende 75, 79
– addieren 13, 14, 24
– auf dem Zahlenstrahl 11, 24
– dividieren 15, 18, 19, 24
– multiplizieren 15, 16, 17, 24
– periodische 75, 79
– runden 12, 24
– schreiben 9
– subtrahieren 13, 14, 24
– vergleichen 10
Differenz 192
Distributivgesetz 194
Dividend 19, 194
Division 194
Divisor 19, 194

Ecke 90, 106
Eingangstest 186–190
Entfaltung 84
Ergebnis 166, 172, 173

Faktor 194
Fläche 90, 106
Flächeneinheiten 198
Flächeninhalt 198

Ganze 77, 79
Ganze Zahl 132
Gemischte Zahl 72, 132
Gerade 199
– senkrecht 200
– parallel 200
Gleichung 45
Große Zahlen 191
Grundfläche 97
Grundriss 96, 106

Häufigkeit 145
– absolute 156, 167
– relative 145, 156, 167, 170, 173
Häufigkeitstabelle 145, 156, 173
Hektoliter 103, 107
Histogramm 148

Kante 90, 106
Kantenmodell 89
Kettenschaltung 83, 84
Kommunizieren
– Einem Text Informationen entnehmen 22, 202
– Gruppenarbeit 203
– Ich-Du-Wir-Aufgaben 41
– Mit einem Lernplakat präsentieren 204
– Partnerarbeit 202
Kommutativgesetz 192, 194
Koordinaten 199
Koordinatensystem 199
Körper 88, 106
Körperkante 90
Kreisdiagramm 147, 156

Längen 197
Längeneinheiten 197
Laplace-Experiment 171, 173
Lerntagebuch 119
Liter 103, 107

Mantel 97
Maßstab 197
Maximum 155, 156
Median 161
Milliliter 103, 107

REGISTER

Minimum 155, 156
Minustemperaturen 182
Mittelwert 153, 156, 161
Modellieren
– Eine Umfrage auswerten und darstellen 160
– Eine Umfrage planen 159
– Sachaufgaben lösen 20
Multiplikation 194

Nachfolger 191
natürliche Zahl 191
Nenner 66, 132, 196
Netz 94, 95, 106
Niederschlagsmenge 114

Oberfläche 90, 99
Oberflächeninhalt 99, 100, 107

Periode 75
Potenz 194
Primzahl 53, 57
Problemlösen
– Probieren 43, 44, 45, 46
– Probleme erkunden und erfassen 36, 37
– Schätzen, Messen und Überschlagen 38, 39, 40, 46
– Vorwärts- und Rückwärtsrechnen 41, 42, 45, 46
Produkt 169
Prozent 78, 79
Punkt- und Strichrechnung 194

Quader
– Netz 94, 106
– Oberflächeninhalt 99, 100, 107
– Volumen 101, 105, 107
Quadrat 197, 198
Quersumme 55
Quotient 19, 194

Rangliste 155, 156
Rauminhalt 91, 101
Rechteck 197, 198

Säulendiagramm 145, 156
Schrägbild 92, 93, 106
Sieb des Eratosthenes 61
Spannweite 161
Stellenwerttafel 9, 24
Stichprobe 161
Stichprobenumfang 161
Strecke 199

Streifendiagramm 146, 156
Strichliste 145, 156, 173
Subtraktion 192, 193
Summe 192

Teilbarkeitsregeln 55, 56, 57, 70
Teiler 52, 53, 57
– größter gemeinsamer 54, 57
teilerfremd 58
Temperaturveränderungen 184

Überschlag 193
Übersetzung 83
Umfang 197
Urliste 145, 156, 161, 173

Variable 45
Vielfache 52, 57
– kleinstes gemeinsames Vielfaches 54, 57
Volumen 91, 101, 105, 107
Volumeneinheiten 102, 103, 107
Vorgänger 191

Wahrscheinlichkeit 170, 172, 173
Winkel 200, 201
Würfel
– Grund- und Aufriss 96, 106
– Netz 94
– Oberflächeninhalt 99, 100, 107
– Volumen 101, 105, 107

x-Achse 199

y-Achse 199

Zahlen anordnen 191
Zahlen runden 191
Zahlenstrahl 11, 24, 73, 79, 191
Zähler 66, 132, 196
Zentiliter 103, 107
Zufallsexperiment 166, 170, 172, 173
Zuordnungen 180

Bildquellennachweis

|akg-images GmbH, Berlin: 83.2, 140.1; Germanisches Nationalmuseum 83.1. |Alamy Stock Photo (RMB), Abingdon/Oxfordshire: Action Plus Sports Images 7.3, 8.2, 8.4, 9.1; Ancient Art and Architecture 61.1; Art Kowalsky 4.1, 86.1; Arterra Picture Library 87.4; Bailey-Cooper Photography 49.2; Blossey, Hans 34.1; Chen, Eric 47.3; Chung, Stephen 10.1; Daisy-Daisy 148.1; Juniors Bildarchiv GmbH 3.6, 204.4; Kinek00 88.6; PCN Photography 7.1; Picture Partners 91.6; RooM the Agency 155.1; Schonewille, Ben 3.2; Tack, Jochen 35.2; UPI 8.1, 74.1; x.c 164.1; Zoonar GmbH 87.1; ZUMA Press, Inc. 7.2. |Berghahn, Matthias, Bielefeld: 103.5, 103.7, 114.3. |CMS - Cross Media Solutions GmbH, Würzburg: 208.1, 208.2, 208.3, 209.1, 209.2, 219.1, 219.2, 223.1, 223.2, 225.1. |Druwe & Polastri, Cremlingen/Weddel: 15.2, 17.1, 18.1, 19.1, 39.2, 40.4, 41.2, 44.2, 83.3, 84.1, 89.1, 89.2, 91.1, 92.1, 93.1, 93.2, 93.3, 94.1, 102.1, 102.4, 104.4, 104.5, 168.1, 168.2, 168.3, 169.1, 169.2, 172.1, 175.2, 186.1. |fotolia.com, New York: by-studio 91.7; contrastwerkstatt 162.3; devulderj 113.1; Figurnyi, Sergii 112.1; minicel73 165.3; Pixelmixel 180.1; shutswis 88.8. |Getty Images (RF), München: Alloy/Niedring, Robert Titel. |iStockphoto.com, Calgary: Aksonov 14.1; Avalon_Studio 40.3; Bborriss 13.2; belchonock 42.2; Bojsha65 30.8; Coprid 13.1; Dai, Yongyuan 3.5; deadandliving 123.1; Debenport, Steve 36.4; Discovod 113.4; ewg3D 82.2; FatCamera 176.2; fotografixx 123.2; frankix 88.1; Futcher, Christopher 50.1, 51.1; gbh007 77.1; Geithe, Ralf 176.3; Gomes, Paulo José Lima 166.1; Harms, Hans 39.3; Issaurinko 72.1, 72.2, 72.3, 72.4, 72.5, 72.6, 72.7, 72.8, 72.9, 72.10, 72.11, 72.12, 72.13, 72.14, 72.15, 72.16, 72.17, 72.18, 72.19; JackF 48.1; JazzIRT 111.2; kali9 166.2; kbwills 30.6, 30.7, 30.10; Küverling, Heiko 54.2; Legg, Rich 88.5; LightFieldStudios 167.1; Lilkin 41.4; lu-pics 38.1; mawielobob 15.3; Mirko_Rosenau 112.4; mladn61 31.2; MsLightBox 40.2; Muralinath 30.2, 30.3, 30.4; Nastco 40.1; no_limit_pictures 37.1; ODonnell, Skip 91.5; oxinoxi 62.3; PeopleImages 202.1; photosaint 88.15; prill 36.3; RyersonClark 5.2; Samohin 41.5; schulzie 114.2; SDI Productions 36.1; Sky_Blue 102.2; skynesher 51.2; sokoziurke 162.1; SolStock 123.4; sonya_m 42.3; Stígur Már Karlsson/Heimsmyndir 203.2; Suradech14 193.1; Talaj 42.1; the-lightwriter 30.5; Tolentino Pineda, Marvin Samuel 104.3; tupungato 41.1; VvoeVale 3.1; XXLPhoto 47.2. |Kuhlmann, Karl-Heinz, Bielefeld: 102.3, 113.2. |mauritius images GmbH, Mittenwald: Pöhlmann, André 171.1. |Minkus Images Fotodesignagentur, Isernhagen: 165.7. |Naumann, Andrea, Aachen: 2.2, 16.1, 16.2, 17.2, 17.3, 25.1, 26.1, 29.1, 30.1, 31.1, 39.1, 45.1, 45.2, 45.3, 45.4, 45.5, 45.6, 52.1, 52.2, 55.1, 55.2, 55.3, 56.1, 56.2, 56.3, 59.1, 59.2, 59.3, 60.1, 60.2, 60.3, 60.4, 62.1, 62.2, 65.1, 65.2, 67.1, 70.1, 70.2, 70.3, 75.1, 83.4, 91.3, 103.6, 120.1, 121.1, 121.2, 121.3, 127.2, 152.1, 170.1, 231.1, 232.1. |OKAPIA KG - Michael Grzimek & Co., Frankfurt/M.: Naturbild/Büttner 33.1. |PantherMedia GmbH (panthermedia.net), München: cpoungpeth 4.3; ruslanchik 91.2; viperagp 3.3; zenpix 88.11. |Picture-Alliance GmbH, Frankfurt a.M.: dpa/Kästle, Felix 6.1; dpa/Wagner, Ingo 37.2. |Pitopia, Karlsruhe: Bonn, André, 2010 33.2. |Shutterstock.com, New York: Africa Studio 43.2, 138.5, 159.2; Artens 44.1; baibaz 118.3; beeboys 4.2; BGStock72 124.1; Bona, Paolo 21.2; cheyennezj 176.1; dip 88.16; Gorodenkoff 190.1; Igor_PS 82.1; jabiru 88.4; Jenson 131.3; Juice Flair 82.3; Krasula 154.1; LeManna 131.1; LightField Studios 144.1; Lla, Alla 183.2; Lordn 124.2; Lund, Jacob 141.1; mama_mia 104.1, 104.2; mapman 183.1; marima 182.1; Marjanovic, Ivan 23.4; MINDA CREATION WORLD 88.12; Minerva Studio 47.1; mooinblack 155.2; OliveTree 88.9; Pakhnyushchy 23.1; Photographee.eu 159.4; Rawpixel.com 159.3; Rudy, George 143.1; Sobolev, Peter 138.4; SpeedKingz 43.1; Studio Romantic 153.3; Syda Productions 2.1, 159.1, 202.2; ThomasLENNE 111.1; Tulio, Marco 175.1; Veja 54.1; Vrieselaar, Henk 157.1; wavebreakmedia 153.1; Zhekova, Nataliia 88.10. |stock.adobe.com, Dublin: ag visuell 5.1; ajlatan 123.3; AlexAnton 139.1; andre 165.2; Andrea 99.1; barneyboogles 91.4; benuch 21.1; bjoerno 23.3; chachamp 41.3; contrastwerkstatt 48.2; Costina, Mircea 103.1; Dean, Drobot 8.3; Dietl, Jeanette 153.2; dinaphoto 138.1; dohee 113.3; Durst, Otto 112.2; eskay lim 62.4; fottoo 36.2; Gorodenkoff 203.3; HighwayStarz 204.1, 204.2; Holger 3.4, 204.3; juancajuarez 112.3; kriangphoto31 103.4; Kzenon 12.1; LianeM 35.1; Magnusson, Roland 103.2; Martin 23.2; mije shots 88.7; mojolo 88.2; myfoto7 87.2; New Africa 78.2, 88.13; onairjiw 30.9; peters, frank 87.3; Pixel-Shot 32.1; Rampsch, Ronald 162.2; rcfotostock 49.1; Roesnick, Anja 165.5; RUZANNA ARUTYUNYAN 88.3; SAAVED, MIGUEL GARCIA 15.1; Sanja 103.3; Sashkin 113.6; Scanrail 193.2; Schmidt, Irina 20.1; Schwier, Christian 165.4; Simon 114.1; Superingo 165.6; Syda Productions 165.1, 203.1; topntp 78.1; WavebreakMediaMicro 58.1; xalanx 82.4; yelantsevv 158.1; Yemelyanov, Maksym 88.14; ZOM ZOM 113.5. |UX/UI & Illustration, Ulm: 13.3, 116.1, 116.2, 117.1, 117.2, 118.1, 118.2, 125.1, 126.1, 127.1, 129.1, 129.2, 131.2, 136.1, 137.1, 138.2, 138.3, 144.2, 146.1, 150.1, 150.2, 150.3, 154.2, 178.1, 179.1, 179.2. |Wojczak, Michael, Braunschweig: 201.1.

Kopfrechentraining

Ich rechne mit dem Teilergebnis weiter.

3
- 3 · 12 = 36
- 36 : 4 = 9
- 9 · 12 = 108
- 108 − 12 = 96
- 96 : 2 = 48
- 48 : 12 = 4
- 4 + 32 = 36
- 36 : 12 = 3

60
- : 12
- · 9
- + 27
- : 12
- · 9
- : 6
- · 12
- − 24

4
- · 13
- − 16
- : 12
- · 24
- : 12
- · 8
- : 12
- · 15

4
- · 9
- · 2
- : 12
- + 54
- : 12
- · 9
- · 2
- − 54

3
- · 24
- : 9
- · 12
- − 36
- : 12
- · 7
- : 5
- · 12

2
- · 18
- : 12
- · 22
- + 6
- : 12
- · 9
- : 2
- + 55

6
- · 9
- : 2
- : 9
- · 12
- · 2
- : 8
- · 12
- − 36

3
- · 25
- − 38
- + 11
- : 12
- · 15
- : 12
- · 7
- + 48

4
- · 14
- : 7
- · 12
- : 2
- : 12
- : 16
- : 16
- · 32

3
- · 6
- · 2
- · 2
- : 8
- · 5
- + 9
- : 6
- · 7

4
- · 17
- − 32
- : 12
- · 18
- + 27
- : 9
- · 12
- − 89

3
- · 19
- + 15
- : 9
- · 15
- − 48
- : 12
- · 13
- + 25

4
- · 15
- : 12
- · 17
- − 22
- : 9
- · 13
- − 28
- − 28

15
- · 5
- − 8
- − 18
- : 7
- · 12
- : 4
- : 7
- · 13

Kopfrechentraining

Ich rechne mit dem Teilergebnis weiter.

36
36 : 6 = 6
6 · 3 = 18
18 : 9 = 2
2 · 8 = 16
16 : 2 = 8
8 · 9 = 72
72 : 8 = 9
9 · 7 = 63

27
: 3
· 8
: 2
: 9
· 7
· 2
: 8
· 5

54
: 6
· 8
: 9
· 3
· 2
: 8
· 7
: 2

3
· 9
· 2
: 6
· 8
: 2
: 4
· 8
: 2

12
· 3
· 2
: 8
+ 23
· 3
: 32
+ 27
: 5

72
: 8
· 11
− 33
: 6
· 4
− 26
: 3
· 12

11
· 8
: 22
· 14
: 7
· 9
: 2
: 18
· 35

27
+ 27
: 6
· 8
− 36
: 4
· 3
+ 15
: 7

32
: 4
· 9
: 2
: 4
· 7
− 9
: 6
· 3

64
: 8
· 5
+ 16
: 8
· 7
− 17
: 4
· 7

4
· 4
+ 8
: 3
· 7
+ 16
: 8
· 4
: 3

5
· 7
+ 7
: 6
· 9
+ 18
: 9
· 5
− 36

8
· 7
− 32
: 3
· 9
− 16
: 7
· 3
: 6

7
· 7
+ 7
: 8
· 9
+ 9
: 9
· 3
+ 18